es 1739

edition suhrkamp

Neue Folge Band 739

Gender Studies
Vom Unterschied der Geschlechter

Martha C. Nussbaums Essays zur Ethik und politischen Philosophie umfassen ein breites Spektrum von Themen, das von der Auseinandersetzung mit Liberalismus, Feminismus und ökonomischem Utilitarismus bis zu Fragen internationaler Verteilungsgerechtigkeit und Entwicklungspolitik reicht. Aus den Reflexionen über eine Theorie des Guten gewinnt die Autorin die theoretischen Ressourcen für eine Reformulierung des politischen Liberalismus, die bislang vernachlässigten Problemen wie internationaler Gerechtigkeit und Geschlechtergerechtigkeit Rechnung trägt. In ihrer Ethik des Guten unternimmt Martha C. Nussbaum eine Neudefinition des Begriffs des Wohlergehens und formuliert mit ihrer Theorie des guten Lebens eine Alternative zu den anthropologisch ausgedünnten deontologischen Moralansätzen.
Martha Nussbaum lehrt Philosophie an der Law School der Unversität von Chicago.

Martha C. Nussbaum
Gerechtigkeit oder Das gute Leben

Herausgegeben von Herlinde Pauer-Studer

Aus dem Amerikanischen von Ilse Utz

Suhrkamp

Klimaneutral
Druckprodukt
ClimatePartner.com/14438-2110-1001

12. Auflage 2023

Erste Auflage 1999
edition suhrkamp 1739
Neue Folge Band 739

Deutsche Erstausgabe

Druck: C. H. Beck, Nördlingen
Umschlag nach Entwürfen von
Willy Fleckhaus und Rolf Staudt
Printed in Germany
ISBN 978-3-518-11739-2

www.suhrkamp.de

Inhalt

Herlinde Pauer-Studer
Einleitung

Martha Nussbaums Arbeiten zur Ethik und politischen Theorie zeichnen sich durch jenes theoretische Engagement für globale Fragen der Gerechtigkeit und Gleichheit aus, mit dem ein Gutteil der praktischen Philosophie jüngeren Datums der zunehmend staatenübergreifenden Tragweite ökonomischer, ökologischer und politischer Probleme Rechnung trägt.[1] Als Mitarbeiterin des World Institute for Development Economics Research der United Nations University[2] hat sich Nussbaum intensiv mit der Ausarbeitung einer Ethik der Entwicklungspolitik beschäftigt, die sich einerseits als sensibel gegenüber partikularen Besonderheiten von Lebenskontexten und unterschiedlichen kulturellen Traditionen erweist, ohne auf der anderen Seite im Befürworten eines kruden Relativismus die kritische Funktion normativer Theorieentwürfe zu verspielen. Nussbaums Überlegungen zur Ethik sind über die konkrete Anwendungsdimension hinaus von Interesse, da sie sich auch zu grundsätzlichen Fragen ethischer Theoriebildung äußert und eine Reihe prominenter moralphilosophischer Positionen einer radikalen Kritik unterzieht.

Unter den gegenwärtigen philosophischen Abhandlungen zu internationaler Verteilungsgerechtigkeit und Entwicklungspolitik nimmt Nussbaums Zugang durch seine andersartige methodische Akzentsetzung eine gewisse Sonderstellung ein. Denn im Gegensatz zu den meisten dieser Untersuchungen, die ausgehend von Rawls' Gerechtigkeitstheorie eine kantische Perspektive favorisieren, greift Nussbaum auf die antike Philosophie und insbesondere Aristoteles zurück, um die moralischen und politischen Grundlagen zu skizzieren, damit allen Menschen ein gedeihliches Leben möglich ist. Ein solcher Ansatzpunkt – Nussbaum ist sich dessen bewußt – provoziert Skepsis und Einspruch: Warum sollten wir gerade in der antiken Welt mit ihrem vormodernen Politikverständnis und ausgerechnet bei einem Denker wie Aristoteles, der so entschieden gewisse Gruppen von Personen aus dem Bereich moralisch-politischer Subjekte und der Teilhabe am guten Leben ausschloß, nach den Antworten auf die Herausforderungen sozialen Zusammenlebens in einer komplexen Welt vielschichtiger Differenzen und gravierender ökonomischer Ungleichheiten suchen?

Dennoch hält Nussbaum, die keineswegs die Augen vor den Defiziten der aristotelischen Position verschließt, die antike Ethik für eine unverzichtbare Ausgangsbasis. Denn diese, so lautet der Anspruch, sichere mit der Konzentration auf die Sokratischen Fragen der angemessenen Lebensführung und der Gesamtheit eines guten Lebens eine strukturelle Einbettung ethischen Räsonierens in die breitere Problematik der spezifischen Bedingungen unseres Menschseins und unseres Selbstverständnisses, während diese inhaltliche Rückbindung der Ethik an den konkreten Lebenskontext konkreter Menschen in den auf formale Verfahrensregeln reduzierten deontologischen Ansätzen aus dem Blick gerate. Aus den Reflexionen über das gute Leben, wie sie sich exemplarisch in den Werken von Aristoteles finden, lassen sich nach Nussbaum auch die theoretischen Ressourcen für eine Neuformulierung des politischen Liberalismus gewinnen, indem dieser mit einer überzeugenderen Theorie des Guten verknüpft wird, als sie etwa Rawls in seiner Theorie der Gerechtigkeit unterstellt.

Mit ihrer Rezeption der aristotelischen Philosophie, die den differenzierten Umgang mit den Denkern der Vergangenheit einmahnt, erteilt Nussbaum uns modernistischen Erben der Postmoderne gleichsam nebenbei eine methodische Lektion in Sachen Philosophiegeschichte: Der Wert und die Bedeutsamkeit bestimmter philosophischer Ideen bestimmten sich nicht ausschließlich aus dem jeweiligen historischen Umfeld. Es ist möglich, die Grundstruktur einer Position aus ihrem Anwendungskontext herauszuschälen und die so isolierten Prinzipien als wertvoll zu erkennen, wenngleich diese von einem Philosophen höchst problematisch eingesetzt werden. Anders gesagt: Man kann manche von Aristoteles' Ausführungen und Argumentationen – etwa über Gerechtigkeit oder die Verbindung von gutem Leben und Tugenden – für höchst aufschlußreich halten und gleichzeitig die Tatsache, daß er die moralisch-politischen Ansprüche von Frauen und »Sklaven« ignoriert, als das kritisieren, was sie ist: eine eklatante Verletzung grundlegender Vorstellungen von Gleichheit. Nussbaum stellt, auch dies sollte eine vorschnelle Verurteilung bedenken, unmißverständlich klar, für welchen Aristoteles sie sich interessiert und welchen intellektuellen Hintergrund sie dabei voraussetzt. Der von Nussbaum geschätzte Aristoteles ist nicht jener der konservativen Naturrechtstradition, sondern der am Studium konkreter menschlicher Erfahrungen interessierte Denker, der rigorose Kritiker von Platons Ideenlehre, der die Vorstellung von der empirischen Ebene gelöster absoluter Wahrheiten entschieden hinterfragt. Und wiederholt läßt sie uns wissen, daß ihr Blick auf Aristoteles absolut nichts mit dem rückwärtsgewandten Traditionalismus MacIntyres gemeinsam hat und jede Aneignung aristotelischer Ideen nicht hinter die grundlegenden Prämissen der Aufklärung zurückfallen kann, nicht zuletzt die moralisch-politische Anerkennung aller als Gleiche.[3]

Das theoretische Verbindungsglied der einzelnen thematischen Stränge von Nussbaums Überlegungen zur Ethik und politischen Philosophie, die auch aktuelle Debatten um Universalismus, Partikularismus, Postmoderne und Feminismus berühren, bildet zweifellos diese Orientierung an Aristoteles, wobei vor allem ein Begriff eine zentrale Stellung einnimmt: jener der menschlichen Natur. Mit Aristoteles teilt Nussbaum die Überzeugung, daß eine Reflexion über die Natur des Menschen in der Beantwortung dessen, wie wir leben sollen, eine bedeutsame Rolle spielt und nicht zu übergehen ist. Die menschliche Natur liefert nach Nussbaum eine Grundlage der Ethik.

Nun gilt zum einen der Rückgriff auf Fakten zur Herleitung normativer Konklusionen spätestens seit Hume als problematisch; doch der in den Regeln der Logik noch stärker geschulten Philosophie des 20. Jahrhunderts scheint er ein gänzliches Unding. Zum anderen ist der Begriff der menschlichen Natur für sich umstritten, da er sich durch die zahlreichen Versuche gründlich diskreditiert hat, eine aus ideologischen Motiven bereits mit einer normativen Deutung angereicherte Konzeption der menschlichen Natur, die gleichzeitig zur empirisch-objektiven Instanz erklärt wird, zur Herleitung höchst zweifelhafter moralisch-politischer Überzeugungen einzusetzen. Abgesehen von diesen Einwänden bleibt noch die Schwierigkeit, daß nach der gängigen Lesart Aristoteles eine metaphysisch-teleologische Konzeption der menschlichen Natur vertritt, die dem Menschen bestimmte essentielle Funktionsweisen zuordnet, ohne deren Erfüllung ein menschliches Leben seinen Zweck verfehlt – eine mit modernen Autonomiekonzeptionen kaum vereinbare Sichtweise.

Insofern verdient Nussbaums These besondere Beachtung, da Nussbaum selbstredend weder philosophisches Basiswissen in Frage stellen will noch sich nicht des Problems möglicher ideologischer Instrumentalisierung bewußt ist. Nussbaum geht es nicht darum, Normen aus Aussagen über Fakten herzuleiten und die Ethik auf diese Weise im Empirischen zu verankern. Ihr Ziel ist die Ausarbeitung einer Theorie, die dem Umstand Rechnung trägt, daß spezifische Bedingungen unseres Menschseins – daß wir etwa verletzbare Wesen mit einer begrenzten Lebenszeit sind, deren Überleben von einer Reihe externer Faktoren abhängt – für die Ethik und moralische Ansprüche und Verpflichtungen relevant sind. Ihre Lösung besteht darin, daß sie den Verweis auf die menschliche Natur zunächst mit der epistemologischen Position eines internen Realismus kombiniert und in einem zweiten Schritt argumentiert, daß der Begriff nur in einer normativen Interpretation zugänglich und zulässig ist. Des weiteren versucht sie in einer minuziösen Text-Exegese nachzuweisen, daß Aristoteles' Konzept der menschlichen Natur nicht auf metaphysisch-biologistischen Prämissen ruht und sich letztlich mit ihrer Auslegung deckt.[4]

Nussbaum stellt zunächst die Möglichkeit eines absolut »objektiven« Blicks auf die menschliche Natur in Frage. Denn ein solcher metaphysischer Realismus setzt einen neutralen Beobachter voraus, der aus einer gänzlich externen Perspektive die Tatsachen menschlichen Daseins konstatiert. Doch aus prinzipiellen Gründen ist uns im kategorialen Rahmen unserer Wahrnehmungen und Anschauungen gefangenen Menschen eine solche radikale Sicht von »außen« verwehrt. Wenn man, wie Nussbaum dies tut, die Möglichkeit eines von subjektiven Momenten gänzlich freien Zugangs zu den Dingen als erkenntnistheoretischen Mythos ablehnt, bietet sich als Alternative eine interne Aufarbeitung, Überprüfung und Bestätigung unserer Wissensannahmen an – jene von Hilary Putnam vertretene Version eines internen Realismus, die ihre moraltheoretische Entsprechung in der Annahme findet, daß die Objektivität normativer Behauptungen nur aus dem gemeinsamen Einverständnis moralischer Subjekte über tief geteilte Überzeugungen und nicht aus der Berufung auf einen externen Parameter gewonnen werden kann.

Folgerichtig plädiert Nussbaum für eine interne Rekonstruktion des Wissens um uns selbst: Wir vermögen über uns als

Menschen aus einer externen Perspektive nichts zu sagen, wir können uns nur aus uns selbst und vor dem Hintergrund unserer geteilten Erfahrungen selbst verstehen und begreifen. Nussbaum verknüpft nun diese allgemeine erkenntnistheoretische These mit einer spezifischen normativen Deutung, was den Begriff der menschlichen Natur betrifft. Letzterer ist für sie ein wertendes Konzept. Es gibt, da die Rede von »puren Fakten« einer Illusion aufsitzt, ihrer Meinung nach keinen Weg zu einer Bestimmung der »menschlichen Natur« ohne Auffassung davon, was im Leben besonders wichtig und unverzichtbar ist. Und diesen Identifikationsprozeß betrachtet Nussbaum als eine Sache von Wertungen. Die menschliche Natur ist somit kein externer Fixpunkt, keine Summe von Tatsachen, »sondern die fundamentalsten und am häufigsten geteilten Erfahrungen von Menschen, die zusammen leben und nachdenken«.[5] Diese Erfahrungen reflektieren nicht nur unsere grundlegenden normativen Überzeugungen, sie werden überhaupt nur aus dem Horizont unseres Wertverständnisses heraus lesbar und verständlich.

Diese Interpretation geht nach Nussbaum konform mit Aristoteles' Sicht der menschlichen Natur. Denn Aristoteles, dem die rigorose Trennung von Fakten und Werten fremd sei, verstehe diesen Begriff eindeutig als wertbesetzt – nicht anders erschließbar als im Bewußtmachen unseres Selbstverständnisses als spezifisch menschlicher Wesen. Sie verweist in dem Zusammenhang auf den Stellenwert der griechischen Literatur. Aristoteles' Auffassungen über den Menschen seien auch in der Tradition der griechischen Mythen und Dramen zu sehen – jener Geschichten über Menschen, Götter und Fabelwesen, in denen jeweils die Bedingungen und Grenzen menschlicher Existenz geklärt werden und die zum Selbstverständnis der Menschen beitragen, indem sie jene Lebensmöglichkeiten ausloten, die eben Menschen im Gegensatz zu Göttern und tierähnlichen Ungeheuern offenstehen.

An diesem Punkt drängt sich die Frage auf, was Nussbaums normative Rekonstruktion in bezug auf ihre These besagt, daß die »menschliche Natur« eine Grundlage für die Ethik liefert.[6] Nussbaums Anspruch, daß der Begriff der menschlichen Natur letztlich nur eine normative Auslegung zuläßt, ist in gewisser Weise überzogen und mißverständlich; er unterstellt gleichsam, daß mit der Kritik an der externen Perspektive auch die Ebene des Faktischen dispensiert ist und es keinen empirischen Zugang zu den Tatsachen des menschlichen Lebens mehr gibt. Doch folgt dies weder aus der Position eines internen Realismus, noch erreicht Nussbaum damit, worum es ihr letztlich geht. Eine interne Position hebt nicht schon die Differenzierung in Fakten und Normen auf. Die Annahme, daß sich die Kriterien zuverlässigen Wissens nur im Horizont unserer Erfahrungsmöglichkeiten mit ihren spezifischen Grenzen entwickeln lassen, bedeutet noch nicht, daß die Grenzen zwischen empirischer und normativer Ebene, zwischen Erkenntnistheorie und Ethik fließend werden. Im Gegenteil: In gewissem Sinn ist es gerade für Nussbaums Projekt einer universalistischen Ethik der Entwicklungspolitik wichtig, den Unterschied zwischen den beiden Ebenen nicht einzuebnen. Eines von Nussbaums Argumenten gegen den Relativismus und für die These, daß die Menschen über kulturelle Unterschiede, divergierende Traditionen und nationale Grenzen hinweg gleiche moralische Berücksichtigung verdienen, lautet, daß sich die Grundbedürfnisse von Menschen decken, daß sich das Ernährungssystem weit entfernt lebender Menschen nicht von dem unseren unterscheidet und etwa Menschen den Hunger in Indien nicht anders empfinden als in einem Industrieland. Und das Gewicht dieses Arguments beruht nicht zuletzt auf empirischen Tatsachen – unsere Kenntnis von Biologie und Physiologie lehrt uns, daß es so und nicht anders ist.

Nussbaum will uns daran erinnern, daß bestimmte Dinge über Menschen, über ihre Grenzen, Fähigkeiten und Möglichkeiten wichtig und von ethischen Theorien zu berücksichtigen sind. Dies verlangt nicht den sinnlosen und zum Scheitern verurteilten Versuch, normative aus faktischen Aussagen abzuleiten; aber gleichermaßen – so läßt sich kritisch einwerfen – erfordert dies nicht, alle Tatsachen in Normen zu verwandeln. Man kann dieser »normativen Kraft des Faktischen« auch durch normativ-ethische Theorien gerecht werden, die nicht in einem rein aprioristischen Zuschnitt alle faktischen Rahmenbedingungen menschlicher Existenz ausblenden, sondern in der vorausgesetzten Wertebasis, den grundlegenden Prinzipien und den jeweiligen Konsequenzen diesen empirischen Bedingungen und Momenten Rechnung tragen. Wenn Nussbaum vom Begriff der menschlichen Natur als einem normativen spricht, meint sie wohl eben dies: daß nicht Fakten per se den Ausgangspunkt der Ethik bilden, sondern die empirische Dimension nur in Form normativer Setzungen in die Ethik eingehen kann.

Damit aber relativiert sich ihr Anspruch erheblich, die Ethik in der menschlichen Natur verankern zu können. Anders gesagt: Die menschliche Natur als Basis der Ethik auszugeben legt nahe, daß damit eine spezifische Begründung der Ethik erreicht werden soll. Versteht man aber den Begriff der menschlichen Natur als normativen, so verschiebt sich lediglich das Begründungsproblem. Der Verweis auf die menschliche Natur bedeutet dann, daß die Ethik mit bestimmten normativen Annahmen arbeiten muß – damit ist aber nicht die allgemeine Frage gelöst, welche normativen Prämissen als gerechtfertigt gelten können. Wenn man Nussbaums einschlägige Ausführungen genauer studiert, so wird auch klar, daß sie einer rekonstruktiven Begründung zuneigt und nicht einen naturalistischen Begründungsansatz vertritt, nämlich die Rekonstruktion unserer tiefsten moralischen Überzeugungen und deren Absicherung in einer Art Überlegungsgleichgewicht. Allerdings begreift Nussbaum diesen Rechtfertigungsprozeß wesentlich weiter als im Rawlsschen Sinn einer Balance zwischen allgemeinen Grundsätzen, deren Konsequenzen und unseren wohlerwogenen moralischen Urteilen. Denn bei Nussbaums aristotelischem Zugang stehen nicht vorrangig rationale Prinzipien auf dem Prüfstand, sondern das Gute als Gesamtheit eines Lebenskonzeptes. Der moralische Reflexionsprozeß bleibt für Nussbaum in der individuellen Konkretisierung tief verwoben mit den Besonderheiten personaler Identität und den dafür konstitutiven Beziehungen zu anderen, und die Frage der moralischen Angemessenheit unseres Tuns und Lassens ist im Feinspektrum individueller Lebensentscheidungen ohne Einbeziehen moralischer Empfindungen und Gefühle nicht zu beantworten.[7]

Wenngleich sich aus der Verbindung von Ethik und einer Konzeption der menschlichen Natur keine neuartige Lösung des Rechtfertigungsproblems ergibt, so signalisiert das Aufgreifen dieses Begriffs die Rückholung einer wichtigen und in der jüngeren Moralphilosophie vernachlässigten Dimension. Aus der Reflexion auf universelle Konstanten und strukturelle Voraussetzungen menschlichen Lebens lassen sich nämlich bestimmte einschränkende Bedingungen für die Formulierung einer ethischen Theorie gewinnen, die dem extremen Subjektivismus und Relativismus, wie er die ethischen Debatten im 20. Jahrhundert weitgehend geprägt hat, eine deutliche Absage erteilt. Denn aus dem Verzicht auf einen metaphysischen Werteplatonismus und aus der Anerkennung autonomer moralischer Subjekte folgt noch nicht Beliebigkeit. Dem Relativismus sind massive Grenzen gesetzt, wenn man – wie Nussbaum dies tut – entschieden deutlich macht, daß unsere ethischen und moralischen Vorgaben nicht die spezifischen Besonderheiten unseres Menschseins ignorieren dürfen und die notwendigen und grundlegenden Bedürfnisse von Menschen moralische Ansprüche konstituieren. Was wir Menschen schulden, ist nicht einfach eine beliebig setzbare Größe, sondern hängt wesentlich mit dem zusammen, was auf dem Hintergrund ihrer spezifischen Verfaßtheit den Menschen zum Wohle oder zum Schaden gereicht. Dies setzt eine reichhaltige Konzeption der menschlichen Natur voraus, die unser Wissen um Menschen, um ihre Bedürfnisse und die Bedingungen ihrer Existenz bündelt. Von daher erklärt sich auch Nussbaums Skepsis gegenüber dem Begriff der Person, der in der zeitgenössischen Moraltheorie meist in einer reduktionistisch-stipulativen Weise formuliert wird und damit relevante Aspekte moralischer Problemstellungen verkürzt. Nussbaum baut den Verweis auf die menschliche Natur in ein präsuppositionstheoretisches Argument ein, mit Hilfe dessen sich die Konsistenz bestimmter ethischer Theorien in Frage stellen läßt. So zeigt sie, indem sie die impliziten Voraussetzungen dieser Position verdeutlicht, daß ein extremer Hedonismus gar nicht verträglich ist mit dem Selbstbild und Selbstverständnis seiner Proponenten.

Nussbaums Projekt reiht sich ein in die auffallenden neueren Bestrebungen, der Moraltheorie ihre anthropologischen Grundlagen zurückzugeben. Denn eine der Schattenseiten des durchaus respektablen Versuchs, die Objektivität der Moral über die Verankerung moralischer Grundsätze in der Vernunft zu retten, war die Idee, daß die Moraltheorie überhaupt von allen Kontingenzen der empirischen Welt freizuhalten ist. Die entsprechende Überbetonung des Rationalen führte zu einer inhaltlichen Dürftigkeit der Ethik. Nussbaum will demgegenüber wieder die Reichhaltigkeit und Vielfalt ethischer Reflexion vor dem Hintergrund dichter Lebenskontexte zurückgewinnen. Sie sucht nach einem empirienahen Ansatz, der auf jene rigoros aprioristische Akzentuierung verzichtet, deren Kehrseite in einem mangelnden Bezug zu den Bedingungen liegt, die Menschen als Menschen und deren Lebensformen charakterisieren.

Ihr Anliegen mag auch klarer und verständlicher werden,

wenn man sich an das Werk eines anderen Philosophen erinnert, der die Ethik in eine enge Verbindung bringt mit dem Nachdenken über die menschliche Natur: David Hume.[8] Aus einer Analyse der Affekte und Empfindungen, der Eigentümlichkeiten menschlichen Daseins und der entsprechenden Motive und Bestrebungen von Personen, der Beschreibung von Lebenssituationen, Umgangsformen und Handlungsweisen, die unsere Zustimmung finden und unseren Abscheu erregen, entwickelt Hume eine für moralische Gefühle sensible Theorie darüber, welches Verhalten moralische Billigung verdient und welches nicht. Ähnliche Wege geht Nussbaum; nicht zuletzt untermauern ihre Arbeiten zum Verhältnis von Ethik und Literatur, ihre Untersuchungen, in welcher Form uns das Vertiefen in Erzählungen und Romane und die Lebenswelten ihrer Protagonisten ethische Einsichten vermittelt und unsere Empfindungen formt, eine der grundlegenden Thesen Humes: daß Moral wesentlich mit dem »Fortgang der Gefühle« zusammenhängt. Eine Rehabilitierung des Begriffs der menschlichen Natur in einer aussagekräftigen Theorie, die nicht nur an die aristotelische Position anknüpft, sondern auch die einschlägigen Theorien des 18. Jahrhunderts berücksichtigt, ist auch insofern bedeutsam, als damit ein Korrektiv zu der auf ein darwinistisch-evolutionäres Paradigma reduzierten Natur-Konzeption der Soziobiologie gefunden wäre.

Strukturell gesehen entspricht Nussbaums Konzeption einer Tugendethik. Die in den letzten Jahren zu beobachtende Renaissance tugendethischer Überlegungen erklärt sich nicht zuletzt aus der Enttäuschung über die unzulängliche Kontextsensitivität grundsatzorientierter Moraltheorien. Ansätze, die das Schwergewicht auf moralische Regeln legen, berücksichtigen nach Meinung vieler Kritikerinnen und Kritiker Partikularitäten und Situationsbesonderheiten nicht genügend; der grobe Raster universeller Regeln versage vor der Aufgabe, die Feinnuancen unseres Verhaltens, denen sehr wohl moralisches Gewicht zukomme, einzubeziehen. Der Begriff der Tugend scheint vielen geeigneter, den Verästelungen des moralischen Spektrums im komplexen Gefüge zwischenmenschlicher Begegnungsformen zu folgen und die vielfältigen Motive, Absichten und Beweggründe unseres Handelns dem sezierenden Blick moralischer Analyse zu unterwerfen. Die Anziehungskraft dieses Begriffs, der auf die Bedingungen individuell guten Handelns abzielt, wird insbesondere an zwei für Nussbaums Arbeit charakteristischen Momenten deutlich: ihrer Sicht literarischer Werke »als Partner der ethischen Theorie« und ihrer These, daß eine angemessene Theorie der Moral die philosophische Rehabilitierung der Gefühle voraussetzt.[9] Gefühle, selbst wenn wir diese im Identifikationsprozeß mit fiktiven Personen durchleben, erweitern unser Wahrnehmungsvermögen und sensibilisieren uns für das moralische Gewicht von Situationen. Die affektive Dimension der Moral, die Fähigkeit zu Empathie und Mitgefühl, welche Nussbaum als so wesentlich erachtet, ist über moralische Prinzipien und Regeln nicht aufzufangen. Doch die punktuell auf moralische Haltungen und Dispositionen bezogene Kategorie der Tugenden erlaubt die Integration moralischer Empfindungen, denn in der Anteilnahme und emotiven Sensibilität für andere reflektiert sich eine moralisch wertvolle Einstellung.

Aus Nussbaums Aufwertung von Tugenden erklärt sich auch die Konzentration auf eine Theorie des Guten. In Nussbaums aristotelischer Konzeption steht im Gegensatz zu einer deontologischen Ethik nicht die Frage des Sollens, sondern jene nach dem guten Leben im Mittelpunkt. Nun verzichten deontologische Ansätze nicht gänzlich auf den Begriff der Tugenden – Kants *Metaphysik der Sitten* umfaßt ja auch eine Tugendlehre –, allerdings genießen Tugenden in diesen Theorien bloß sekundären Status. Vorrangig sind nach wie vor moralische Regeln, und die Tugenden werden inhaltlich mit Bezug darauf definiert. Dieser konstruktive Zuschnitt, der letztlich zum Verblassen des Tugendbegriffs führt, ist nur durch ein Aufbrechen der Prioritätenordnung zwischen Grundsätzen und Tugenden zu ändern. Moralische Regeln und Tugenden gelten dann als ebenbürtig, ihr moraltheoretischer Status leitet sich gleichermaßen von ein und demselben übergeordneten Gesichtspunkt her. Anders gesagt: Soll der Begriff der Tugenden an Konturen gewinnen und nicht ausschließlich von der Rückbindung an moralische Regeln bestimmt werden, muß es einen von Regeln unabhängigen Parameter geben. Und Nussbaum, hier liegt das spezifisch aristotelische Element ihres Zugangs, sieht diese übergeordnete Instanz in einer Theorie des Guten gegeben, auf der sich ihre Ethik des guten Lebens aufbaut.

Nussbaums hier skizzierte Position bildet auch den Ausgangspunkt ihrer Kritik am Liberalismus. Die Konzentration auf den Begriff des Guten bedeutet für sich genommen schon eine Infragestellung liberaler Ideen, aber der Versuch, eine substantielle Theorie des guten Lebens zu formulieren, wie Nussbaum dies tut, scheint den Boden liberaler politischer Theorie gänzlich zu verlassen. Die Priorität des Rechten vor dem Guten ist eines der definierenden Merkmale des politischen Liberalismus, wie er paradigmatisch im Werk von John Rawls seinen Ausdruck findet. Der Grund, warum nach Rawls das Gute hinter dem Begriff des Rechten zurückzutreten hat, entbehrt nicht einer gewissen Plausibilität: In wertepluralistischen Gesellschaften, die ein bestimmtes Maß individueller Entscheidungsfreiheit zulassen, sei nur Einigkeit über einen Minimalbestand von Grundsätzen des Rechten zu erzielen, nicht aber über das Gute. Die Frage des guten Lebens müsse den Individuen überlassen bleiben. Nun ist zu berücksichtigen, daß Rawls in seiner Gerechtigkeitstheorie selbst eine »schwache« Theorie des Guten voraussetzt und Nussbaum keineswegs auf der Linie eines moralischen Perfektionismus eine Theorie des Guten in einem umfassenden Sinn entwickeln will, die jeglichen Freiraum in der individuellen Auslegung des guten Lebens zerstört. Nussbaum begreift ihre Liste des Guten, wie sie wiederholt betont, als »vage«, als offen für Spezifikationen und Ausformulierungen im konkreten Kontext, wenngleich sie eine gegenüber Rawls' Theorie des Guten »stärkere« Version für unabdingbar erachtet.

In ihrer Auseinandersetzung mit Rawls verfolgt Nussbaum zwei Argumentationslinien. Zum einen kritisiert sie die Zusammensetzung von Rawls' schwacher Theorie des Guten, die seiner Gerechtigkeitstheorie zugrunde liegt und Rechte, Chancen, Einkommen und Selbstachtung umfaßt. Diese sei nicht umfangreich genug und enthalte auch Güter, die nicht unbedingt zu einer Konzeption des Guten gehören sollten, da ihnen für sich genommen kein Wert zukomme. Nussbaum knüpft hier gewissermaßen an eine in der Rezeptionsgeschichte des Rawlsschen Werkes schon sehr früh geäußerte Skepsis an. So weist Thomas Nagel in seiner 1973 erschienenen Besprechung der *Theory of Justice* auf den individualistischen Tenor von Rawls' Minimalkonzeption des Guten hin und hinterfragt deren Neutralität.[10] Die Vorstellung, daß die Parteien im Urzustand, welche die Grundstruktur der wohlgeordneten Gesellschaft bestimmen, auf jeden Fall möglichst viel an Einkommen und Macht wollen, privilegiert die Position bestimmter Subjekte und deren Lebensformen, in denen sich ihre umfassenden Konzeptionen des Guten ausdrücken. Die Annahme der Einkommensmaximierung reflektiert den Wertehorizont konkurrenzorientierter Wettbewerbsgesellschaften und entspricht dem Selbstverständnis jener, die im Wettlauf um Macht, Geld und Ansehen die Antwort auf die Suche nach dem guten Leben finden. Wo erfahren aber die Auffassungen jener Berücksichtigung, die sich bereits mit den in die Minimalkonzeption des Guten einfließenden Akzentsetzungen nicht einverstanden erklären und insofern für ein anderes Wertverständnis plädieren? Die Frage gewinnt besonderes Gewicht, wenn man sich überlegt, wieweit sich mit Betreuungsaufgaben konfrontierte Frauen mit ihren Bedürfnissen und Verantwortlichkeiten in einer nach dieser Gütertheorie modellierten Sozialordnung vertreten finden. Nussbaum, die Geld und Vermögen nicht als Gut per se betrachtet, ist bestrebt, ihre Theorie auf jene Güter zu konzentrieren, die aus einer moralisch-kritischen Perspektive als Werte gelten können und nicht bloß Mittel darstellen.

Des weiteren kritisiert Nussbaum, um ihr zweites Argument anzusprechen, das einen von Amartya Sen formulierten Einwand weiterentwickelt, daß sich Rawls' Minimalkonzeption des Guten auf Grundgüter beschränkt und nicht den Parameter der Funktionsfähigkeiten berücksichtigt. Eine am Ideal der wohlgeordneten Gesellschaft orientierte Theorie der Gerechtigkeit sollte nach Meinung Sens Gleichheit nicht mit einer Gleichverteilung von Grundgütern identifizieren, sondern auch beachten, wozu diese Güter Menschen befähigen und ob sich nicht in diesem »Fähigkeitenraum« eklatante und moralisch nicht tolerierbare Ungleichheiten zwischen den einzelnen Individuen auftun. Für Rawls, der ja seine Gerechtigkeitstheorie mit einer scharfen Absage an den Utilitarismus verknüpft, hängt das Wohlergehen der Gesellschaftsmitglieder nicht von dem Ausmaß ab, in dem die Präferenzen und Wünsche der Gesellschaftsmitglieder befriedigt werden; relevant ist nur, daß sie in gleichem Maße mit Grundgütern versorgt werden, und nicht, wieweit es ihnen gelingt, aus diesen Grundgütern Nutzen oder Befriedigung zu ziehen. Sen, der sich gleichermaßen vom Utilitarismus abgrenzt, kann und will als Theoretiker der Wohlfahrtsökonomie den Gesichtspunkt des Wohlergehens nicht gänzlich vernachlässigen und ortet einen Aspekt dieses komplexen Begriffs in dem Potential, seine Fähigkeiten zu entwickeln. Eine Gleichheitskonzeption sollte auch berücksichtigen, was Güter für Menschen tun und wie sie sich angesichts der Differenzen von individuellen Lebensbedingungen in positive Freiheiten umsetzen: So braucht eine behinderte Person mehr an Gütern als eine nicht-behinderte Person, um in die Nähe jener für ein basales Wohlergehen doch wesentlichen Fähigkeiten und Wahlmöglichkeiten zu kommen, die nicht-behinderten Menschen offenstehen.

Allerdings läßt Sen diesen Raum der Fähigkeiten inhaltlich weitgehend offen. Doch scheint es evident, daß nicht die Ausbildung und Förderung beliebiger Fähigkeiten zählt, sondern nur jener, denen aus moralischen Gründen ein gewisses Gewicht zukommt. Mit der bloßen Erweiterung des Raums positiver Freiheiten ist es nicht getan.[11] So gesehen scheint Nussbaums weitergehender Schritt folgerichtig, den Fähigkeiten-Ansatz mit einer Theorie des Guten zu verbinden. Eine solche übergeordnete Wertekonzeption fängt die Richtungslosigkeit des Ansatzes auf, indem sie die moralisch relevanten Funktionsfähigkeiten im Kontext eines guten Lebens auszeichnet und somit die konkreten politischen Vorgaben einer auf die Befähigung zur autonomen Wahl eines Lebensplanes abzielenden Entwicklungsethik strukturiert.

Nussbaum sucht nach einer Theorie des Guten, die nicht nur unter dem von Rawls gänzlich ignorierten Aspekt der Geschlechtergerechtigkeit glaubwürdig erscheint, sondern die auch eine Alternative zu der am Modell des strategischen Nutzenmaximierers orientierten Werteskala bietet, die einen Großteil der zeitgenössischen Ökonomie dominiert und sich teils auch in der Ethik niederschlägt. Die Zusammensetzung ihrer Liste des Guten, die etwa auch Elemente wie Freizeit, Spiel, Humor und die Beziehungen zur Natur umfaßt, reflektiert ein zutiefst humanistisches Projekt der Sozialkritik: Das Ansinnen, politische Systeme und Gesellschaftsordnungen so zu gestalten, daß sie Menschen ein reichhaltiges und erfülltes Leben zu führen ermöglichen, bedeutet eine spezifische Herausforderung in einer Zeit, in der politische Programme und Zielsetzungen zunehmend auf ein kommerziell verflachtes Verständnis des Wohlergehens reduziert sind. Nussbaum bemüht sich in ihrer Ethik des Guten auch um eine Reformulierung des Begriffs des Wohlergehens, die diesen von der Vereinnahmung durch den Utilitarismus sowie der Identifikation mit simpler Präferenzerfüllung ablöst und tiefere Wertedimensionen aufgreift. Denn ein auf Präferenzen konzentrierter Ansatz scheint eine untaugliche Basis für eine gegenüber der Diskriminierung von Frauen sensible Entwicklungsethik, da gerade Frauen in Entwicklungsländern durch die unhinterfragte kulturelle Dominanz von patriarchalen Traditionen Selbstbescheidung und den Verzicht auf ihre berechtigten Ansprüche so internalisiert haben, daß jede Frage nach ihren unmittelbaren Wünschen und Bedürfnissen den Kern des Problems verfehlt. Der Schwierigkeit, daß sich in diesem Zusammenhang ein überzogenes liberal-aufklärerisches Programm in einen simplen Paternalismus verkehren könnte, der wiederum die Selbstbestimmung und Freiheit von Frauen in Entwicklungsländern untergräbt, versucht Nussbaum zu begegnen, indem sie neben dem tentativen Charakter ihrer Liste des Guten die aktive Teilnahme der betroffenen Frauen in einer kontextsensiblen Umsetzung einfordert.[12] Es geht, wie Nussbaum betont, nicht darum, Menschen eine bestimmte Form des Lebens vorzuschreiben, sondern um das Schaffen der Voraussetzungen, damit Individuen die autonome Wahl eines Lebensplanes überhaupt offensteht.

In gewisser Weise sollte man Nussbaums Kritik an Rawls' Theorie des Guten nicht überschätzen: Ihre Liste des Guten ist weniger als Gegenmodell denn als Erweiterungsvorschlag zu interpretieren, wie auch der Fähigkeiten-Ansatz insgesamt keine Alternative zu Rawls' Grundsätzen der Gerechtigkeit darstellt, sondern eine wichtige theoretische Perspektive für deren Spezifizierung und Modifikation erschließt. Rawls hat in späteren Arbeiten[13] die Grundgüterkonzeption wesentlich weiter gefaßt; neuerdings tendiert er auch dazu, das Gut der Freizeit aufzunehmen. Nussbaum wiederum anerkennt in aktuellen Ausführungen zu ihrer Sicht des Guten den Stellenwert des für politische Gleichheit so zentralen Begriffs der Rechte und versucht, letztere zu integrieren, womit sich insgesamt eine Annäherung der beiden Konzeptionen ergibt. Zudem verdeutlicht die für die Lebensbedingungen der meisten Menschen charakteristische Begrenztheit der Ressourcen die notwendige Einbettung von Nussbaums auf Fähigkeiten zugeschnittener Liste des Guten in eine Theorie der Gerechtigkeit: In Situationen der Güterknappheit müssen Prioritäten in der Förderung verschiedener Fähigkeiten gesetzt und entschieden werden, welchen Menschen womit und in welchem Ausmaß zuerst geholfen werden soll. Wie etwa Susan Wolf einwendet, schiene es reichlich absurd, die Anstrengungen auf eine ideelle Vertiefung der Beziehungen von Menschen zur Natur zu richten, wenn diese Menschen unmittelbar verhungern.[14] Genau dies erfordert eine Gewichtung von Gütern durch Grundsätze der gerechten Verteilung, die über den Begriff des guten Lebens hinausreichen.

Rawls' Theorie des Guten – dies gilt für die ursprüngliche Formulierung wie die späteren Versionen – kennzeichnet eine gewisse Heterogenität; Selbstachtung berührt schlicht eine andere Wertebene als Einkommen. Während wir das eine als Gut per se betrachten, scheint es problematisch, wenn Geld und Vermögen mehr als instrumentellen Status genießen. In seiner schwachen Theorie des Guten ignoriert Rawls diese Ebenendifferenzierung, womit seine Konzeption eines expliziten Korrektivs zu der in kapitalistischen Gesellschaften zunehmenden Kommerzialisierung aller Gütersphären entbehrt. Umgekehrt ist Einkommen ein nicht zu übergehender Parameter in einer Gerechtigkeitstheorie, die auch das Problem ökonomischer Gleichheit und notwendiger Umverteilungen thematisiert, wenngleich es für das Ideal der Gleichheit und das Wertebewußtsein von Gesellschaften insgesamt zerstörerische Konsequenzen hat, wenn die Akkumulierung von Einkommen zu einem Wert an sich avanciert. Nussbaum spricht mit ihrer Kritik in der Tat eine Schwachstelle von Rawls' Theorie des Guten an. Allerdings ist auch in ihrer Liste des Guten das Problem der unterschiedlichen Ebenen nicht eindeutig gelöst – die Fähigkeit, sein Leben in der üblichen Länge zu leben, genießt zweifellos einen anderen Status als die Fähigkeit zu Spiel und Lachen. Zudem bedingt die ausschließliche Konzentration auf Fähigkeiten eine Einengung des Guten, die den unterschiedlichen Dimensionen und Arten von Gütern und Werten nicht gerecht wird. Notwendig ist hier eine mehr als nur Fähigkeiten umfassende plurale Wertetheorie, die den verschiedenen Ebenen von Gütern und Werthaltungen wie auch dem komplexen Ineinanderspielen von materiellen und immateriellen Werten, wie es unser Alltagsleben charakterisiert, Rechnung trägt und gleichzeitig eine kritische Evaluierungsfunktion bewahrt.[15] Eine entsprechende Theorie ist auch aus feministischer Perspektive wichtig, um ein Gegengewicht zu den Wertekonzeptionen zu entwickeln, die auf indirekte oder direkte Weise das Ideal der Gleichheit von Frauen untergraben.

Nussbaum wendet sich zunehmend Fragen der feministischen Philosophie zu, wobei sie vor dem Hintergrund ihrer reichen Kenntnis der Philosophiegeschichte pointiert Stellung zu aktuellen Debatten bezieht. Trotz der erwähnten Kritik an Rawls macht sie in einer scharfen Abgrenzung von Kommunitarismus und postmodernem Relativismus unmißverständlich klar, daß der Liberalismus die theoretische Basis eines für die Probleme interkultureller Ethik sensiblen Feminismus darstellt. Nicht nur Frauen im Westen, auch Frauen in Asien und Afrika, die gegen repressive religiöse Traditionen und ihre physische und psychische Integrität verletzende kulturelle Praktiken kämpfen, artikulieren, wie Nussbaum betont, ihre Kritik und ihre Visionen von Personsein, Autonomie und Anerkennung in der »Sprache des Liberalismus«.[16] Doch ist sie durch ihre direkte Auseinandersetzung mit Fragen der Entwicklungspolitik fern einer universalistischen Rhetorik, die den konkreten Blick auf die Lebensverhältnisse der Frauen in anderen Ländern scheut und gleichzeitig kaschiert, daß man ungeachtet formaler Menschenrechtsbekenntnisse anderen Kulturen mit Herablassung und Ablehnung begegnen kann.

Nussbaums schon angesprochene These, daß eine für partikulare Besonderheiten offene Ethik nicht ohne Einbeziehen der Gefühle auskommt, gewinnt im Kontext feministischer Überlegungen besondere Relevanz. Wie sie am Beispiel literarischer Texte zeigt, zwingen stereotype Verhaltensideale – und dies gilt nicht nur für westliche Gesellschaften – Männer häufig zu einem Verleugnen von Gefühlen, was oft ihre tiefsten und wertvollsten Bindungen zerstört und sie anfälliger für Grausamkeit und Gewalt macht. Eine veränderte Sicht der Gefühle und die Auflösung der herkömmlichen Geschlechtersymbolik sind gerade im Kontext einer Entwicklungsethik wichtig, da im Zuge kolonialer Verhaltens- und Denkmuster die Abwertung der Empfindungen häufig auf die Menschen fremder Kulturen projiziert wurde und besonders Frauen diesem Mechanismus der wechselseitigen Vorurteilsverstärkung ausgesetzt waren.

Dieses Projekt einer soziale Konstruktionen transzendierenden Rückholung der Gefühle erklärt, warum Nussbaum die Verbindung von Literatur und Moral für so bedeutsam erachtet. Literarische Texte sind als Einladungen an die Leser, sich in andere zu versetzen und deren Lebensbemühungen, Glücksmomente, Motivationen, Zwiespältigkeiten, Enttäuschungen und

Scheitern nachzuvollziehen, auch Formen der moralischen Erziehung – insbesondere einer Schulung der Empfindungen und der Urteilskraft, die für die sanfteren Färbungen zwischenmenschlicher Begegnung sensibilisiert. Nussbaum beschäftigt sich in ihren neueren Arbeiten zunehmend mit der Relevanz dieser Dimension von Moral für die Rechtstheorie und die Praxis der Rechtsprechung. Eine am Modell des engangierten und sensiblen Lesers von Romanen orientierte Form der Urteilssprechung, die auch einen gewissen Raum für die Phänomene der Gnade und des Verzeihens läßt, entspricht nach Nussbaum einem humaneren Verständnis der Gerechtigkeit als die von einem strikt retributiven Denken diktierte Anwendung von Rechtsnormen.

Nussbaums philosophische Arbeiten verbindet in ihrer historischen und thematischen Breite die grundlegende Überzeugung, daß zwei moralische Empfindungen die notwendigen Bedingungen eines gedeihlichen Zusammenlebens der Menschen darstellen: nämlich Achtung und Mitgefühl. Und indem sie die Tatsache universell geteilter Menschlichkeit ernst nimmt, endet die normative Botschaft dieser beiden moralischen Haltungen nicht an den Grenzen westlicher Industriestaaten, sondern bezieht auch jene ein, die in Unterdrückung, Not und Elend an den Rändern oder jenseits der Welt des Wohlstands leben.

Der aristotelische Sozialdemokratismus

»Kein Bürger darf an Lebensunterhalt Mangel leiden«

Aristoteles sprach über den Menschen und das gute menschliche Leben. Er sprach auch über die Gestaltung der staatlichen Institutionen in den vielen Lebensbereichen, die seiner Ansicht nach in die Zuständigkeit des Gesetzgebers fallen sollten. Er verknüpfte diese beiden Reflexionsebenen mit einer bestimmten Konzeption von der Aufgabe staatlicher Planung. Diese Aufgabe besteht seiner Ansicht nach darin, jedem Bürger die materiellen, institutionellen und pädagogischen Bedingungen zur Verfügung zu stellen, die ihm einen Zugang zum guten menschlichen Leben eröffnen und ihn in die Lage versetzen, sich für ein gutes Leben und Handeln zu entscheiden. Im folgenden möchte ich eine philosophische Beschreibung einer auf diesen Aristotelischen Gedanken basierenden politischen Konzeption geben, das Verhältnis dieser Konzeption zu gewissen Formen des Liberalismus darstellen und erklären, warum ich diese Konzeption für wertvoll und vielversprechend halte. Wie in meinem Titel angedeutet, glaube ich, daß diese Konzeption die philosophische Grundlage für eine bestimmte Variante des Sozialdemokratismus abgeben kann – eine Variante, die wichtige Merkmale mit bestimmten, in der jüngsten Debatte verteidigten Formen des Liberalismus teilt, andererseits aber in entscheidenden Punkten mit dem Liberalismus bricht.

Wir können die Untersuchung dieser Konzeption damit beginnen, daß wir uns drei Abschnitte aus der *Politik* des Aristoteles anschauen:

> »Denn was wir in größter Menge und am häufigsten für unseren Körper brauchen, alles das hat auch den meisten Einfluß auf unsere Gesundheit, Wasser und Luft aber haben von Natur diese Wirkung. Daher muß in einsichtig geleiteten Staaten [...] eine Scheidung vorgenommen werden zwischen dem Wasser, das nur zum Trinken verbraucht werden darf, und dem, welches zu allem übrigen Bedarf verwendet werden soll.« (*Politik* 1330 b 11)
>
> »Jetzt ist nun aber zunächst über die Verteilung und darüber,

wer und von welcher Art die Bebauer des Landes sein müssen, zu reden, insofern wir nämlich behaupten, daß weder, wie andere behauptet haben, der Besitz ein gemeinsamer sein dürfe, sondern nur dadurch, daß der Gebrauch desselben wie unter Freunden vor sich geht, ein gemeinsamer werden müsse, noch auch andererseits irgendein Staatsbürger an Lebensunterhalt Mangel leiden dürfe. Und dazu kommt noch, daß die gemeinsamen Mahle allgemein als zweckmäßig für wohleingerichtete Staaten gelten. [...] Nun müssen an ihnen aber alle Staatsbürger teilnehmen, und nicht leicht ausführbar ist es, wenn arme Leute aus eigenen Mitteln den Beitrag zu ihnen liefern und dabei für den eigenen Haushalt sorgen sollen. [...] Hiernach ist es denn nun erforderlich, daß der ganze Grund und Boden in zwei Teile geteilt wird und der eine derselben Gemeinbesitz, der andere aber Privatbesitz ist, und daß dann ferner beides wieder in je zwei Teile zerlegt wird, indem vom Gemeindeland der eine Teil zur Bestreitung der Kosten des Gottesdienstes und der andere für die Ausrüstung der gemeinsamen Mahlzeiten verwandt wird, von den Privatländereien aber der eine Teil der nach den Grenzen des Landes und der andere der nach der Stadt zu liegende ist, auf daß dergestalt, indem jedem Bürger zwei Landgüter zugeteilt werden, ein jeder an beiden Örtlichkeiten Anteil hat. Einmal nämlich wird so den Forderungen der Gleichheit und der Gerechtigkeit entsprochen [...].« (*Politik* 1329 b 39 ff.)

»Die Regierung des Staatsmannes aber ist eine Herrschaft über Freie und Gleichgestellte.« (*Politik* 1255 b 20)[17]

Im ersten Abschnitt findet ein rascher Übergang statt. Von der Tatsache, daß Wasser und Luft von großer Bedeutung für die Gesundheit sind, die wiederum ein zentraler Bestandteil des guten menschlichen Lebens ist, wird direkt abgeleitet, daß die ausreichende Bereitstellung dieser Ressourcen (worunter, wie wir später sehen, sauberes Trinkwasser und gesunde Luft verstanden werden) die Aufgabe des Staates sei.

Im zweiten Abschnitt wird ein ähnlicher Schritt vollzogen, der zu einem noch bemerkenswerteren Ergebnis führt. Die Argumentation verläuft folgendermaßen: Die Teilnahme an den gemeinsamen Mahlzeiten ist ein wertvoller Bestandteil des sozialen Lebens. Aber ein System uneingeschränkten Privateigentums schafft eine Situation, in der die Armen nicht an ihnen partizipieren können, so daß sie einen wertvollen Teil ihrer staatsbürgerlichen Existenz verlieren (wir werden diese Prämisse gleich untersuchen). Aus Gründen, die in diesem Abschnitt nicht angegeben werden (wir werden diese Gründe später erörtern), ist jedoch auch ein System nicht akzeptabel, das gar kein Privateigentum zuläßt. Aristoteles' Schlußfolgerung: Wir möchten ein System, das ein bestimmtes Maß an Privateigentum kennt, aber auch gewährleistet, daß kein Bürger an Lebensunterhalt Mangel leidet – sowohl im Hinblick auf die gemeinsamen Mahlzeiten als vermutlich auch im Hinblick auf andere für wertvoll erachtete Dinge. Die vorgeschlagene Lösung ist selbst vom Standpunkt des heutigen Wohlfahrtsstaates aus ungewöhnlich. Denn sie sieht vor allem vor, daß die Hälfte des Grund und Bodens Gemeineigentum ist. Mit der Hälfte des Ertrags dieses Teils werden die Kosten für öffentliche Veranstaltungen bestritten (zu denen beispielsweise Aufführungen von Tragödien und musikalische Darbietungen gehören – dieser Teil scheint also in erster Linie der Erziehung zu dienen). Die andere Hälfte wird direkt dazu verwendet, die Teilnahme aller Bürger an den gemeinsamen Mahlzeiten zu ermöglichen.

Aristoteles stellt hier seine Lösung für ein Problem dar, das er zuvor erörtert hat. Gemeinsame Mahlzeiten, so hat er ausgeführt, sind sehr wichtig für die Ernährung aller Bürger und dienen außerdem dem Zusammenhalt der Gemeinschaft (1272 a 19-20). In Sparta wird von jedem Bürger verlangt, aus seinen eigenen Mitteln einen Beitrag zu diesen Mahlzeiten zu leisten. Derjenige Bürger, der diesen Beitrag nicht aufbringen kann, wird nicht nur von den gemeinsamen Mahlzeiten ausgeschlossen, sondern verliert zur Strafe auch die Verfassungsrechte (1271 a 26-37, 1272 a 12-21). Aristoteles kritisiert dieses System, lobt statt dessen aber das kretische, das »mehr den Charakter der Gemeinschaftlichkeit trägt« – denn die gemeinsamen Mahlzeiten werden mit dem Ertrag aus dem Vieh und den Feldfrüchten des Gemeindelandes und mit den Abgaben der Hintersassen finanziert. Hier folgt sein Staatsideal dem kretischen Modell, aber er geht noch weiter. Denn da er den abhängigen Nicht-Staatsbürgern keine Abgaben auferlegen will, muß er davon ausgehen, daß ein sehr großer Teil des Grund und Bodens für die Gemeinschaftsangelegenheiten bereitgestellt wird.

Aber damit nicht genug. Denn Aristoteles hat uns auch gesagt, daß es einen »gemeinsamen Gebrauch« des Landes geben wird, das sich in Privatbesitz befindet. Was meint er damit? Der betreffende Abschnitt verweist auf eine Stelle im zweiten Buch, wo es heißt, der Gesetzgeber müsse Sorge dafür tragen, daß die Bürger ihren Besitz anderen zur Verfügung stellen, und zwar nicht nur persönlichen Freunden, sondern auch »zum gemeinsamen Gebrauch aller«. Er gibt einige Beispiele: »Wie man zum Beispiel auch in Lakedaimon die Sklaven anderer [...] wie seine eigenen gebraucht, und ebenso Pferde und Hunde, und wenn es an Wegzehrung fehlt, die Feldfrüchte auf dem Land« (1263 a 30 ff.). Aristoteles verrät uns nicht, wie der Gesetzgeber dieses Ziel erreichen kann. Klar ist nur, im aristotelischen Staat ist alles so geregelt, daß jeder Bürger zu jedem Zeitpunkt mit dem Lebensnotwendigen versorgt ist. Selbst dort, wo Privateigentum zugelassen ist, hat es nur vorläufigen Charakter und muß zurückstehen, wenn Bedürftigkeit geltend gemacht wird. Diese komplexe Lösung wird mit der Begründung verteidigt, daß sie sowohl der Gerechtigkeit als auch der Gleichheit diene.[18]

Unser dritter Abschnitt definiert die Regierung – die Art von Regierung, die Aristoteles in unseren ersten beiden Abschnitten beschreibt – als eine Herrschaft über Freie und Gleichgestellte. Wie an anderer Stelle klar wird, ist damit zweierlei gemeint: Sowohl der Regierende als auch die Regierten müssen frei und gleichgestellt sein, und sie müssen in gleicher Weise abwechselnd regieren und regiert werden.[19]

Wir haben es also mit drei Aspekten zu tun. Erstens begegnen wir einer Konzeption des guten menschlichen Lebens. Dieses wird hier zwar nicht näher beschrieben, aber wir stellen fest, daß es sowohl die gute Verfassung des Körpers als auch das gute soziale Miteinander umfaßt. Zweitens treffen wir auf eine Konzeption der politischen Herrschaft, der zufolge Ausbildung und Erhaltung der Bedingungen des guten Lebens umfassend zu unterstützen sind (»kein Bürger darf an Lebensunterhalt Mangel leiden«), und diese Unterstützung muß in der Weise gewährleistet sein, daß die Bürger als Freie und Gleichgestellte behandelt werden. Drittens sehen wir die Umrisse einer institutionellen Grundstruktur, die zwar am Privateigentum festhält, ihm aber zugleich zwei Einschränkungen auferlegt: Die eine ist das Gemeineigentum, die andere ein neues Verständnis von Privateigentum als etwas Vorläufigem, das beim Geltendmachen von Bedürftigkeit zurückzutreten hat. Es ist schwierig, sich diese Regelungen in den konkreten Details vorzustellen. Aber soweit ist klar, was gemeint ist.

Ich möchte die Verbindungen zwischen diesen drei Aspekten deutlich machen und zeigen, wie eine bestimmte Auffassung vom guten menschlichen Leben zu einem Verständnis von politischer Herrschaft und damit zu einer politischen Konzeption führt. Wir müssen zuerst fragen, wie die aristotelische Konzeption die Notwendigkeit begründet, erst eine substantielle Theorie des menschlich Guten zu formulieren und dann zu entscheiden, welches die beste staatliche Ordnung ist. Ein großer Teil unserer Aufgabe wird darin bestehen, diese Auffassung vom guten menschlichen Leben zu untersuchen und zu fragen, wie Aristoteles dorthin gelangt. Ich werde zeigen, inwiefern die Auffassung vom guten menschlichen Leben auf einer Konzeption des Menschen beruht. Diese Konzeption werde ich die »starke vage Konzeption [*thick vague conception*] des Menschen« und die damit verbundene Konzeption des guten Lebens die »starke vage Konzeption des Guten« nennen, um sie von denjenigen Konzeptionen des Guten abzugrenzen, die in manchen liberalen Theorien zum Tragen kommen. Mit diesen Bezeichnungen soll gesagt werden, daß es sich um eine (teilweise) umfassende Konzeption des guten Lebens (im Gegensatz zu Rawls' »schwacher« Theorie) handelt, die allerdings einen hohen Allgemeinheitsgrad aufweist und vielfältige Spezifikationen zuläßt. Ich werde zeigen, daß diese Konzeption des Menschen nicht metaphysisch ist, wie ihr von liberalen Theoretikern unterstellt wurde, die ihre eigenen Vorstellungen denen des Aristoteles entgegensetzen. Es handelt sich vielmehr um eine ethisch-politische Konzeption[20] auf einer sehr grundlegenden und allgemeinen Ebene, über die es in verschiedenen Kulturen aller Wahrscheinlichkeit nach ein hohes Maß an Übereinstimmung gibt und die einen Ansatzpunkt für eine interkulturelle ethisch-politische Untersuchung darstellt. Wir werden sehen, welchen Stellenwert die Entscheidungsfreiheit in der aristotelischen Konzeption hat, und fragen, was es bedeutet, daß politische Herrschaft eine Herrschaft über freie und gleichgestellte Bürger ist. Wir werden fragen, welchen Raum sie für eine plurale Spezifikation der Ziele läßt. Dies wird uns in die Lage versetzen, ihr Verhältnis zu den von John Rawls und Ronald Dworkin vertretenen Varianten des Liberalismus und zu einigen theoretischen Grundlagen der skandinavischen Sozialdemokratie zu beschreiben.

Kontext und Motivation

Bevor wir fortfahren, muß ich einige einleitende Bemerkungen machen – zuerst über meinen Umgang mit Aristoteles. Ich werde die im folgenden skizzierte Konzeption eine aristotelische nennen und zu ihrer Erhellung auf Argumente und Beispiele des Aristoteles rekurrieren. Denn ich glaube, daß diese Konzeption in den wesentlichen Punkten eine aristotelische ist; als solche habe ich sie in drei anderen Aufsätzen dargestellt, die sich jeweils mit einem spezifischen Aspekt der Konzeption befassen. »Die Natur des Menschen, seine Fähigkeiten und Tätigkeiten. Aristoteles über die distributive Aufgabe des Staates« befaßt sich mit der allgemeinen Idee, daß eine staatliche Ordnung auf einer bestimmten Auffassung vom guten menschlichen Leben beruhen und daß ihr Ziel darin bestehen muß, dieses gute Leben herzustellen. Die beiden anderen Aufsätze behandeln die Konzeption des Menschen. »Nicht-relative Tugenden: Ein aristotelischer Ansatz« untersucht den Anspruch dieser Konzeption, eine nicht-relative gesellschaftsübergreifende Debatte über menschliche Ziele zu ermöglichen. »Aristotle on Human Nature and the Foundation of Ethics« legt dar, inwiefern die Konzeption des Menschen einen evaluativen und ethisch-politischen und keinen metaphysischen Charakter hat, wie manche Autoren behauptet haben.[21] In all diesen Aufsätzen wird stark textbezogen argumentiert; sie untersuchen u.a. Überdehnungen und scheinbare oder wirkliche Widersprüche in der Darstellung des Aristoteles. Diese Dinge werden hier weniger zur Sprache kommen. Statt dessen möchte ich eine klare philosophische Beschreibung dieser Konzeption geben und aufzeigen, wie ihre verschiedenen Teile zusammenpassen und auf welche Weise sie uns hier und heute eine vielversprechende politische Alternative liefert. Sollten die textbezogenen Argumente der genannten Aufsätze den Leser nicht überzeugen, kann er die Konzeption einfach Konzeption X nennen und sie als solche einschätzen. Manchmal werde ich die philosophischen Argumente, die in den anderen Aufsätzen ausführlich behandelt werden, etwas verkürzt darstellen, um einen Überblick über die Konzeption zu geben. Die Anmerkungen werden zum Teil ausführlichere Textangaben und Kommentare zum Verhältnis des Aristoteles zu der entwickelten Auffassung enthalten.

Zweitens muß ich ein Wort zu meinem eigenen Standort in

der gegenwärtigen Liberalismus-Debatte sagen. Ich habe die ersten und letzten Entwürfe dieses Kapitels in Finnland, an einem Institut zur Erforschung der Grundlagen der Entwicklungsökonomie verfaßt. Der größte Teil meiner Arbeit über die aristotelische Konzeption in den letzten drei Jahren ist hier entstanden, und zwar im Zusammenhang mit einem Projekt, das »Lebensqualität«-Konzepte für Entwicklungsländer erarbeitet.[22] Ich habe den Eindruck, daß ich aufgrund dieses Umstands aus zwei Gründen ein etwas merkwürdiges Verhältnis zur Liberalismus-Debatte habe: Ein großer Teil dieser Diskussion ist in bezug auf ihre Schwerpunktsetzung und Argumentationsweise durch Amerika geprägt. Sie begreift den Liberalismus als eine Tradition, die in Amerika begründet wurde und aus der Aufklärung hervorgegangen ist; und sie behandelt Probleme, die in vielen Fällen kennzeichnend für das politische Leben in Amerika sind.[23] Ich werde diese Fragen nicht ganz außer acht lassen. Aber der Leser sollte wissen, daß die von mir behandelten Problemstellungen nicht sonderlich durch sie beeinflußt sind. Und wenn ich Alternativen verteidige, die keinen Bezug zu dem haben, was im politischen Leben Amerikas heute möglich ist oder im Rahmen der heute vorgeschlagenen Alternativen liegt, so nicht deshalb, weil ich irgendeiner Utopie anhänge oder mich von der politischen Realität distanziere, sondern weil ich mich von diesen spezifischen Alternativen distanziere und für andersartige Alternativen eintrete.

Damit wäre ich bei einem zweiten Unterschied zwischen meinem Ansatz und dem vieler Autoren, die dem Liberalismus zuzurechnen sind. In der gegenwärtigen Diskussion wird der Nationalstaat zumeist als Grundeinheit vorausgesetzt, und Fragen nach der richtigen Verteilung gehen von der Grundstruktur dieser Einheit aus. John Rawls stellt in seinen neuesten Schriften ausdrücklich fest, daß seine Ergebnisse nicht geeignet seien, Fragen nach einer weltweiten Gerechtigkeit oder Fragen der Durchsetzung von Gerechtigkeit in Gesellschaften zu behandeln, die den aus der Aufklärung hervorgegangenen liberal-demokratischen Traditionen fernstehen.[24] Meines Erachtens ist dieser Pessimismus unbegründet und gefährlich. Kulturübergreifende Diskussionen über Fragen der Gerechtigkeit sind vor allem vor dem Hintergrund der zunehmenden Interaktion und Kommunikation zwischen verschiedenen Gesellschaften nicht nur möglich, sondern finden tatsächlich statt. Ich glaube, es ist ein Vorzug einer philosophischen Konzeption, wenn sie solche Diskussionen erklären und zugleich einen Rahmen für ihre Fortsetzung und Ausweitung bieten kann. Und es ist wichtig, daß diese Diskussionen weitergeführt werden. Viele der drängendsten Probleme von Verteilung und Gerechtigkeit, vor denen die Menschen stehen, die in Nationalstaaten leben, sind heute auch internationale Probleme, für deren effektive Lösung es einer weltweiten Kommunikation und gemeinsamer Anstrengungen bedarf. Aristoteles hat Wasser und Luft für Probleme gehalten, die jede Polis allein bewältigen kann; heute sind dies drängende Probleme, die alle Menschen gemeinsam betreffen. Das gleiche gilt für Lebensmittelknappheit, Hunger und die Frage der Erhaltung des Planeten.[25] Wenn wir als Gattung und als Planet überleben wollen, müssen wir weltweit und gemeinsam über Wohlergehen und Gerechtigkeit nachdenken. Ich glaube, eine Auffassung von Gerechtigkeit, die diese Situation nicht mit in Betracht zieht und nicht versucht, Lösungsvorschläge zu machen, ist unvollständig und etwas anachronistisch. Dagegen hat die aristotelische Konzeption mit ihrer Betonung einer guten Lebensführung das große Verdienst, nicht nur nach den Institutionen des einzelnen Gemeinwesens zu fragen, sondern auch mit Grundvorstellungen zu operieren, die von Menschen an vielen Orten und zu vielen Zeiten geteilt werden und geteilt werden können, Vorstellungen, die – so behaupte ich – die Basis für ein Gespräch über politische Grenzen hinweg abgeben können.

Tatsächlich müßte darin auch vom Standpunkt des Rawlsschen Liberalismus aus ein Vorzug der aristotelischen Konzeption liegen. Denn Rawls meint genau wie Aristoteles, daß das Ziel des philosophisch-politischen Theoretisierens nicht nur die Formulierung einer Theorie, sondern auch und vor allem eine bestimmte Praxis sein sollte. Ähnlich wie Aristoteles geht er davon aus, daß die Menschen, die sich diese Fragen stellen, nach einer Konzeption von Gerechtigkeit suchen, nach der sie leben und ihr Zusammenleben gestalten können. Sie suchen nicht ein abgehobenes Gutes ›da draußen‹, sondern etwas, das sie in ihrem Leben verwirklichen können.[26] Wenn also eine notwendige Bedingung für die Realisierbarkeit einer Gerechtigkeitskonzeption in der heutigen Welt ihre Fähigkeit ist, eine Grundlage für einen internationalen Dialog darzustellen, sollte Rawls an der Erfüllung dieser Bedingung genauso interessiert sein, wie

Aristoteles es war. Der erste Teil dieses Konditionalsatzes mag umstritten sein; aber ich glaube, daß es von Jahr zu Jahr mehr Anzeichen für seine Richtigkeit gibt.

Die Priorität des Guten und die Aufgabe des Staates

Die aristotelische Konzeption nimmt an, daß die Aufgabe des Staates nicht richtig verstanden oder gut erfüllt werden kann, wenn sie nicht auf einer ziemlich umfassenden Theorie des menschlich Guten und der guten Lebensführung basiert. Die Aufgabe des Staates wird faktisch durch eine solche Theorie definiert. Aristoteles schreibt: »Daß nun aber die beste Verfassung notwendig diejenige ist, deren Einrichtung dazu führt, daß es mit jedem Einzelnen aufs beste bestellt ist.« Das Kriterium für die Vortrefflichkeit einer staatlichen Verfassung sieht er darin, die in ihrem Bereich lebenden Menschen zu befähigen, sich für ein gutes Leben und Handeln nach Maßgabe der materiellen und natürlichen Bedingungen des Gemeinwesens zu entscheiden (*Politik* 1323 a 17-19). Allerdings können wir seiner Meinung nach nicht wissen, was eine gute Verfassung ist, wenn wir nicht zuerst eine Vorstellung vom guten menschlichen Leben und Handeln entwickelt haben, die es uns erlaubt, die verschiedenen konkurrierenden Konzepte zu beurteilen. Er kommt zu dem Schluß: »Wer über die beste Verfassung die Untersuchung in sachgemäßer Weise anstellen will, der muß notwendig zuerst bestimmen, welches das wünschenswerteste Leben ist. Denn solange dies noch im unklaren ist, muß notwendig auch die beste Staatsverfassung im unklaren bleiben« (*Politik* 1323 a 14-17).

Diese Priorität des Guten bildet den auffälligsten Unterschied zwischen der aristotelischen Konzeption und allen wichtigen liberalen Theorien. Der Unterschied ist jedoch nicht leicht zu fassen; und er ist viel feiner, als zuweilen angenommen wurde. Folglich müssen wir weitere Anstrengungen unternehmen, um genau zu verstehen, was die aristotelische Konzeption in dieser Hinsicht fordert. Dies werden wir in zwei Schritten tun. In diesem Abschnitt werden wir Aristoteles' Idee von der Priorität des Guten darstellen, indem wir seine Argumente mit zwei alternativen Auffassungen vergleichen. Dann werden wir versuchen, diese Argumente in die heutige Diskussion einzuordnen, und anhand einiger Beispiele zeigen, worum es dabei eigentlich geht. Im nächsten Abschnitt werden wir die aristotelische Theorie des Guten selbst untersuchen und fragen, wie weit sie von den »schwachen« Theorien des Guten entfernt ist, die ein Liberaler akzeptieren könnte, und in welcher Weise sie zur Beurteilung staatlicher Ordnungen verwendet wird.

Die aristotelische Konzeption besagt, daß die Aufgabe des Staates sowohl auf *Breite* als auch auf *Tiefe* angelegt ist. Auf *Breite* insofern, als sie das gute Leben nicht nur einer kleinen Elite, sondern aller Mitglieder der Gesellschaft im Auge hat. Sie hat das Ziel, die Lebensumstände eines jeden Mitglieds über eine bestimmte Schwelle hinaus auf eine Stufe zu heben, auf der es ihm möglich ist, ein gutes Leben zu wählen und zu führen. Auf *Tiefe* insofern, als sie es nicht nur mit Geld, Grund und Boden, Chancen und Ämtern zu tun hat, also mit den Gütern, die traditionell vom Staat verteilt werden, sondern mit der Totalität der Fähigkeiten und Tätigkeiten, die das gute menschliche Leben ausmachen.[27] Diese Konzeption steht im Gegensatz zu drei anderen Auffassungen des Verhältnisses zwischen einer Idee des Guten und einer staatlichen Ordnung – die allesamt Analogien in der heutigen liberalen Theorie haben. Es muß betont werden, daß auch die liberalen Theorien einer bestimmten Konzeption des Guten Priorität einräumen: Denn wie Rawls sagt, müssen wir wissen, was wir verteilen, und die Gewißheit haben, daß diese Regelung gut ist.[28] Die Frage lautet demnach: Wie stellt sich die jeweilige Konzeption das Gute vor, um aufgrund dessen die Aufgabe des Staates zu bestimmen, noch vor Überlegungen zu Verteilungsmustern und -prinzipien?

Aristoteles' erster Kontrahent definiert eine gute staatliche Verfassung nach dem gesamten (bzw. durchschnittlichen) Wohlstand, den sie hervorbringt. Diese Position fragt nicht danach, was der Wohlstand für das Leben und im Leben der Menschen bewirkt; sie läßt auch außer acht, wie der Wohlstand verteilt ist. Aristoteles führt als Beispiel die These an, daß der gute Staat der reiche Staat sei, unabhängig davon, was dieser Reichtum bewirkt und wer ihn besitzt. Und er spielt häufig auf politische Meinungen an, die in diese Richtung weisen und die man in einem System wie dem spartanischen vorfindet.[29] Auch in der heutigen Zeit ist die Tendenz zu beobachten, die wirtschaftliche Entwicklung am gesamten bzw. durchschnittlichen Bruttosozialprodukt zu bemessen und die verschiedenen Länder entsprechend in eine Rangfolge zu bringen, ohne weitere Fragen zu stellen.

Aristoteles wendet sich gegen diese Ansicht, da sie das Mittel zum Zweck erhebt und dabei unterstellt, Geld und Besitz seien uneingeschränkt gut, während beides in Wirklichkeit (für den Aristoteliker) keinen Wert unabhängig von seiner Wirkung für das Leben und im Leben der Menschen hat. Da kein bedeutender liberaler Theoretiker und Philosoph einen solchen groben Maßstab für das Gute im Zusammenhang mit der Entscheidung für bestimmte politische Prinzipien verteidigt, werde ich diesem Kontrahenten keine weitere Aufmerksamkeit schenken – und lediglich anmerken, daß dieser Maßstab trotz seiner Grobheit häufig von den Regierungen der liberalen Demokratien angewendet wird, vor allem, wenn es nicht um das Leben ihrer eigenen Bürger, sondern um das von fremden Menschen in fernen Ländern geht.

Die zweite Kategorie von Theorien hält Geld und Besitz ebenfalls für gut, fragt aber nicht nur nach ihrem gesamten bzw. durchschnittlichen Umfang, sondern auch nach ihrer Verteilung. Ein einfaches Beispiel dafür in der antiken Welt – ein direkter Vorläufer des heutigen Liberalismus – ist die Theorie, die Aristoteles Phaleas zuschreibt und der zufolge eine staatliche Verfassung dann gut ist, wenn sie Geld und Besitz gleichmäßig unter den Bürgern verteilt. (Darüber, wie das Wachstum der gesamten Güter zu erreichen sei oder ob man gewisse Ungleichheiten dulden sollte, um dieses Ergebnis zu erreichen, sagte Phaleas anscheinend nichts.)[30]

Differenziertere Varianten einer solchen Auffassung finden sich in den liberalen politischen Theorien von Dworkin und Rawls. Für Dworkin ist die Gleichheit der Ressourcen ein Kriterium für eine gute Verteilung und somit für ein gutes System.[31] Rawls' Theorie des Guten ist mittlerweile sehr komplex geworden, und wir werden später auf sie zurückkommen. Aber wir können mit dem – in einer Eingangsbemerkung dargestellten – Kern der Theorie beginnen. In *Eine Theorie der Gerechtigkeit* sagt Rawls, daß wir vor der Aufstellung von Gerechtigkeitsgrundsätzen eine »schwache Theorie« des Guten benötigen, die sich »auf das Allernotwendigste beschränkt«. Die Liste der »Grundgüter« ist nach Rawls' Verständnis eine Liste von Dingen, die sich rational denkende und handelnde Menschen, was immer sie auch sonst anstreben und planen, als »Vorbedingungen der Ausführung ihrer Lebenspläne« wünschen: »Unter sonst gleichen Umständen haben sie lieber mehr als weniger Freiheit und Chancen, Vermögen und Einkommen.«[32] Ein Index von Grundgütern – in diesem Stadium vor allem von Wohlstand und Einkommen, nicht etwa von Fähigkeiten oder Tätigkeiten – wird herangezogen, um zu bewerten, welchen Menschen in der Gesellschaft es am schlechtesten geht, was als eine Verbesserung der Situation eines Menschen gilt usw. Rawls' zweiter Gerechtigkeitsgrundsatz läßt Ungleichheiten nur dann zu, wenn sie die Lage der (nach dieser Definition) am schlechtesten Gestellten verbessern.

Dem hält die aristotelische Konzeption die intuitive Grundidee entgegen, daß Wohlstand, Einkommen und Besitz schlicht und einfach nichts Gutes an sich sind. Wie viele Menschen auch von dem Wunsch besessen sein mögen, materielle Güter anzuhäufen (und Aristoteles widmet dieser »chrematistischen« Tendenz viel kritische Aufmerksamkeit), letzten Endes handelt es sich doch nur um eine bloße Ansammlung von Dingen. Zwar eine nützliche Ansammlung, aber dennoch eine Ansammlung, die nur dann einen Wert hat, wenn die Güter in den Dienst des Lebens und Handelns von Menschen gestellt werden.[33] So können wir die interessanten Fragen bezüglich ihrer Verteilung – wieviel wir wem und unter welchen institutionellen Bedingungen geben sollten – erst dann beantworten, wenn wir erkennen, was sie für das Leben des Menschen leisten, welche wichtigen Tätigkeiten der Menschen durch sie gefördert oder blockiert werden und wie sich verschiedene Verteilungskonzepte auf diese Tätigkeiten auswirken.[34] »Denn die äußeren Güter haben ihre bestimmte Grenze, wie überhaupt jedes Werkzeug, ein jedes nämlich ist immer nur zu etwas Bestimmtem brauchbar« (*Politik* 1323 b 7-8). Das richtige Maß und die richtige Auswahl lassen sich also nur von der Frage her bestimmen: »Wofür?«

Dieses allgemeine Argument läßt sich durch konkretere Feststellungen erhärten. Erstens weist Aristoteles darauf hin, daß ein Mehr nicht in jedem Fall besser ist, wenn es um Reichtum und Einkommen geht. Jedenfalls haben wir nicht das Recht, dies anzunehmen, bevor wir eine Theorie des guten Lebens entwickelt haben. Wenn etwas einen Wert in sich selbst hat, dann ist ein Mehr wahrscheinlich auch immer besser. Aber wenn wir einräumen, daß Reichtum und Einkommen keinen Wert an sich haben, sondern – zugegebenermaßen sehr vielseitig verwendbare – Mittel darstellen, dann ist die Behauptung, ein Mehr sei immer besser, nicht folgerichtig.[35] Diejenigen, die im liberalen Kapitalismus aufgewachsen sind, empfinden dies als einen häretischen und sehr merkwürdigen Gedanken. Denn hier dominiert die Ansicht, daß ein Mehr unbedingt auch besser sein muß. Für den Aristoteliker ist dieser Gedanke hingegen nicht merkwürdig, sondern selbstverständlich und zentral. Er sieht keinen Sinn darin, materielle Güter für sich selbst oder für andere immer mehr anzuhäufen. Zuviel Reichtum kann zu einem extremen Konkurrenzdenken oder einer extremen Konzentration auf technische und verwaltungsmäßige Aufgaben führen und die Menschen von sozialen Kontakten, von der Beschäftigung mit den Künsten, vom Lernen und Nachdenken abhalten. Wenn dem so ist, sagt der Aristoteliker bereitwillig: Um so schlimmer für den Reichtum. Und er zieht ganz ernsthaft die Möglichkeit negativer Folgen für den Reichtum in Betracht.[36]

Zweitens erkennt der Aristoteliker, daß es in bezug auf die funktionale Rolle, die die äußeren Güter für den einzelnen Menschen spielen, große Unterschiede gibt. In Aristoteles' berühmtem Beispiel ist die richtige Menge von Nahrungsmitteln für den Ringer Milo angesichts seiner Tätigkeit, seiner Größe und seines Berufes eine Menge, die für die meisten Menschen zu groß wäre. Andererseits wäre Milo schlecht dran, wenn er nur so viele Nahrungsmittel bekäme, wie ein kleiner Philosoph benötigt, der einen Großteil seiner Tätigkeit im Sitzen ausübt. Aristoteles sieht auch, daß sich der Bedarf schwangerer Frauen an Nahrungsmitteln und anderen für die Gesundheit wichtigen Gütern sehr von den Bedürfnissen nicht-schwangerer Frauen unterscheidet. Wir könnten noch hinzufügen, daß Kinder einen anderen Bedarf an Proteinen haben als Erwachsene. Und ein Mensch mit Mobilitätsproblemen oder einem fehlenden Körperteil braucht zur Herstellung einer minimalen Mobilität wesentlich mehr materielle Unterstützung als ein Mensch ohne eine solche Behinderung.[37] Wenn wir uns die Gesellschaft näher ansehen, entdecken wir noch mehr Unterschiede. Kinder aus benachteiligten Minderheitengruppen brauchen mehr finanzielle Unterstützung als Kinder aus der Mittelschicht, um Zugang zu den Bildungsmöglichkeiten zu bekommen. Dies können wir erkennen, wenn wir uns anschauen, was zu tun und zu sein sie imstande sind. Wie die Dinge heute liegen, brauchen Frauen mit Kindern, wenn sie erwerbstätig sein möchten, mehr Unterstützung in Form von Kinderbetreuung usw. als andere Erwerbstätige, die nicht mit ähnlichen sozialen Hindernissen zu kämpfen haben.[38] All dies ist ein Grund mehr, warum für den Aristoteliker die zentrale Frage nicht lautet: »Wieviel haben sie?« sondern: »Was können sie tun und sein?« Seiner Meinung nach leistet die Regierung keine gute Arbeit, wenn sie nicht jedes Mitglied der Gesellschaft zum guten Leben und Handeln befähigt – auch wenn sie ihm viele *Dinge* gibt.

Rawls erwidert auf dieses Argument zunächst, daß wir vorerst die Menschen ausklammern sollten, die so schwere Behinderungen haben, daß sie keine »normal kooperierenden Mitglieder der Gesellschaft« sind.[39] Diese Erwiderung erscheint unverständlich: Denn das »normale Kooperieren« wird unter dem Aspekt der zwei »moralischen Fähigkeiten«[40] gesehen, was bedeutet, daß nur Menschen mit schweren geistigen (oder moralischen?) Störungen ausgeklammert werden. Gleichwohl wurde der Einwand vor allem im Zusammenhang mit unterschiedlichen materiellen Bedürfnissen vorgebracht. Es wäre gewiß merkwürdig, einen Menschen mit einem Bein nicht als ein normal kooperierendes Mitglied der Gesellschaft zu betrachten. Und wie gesagt, gibt es auch bei den Menschen, die unter keinen Behinderungen leiden, gravierende Unterschiede, von denen der Gesetzgeber zumindest einige in Betracht ziehen sollte. Die Idee eines normalen Körpers mit normalen Bedürfnissen ist ein Mythos, den der Aristoteliker vermeidet, da er das Hauptaugenmerk auf die Besonderheit des jeweiligen Kontextes richtet.

Rawls' zweite (von Dworkin geteilte) Strategie besteht darin, die Zuteilung von Grundgütern wie Versicherungsleistungen zu betrachten.[41] Wir geben jedem Menschen in bezug auf die Grundgüter *ex ante* die gleiche Erwartung, obwohl *ex post* ein Mensch, der einen Unfall erleidet, letzten Endes mehr bekommt. Dem wäre entgegenzuhalten, daß Unfälle nicht die einzigen und wahrscheinlich auch nicht die wichtigsten Ursachen für unterschiedliche funktionale Bedürfnisse sind. Einige unserer und viele andere denkbare Beispiele beruhen auf nicht-versicherbaren Unterschieden. So habe zumindest ich den Eindruck, daß Rawls die Einwände, die in diesem Punkt gegen ihn erhoben wurden, nicht entkräftet hat.

Kommen wir jetzt von den individuellen Unterschieden zu

unserem dritten Einwand. Wir stellen fest, daß bei jeder zur Zeit bestehenden oder denkbaren Allokationsstruktur Entscheidungen darüber getroffen werden, welche Ressourcen verteilt werden, wie und durch welche Kanäle sie verteilt werden und welche menschlichen Lebensbereiche sie betreffen. Die Regierungen beschließen durchaus, manche menschlichen Tätigkeiten mehr zu unterstützen als andere. Kein moderner Staat verteilt einfach Wohlstand und Einkommen unter seinen Bürgern; statt dessen gibt es Programme zur Unterstützung bestimmter Lebensbereiche – Gesundheit, Bildung und Ausbildung, Verteidigung usw. Jede andere Vorgehensweise würde Verwirrung stiften. Selbst die Antwort auf die Frage »Welche Dinge, über die wir verfügen, sind die nützlichen und nutzbaren Ressourcen?« erfordert *irgendeine* implizite Konzeption des Guten und des guten Lebens und Handelns des Menschen. Vor allem die Entscheidungen darüber, ob und wie Pflanzen, Mineralien und Tiere genutzt werden, erfordert eine Konzeption des guten menschlichen Lebens in Relation zu anderen Arten und zur Natur insgesamt. Kurz: Um auf irgendeine der aktuellen politischen Fragen nach den Ressourcen und ihrer Verteilung durch Programme und Institutionen eine Antwort geben zu können, müssen wir einen bestimmten Standpunkt zu der aristotelischen Frage einnehmen (und tun dies in der Regel auch): Welche menschlichen Tätigkeiten sind wichtig? Was ist für ein gutes menschliches Leben notwendig?[42]

Schließlich kann eine Tätigkeiten-Liste uns etwas sehr Wichtiges zeigen, das eine auf Wohlstand und Ressourcen basierende Konzeption des Guten allein nicht zu zeigen vermag. Sie kann uns zeigen, wo es bei den Zielen, die Menschen zu erreichen versuchen, zu Spannungen und Konflikten kommen kann. Ich denke hier nicht an zwischenmenschliche Konflikte in dem Sinne, daß das Streben von A nach dem Guten A in Konflikt mit dem Streben von B nach dem Guten B gerät. Ich denke vielmehr an Konflikte zwischen Bereichen, die nach allgemeinem Verständnis für das gute Leben notwendig sind: Wenn ein bestimmter industrieller oder wissenschaftlicher Fortschritt mit ökologischen oder gesundheitsrelevanten Werten kollidiert oder wenn die Erfordernisse der Arbeit mit der Aufgabe der Kinderbetreuung konkurrieren. Dabei interessiert uns zunächst, wie diese Konflikte aussehen und wer mit ihnen konfrontiert ist, denn diese Menschen – beispielsweise Frauen oder Männer, die eine

Ganztagstätigkeit mit der Wahrnehmung familiärer Aufgaben verbinden – benötigen normalerweise zusätzliche Ressourcen und unterstützende Systeme, wenn sie genauso gut leben wollen wie Menschen ohne derartige Konflikte. Es reicht nicht, ihnen einfach den gleichen Anteil zu geben; und wir werden ihre Probleme nicht einmal kennenlernen, wenn wir uns mit Ressourcen befassen, ohne eine Vorstellung vom Guten zu haben. Die Förderung des Guten für alle Bürger macht es darüber hinaus erforderlich, daß bei Konflikten zwischen den Komponenten des Guten tiefgreifende Überlegungen über das Gute und darüber angestellt werden, wie Ressourcen und institutionelle Regelungen diese Konflikte entschärfen könnten. Nötig sind auch Überlegungen darüber, welche Konflikte die Regierung zu entschärfen versuchen sollte und welche auf eine tragische Spannung im Guten selbst hindeuten und nicht entschärft werden können, ohne dem Leben etwas von seinem Reichtum zu nehmen. Diese Reflexionen müssen stattfinden, bevor Entscheidungen über die Verteilung von Ressourcen und darüber getroffen werden, welche Dinge Ressourcen sind, die wir nutzen können. In manchen Fällen wird das Nachdenken über die Konflikte zu weitreichenden institutionellen Veränderungen führen, Veränderungen, die nicht einmal vorstellbar gewesen wären, wenn man sich darauf beschränkt hätte, gleiche Mengen von Ressourcen zu verteilen.[43]

Dies sind einige aristotelische Argumente gegen den Liberalismus nach Rawls. Wie wir gesehen haben, wurzeln sie alle in Aristoteles' eigenen Ansichten, und die meisten von ihnen werden ausdrücklich von Aristoteles selbst geäußert. Aber jetzt müssen wir uns mit seinem dritten Kontrahenten befassen. Das ist natürlich der Utilitarist, dessen Ansatz heute in großen Bereichen von Wirtschaft und Politik dominiert.[44] Ähnlich wie Aristoteles meint auch der Utilitarist, der Wert von Ressourcen sei davon abhängig, was sie *für die Menschen* bewirken. Aber er ist insofern liberal oder quasi-liberal, als er die Entscheidung darüber jedem einzelnen überlassen möchte. Er möchte das Gute zu einer Funktion der Erfüllung von Wünschen oder Präferenzen machen, die die Menschen unter den gegebenen Umständen nun einmal haben. Er verwirft die Idee, daß eine objektivere Konzeption des guten menschlichen Lebens notwendig oder wünschenswert ist.

Die Hauptschwierigkeit dieses Ansatzes wird sowohl von der

aristotelischen als auch von vielen liberalen Konzeptionen, einschließlich der Rawlsschen, erkannt.[45] Es ist die von Aristoteles häufig hervorgehobene Tatsache, daß der individuelle Wunsch für fast jede ernstzunehmende Konzeption des Guten ein sehr dehnbarer und unzuverlässiger Wegweiser zum menschlichen Guten ist. Wünsche werden durch die jeweiligen Gewohnheiten und Lebensweisen geformt.[46] Das eine Extrem: Menschen, die in Wohlstand und Überfluß gelebt haben, sind unzufrieden, wenn sie diese Wohlstandsgüter entbehren müssen. Das andere Extrem: Menschen, die in großer materieller Not leben, haben häufig nicht den Wunsch nach einer anderen Lebensweise bzw. sind mit ihrem Leben nicht unzufrieden. Die Menschen passen sich gewöhnlich dem an, was sie haben. In manchen Fällen gelangen sie zu der Überzeugung, daß die Dinge so, wie sie sind, richtig sind; in anderen Fällen sind sie sich möglicher Alternativen nicht einmal bewußt. Die Umstände haben ihre Phantasie eingeschränkt. Wenn wir also auf die Erfüllung von Wünschen und Präferenzen abzielen, wie sie unter den gegebenen Umständen nun einmal vorhanden sind, wird unsere Verteilung häufig nur zur Aufrechterhaltung des Status quo führen.[47]

Der Aristoteliker nimmt den Wunsch als *eine* Sache ernst, die wir berücksichtigen sollten, wenn wir fragen, wie gut es einem System gelingt, die Menschen zu einem guten Leben zu befähigen. Aber er besteht darauf, auch und nachdrücklicher danach zu fragen, was die betreffenden Menschen tatsächlich tun und sein – und wünschen können. Wir schauen uns nicht nur an, ob sie nach Erziehung verlangen, sondern auch, wie sie tatsächlich erzogen werden; nicht nur, ob sie sich selbst als einigermaßen gesund empfinden, sondern auch, wie lange sie leben, wie viele von ihren Kindern sterben, wie es, kurz gesagt, wirklich um ihre Gesundheit steht.[48]

Der aristotelische Ansatz geht, wie gesagt, davon aus, daß die Aufgabe der Regierung in all diesen Dingen sowohl auf Breite als auch auf Tiefe angelegt sein muß. Er richtet den Blick auf jede wichtige menschliche Tätigkeit eines jeden Bürgers. An diesem Punkt müssen wir jedoch eine sehr wichtige Einschränkung einführen. Die Konzeption zielt nicht direkt darauf ab, Menschen dazu zu bringen, auf eine ganz bestimmte Weise zu funktionieren. Sie zielt vielmehr darauf ab, Menschen hervorzubringen, die zu bestimmten Tätigkeiten *befähigt* sind und die sowohl die Ausbildung als auch die Ressourcen haben, um diese Tätigkeiten auszuüben, falls sie dies wünschen. Die Entscheidung ist ihnen überlassen. Und eine der Fähigkeiten, die die aristotelische Regierung am meisten fördert, ist die Entscheidungsfähigkeit: die Fähigkeit, sich dafür zu entscheiden, alle diese Tätigkeiten in Übereinstimmung mit der eigenen praktischen Vernunft auszuüben. Wir werden in den nächsten Abschnitten sehen, daß die Entscheidungsfreiheit für den Aristoteliker bei der Förderung der wirklich *menschlichen* Tätigkeiten in jedem Bereich eine absolut wichtige Rolle spielt. Kurz gesagt: Der Mensch, dem sauberes Trinkwasser zur Verfügung gestellt wird, kann dieses Wasser jederzeit verschmutzen. Der Mensch, der eine Erziehung erhalten hat, hat die Freiheit, sie später zu vergeuden. Der Mensch, der gute Freizeiteinrichtungen hat, braucht sie nicht in Anspruch zu nehmen. Die Regierung fördert Fähigkeiten und überläßt den Rest den Bürgern selbst.[49]

Hier stellen sich viele Fragen; und wir werden darauf zurückkommen. Vorerst sollten wir einfach feststellen, wie sehr diese Einschränkung die Kluft zwischen dem Aristoteliker und dem Liberalen verringert, aber nicht aufhebt. Denn es ist der Wunsch des Liberalen, mit der »schwachen« Theorie des Guten einen Rahmen abzustecken, in dem die einzelnen Individuen frei ihre Entscheidungen treffen können. Der Aristoteliker behauptet, daß die Beschränkung auf eine solche schwache Theorie aber weder den Sinn der instrumentellen Güter aufzeigt noch hinreichende Anhaltspunkte für die Förderung ihres wirklich menschlichen Gebrauchs gibt. Und in der Tat zeigt eine solche »schwache« Theorie dem Gesetzgeber nicht, wie er die Entscheidungsfähigkeit herstellen kann – eine menschliche Fähigkeit, die die gleichen institutionellen und materiellen Voraussetzungen braucht wie jede andere Fähigkeit.

Zwei Beispiele werden diesen Punkt erhellen und die Unterschiede zwischen der aristotelischen Theorie und ihren verschiedenen Gegnern deutlich machen. Stellen wir uns zuerst den Arbeiter vor, den Marx in den *Pariser Manuskripten* von 1844 beschrieb. Dieser Arbeiter verrichtet eine monotone Arbeit in einem großen Industriebetrieb, über den er selbst keinerlei Kontrolle hat. Er ist nicht wohlhabend; im Gegenteil, er leidet Not. Aber die materielle Not ist nur ein Teil seines Problems. Der andere Aspekt ist, daß er weder Entscheidungsfreiheit noch Mitspracherechte in bezug auf seine Arbeit hat und dadurch vom vollen menschlichen Gebrauch der Nahrung und seiner gesamten Sinne entfremdet ist. Marx schreibt: »Es kommt daher zum Resultat, daß der Mensch (der Arbeiter) nur mehr in seinen tierischen Funktionen [...] sich als freitätig fühlt und in seinen menschlichen Funktionen nur mehr als Tier.«[50]

Bei der Beurteilung der Situation dieses Arbeiters werden der Utilitarist, der Liberale und der Aristoteliker verschiedene Fragen stellen. Der Utilitarist wird fragen, was der Arbeiter von seinem Leben hält und was er sich wünscht. Es könnte sich durchaus herausstellen, daß er trotz seiner schlechten Lage weitaus weniger unzufrieden ist, als er sein sollte. Es kann ihm an der Energie fehlen, Wünsche zu entwickeln und sich ein besseres Leben vorzustellen und anzustreben. Diese Deformierung des Wunsches war für Marx eine der schlimmsten Folgen einer solchen Lage. So ist es unwahrscheinlich, daß die Herangehensweise des Utilitaristen zu einer radikalen Kritik an der materiellen Lage des Arbeiters oder zu einer Umverteilung führen wird, die darauf abzielt, seine Lage grundlegend zu verändern.[51]

Die Frage des Liberalen nach den Ressourcen oder Grundgütern wird wahrscheinlich etwas weiter führen. Denn der Liberale fragt nicht nur, wie der Arbeiter seine Lage einschätzt, sondern welche Ressourcen ihm tatsächlich zur Verfügung stehen. Dies hat in der Theorie von Rawls und Dworkin sicherlich eine starke Kritik an der Situation des Arbeiters zur Folge, sofern dieser Mangel leidet, und bedingt eine Umverteilung, die darauf abzielt, ihm mehr Güter zur Verfügung zu stellen. Andererseits ist es wenig wahrscheinlich, daß die liberale Frage nach den Ressourcen zu einer weiterreichenden Kritik an den Produktionsverhältnissen führt, die Marx zufolge das Haupthindernis dafür sind, daß der Arbeiter seine wirklich menschliche Funktion entfalten kann. Wenn er genügend Dinge hat, so hat er nach Auffassung des Liberalen alles, was er braucht, und er wurde gleich behandelt. Der Liberale geht der Sache bezeichnenderweise nicht weiter nach, sucht die Hindernisse für ein gutes Leben nicht in der Struktur der täglichen Interaktion des Arbeiters mit anderen und fragt nicht, ob dessen Leben ihn überhaupt befähigt, von den ihm zugeteilten Ressourcen einen wirklich menschlichen Gebrauch zu machen.[52]

Der Aristoteliker fragt dagegen auf eine sehr weitreichende Art und Weise: Was kann dieser Arbeiter tun und sein? Welche Entscheidungsmöglichkeiten hat er? Wie geht er mit seiner Arbeit und mit anderen Menschen um? Was kann er sich vorstellen, und woran kann er sich erfreuen? Wie ernährt er sich, und wie gebraucht er seine Sinne? Und wie fördern oder blockieren die institutionellen Strukturen und Arbeitsbedingungen sein Tun? Die Aufgabe der Regierung ist der aristotelischen Auffassung zufolge erst dann erfüllt, wenn wir alle Hindernisse beseitigt haben, die zwischen diesem Bürger und der vollen Entfaltung seiner Fähigkeiten stehen. Diese Aufgabe wird dann weit hinausgehen über eine Neuverteilung der Ressourcen. Sie wird im allgemeinen radikale institutionelle und gesellschaftliche Veränderungen umfassen.

Nehmen wir noch einmal die Frauen in einem Dorf in Bangladesch, die Martha Chen in der eindrucksvollen Untersuchung *A Quiet Revolution* beschrieben hat.[53] Diese Frauen hatten in ihrer Gemeinschaft in jedem Lebensbereich eine untergeordnete Stellung. Sie waren weniger gut ernährt als die Männer, weniger gebildet, weniger geachtet. Betrachten wir die Situation unter einem Aspekt, nämlich der Fähigkeit, lesen und schreiben zu können.

Ein wunschorientierter Ansatz, der häufig in diesem und in ähnlichen Fällen angewandt wurde, nimmt an, daß es für die Regierung keinen Grund gibt, sich mit dieser Frage zu befassen, wenn die Frauen selbst nicht mehr Bildung und eine höhere Alphabetisierungsquote fordern. Es werden Umfragen gemacht; die Frauen äußern Zufriedenheit mit dem Stand ihrer Bildung; es werden keine weiteren Anstrengungen unternommen. Wie Chens Bericht deutlich macht, ist dieser Ansatz sehr kurzsichtig, bedenkt man, wie stark die kulturellen Kräfte sind, die die Frauen dahingehend beeinflussen, nicht mehr Bildung zu fordern oder auch nur zu wünschen; zumal wenn man bedenkt, daß es in ihrem Alltag keine Beispiele dafür gibt, was Bildung in einem Leben wie dem ihrigen bewirken und sein könnte, und daß es keine Erfahrungen mit Alternativen gibt, die sie in Erwägung ziehen könnten. Manchmal verhindert die Kombination von Unwissenheit und kulturellem Druck tatsächlich, daß überhaupt der Wunsch nach Bildung entsteht; manchmal verhindert sie nur die öffentliche Artikulation dieses Wunsches. In beiden Fällen wird eine nützlichkeitsorientierte Herangehensweise an gesellschaftspolitische Fragen unfähig sein, den Status quo zu kritisieren, wie ungerecht er im Hinblick auf die Bandbreite menschlicher Möglichkeiten auch sein mag.

Wie Chen die Geschichte dieses Problems beschreibt, wurde als nächstes der liberale Ansatz ausprobiert, und zwar sowohl von einer internationalen Entwicklungsorganisation als auch bis zu einem gewissen Grad von der örtlichen Regierung. Dieser Ansatz bestand darin, den Frauen des Dorfes umfangreiches Unterrichtsmaterial zur Verfügung zu stellen. (Immerhin, dieser Ansatz berücksichtigte die Tätigkeiten und Ressourcen, die für diese Menschen wichtig waren, indem er ihnen Unterrichtsmaterial und nicht nur Geld gab. In diesem Sinne war er schon kein rein liberaler Ansatz mehr, insofern er den Frauen aufgrund ihrer besonderen Benachteiligung mehr gab als den Männern, die nicht in dieser Weise benachteiligt waren.) Dennoch hatte dieser Ansatz wenig Einfluß auf das Leben der Frauen. Deshalb nicht, weil von der Entwicklungsorganisation kein Versuch unternommen wurde, ihre Lebensweise gründlich zu untersuchen und zu fragen, welche Rolle das Lesen-und-Schreiben-Können in diesem Leben spielte und spielen könnte, wie es sich in ihre anderen Tätigkeiten einfügte und welche speziellen Hindernisse dem guten Gebrauch pädagogischer Ressourcen aufgrund ihrer gegenwärtigen Lebensweise entgegenstanden. Den Frauen das Material nur auszuhändigen war nicht genug. Es wurden zum Beispiel nicht die vielen Konflikte thematisiert oder auch nur beschrieben, mit denen eine Frau, die lesen und schreiben konnte, in dieser Gesellschaft wahrscheinlich konfrontiert werden würde.

Das Scheitern dieses liberalen Projekts führte zur Anwendung eines mehr aristotelisch ausgerichteten Ansatzes. Die Forscher schauten sich das Leben der Frauen genauer an und fragten, was die Frauen tun könnten, um die wichtigsten Tätigkeiten auszuüben und ein gutes Leben zu führen. Dies bewirkte, daß sich die ortsansässigen und die ausländischen Frauen in Frauenkooperativen zusammen mit der Rolle der Bildung für das Leben der einheimischen Frauen und mit dem Verhältnis der Bildung zu anderen wertvollen Funktionen befaßten. Dies war der Beginn von vielschichtigen Veränderungen der Rolle der Frauen im Dorf, die die gesamte Struktur der Geschlechterbeziehungen und der Produktionsverhältnisse betrafen. Der Aristoteliker meint, daß solche eine Vorgehensweise die einzige ist, die tief genug geht.[54] Ohne die Frage nach dem Guten, nach der vollen Entfaltung der menschlichen Fähigkeiten und nach den besonderen Hindernissen, vor denen benachteiligte Gruppen stehen, wäre es nicht zu wertvollen sozialen Veränderungen gekommen. Die bloße Bereitstellung von genügend materiellen Gütern war nicht ausreichend. Aber um mehr zu tun, brauchen wir eine Konzeption des Guten.

Der Liberale vertritt den Standpunkt, daß die Bürger als Freie und Gleichgestellte behandelt werden, wenn sie die gleiche Menge von vielseitig verwendbaren Ressourcen bekommen (Dworkin) oder wenn die Ungleichheiten damit gerechtfertigt werden können, daß sie den am schlechtesten Gestellten zugute kommen (Rawls). Der Aristoteliker ist ebenfalls der Ansicht, daß die politische Herrschaft eine Herrschaft über freie und gleichgestellte Bürger ist. Allerdings würden die Bürger nur dann als Freie behandelt, wenn ihnen die notwendigen Bedingungen für die Ausübung von Entscheidungsfreiheit und für die Betätigung der praktischen Vernunft zur Verfügung gestellt werden (dazu gehören Erziehung, Mitwirkung am politischen Leben und der Ausschluß entwürdigender Arbeitsbedingungen). Und sie würden nur dann als Gleichgestellte behandelt, wenn das Leben eines jeden mit Phantasie betrachtet wird und wenn als Folge dessen jeder das erhält, was er oder sie braucht, um fähig zu sein, ein reiches und im vollen Sinne menschliches Leben zu führen, soweit es die natürlichen Möglichkeiten zulassen.

Die starke vage Konzeption des Guten

Sollen wir dem Guten Priorität einräumen, dann müssen wir eine Konzeption des Guten haben. Und hier äußert der Liberale Bedenken. Denn es scheint, als würde jede substantielle Vorstellung des Guten, die Eingang in das politische Denken findet, einseitig für einige Projekte instrumentalisiert, für die die Bürger sich entscheiden, während andere keine Chance hätten. Eine solche Konzeption, so scheint es, gilt als unzulässig paternalistisch, weil sie die Tendenz hat, einige Lebensweisen mehr zu fördern als andere. Außerdem argwöhnen die Liberalen, daß die Entscheidung des Aristotelikers, seine substantielle Konzeption des Guten auf eine bestimmte Vorstellung vom Menschen zu gründen, mit metaphysischen Elementen operiert, die bei den Bürgern umstritten und daher unfähig sind, einen politischen Konsens zu begründen.[55] Folglich muß der Aristoteliker zeigen, welchen Begriff des Guten er hat, wie festgelegt dieser in seinem Inhalt ist, wie (von welchen Hintergrundbegriffen) er abgeleitet ist und was er politisch zu leisten vermag.

Der Aristoteliker arbeitet mit einer Konzeption des Guten, die nicht »schwach« ist, wie Rawls' »schwache Theorie« – das heißt mehr oder weniger auf die Aufzählung von vielseitig verwendbaren Mitteln für ein gutes Leben beschränkt bleibt –, sondern die die menschlichen Ziele in allen menschlichen Lebensbereichen ins Auge faßt. Die Konzeption ist indessen in einem positiven Sinne vage. Das heißt, sie läßt viele Spezifikationen im Konkreten zu und gibt dennoch, wie Aristoteles es ausdrückt, einen »Umriß« des guten Lebens (*NE* 1098 a 20-23). Sie skizziert sozusagen die allgemeinen Konturen des Ziels. Aber trotz der vagen inhaltlichen Vorgaben ist sie von realem Nutzen. Der Aristoteliker läßt sich bei seinem Vorgehen von der Überzeugung leiten, daß es besser ist, mit vagen Aussagen richtig als mit genauen Aussagen falsch zu liegen, und daß wir ohne Anleitung durch eine starke vage Theorie in gesellschaftspolitischen Fragen oftmals genaue, aber falsche Antworten bekommen.

Die starke vage Theorie ist nicht in dem Sinne metaphysisch, wie die Liberalen argwöhnen. Es handelt sich um eine Theorie, die nicht unabhängig vom Selbstverständnis und von den Werturteilen der Menschen in der Gesellschaft formuliert wurde; es ist auch eine Theorie, die sich nicht einer einzigen metaphysischen oder religiösen Tradition verdankt. Statt dessen betrachtet sie die Dinge stark wertend und von einem innerhistorischen Standpunkt aus[56]; darüber hinaus möchte sie so umfassend wie möglich sein und die Grundlage dafür schaffen, daß die Menschen sich über religiöse und metaphysische Unterschiede hinweg als Mitglieder sehr verschiedener Traditionen erkennen und anerkennen können. Wie wir sehen werden, ist der Ausgangspunkt der Theorie eine Konzeption des Menschen. Aber diese Konzeption fußt keineswegs auf einer »metaphysischen Biologie« (wie einige Kritiker des Aristoteles behauptet haben)[57], sondern auf gemeinsamen Mythen und Geschichten unterschiedlicher Zeiten und Orte, Geschichten, die sowohl den Freunden als auch den Fremden erklären, was es bedeutet, ein Mensch und nicht etwas anderes zu sein. Diese Konzeption ist das Ergebnis eines Prozesses der Selbstinterpretation und Selbstvergewisserung, der sich mehr auf die von solchen Geschichten hervorgebrachte Phantasie stützt als auf wissenschaftliche Vernunft. In »Aristotle on Human Nature and the Foundation of Ethics« beschreibe ich diesen Prozeß für eine Gemeinschaft, deren Mitglieder sich selbst und ihren Kindern klarmachen wollen, was es für sie bedeutet, als Menschen zu leben. Eine ebenso wichtige Leistung dieser Geschichten besteht darin, es den Menschen zu ermöglichen, sich auch über größere Entfernungen hinweg als Menschen zu erkennen. Aristoteles schrieb: »Man kann ja auch auf Reisen sehen, wie jeder Mensch dem anderen verwandt und freund ist« (*NE* 1155 a 21-22). Die starke vage Theorie erzählt von solchen Verwandtschaften. Insofern ist sie eine sehr allgemeine, vorläufige und evaluative Theorie: Denn sie enthält die Erkenntnis, daß bestimmte Aspekte des menschlichen Lebens eine besondere Bedeutung haben. Ohne diese würden wir uns selbst und andere nicht als das erkennen, was wir sind; sie sind die Grundlage dafür, daß wir Wesen, die sich durch Ort, Zeit und konkrete Lebensweise von uns unterscheiden, als Mitglieder unserer eigenen Art erkennen.

Die Grundidee der starken vagen Theorie ist, daß wir uns Geschichten von der allgemeinen Form oder Struktur des menschlichen Lebens erzählen. Wir stellen und beantworten die Frage: Was bedeutet es, als ein Wesen zu leben, das sozusagen zwischen den Tieren und den Göttern angesiedelt ist, das bestimmte Fähigkeiten hat, die uns von der übrigen Natur unterscheiden, und das dennoch bestimmte Grenzen aufweist, die durch unsere Zugehörigkeit zur Natur bedingt sind? Die Idee ist, daß wir eine vage Vorstellung davon teilen, was es bedeutet, als Mensch in der Welt zu leben, und daß der Übergang in eine ›höhere‹ oder ›niedere‹ Sphäre uns zu Wesen machen würde, die keine menschlichen mehr sind (da wir die artgemäße Identität als ein für die personale Identität zumindest notwendiges Element betrachten) – zu Wesen, die nicht mehr wir selbst sind. Diese Vorstellung ist häufig in Mythen beschrieben (und verewigt), insbesondere in Mythen von nicht-menschlichen, anthropomorphen Geschöpfen, die entweder tier- oder gottähnlich sind[58] und unserer Phantasie die Frage aufzwingen: »Warum gelten sie uns nicht als Menschen, wenn diese Geschöpfe doch den Menschen ähneln?« Auf diese Weise lernen wir etwas über uns selbst.[59]

Nehmen wir zum Beispiel die zahllosen Geschichten der alten Griechen über die Götter des Olymps – Wesen, die wie

Menschen aussehen, die meisten ihrer Wünsche und Begierden teilen, aber unsterblich und bis zu einem gewissen Grad unverletzbar sind. Wenn wir uns diese Wesen vorstellen, fragen wir, was uns die große Kluft, die wir zwischen ihrer und unserer Lebensweise empfinden, in bezug auf die Rolle lehrt, die bestimmte natürliche Grenzen für unsere Identität spielen. Nehmen wir die Zyklopen, Wesen also, die eine menschliche Gestalt und Form haben, die aber isoliert und fernab von der Gemeinschaft leben und denen jegliche Empfänglichkeit für die Bedürfnisse anderer, jeglicher Sinn für Gemeinschaft und menschliche Bindung fehlen. Was lernen wir in bezug auf unser eigenes Selbstverständnis, wenn wir feststellen, daß unsere Geschichten solche Geschöpfe als nicht-menschliche Ungeheuer betrachten?

Soviel zu meiner Vorgehensweise. Da solche Geschichten große kulturübergreifende Übereinstimmungen aufweisen und bestimmte Erfahrungen als konstitutiv für das Menschsein betrachten, haben wir Grund zu der Hoffnung, durch diese Vorgehensweise und durch den Einsatz unserer Phantasie am Ende zu einer Theorie zu gelangen, die nicht nur unsere eigenen lokalen Traditionen darstellt, sondern auch für kulturübergreifende Spezifikationen offen ist. Es wäre in der Tat überraschend, wenn dem nicht so wäre, da die von uns gestellte Frage lautet: Welche Merkmale sind uns als Menschen gemeinsam und führen dazu, daß wir andersartige, wie weit entfernt von uns lebende, Wesen als Menschen erkennen, während wir andere Wesen, auch wenn sie uns oberflächlich ähneln, unter keinen Umständen als Menschen anerkennen?[60]

Die Liste, die wir durch derartige Überlegungen erhalten, muß offen sein. Denn es soll die Möglichkeit bestehen, daß irgendeine in unserer Vorstellung bislang nicht vorhandene Veränderung unserer natürlichen Optionen sich auf die konstitutiven Merkmale auswirkt, so daß manche weggenommen, andere hinzugefügt werden. Wir möchten auch die Möglichkeit offenlassen, durch unsere Begegnung mit anderen menschlichen Gesellschaften bestimmte Elemente unserer Auffassung vom Menschen zu revidieren, indem wir beispielsweise erkennen, daß gewisse Merkmale, die wir als wesentlich betrachteten, in Wirklichkeit ausgesprochen beschränkt sind. Dabei müssen wir betonen, daß unsere Arbeitsliste, wie die meisten Listen des Aristoteles[61], nicht als eine systematische philosophische Theorie zu verstehen ist, sondern als eine Zusammenfassung unserer bisherigen Vorstellungen und als eine intuitive Annäherung, die keine Vorschriften formulieren, sondern die Aufmerksamkeit auf gewisse, besonders wichtige Bereiche lenken möchte. Diese Liste ist nicht nur intuitiv, sondern auch heterogen; denn sie enthält sowohl Grenzen, gegen die wir andrängen, als auch Fähigkeiten, die wir entfalten möchten. Dies ist nicht überraschend, denn unser Ausgangspunkt war eine allgemeine intuitive Vorstellung von einem Wesen, das sowohl Fähigkeiten als auch Bedürfnisse hat. Wir werden auf diesen Punkt zurückkommen und darstellen, wie er sich auf den politischen Gebrauch auswirkt, den wir von der Liste machen.[62]

Hier also eine erste Annäherung an eine Darstellung dessen, was ein Leben auszumachen scheint, das wir als ein menschliches Leben betrachten.

Ebene A der starken vagen Konzeption: Die konstitutiven Bedingungen des Menschen (oder: Die Grundstruktur der menschlichen Lebensform)

Sterblichkeit

Alle Menschen haben den Tod vor sich und wissen ab einem bestimmten Alter, daß sie ihn vor sich haben. Diese Tatsache prägt mehr oder weniger jedes andere Element des menschlichen Lebens. Außerdem haben alle Menschen eine Abneigung gegen den Tod. Obwohl es viele (von Mensch zu Mensch und von Kultur zu Kultur unterschiedliche) Umstände gibt, in denen der Tod den vorhandenen Alternativen vorgezogen wird, trifft es dennoch zu, daß die Menschen im allgemeinen leben möchten und, wie Lucretius' »erste Sterbliche« (vor jeder Kultur), mit Angst und Kummer »das süße Licht des Lebens« verlassen.[63] Wenn wir einem unsterblichen anthropomorphen Wesen begegnen würden, wäre dessen Lebensform so anders als unsere eigene, daß wir es kaum als einen Teil unserer Art betrachten könnten. Das gleiche würde zutreffen, wenn wir ein sterbliches Wesen treffen würden, das nicht die Neigung hätte, den Tod zu vermeiden oder nach Weiterleben zu streben.[64]

Der menschliche Körper

Wir leben unser gesamtes Leben in einem bestimmten Körper, dessen Möglichkeiten und Verletzbarkeiten als solche einer menschlichen Gesellschaft nicht mehr eignen als einer anderen. In diesen Körpern, die (trotz einer enormen Bandbreite) mehr Ähnlichkeiten als Unähnlichkeiten aufweisen, sind wir sozusagen beheimatet, und sie eröffnen uns bestimmte Möglichkeiten und versagen uns andere. Wir sind dermaßen an unseren Körper gewöhnt, daß wir leicht vergessen, wie sehr er sich von anderen Körpern und denkbaren Körpern (und von dem Zustand der Körperlosigkeit) unterscheidet, wie weitgehend und tiefgehend er unsere Möglichkeiten bestimmt. Die Tatsache, daß jeder Mensch irgendwo gelebt und zu irgendeiner Kultur gehört hat, begründet einen großen Teil unseres gegenseitigen Erkennens; und diese Tatsache hat viel mit dem spezifisch menschlichen Charakter des Körpers und seiner Verschiedenheit von anderen Körpern zu tun. Die Körpererfahrung ist kulturell geprägt; aber der Körper selbst, dessen Erfordernisse nicht kulturbedingt sind, setzt den möglichen Erfahrungen Grenzen und sorgt für viele Überschneidungen.[65]

Es gibt natürlich viele Meinungsverschiedenheiten darüber, *in welchem Maße* menschliche Erfahrungen körpergebunden sind. Hier kommt auf eine nicht unbeträchtliche Weise die Metaphysik ins Spiel. Daher werde ich entsprechend dem allgemeinen nicht-metaphysischen Charakter der Liste an dieser Stelle nur diejenigen Merkmale anführen, die selbst von metaphysischen Dualisten als körperliche anerkannt würden. Die umstritteneren Merkmale (Wahrnehmung, Denken usw.) werde ich gesondert behandeln und dabei nicht auf die Frage des Dualismus eingehen.

1. *Hunger und Durst: das Bedürfnis nach Essen und Trinken.* Alle Menschen brauchen zum Leben Essen und Trinken; und alle bedürfen einer vergleichbaren Ernährung, auch wenn diese unterschiedliche Formen hat. Die Zugehörigkeit zu einer bestimmten Kultur ändert nichts am menschlichen Stoffwechsel. Außerdem haben alle Menschen Gelüste, die auf Bedürfnisse verweisen. Die Empfindung von Gelüsten ist bis zu einem gewissen Grad kulturell bedingt; und manchmal entsprechen sie nicht dem, was der Körper wirklich braucht. Aber trotzdem

entdecken wir starke Ähnlichkeiten und Überschneidungen. Überdies wollen die Menschen im allgemeinen weder Hunger noch Durst leiden (wenngleich sie sich vielleicht aus irgendeinem Grund für das Fasten entscheiden). Aristoteles bemerkt dazu, daß wir, wenn wir auf jemanden stoßen würden, der weder Hunger noch Durst hätte oder nicht essen und trinken würde, zu dem Urteil gelangen würden, daß dieser Mensch »dem Menschsein überhaupt ferne« sei (*NE* 1119 a 7-10).

2. *Das Bedürfnis nach Schutz.* Ein häufig wiederkehrendes Thema in den Mythen ist die Nacktheit des Menschen, seine relative Anfälligkeit und Empfindlichkeit gegenüber Hitze, Kälte und den Elementen generell. Die Geschichten, die den Unterschied zwischen unseren Bedürfnissen und denen von Wesen untersuchen, die mit einem Fell oder einem Panzer ausgestattet oder anderweitig geschützt sind, erinnern uns daran, wie sehr unser Leben durch das Bedürfnis bestimmt wird, uns vor Kälte oder übermäßiger Hitze, vor Regen, Wind, Schnee und Frost zu schützen.[66]

3. *Sexuelles Verlangen.* Obwohl das sexuelle Verlangen ein weniger starkes Bedürfnis als das nach Essen, Trinken und Schutz ist, ist es mehr oder weniger ein Merkmal eines jeden menschlichen Lebens. Aristoteles zählt es zu den Bedürfnissen, deren völliges Fehlen darauf verweisen würde, daß ein Wesen weit vom Menschsein entfernt ist. Es war und ist ein sehr starker Grund dafür, daß wir andere, die sich von uns unterscheiden, als Menschen erkennen.

4. *Mobilität.* Wir sind, wie seit alters her gesagt wird, Zweibeiner ohne Federn – das heißt Geschöpfe, deren Lebensform teilweise in der Fähigkeit besteht, sich auf bestimmte Weise von einem Ort zu einem anderen zu bewegen, und zwar nicht nur mit Hilfe der von uns hergestellten Hilfsmittel, sondern auch mit unserem eigenen Körper. Menschen bewegen sich gerne und sind nicht gerne ihrer Mobilität beraubt. Ein anthropomorphes Wesen, das, ohne behindert zu sein, beschließen würde, sich von der Geburt bis zum Tod nicht zu bewegen, würde kaum als ein menschliches Wesen betrachtet; und ein Leben ohne jede Mobilität scheint nicht ein im vollen Sinne menschliches Leben zu sein.

Die Fähigkeit zum Erleben von Freude und Schmerz

Das Erleben von Schmerz und Freude ist allen Menschen gemeinsam – auch wenn seine kulturellen Ausdrucksformen und bis zu einem gewissen Grad das Erleben selbst unterschiedlich sind. Außerdem ist die Abneigung gegen den Schmerz als ein Grundübel ein naturwüchsiger und anscheinend nicht erlernter Teil des Menschen. Eine Gesellschaft, deren Mitgliedern diese Abneigung gänzlich fehlen würde, würde sicherlich als eine betrachtet, die außerhalb der menschlichen Grenzen steht.[67]

Kognitive Fähigkeiten: Wahrnehmen, Vorstellen, Denken

Alle Menschen haben eine Sinneswahrnehmung, die Fähigkeit, sich etwas vorzustellen, zu denken, Entscheidungen zu treffen; sie »streben nach Wissen«, wie es in dem berühmten Satz des Aristoteles heißt (*Metaphysik* I.1). Und diese Fähigkeiten gelten als wertvoll. Es ist eine offene Frage, welche Art von Unfällen oder Behinderungen, die Menschen in diesen Bereichen zustoßen können, uns zu dem Schluß gelangen lassen, daß ihre Lebensform nicht mehr eine menschliche ist. Aber wir können mit Sicherheit sagen, daß wir uns eine Gesellschaft, deren Mitgliedern die Sinneswahrnehmung, das Vorstellungsvermögen oder das Denkvermögen gänzlich fremd wäre, nicht als eine menschliche Gesellschaft vorstellen würden, wie immer sie auch aussähe.

Frühkindliche Entwicklung

Alle Menschen beginnen ihr Leben als hungrige Säuglinge, die ihre eigene Hilflosigkeit empfinden und abwechselnd Nähe und Distanz zu dem- oder denjenigen erfahren, von denen sie abhängig sind. Diese gemeinsame Struktur des Lebensanfangs – die in verschiedenen gesellschaftlichen Formationen sehr unterschiedlich ausgeformt ist – führt zu vielen sich überschneidenden Erfahrungen und Erlebnissen, die für die Herausbildung von Wünschen und Gefühlen von großer Bedeutung und ein wichtiger Grund dafür sind, daß wir uns in den emotionalen Erlebnissen derjenigen wiedererkennen, deren Leben sich ansonsten von dem unsrigen sehr unterscheidet. Über die Vorzüge der einen oder anderen psychoanalytischen Theorie über die frühe

Kindheit läßt sich streiten; daß es eine allgemeine und gemeinsame Struktur von tiefer Bedeutung gibt, ist jedoch unbestreitbar. Die Arbeiten von Freud über frühkindliche Bedürfnisse und von Melanie Klein über Schmerz, Verlust und andere Gefühle konnten, trotz einiger kulturspezifischer Unterschiede des untersuchten Materials, einen Teil des Terrains unseres gemeinsamen Menschseins abstecken. Wenn wir einer Gruppe menschlich wirkender Wesen begegnen und dann entdecken würden, daß sie niemals Säuglinge waren und folglich nie die Erfahrung von extremer Abhängigkeit, Bedürftigkeit und Zuwendung gemacht hätten, würden wir wohl zu dem Schluß kommen, daß ihre Lebensform sich so sehr von der unsrigen unterscheidet, daß sie nicht als Angehörige unserer Art betrachtet werden könnten.[68]

Praktische Vernunft

Alle Menschen planen und führen ihr Leben (oder versuchen es zumindest), indem sie Fragen nach dem Guten und dem erstrebenswerten Leben stellen und beantworten. Außerdem möchten sie in ihrem Leben ihre Gedanken verwirklichen – also fähig sein, Entscheidungen zu treffen, Bewertungen vorzunehmen und entsprechend zu handeln. Diese allgemeine Fähigkeit hat viele konkrete Formen und ist auf komplexe Art und Weise mit anderen emotionalen, imaginativen und intellektuellen Fähigkeiten verbunden. Aber ein Wesen, dem all dies völlig fehlen würde, würde in keiner Kultur als ein im vollen Sinne menschliches Wesen betrachtet.

Verbundenheit mit anderen Menschen

Wie Aristoteles behauptete, erkennen und empfinden alle Menschen eine Verbundenheit mit anderen Menschen. (Hier gibt es einen engen Zusammenhang zwischen dem Begrifflichen und dem Empirischen: Wir erkennen andere Menschen, und unser Begriff vom Menschen wird auf eine offene Weise durch das geprägt, was wir zu erkennen vermögen.) Überdies schätzen wir die Lebensform, die durch dieses Erkennen und diese Verbundenheit gekennzeichnet ist – wir leben mit anderen und auf andere bezogen und betrachten ein Leben, das ohne Bindungen zu anderen gelebt wird, nicht als lebenswert. (Wir sollten hier vielleicht etwas genauer sein, denn Aristoteles unterscheidet mindestens zwei Arten von Beziehungen, die uns prägen: enge familiäre Beziehungen und Beziehungen sozialer bzw. politischer Art.)

Verbundenheit mit anderen Arten und mit der Natur

Die Menschen erkennen, daß sie nicht die einzigen Lebewesen in der Welt sind: Sie sind Wesen, die mit anderen Wesen und mit Pflanzen in einem Universum leben, das ein auf komplexe Weise vernetztes System ist und sie sowohl trägt als auch begrenzt. Von diesem System sind wir auf unzählige Weisen abhängig, und wir haben das Gefühl, daß wir ihm einen gewissen Respekt und eine pflegliche Behandlung schuldig sind, auch wenn wir Meinungsverschiedenheiten darüber haben, was genau wir wem aus welchen Gründen schuldig sind. Ein Wesen, das Tiere wie Steine behandeln würde und nicht zu der Einsicht fähig wäre, daß zwischen beidem ein Unterschied besteht, wäre uns wahrscheinlich zu fremd, um wirklich als ein Mensch zu gelten. Gleiches würde für ein Wesen zutreffen, das keinerlei Sinn für die Wunder und Schönheiten der Natur hätte. (Hier beobachten wir möglicherweise, daß ein Teil unserer Art sich gegenwärtig zu etwas anderem entwickelt, als gewöhnlich für menschlich gehalten wurde: Vielleicht müssen wir eines Tages entweder unsere Vorstellung vom Menschsein ändern oder eine tiefe Kluft zwischen den menschlichen Lebensformen anerkennen.)[69]

Humor und Spiel

Menschliches Leben, wo immer es gelebt wird, hat Raum für Erholung und Lachen. Die Formen, die das Spiel annimmt, sind äußerst verschieden, und dennoch erkennen wir andere Menschen über viele unterschiedliche Barrieren hinweg als Wesen, die lachen. Lachen und Spielen gehören häufig zu den tiefsten und ersten Momenten unseres wechselseitigen Erkennens. Die Unfähigkeit, zu spielen oder zu lachen, wird bei einem Kind berechtigterweise als ein Zeichen für eine tiefe Störung gedeutet; wenn diese anhält, werden wir bezweifeln, ob das Kind fähig sein wird, ein im vollen Sinne menschliches Leben zu führen. Eine ganze Gesellschaft, der diese Fähigkeit fehlen würde, würde uns äußerst fremd und erschreckend erscheinen. Wir möchten sicherlich kein Leben ohne dieses Element; und insgesamt wünschen wir uns mehr davon, als die Umstände zulassen.[70]

Getrenntsein

Wie sehr wir auch mit anderen und für andere leben, jeder von uns ist »Eines« und geht von der Geburt bis zum Tod seinen eigenen Weg durch die Welt. Jeder Mensch empfindet nur seinen eigenen Schmerz und nicht den von jemand anderem. Jeder Mensch stirbt allein. Wenn ein Mensch durch den Raum geht, folgt ihm nicht automatisch ein anderer. Wenn wir die Menschen in einem Raum zählen, fällt es uns nicht schwer, festzustellen, wo der eine anfängt und der andere aufhört. Diese offenkundigen Tatsachen müssen noch einmal erwähnt werden, denn sie hätten auch anders sein können; sie sollten uns gegenwärtig sein, wenn wir hören, daß es in manchen Gesellschaften keinen Individualismus gibt. Selbst die intensivsten Formen des menschlichen Zusammenseins, zum Beispiel sexuelle Erlebnisse, sind Erlebnisse der Wechselseitigkeit und nicht der Verschmelzung. Wenn eine Verschmelzung das Ziel ist, ist das Ergebnis unweigerlich bittere Enttäuschung. Und dies ist so, wie sehr sich eine Gesellschaft auch bemühen mag, die Menschen zusammenzuhalten. In den *Gesetzen* erörtert Plato den Wunsch, so viel wie möglich gemeinsam zu machen, wobei »das Eigentum mit Stumpf und Stiel aus dem Leben getilgt worden ist und man es nach Möglichkeit dahin gebracht hat, daß auch unsere natürlichen Eigengüter wie Augen, Ohren und Hände in gewissem Sinne gemeinsam geworden sind, indem sie gemeinsam zu sehen, zu hören und zu schaffen scheinen«.[71] Das aber funktioniert niemals.

Starkes Getrenntsein

Aufgrund des Getrenntseins hat jedes menschliche Leben sozusagen seinen eigenen Raum und seine eigene Umgebung – Gegenstände, Orte, die man aufsucht und an denen man lebt, eine Geschichte, bestimmte Freundschaften, sexuelle Beziehungen –, die nicht dieselben wie die von irgend jemand anderem sind und durch die sich der Mensch bis zu einem gewissen Grad selbst identifiziert. Obwohl sich die Gesellschaften sehr dadurch unterscheiden, in welchem Maße sie ein starkes Getrenntsein zulassen und fördern, gibt es kein Leben – ausgenommen ein Leben in totaler Gefangenschaft, und vielleicht nicht einmal ein solches Leben –, das nicht die Worte »mein« und »nicht mein« in einer abgrenzenden Weise verwendet. Was ich berühre, gebrauche, liebe, worauf ich reagiere, das berühre, gebrauche, liebe und darauf reagiere ich von meinem eigenen Standpunkt aus. Die Dinge, die ich »meine« nenne, sind nicht genau dieselben wie die, die von anderen so genannt werden. Insgesamt läßt sich sagen, daß die Menschen sich als Wesen erkennen, die die Möglichkeit haben möchten, für sich zu sein, die einen kleinen Raum haben möchten, in dem sie sich bewegen können, und die einige Dinge haben möchten, die sie gebrauchen, behalten und lieben können.[72]

Dies ist eine offene Liste. Man könnte einige Punkte wegnehmen und/oder andere hinzufügen. (Ein Vergleich mit meiner Liste in »Nicht-relative Tugenden: Ein aristotelischer Ansatz« wird zeigen, daß ich dies tue.) Aber sie ist ein starker vager Ausgangspunkt für die Reflexion darüber, was das gute Leben für ein solches Wesen sein könnte.

Man beachte, daß die Liste bereits einen evaluativen Charakter hat: Sie wählt einige Dinge aus, die sie im Hinblick auf unsere Selbstidentifizierung für die wichtigsten hält. Wir sagen, daß ein Leben ohne diese Dinge oder Strukturen nicht als ein menschliches erkennbar ist; und da jedes Leben, das wir sinnvollerweise für uns selbst oder für andere wünschen können, zumindest ein menschliches sein muß, werden unsere Bestrebungen durch diese Liste umrissen.[73] Und dies auf zweifache Weise. Denn wie wir jetzt sehen können, enthält die Liste zwei verschiedene Arten von Faktoren: Grenzen und Fähigkeiten. Was die Fähigkeiten betrifft, so ist klar, daß eine sehr grundlegende Bewertung darin besteht, sie als einen Teil des Menschseins zu bezeichnen. Das heißt, ein Leben ohne diesen Faktor hätte zu viele Defizite und wäre zu arm, um ein menschliches, *a fortiori* ein gutes menschliches Leben zu sein. Infolgedessen ist diese Fähigkeiten-Liste eine Art grundlegende oder minimale Konzeption des Guten.

Bei den Grenzen sind die Dinge komplizierter. Denn wir behaupten, daß das menschliche Leben in seiner allgemeinen Form in einem Kampf gegen diese Grenzen besteht. Die Menschen wollen nicht hungrig sein, Entbehrungen oder Schmerz erleiden, sterben. (Das Getrenntsein ist äußerst komplex, es ist zugleich Grenze und Fähigkeit.) Und dennoch sollten wir nicht annehmen, daß daraus die evaluative Schlußfolgerung zu ziehen ist, uns möglichst ganz von unseren Grenzen zu befreien. Es ist charakteristisch für das menschliche Leben, wiederkehrenden Hunger und Essen einem Leben ohne Hunger und Essen vorzuziehen, ebenso dem sexuellen Verlangen und seiner Befriedigung einem Leben ohne Verlangen und Befriedigung den Vorrang zu geben. Und selbst bei der Frage des Todes möchten die Menschen, wenn sie richtig darüber nachdenken, ihre Endlichkeit wahrscheinlich nicht ganz verlieren; und wenn sie es doch möchten, wäre der Preis dafür ein Übergang zu einer gänzlich anderen Lebensform mit anderen Werten und Zielen, bei der gar nicht ausgemacht ist, daß die Identität des einzelnen bewahrt werden kann. Folglich muß die evaluative Schlußfolgerung in bezug auf eine menschlich gute Art des Umgangs mit diesen Grenzen sehr vorsichtig formuliert werden.

Damit sind wir bei der zweiten Ebene unserer starken vagen Konzeption angelangt. Denn jetzt sind wir in der Lage, gewisse für das menschliche Leben konstitutive Grundfähigkeiten in etwa zu spezifizieren. Wir verstehen die Liste als eine Liste von miteinander zusammenhängenden Fähigkeiten [*capabilities*] und nicht von tatsächlich ausgeübten Tätigkeiten [*functionings*], da wir gesagt haben, daß Fähigkeiten und nicht tatsächlich ausgeübte Tätigkeiten das Ziel des Gesetzgebers sein sollten.

Die Grundfähigkeiten des Menschen

1. Die Fähigkeit, ein volles Menschenleben bis zum Ende zu führen; nicht vorzeitig zu sterben oder zu sterben, bevor das Leben so reduziert ist, daß es nicht mehr lebenswert ist.

2. Die Fähigkeit, sich guter Gesundheit zu erfreuen; sich angemessen zu ernähren; eine angemessene Unterkunft zu haben; Möglichkeiten zu sexueller Befriedigung zu haben; sich von einem Ort zu einem anderen zu bewegen.

3. Die Fähigkeit, unnötigen Schmerz zu vermeiden und freudvolle Erlebnisse zu haben.

4. Die Fähigkeit, die fünf Sinne zu benutzen, sich etwas vorzustellen, zu denken und zu urteilen.

5. Die Fähigkeit, Bindungen zu Dingen und Personen außer-

halb unser selbst zu haben; diejenigen zu lieben, die uns lieben und für uns sorgen, und über ihre Abwesenheit traurig zu sein; allgemein gesagt: zu lieben, zu trauern, Sehnsucht und Dankbarkeit zu empfinden.

6. Die Fähigkeit, sich eine Vorstellung vom Guten zu machen und kritisch über die eigene Lebensplanung nachzudenken.

7. Die Fähigkeit, für andere und bezogen auf andere zu leben, Verbundenheit mit anderen Menschen zu erkennen und zu zeigen, verschiedene Formen von familiären und sozialen Beziehungen einzugehen.

8. Die Fähigkeit, in Verbundenheit mit Tieren, Pflanzen und der ganzen Natur zu leben und pfleglich mit ihnen umzugehen.

9. Die Fähigkeit, zu lachen, zu spielen und Freude an erholsamen Tätigkeiten zu haben.

10. Die Fähigkeit, sein eigenes Leben und nicht das von jemand anderem zu leben.

10a. Die Fähigkeit, sein eigenes Leben in seiner eigenen Umgebung und seinem eigenen Kontext zu leben.

Dies ist eine Liste der Fähigkeiten, die für ein menschliches Leben von grundlegender Bedeutung sind. Wir behaupten, daß bei einem Leben, dem eine dieser Fähigkeiten fehlt, ernsthaft bezweifelt werden kann, ob es ein wirklich menschliches ist, unabhängig davon, was es sonst noch aufweist. Daher wäre es vernünftig, diese Dinge in den Mittelpunkt zu stellen, wenn wir darüber nachdenken, wie eine Regierung das Gute für die Menschen wirklich fördern kann. Die Liste bietet eine Minimaltheorie des Guten. Dabei ist zu sagen, daß es sich nicht um Dinge handelt, die unverbunden nebeneinanderstehen, denn offensichtlich hängen sie voneinander ab und durchdringen sich wechselseitig. Ein Beispiel für die Abhängigkeit ist das Verhältnis zwischen Mobilität und Ernährung. Aristoteles bemerkt, daß beide Aspekte insofern zusammen betrachtet werden müssen, als unsere charakteristische Ernährungsweise etwa im Gegensatz zu der der Schwämme die Fortbewegung notwendig macht. So gesehen, ist beides füreinander geschaffen. Ein Beispiel für die Durchdringung ist das Verhältnis zwischen dem Getrenntsein und allen anderen Faktoren: Was immer wir tun, tun wir als Wesen, von denen jedes »Eines« ist und von anderen getrennt seinen eigenen Weg durch Raum und Zeit geht.

Gleichzeitig müssen wir sehen, daß es für die gesamte Struktur und Begründung der Liste wichtig ist, eine Anordnung *getrennter* Komponenten zu bieten, Komponenten, die miteinander in Konflikt geraten, aber auch zusammenwirken und sich gegenseitig unterstützen können. Verbundenheit mit anderen Arten kann oder kann nicht gut zu unseren Bemühungen um Ernährung, Mobilität und Gesundheit passen. Unsere Fürsorge für uns nahestehende Menschen kann oder kann nicht mit unserer kognitiven Entwicklung harmonieren. Die Betrachtung der Liste aus dem Blickwinkel von Mythen und Geschichten macht es uns möglich, die verschiedenen Punkte in vielen vorgestellten Kombinationen zu untersuchen und festzustellen, wie sie sich gegenseitig unterstützen oder auch stören. Und das gesamte hier vorgeschlagene Verfahren ist darauf ausgerichtet, eine Vielfalt von guten Dingen zu erkennen, die sich qualitativ voneinander unterscheiden. Auf diese Weise versetzt die Liste uns politisch und ethisch in eine Situation, die sehr der des griechischen Polytheismus ähnelt. Es gibt viele Gottheiten – das heißt auf unser Projekt übertragen, es gibt viele menschliche Lebensbereiche, die unsere Aufmerksamkeit und unseren Respekt fordern.[74] Die Qualität eines Lebens muß anhand all dieser verschiedenen Dimensionen bewertet werden. Und trotzdem sind die »Götter« nicht immer auf unserer Seite – es kann Lebensumstände geben, in denen ein Element unseres gemeinsamen Menschseins nicht mit anderen harmoniert.

Die architektonischen Funktionen

Wir kommen jetzt auf einen besonderen Fall der wechselseitigen Durchdringung zu sprechen, der für unser Verständnis der Liste und ihrer politischen Implikationen von fundamentaler Bedeutung ist. Zwei menschliche Tätigkeiten organisieren und strukturieren alle anderen und geben ihnen eine typisch menschliche Ausformung. Es handelt sich um die praktische Vernunft und die Verbundenheit mit anderen Menschen. Alle Lebewesen ernähren sich, gebrauchen ihre Sinne, bewegen sich fort usw. – und all dies als voneinander getrennte Einzelwesen. Was die menschliche Weise der Verrichtung dieser Dinge auszeichnet und für uns besonders wertvoll macht, das ist die Tatsache, daß alle diese Tätigkeiten erstens von der praktischen

Vernunft geplant und organisiert und zweitens zusammen mit anderen Menschen ausgeübt werden.

Diese beiden Tätigkeiten sind nicht einfach zwei unter anderen. Sie sind die zwei, die das ganze Unternehmen zusammenhalten und es zu einem menschlichen machen. Die menschliche Ernährung unterscheidet sich von der tierischen Ernährung und die menschliche Sexualität von der tierischen Sexualität, weil die Menschen ihre Ernährung und ihre sexuellen Aktivitäten durch ihre praktische Vernunft regulieren können; und auch, weil sie dies nicht als solitäre Zyklopen tun (die alles, einschließlich ihrer Gäste, verspeisen), sondern als Wesen, die mit anderen Menschen durch Bande der gegenseitigen Aufmerksamkeit und Fürsorge verbunden sind. Es gibt mitunter menschliche Lebensumstände, denen dieser spezifisch menschliche Charakter fehlt. Marx schreibt über den Arbeiter:

> »Es versteht sich, daß das *menschliche* Auge anders genießt als das rohe, unmenschliche Auge, das menschliche *Ohr* anders als das rohe Ohr etc.
>
> [...] Der unter dem rohen praktischen Bedürfnis befangene *Sinn* hat auch nur einen *bornierten* Sinn. Für den ausgehungerten Menschen existiert nicht die menschliche Form der Speise, sondern nur ihr abstraktes Dasein als Speise; ebenso könnte sie in rohster Form vorliegen, und es ist nicht zu sagen, wodurch sich diese Nahrungstätigkeit von der tierischen Nahrungstätigkeit unterscheidet.«[75]

Der entscheidende Punkt ist, daß dieses Leben weniger als ein menschliches, *a fortiori* bestimmt kein gutes menschliches Leben ist. Die praktische Vernunft hat eine einzigartige architektonische Funktion. Sie durchdringt alle Tätigkeiten und Pläne im Hinblick auf deren Realisierung in einem guten und erfüllten menschlichen Leben. Das gleiche gilt für die Verbundenheit mit anderen Menschen. Alles, was wir tun, tun wir als soziale Wesen; und unsere eigene Lebensplanung ist eine Planung mit anderen und für andere.

An dieser Stelle sollten wir zu Rawls zurückkehren. Denn Rawls' Liberalismus stimmt in diesem Punkt teilweise mit der aristotelischen Konzeption überein. In Rawls' Vorstellung vom Menschen und von den moralischen Fähigkeiten des Menschen sowie in seiner Forderung, daß Prinzipien für ein Leben ausgewählt werden, das mit anderen geteilt wird, entdecken wir eine Annäherung an unsere eigene Forderung, daß nämlich ein menschliches Leben in Einklang mit der praktischen Vernunft und in Verbundenheit mit anderen geführt werden sollte. Ähnlich wie Aristoteles ist auch Rawls bereit, die Konzeptionen des Guten auszuschließen, die keinen Raum für Entscheidungsfreiheit und soziale Beziehungen lassen: In diesem Sinne gibt es in seiner Theorie ein perfektionistisches Element, wie er selbst sagt. Seine jüngste Arbeit führt dies im Hinblick auf zwei verschiedene moralische Fähigkeiten genauer aus. Und er besteht außerdem darauf, daß die gewählte politische Konzeption die Entwicklung der moralischen Fähigkeiten der Bürger unterstützen muß. Auch hinsichtlich der sozialen Beziehungen ist Rawls ein Aristoteliker. Denn er fordert, die Konzeption müsse den Bürgern das Zusammenleben ermöglichen, wobei er sich die Bürger als soziale Wesen vorstellt, die ein fundamentales Interesse an einem Leben mit anderen und für andere haben.[76]

Es erscheint jedoch problematisch, daß Rawls hier innehält und sich weigert, weiter in Richtung der aristotelischen Theorie zu gehen. Denn die von Aristoteles vertretene und von Marx aufgegriffene und weiterentwickelte These ist zweifellos plausibel: daß die Kräfte der praktischen Vernunft zu ihrer Entwicklung institutioneller und materieller Voraussetzungen bedürfen, die nicht immer vorhanden sind. Man kann also annehmen, daß Bürger, die die moralischen Fähigkeiten bei sich selbst und bei anderen schätzen und deren Ziel ein Gerechtigkeitsbegriff ist, der ihnen ein gutes Zusammenleben in der Gemeinschaft ermöglicht, über diese Voraussetzungen nachdenken und gute politische Prinzipien nicht nur darin erblicken, die Verteilung der instrumentellen »Grundgüter« zu regeln, sondern auch darin, die angemessene Verwirklichung dieser und anderer menschlicher Fähigkeiten der Bürger zu fördern. Und gerade diese Vorgehensweise scheint zu einer gründlicheren Überprüfung der Arbeitsverhältnisse, der pädagogischen Einrichtungen und anderer Aspekte der Lebensweise der Bürger zu führen, als Rawls' »schwache Theorie« des Guten es verspricht.[77]

Rawls' Weigerung, weiter in diese Richtung zu denken, läßt sich vielleicht mit seinem Kantianismus erklären. Vielleicht begreift er die moralischen Fähigkeiten nicht als Fähigkeiten, die mit der Außenwelt verwoben und auf deren Unterstützung angewiesen sind.[78] Diese Tendenz, den Bereich der Moral von der empirischen Welt abzulösen, zeigt sich in Rawls' Unvermögen, die »schwache Theorie« des Guten, d.h. die Auflistung von

Grundgütern, mit der Theorie des Guten zusammenzubringen, die in der Darstellung der zwei moralischen Fähigkeiten besteht, und zu sagen, wie und ob die Grundgüter der Förderung der moralischen Fähigkeiten dienen.[79] Um diese Frage richtig zu beantworten, müssen wir uns die aristotelische Vorstellung von der Aufgabe der Politik näher anschauen.

Die Aufgabe des Staates im Verhältnis zur starken vagen Konzeption

Für Aristoteles besteht die Aufgabe des Staates darin, sicherzustellen, daß kein Bürger an Lebensunterhalt Mangel leidet. Im Hinblick auf jede der in der starken vagen Konzeption angegebenen Fähigkeiten sollen die Bürger die institutionelle, materielle und pädagogische Unterstützung erhalten, die erforderlich ist, um sie zu befähigen, in dem betreffenden Lebensbereich entsprechend ihrer praktischen Vernunft zu handeln – nicht nur zu handeln, sondern gut zu handeln, soweit es die natürlichen Umstände zulassen. Die Politik untersucht die Lebensverhältnisse der Bürger und fragt in jedem Fall, was der einzelne braucht, um in den verschiedenen Bereichen gut zu leben und zu handeln. Sowohl die Institutionen als auch die Verteilung von Ressourcen durch die Institutionen werden im Hinblick auf die Förderung der Fähigkeiten der Bürger gestaltet.

Das von Aristoteles formulierte Ziel sollte als ein *institutionelles* und nicht als ein *residuelles* Wohlfahrtssystem verstanden werden. Das heißt, daß die Politik nicht einfach abwartet und schaut, wer zu den Zukurzgekommenen gehört und nur mit institutioneller Unterstützung zurechtkommt, und diesen Menschen dann aus ihrer mißlichen Lage heraushilft. Statt dessen besteht ihr Ziel darin, ein umfassendes Unterstützungssystem zu schaffen, das allen Bürgern ein ganzes Leben lang eine gute Lebensführung ermöglicht. Wir erinnern uns, daß Aristoteles' Konzept von den gemeinsamen Mahlzeiten nicht nur als Hilfe für die Armen gedacht war. Das gesamte Programm der gemeinsamen Mahlzeiten wurde für alle Bürger finanziert, so daß niemand jemals in Not geraten konnte. In ähnlicher Weise plädiert die aristotelische Konzeption (und Aristoteles selbst) dafür, daß allen Bürgern während ihrer gesamten Lebenszeit ein umfassendes Gesundheits- und Erziehungssystem zur Verfügung steht[80] und daß nicht nur denjenigen Hilfe gewährt wird, die sich eine private Gesundheitsversorgung und eine private Ausbildung nicht leisten können. Dieses Verfahren wird verteidigt, weil es der Gleichheit und der Gerechtigkeit dient.

Der Aristoteliker verwendet die vorhandenen Ressourcen, um alle Bürger in die Lage zu versetzen, zumindest in minimalem Umfang eine gute Lebensführung wählen zu können. In »Die Natur des Menschen, seine Fähigkeiten und Tätigkeiten« stelle ich dieses Ziel mit Blick auf die verschiedenen Fähigkeitsstufen ausführlicher dar. Um es kurz zusammenzufassen: Das aristotelische Programm zielt auf die Herausbildung von zwei Arten von Fähigkeiten ab: interne und externe. Die internen Fähigkeiten sind Eigenschaften (des Körpers, des Geistes und des Charakters), die es einem Menschen ermöglichen, sich für die Ausübung verschiedener von ihm geschätzter Tätigkeiten zu entscheiden. Externe Fähigkeiten sind interne Fähigkeiten plus der externen materiellen und sozialen Bedingungen, die dafür sorgen, daß dem einzelnen Individuum die Entscheidung für diese geschätzte Tätigkeit überhaupt offensteht. Die internen Fähigkeiten werden vor allem durch das Erziehungswesen, das Gesundheitswesen und angemessene Arbeitsverhältnisse gefördert. Aber der Gesetzgeber muß in allererster Linie sicherstellen, daß ein fähiger Mensch die Chance hat, entsprechend dieser Fähigkeit zu leben und zu handeln. Und dies macht es notwendig, den Arbeitsverhältnissen und den persönlichen und sozialen Lebensumständen der Menschen eine weitergehende und etwas anders geartete Aufmerksamkeit zu schenken.[81]

Die Bürger in all diesen Bereichen als Freie und Gleichgestellte zu behandeln bedeutet, ihnen zu ermöglichen, eine bestimmte Schwelle zu überschreiten und eine Stufe zu erreichen, auf der sie sich für eine gute Lebensführung entscheiden können, sofern die verfügbaren Ressourcen dies erlauben. Das Ziel besteht immer darin, mehr Menschen über diese Schwelle zu bringen, anstatt die Bedingungen für diejenigen zu verbessern, die sie bereits überschritten haben, und dies aus zwei Gründen. Erstens, weil es bedeutet, die Bürger als Freie und Gleichgestellte zu behandeln. Zweitens, weil ein Mehr nicht unbedingt besser ist, wenn ein Mensch diese Schwelle bereits überschritten hat. Die Nützlichkeit des Geldes für ein menschliches Leben hat ihre Grenze, wenn ein Mensch dank des Geldes die Stufe erreicht hat, auf der er zu einem guten Leben fähig ist; danach ist ein Mehr nicht unbedingt besser und kann sogar schlechter sein. Es kann Abstufungen des guten Lebens geben: Möglicherweise gibt es Ressourcen, die die gute Lebensführung eines Menschen, der die Schwelle überschritten hat, weiter fördern. Aber diese bestehen wahrscheinlich nicht aus Geld und Besitz, sondern viel wahrscheinlicher aus Bildung und Ausbildung und anderen Gütern, von denen man annehmen kann, daß ein Mensch, der bereits eine bestimmte Fähigkeitsstufe erreicht hat, aus eigenem Antrieb nach ihnen strebt. Wenn der Staat also für jeden Bürger Bildungsmöglichkeiten bereitgestellt hat, die ausreichen, um ihn über eine – wie auch immer definierte – Schwelle zu bringen, können weitergehende Bestrebungen den Menschen vernünftigerweise selbst überlassen bleiben, da diese aufgrund der schon erreichten Fähigkeiten gute Voraussetzungen haben, sich weiterzuentwickeln.

Im folgenden sollte beachtet werden, daß die aristotelische Konzeption keine Unterscheidung enthält, die der Rawlsschen Unterscheidung entspricht, nämlich die zwischen der Grundstruktur der Gesellschaft – für die nur die schwache Theorie des Guten bestimmend sein darf – und der Gesetzgebung, die sich auf umfassendere Informationen stützen darf.[82] Für den Aristoteliker ist nicht klar, wie man eine solche Unterscheidung treffen kann und was als grundlegend gelten kann. Bildungspolitik, Strukturpolitik, Bevölkerungspolitik[83] und die Gestaltung der Arbeitsverhältnisse – all das würde Rawls zufolge wahrscheinlich in das spätere, gesetzgeberische Stadium gehören; aber für den Aristoteliker handelt es sich um absolute Grundstrukturen, die zumindest ebenso grundlegend und vielleicht noch grundlegender sind als die Verteilung der Ämter und Funktionen, die konkreten rechtlichen Institutionen und die beratenden Körperschaften. Der Aristoteliker hält Entscheidungen in all diesen Bereichen für wichtig, weil sie dazu beitragen können, den Bürgern ein gutes Leben zu ermöglichen; und er meint, daß nur dann gute Entscheidungen getroffen werden können, wenn die gesamte starke vage Theorie des Guten zu Rate gezogen wird.

Wenn wir uns jetzt unsere Liste der Grundfähigkeiten anschauen und uns unser Ziel vergegenwärtigen, in jedem Bereich die Fähigkeit herzustellen, in Überstimmung mit der praktischen Vernunft und sozialen Bindungen zu leben und zu handeln, so können wir eine Vorstellung davon entwickeln, was dieser Konzeption zufolge erforderlich ist. Erforderlich sind ein umfassendes Gesundheitssystem, gesunde Luft und gesundes Wasser, Sicherheit für Leben und Besitz und der Schutz der Entscheidungsfreiheit der Bürger in bezug auf wichtige Aspekte ihrer medizinischen Behandlung. Erforderlich sind eine ausreichende Ernährung und eine angemessene Unterkunft, und diese Dinge sind so zu gestalten, daß die Bürger ihre Ernährung und ihre Unterkunft nach ihrer eigenen praktischen Vernunft regeln können. (Das würde zum Beispiel bedeuten, daß das Schwergewicht auf Gesundheitserziehung, Aufklärung über Drogen usw. gelegt würde.) Erforderlich ist der Schutz der Fähigkeit der Bürger, ihre sexuellen Aktivitäten nach ihrer eigenen praktischen Vernunft und freien Entscheidung zu regeln. (Auch hier würde die Förderung von Aufklärungsprogrammen wohl eine entscheidende Rolle spielen.) Erforderlich wäre der Schutz vor tätlichen Angriffen und sonstigen vermeidbaren Schmerzen. Für die Sinne, die Phantasie und das Denken wären über die medizinische Versorgung hinaus viele Formen der Schulung und Ausbildung erforderlich, die die Förderung dieser Fähigkeiten zum Ziel haben, sowie der Schutz der Künste als wesentliche Voraussetzung für die Entfaltung der Phantasie und der Gefühle sowie als Quelle der Freude. Aus praktischen Gründen wären Institutionen erforderlich, die eine humanistische Form der Erziehung fördern, und die Entscheidungsfreiheit der Bürger müßte in allen Bereichen, auch bei der Ausarbeitung der politischen Konzeption selbst, gewährleistet sein. Was die menschlichen Bindungen und das Gefühlsleben betrifft, so wäre die Unterstützung gehaltvoller sozialer Beziehungen zu anderen Menschen erforderlich, wenn sich in irgendeiner Weise belegen läßt, daß diese Beziehungen am besten durch institutionelle und politische Strukturen gefördert und geschützt werden können. Erforderlich wäre eine reflexive Politik, die dafür sorgt, daß den anderen Arten und der Natur insgesamt die gebührende Achtung entgegengebracht wird. Notwendig wären die Bereitstellung von Erholungsmöglichkeiten und die Schaffung von Arbeitsformen, die erholsame und freudvolle Tätigkeiten zulassen. Und was schließlich das Getrenntsein und das starke Getrenntsein betrifft, so wäre der Schutz einer größeren oder kleineren unantastbaren Sphäre unverzichtbar, so daß sich jeder Mensch in Übereinstimmung mit der praktischen Vernunft und in Verbundenheit mit anderen Menschen dafür entscheiden kann, sein eigenes Leben in seinem eigenen Kontext zu leben.

Die Idee ist, daß die gesamte Struktur des Gemeinwesens im Hinblick auf diese Fähigkeiten und Tätigkeiten entworfen wird. Nicht nur die Allokationsprogramme, sondern auch die Verteilung des Grund und Bodens, die Eigentumsformen, die Gestaltung der Arbeitsverhältnisse, die institutionelle Förderung der Familie und der sozialen Beziehungen, der Umweltschutz und der Umgang mit Tieren, die politischen Partizipationsformen, die Freizeit- und Erholungseinrichtungen – all dies sowie die konkreteren Programme und Maßnahmen in diesen Bereichen werden im Hinblick auf ein gutes menschliches Leben gewählt.

Ein Buch würde nicht ausreichen, um auf jeden dieser Bereiche ausführlich einzugehen und darzustellen, welche Alternativen der Aristoteliker wahrscheinlich wählen würde. Aber um eine Vorstellung davon zu vermitteln, wie tiefgreifend die Konzeption ist, und um die für das Gute grundlegendsten Dinge zu beschreiben, machen wir einige Bemerkungen zu vier Bereichen: Arbeit, Eigentum, politische Partizipation und Erziehung. In jedem Fall werde ich Aristoteles selbst heranziehen, der uns besser als jeder andere sagt, was die aristotelische Konzeption erfordert.

Arbeit

Aristoteles stellt eine Tatsache fest, die bei Diskussionen über dieses Thema, insbesondere bei vielen liberalen Diskussionen, häufig aus dem Blickfeld gerät: daß nämlich manche Formen von Arbeit mit einem guten menschlichen Leben unvereinbar sind. Da sie monoton und geistlos sind und viel Zeit erfordern, machen sie den Arbeiter zu einem Wesen, das nicht ein im vollen Sinne menschliches Wesen ist und auch andere Tätigkeiten nur auf einer Stufe ausüben kann, die nicht im vollen Sinne menschlich ist. Aristoteles hatte vielleicht eine extreme Vorstellung davon, welche Arbeiten diesen Charakter hätten; aber er bringt uns der Erkenntnis näher, daß es solche Arbeiten tatsächlich gibt. Auch Marx bezieht sich in seinen Reflexionen über diesen Punkt besonders auf Aristoteles.[84] Die liberale Diskussion geht gewöhnlich davon aus, daß es insgesamt gut um die Dinge bestellt ist, wenn wir den Menschen genügend Geld und Güter zur Verfügung stellen und sie vor besonders krassen

Übergriffen schützen (zum Beispiel vor Einschränkungen ihrer Grundfreiheiten), und daß die Menschen am Ende ihres Arbeitstages ihre eigene Konzeption des Guten verfolgen, wie immer diese aussehen mag. Dies gilt insbesondere für den liberalen Kantianismus und seine implizite Annahme, daß die Moralität des Menschen durch die Außenwelt keinen Schaden nehmen könne. Eine solche Annahme trifft der Aristoteliker nicht.[85] Seine Konzeption verlangt eine gründliche Untersuchung der Arbeitsformen und Produktionsverhältnisse und die Schaffung von wahrhaft menschlichen und gemeinschaftsfördernden Arbeitsformen für alle Bürger, damit diese alle menschlichen Tätigkeiten ausüben können. Nur dann werden die Menschen als Freie und Gleichgestellte behandelt.

Eigentum

Land, Geld und Besitztümer sind nur Dinge und haben keinen Wert an sich. Daher gibt es der aristotelischen Konzeption zufolge kein absolutes Recht auf Eigentum. Die Bürger haben einen Anspruch darauf, bei der Ausbildung ihrer wesentlichen Fähigkeiten unterstützt und gefördert zu werden, um zu einer guten menschlichen Lebensführung gelangen zu können. Die Frage nach dem Eigentum muß schlicht und einfach die sein, welche Eigentumsformen diesem Ziel am besten dienen, also nicht nur die gute Lebensführung am besten fördern, sondern die gleichmäßige Verteilung der Fähigkeiten in dem Sinne gewährleisten, daß jeder Bürger in der Lage ist, ein bestimmtes Niveau zu erreichen. Wenn Aristoteles sich mit dieser Frage befaßt, zieht er niemals ernsthaft die Möglichkeit in Betracht, daß das gesamte Eigentum privat sein sollte. Privateigentum würde vielmehr die Menschen und ihre Gemeinschaft spalten und die Stabilität und Sicherheit des Gemeinwesens untergraben. Wie wir gesehen haben, schweben ihm verschiedene Kombinationen von Gemeineigentum und Privateigentum vor, zum Beispiel Regelungen, wonach Privatbesitz mit gemeinschaftlicher Nutzung kombiniert oder umgekehrt (aufgrund des agrarischen Charakters seiner Polis) ein Teil des Gemeindelandes von Privatpersonen bewirtschaftet wird.[86] Bei der Beurteilung dieser verschiedenen Formen stellt er die Frage, welche am besten der Entfaltung der menschlichen Fähigkeiten dient und dazu beiträgt, die Bürger als Freie und Gleichgestellte zu behandeln.

Es ist wichtig zu wissen, daß Aristoteles bei der Verteidigung des Gemeineigentums nicht *staatliches* Eigentum meint. Das Gemeineigentum ist in einem sehr realen Sinn Eigentum aller Bürger und nicht einer abgehobenen Bürokratie. Die aristotelische Konzeption muß auf diese Unterscheidung und ihre praktische Verwirklichung Wert legen, da es angesichts der heute gegebenen Größenordnungen und Bevölkerungsentwicklungen besonders schwierig, aber auch besonders wichtig ist, Gemeineigentum auf der Basis dieser Unterscheidung herzustellen (indem beispielsweise das Betriebseigentum von Arbeitern und andere Formen der Arbeiterkontrolle gefördert werden).

Während Aristoteles nicht daran denkt, auf das Gemeineigentum zu verzichten, setzt er sich doch sehr ernsthaft mit der Idee auseinander, daß es kein Privateigentum geben sollte. Diese Vorstellung wurde von Plato vertreten; aber sie weckte auch in anderen Kreisen Interesse (vgl. *Politik* II.3-7). Aristoteles spricht sich dagegen aus. Und seine Argumente sind für uns interessant, denn sie zeigen genau, welche Rolle das Eigentum in der aristotelischen Konzeption spielen und nicht spielen kann. Es scheint zwei Bereiche zu geben, von denen Aristoteles glaubt, daß ein gewisses Privateigentum der Entfaltung der menschlichen Fähigkeiten förderlich ist. Der eine Bereich ist der des starken Getrenntseins von anderen. Demnach bestünde ein grundlegendes menschliches Gut darin, daß jeder Mensch in seinem Leben einen Raum um sich herum haben sollte, der nur ihm gehört und in den niemand eingreifen darf. Eigentum gehört zu diesem Raum. Dieses Argument geht auf ältere Athener Traditionen zurück: Denn die Athener waren stolz darauf, in ihren privaten Angelegenheiten ein gewisses Maß an Freiheit und Nichteinmischung zu genießen.[87] Bemerkenswert ist, daß dieses Argument zugunsten des Privateigentums kontingent und anfechtbar ist. Wenn irgend jemand dem Aristoteliker zeigen kann, daß die spezifische Form der Nichteinmischung, die ein eigenständiges Leben erfordert, nicht auch Privateigentum einschließt, dann bricht die Verteidigung des Privateigentums an diesem Punkt zusammen. Und Aristoteles' Befürwortung der gemeinsamen Nutzung von Eigentum – daß es einem bedürftigen Menschen möglich sein sollte, sich von den Feldfrüchten anderer zu nehmen, ohne dafür bestraft zu werden – zeigt, daß er das Privateigentum keinesfalls in der Form verteidigt, wie es heutzutage zumeist getan wird.[88]

Sein zweites Argument verknüpft das Eigentum mit der Gemeinschaft, indem es auf die menschliche Psychologie rekurriert. Im zweiten Buch der *Politik* kritisiert Aristoteles Plato mit dem Hinweis, daß ein Mensch, dem eine Sache ganz allein gehört, viel sorgfältiger und verantwortungsvoller mit ihr umgeht, als wenn sie vielen gehört. Folglich sei Privateigentum in der Polis von Nutzen, weil es einen Anreiz für ein sorgsames, verantwortungsbewußtes und entschlossenes Handeln darstellt. So wie in einem Haushalt mit zu vielen Bediensteten keine Aufgabe gut erfüllt wird, wird in einem platonischen Staat keine sozial wertvolle Aufgabe gut erledigt (*Politik* 1262 a 32-40). Ähnliche Argumente zugunsten eines gewissen Maßes an Privateigentum wurden kürzlich in einigen sozialistischen und kommunistischen Ländern vorgebracht. Auch hier stellen wir – wie beim ersten Argument – fest, daß das Privateigentum nur mit einem kontingenten instrumentellen Argument verteidigt wird, das hinfällig wird, wenn sich seine psychologischen Prämissen irgendwann als falsch erweisen.

Politische Partizipation

Die aristotelische Konzeption besagt, daß alle Bürger am Regieren und Regiertwerden teilhaben. Dies gehört wesentlich zu der Auffassung, daß alle Bürger als Freie und Gleichgestellte zu behandeln sind. Konkreter ausgedrückt: Jeder Bürger ist deswegen ein Staatsbürger, weil er im politischen Bereich über zwei Arten von Fähigkeit verfügt – die Fähigkeit zu regieren und die Fähigkeit zu richten.[89] Aber jetzt müssen wir fragen, warum dies der von uns beschriebenen Konzeption zufolge so ist. Ein wohlfahrtsstaatliches Konzept muß nicht notwendig demokratisch sein. Und da der Aristoteliker das Ziel hat, die Menschen zu einer guten Lebensführung zu befähigen, anstatt natürliche Rechte zu schützen, müssen wir fragen, durch welche Argumentation er zu dieser Form gelangt.

Die Argumente des Aristoteles sind ziemlich direkt, da der Entwurf der Konzeption des Guten, die für das Leben eines Staatsbürgers kennzeichnend ist, teilweise in den politischen Aufgabenbereich hineinreicht. Das erste Argument lautet demnach, eine gute Lebensführung in Überstimmung mit der praktischen Vernunft verlange, daß jeder Bürger in bezug auf diesen Entwurf ein Mitspracherecht haben sollte. Aristoteles' zweites

Argument kann hier nicht vollständig wiedergegeben werden. Es besagt, daß wir auf der Liste der Grundfähigkeiten, die die starke vage Konzeption beinhaltet, den Bereich der sozialen Beziehungen in zwei Teile einteilen müssen, da zu einem im vollen Sinne guten menschlichen Leben sowohl enge persönliche Beziehungen (Freundschaften, familiäre Bindungen) als auch Beziehungen politischer Art gehören, nämlich die Aufgabe, seine Rolle als Staatsbürger zusammen mit anderen Staatsbürgern zu spielen. Die Argumente, die diese Vorstellung begründen, sind ausführlich in *The Fragility of Goodness* dargestellt.[90] Sie sind besonders eindringlich, weil Aristoteles als Fremder in Athen lebte und persönliche Freundschaften hatte, ohne politische Rechte zu genießen. Er kommt also zu dem Schluß, daß seinem eigenen Leben etwas fehlt, das wesentlich für ein wirklich gutes menschliches Leben ist.

Und schließlich vertritt Aristoteles die Auffassung, daß politische Herrschaft eine Herrschaft über freie und gleichgestellte Bürger sein sollte.[91] Die Bürger sind nicht frei, wenn sie von einem Herrscher despotisch behandelt werden und von der Ausübung der Herrschaft ausgeschlossen sind. Und sie werden nicht als Gleichgestellte behandelt, wenn sie sich auf untergeordnete Funktionen beschränken müssen, während sie von einem König regiert werden. Dies bedeutet nicht, daß bei der Ausübung von Regierungsmacht nicht auch Sachverstand gefragt ist; es bedeutet auch nicht, daß die Bürger bestimmte Funktionen niemals an Sachverständige delegieren dürfen. Vielmehr sollten die Bürger Gerichten unterstehen, die auf eine repräsentative Weise zusammengestellt werden, und eine direkte oder repräsentative demokratische gesetzgebende Körperschaft sollte die wichtigsten Entscheidungen in bezug auf die Konzeption treffen. Die Bürger werden nicht zur politischen Mitwirkung gezwungen oder gedrängt. Sie erhalten das, was Aristoteles »Kompetenz« *(exousia)* nennt. In Athen bedeutete das, daß ihre Namen ausgelost wurden, wobei ein Bürger das Amt aber jederzeit ablehnen konnte. Auf diese Weise wollte Aristoteles die praktische Vernunft in den politischen Institutionen zur Geltung bringen.

Kein staatlicher Aufgabenbereich beschäftigt den Aristoteliker so sehr wie die Erziehung. Erziehung ist für die Ausübung aller wichtigen Tätigkeiten notwendig; und sie ist, wie der Aristoteliker ausdrücklich betont, auch für die Entscheidungsfreiheit selbst erforderlich. Die aristotelische Konzeption mit ihrer starken Betonung nicht nur der Ausübung von Tätigkeiten, sondern der wahrhaft menschlichen Ausübung von Fähigkeiten in den verschiedenen Lebensbereichen zeichnet sich dadurch aus, daß sie die Erziehung zu einem – vielleicht sogar zu *dem* – Schwerpunkt macht und in dem Erfolg auf diesem Gebiet das Kennzeichen einer gelungenen staatlichen Verfassung sieht.[92]

Der aristotelische Ansatz besteht in einer vagen Spezifizierung bestimmter Fähigkeiten, die wir bei den Bürgern durch die Erziehung entwickeln möchten; wir verhalten uns also, wie Aristoteles es ausdrückt, wie gute Ärzte (*NE* X.9), die sich verantwortungsvoll um die Bedürfnisse und Lebensverhältnisse der verschiedenen Gruppen von Bürgern kümmern und ein Erziehungswesen schaffen, das diese in die Lage versetzt, diese Fähigkeiten auszubilden.[93] Ihm schwebt die Kombination eines mehr oder weniger einheitlichen öffentlichen Erziehungssystems mit einer flexibleren privaten Erziehung in der und durch die Familie vor. Aber es gäbe noch viele andere Möglichkeiten, den persönlichen mit dem öffentlichen Bereich zu verbinden. Der entscheidende Punkt ist, daß der Aristoteliker bei jedem Schritt prüft, was die Bürger aufgrund ihrer Erziehung wirklich tun und sein können, und den Erfolg der Erziehung daran mißt. Er meint nicht, die Bereitstellung von Ressourcen für die Erziehung sei ausreichend – insbesondere dort nicht, wo Menschen in widrigen Umständen leben –, sondern er entwirft phantasievolle Programme, die es benachteiligten Gruppen ermöglichen, die Ressourcen wirklich zu ihrem Vorteil zu nutzen.

Man kann das Thema Erziehung jedoch nicht weiter sinnvoll erörtern, wenn man nicht zumindest kurz auf die zwei wichtigsten Fragen eingeht, die es aufwirft und bei denen die Kluft zwischen dem Liberalen und dem Aristoteliker besonders groß zu sein scheint. Das sind der Pluralismus und die Entscheidungsfreiheit.

Pluralismus und Entscheidungsfreiheit

Der Hauptgrund dafür, warum der Liberale ohne eine »starke« Konzeption des Guten auskommen möchte, liegt darin, daß Raum für eine pluralistische Gesellschaft bleiben soll und daß alle Bürger die gleiche Möglichkeit haben sollen, selbst eine Vorstellung vom Guten zu entwickeln, ohne daß eine bestimmte Vorstellung favorisiert wird. Wie schon erwähnt, engt Rawls die Liste der möglichen Konzeptionen beträchtlich ein, indem er auf zwei moralischen Fähigkeiten insistiert. Aber in bezug auf die Themen, die für jeden von großer Wichtigkeit sind, der über die Geschichte der amerikanischen Demokratie nachdenkt, läßt die Rawlssche Konzeption die umstrittensten Fragen offen. Den Bürgern wird nicht gesagt, welcher Religionsgemeinschaft sie angehören oder ob sie überhaupt religiös sein sollten. Es wird ihnen nicht gesagt, welche Form der Sexualität sie praktizieren, welchen Beruf sie ausüben oder welchen Freizeitaktivitäten sie nachgehen sollen. Der Liberale glaubt, daß der Aristoteliker immer nur für eine einzige Konzeption und gegen eine Pluralität von Konzeptionen eintritt; daß er den Menschen vorschreibt, was sie zu sein haben, und sie auffordert – wie Dworkin es ausdrückt –, das Leben zu führen, das ein sehr weiser Mann für das beste für sie hält. Das würde tatsächlich bedeuten, ihnen ihre moralische Autonomie zu nehmen und sie, vom liberalen Standpunkt aus, *ungleich* zu behandeln.

Es gibt keine Frage, auf die der Aristoteliker sensibler reagieren sollte als auf diese, denn wieweit es ihm gelingt, seine Mitbürger von den Vorzügen seiner Auffassung zu überzeugen, hängt sehr davon ab, wie er auf diese Vorwürfe reagiert. Zuerst muß er darauf hinweisen, daß seine Konzeption des Guten zwar stark, aber vage ist. Sie ist so beschaffen, auf verschiedene Weisen eine Vielzahl von Spezifikationen zuzulassen. Erstens werden alle für das menschliche Leben konstitutiven Umstände zwar von vielen Menschen geteilt, erfahren in den verschiedenen Gesellschaftsformen aber unterschiedliche Ausprägungen. Die Angst vor dem Tod, die Freude am Spiel, freundschaftliche Beziehungen und Verbundenheit mit anderen Menschen, ja sogar die Erfahrung von körperlichen Bedürfnissen manifestieren sich nie in einer vagen und allgemeinen Form, sondern immer unter spezifischen und historisch gewachsenen kulturellen Bedingungen, die nicht nur die in diesen Bereichen geläufigen Vorstellungen, sondern auch das Erleben und die Entscheidungen der Menschen zutiefst prägen. Um nur ein Beispiel zu nennen, das in »Nicht-relative Tugenden: Ein aristotelischer Ansatz« ausführlich dargestellt wird: Das sexuelle Verlangen wird anders erörtert und erlebt in einer Gesellschaft, die einige der wichtigsten Überzeugungen nicht kennt, um die der sexuelle Diskurs und die sexuelle Praxis in unserer Gesellschaft zentriert sind, wie beispielsweise die Überzeugung, daß das Geschlecht des Sexualpartners moralisch relevant ist, daß jeder Mensch eine innere sexuelle Orientierung hat, die relativ dauerhaft und moralisch bewertbar ist, usw.[94] Gleichwohl gibt es in diesen Bereichen unseres gemeinsamen Menschseins so viele Überschneidungen, daß wir einen gemeinsamen Diskurs über gemeinsame Problemstellungen führen können. Und häufig wird uns dieser gemeinsame Diskurs ermöglichen, manche Vorstellungen von den Grunderfahrungen zu kritisieren, weil sie im Widerspruch zu anderen Dingen stehen, die Menschen tun und sein möchten.

Wenn es darum geht, eine Konzeption des guten Lebens und Handelns unter Berücksichtigung dieser Probleme zu entwerfen, können wir davon ausgehen, daß sich ein noch größeres Maß an Pluralität ergeben wird. Und hier möchte die aristotelische Konzeption die Pluralität auf zwei sehr unterschiedliche Weisen gewährleistet sehen: Die eine könnten wir die plurale Spezifikation, die andere die lokale Spezifikation nennen. Die plurale Spezifikation meint genau das, was ihr Name sagt: Daß das politische Konzept, das mit einer fest umrissenen Konzeption des Guten auf einer vagen Ebene operiert, mit einer hinreichend vagen Konzeption operiert; während viele Dinge als dem Menschen nicht wirklich angemessen ausgeschlossen werden, haben die Bürger einen großen Spielraum, um in dem Leben, das sie planen, eine jede Komponente auf vielerlei Weise konkret auszugestalten.[95] Manche Konzeptionen des Guten werden durch unsere Fähigkeiten-Liste tatsächlich ausgeschlossen. Aber es bleiben viele Alternativen übrig. Denn für jede vage Fähigkeit ist eine unbeschränkte Pluralität konkreter Spezifikationen vorstellbar, entsprechend den äußeren Verhältnissen und den Vorlieben.[96] In vielen Lebensformen und vielen verschiedenen Tätigkeitsbereichen kommen alle wichtigen Fähigkeiten zur Anwendung. Und wenn wir Arbeitsformen konzipieren, die die Menschen nicht unterdrücken (wie es nach Aristoteles' Auffassung jede Handarbeit tut), können wir eine große und offene Zahl von konkreten Beschäftigungsformen, Erholungsformen usw. beschreiben, die verschiedenen Begabungen und Vorlieben entsprechen.

Was die Religion betrifft, so folgt die aristotelische Konzeption dem Beispiel des Aristoteles selbst. Denn wenn wir seinen Tugendkatalog betrachten und fragen, was vom Standpunkt der griechischen Traditionen aus fehlt, machen wir eine sehr verblüffende Feststellung. Die Tugend der Frömmigkeit und das rechte Verhalten gegenüber den Göttern werden überhaupt nicht erörtert.[97] Ich glaube, daß dies in engem Zusammenhang mit dem politischen Charakter des Katalogs steht: Der Gesetzgeber soll bei der Gestaltung der Institutionen diese Tugend nicht berücksichtigen, außer daß er Mittel für bestimmte öffentliche Veranstaltungen zur Verfügung stellt. Zum Teil wird dadurch die Entscheidungsfreiheit der Bürger in diesem Bereich gewahrt, was schon in gewisser Weise Athener Tradition war. Zum Teil wird dadurch auch der kulturübergreifende Charakter der Politik unterstützt, da die Anliegen des Gesetzgebers viele Menschen betreffen und von ihnen geteilt werden sollen, wohingegen die Religion als ein lokaler und partikularer Bereich angesehen wird. Unsere aristotelische Konzeption sieht also keine besonderen Regelungen für die Religion vor, da sie diese als eine der Formen betrachtet, in denen die Bürger die Kräfte ihres Denkens, ihrer Emotionen und ihrer Phantasie betätigen: Sie schützt den persönlichen Raum, in dem dies geschieht, und fördert ein Klima der Nichteinmischung.

Bei der Erziehung legt der Aristoteliker Wert auf die Ausbildung und Pflege bestimmter geistiger Fähigkeiten, ist sich dabei allerdings bewußt, daß diese allgemeinen Fähigkeiten durch viele verschiedene konkrete Ausbildungsgänge auf vielfältige Weise entwickelt werden müssen. Hier gesteht er den Lernenden eine gewisse Flexibilität zu, die in dem Maße zunimmt, wie ihre Entscheidungsfähigkeit zunimmt, und so strukturiert ist, daß sie dem Hintergrund und den Bedürfnissen der Lernenden in jedem Fall Rechnung trägt.

Damit sind wir bei der lokalen Spezifikation. Die praktische Vernunft des Aristotelikers ist, wenn ein guter Gebrauch von ihr gemacht wird, sehr sensibel für den konkreten Kontext, für den Charakter der handelnden Subjekte und für ihre historischen und sozialen Lebensumstände. So muß der Aristoteliker außer dem von uns beschriebenen Pluralismus noch eine andere

Art der pluralen Spezifikation des Guten ins Auge fassen. Denn was in einem Teil der Welt ein gutes pädagogisches Konzept ist, kann in einem anderen Teil völlig ineffektiv sein. Formen des Zusammenlebens, die in der einen Gemeinschaft gut funktionieren, können sich in einer anderen als unmöglich erweisen. In solchen Fällen muß der Aristoteliker das Ziel haben, eine konkrete Präzisierung des allgemeinen Guten aus den jeweiligen lokalen Bedingungen zu entwickeln. Diese Sensibilität hilft ihm, den Vorwurf des Paternalismus zu entkräften.[98]

Gleichwohl bestehen wir darauf, daß sich der Aristoteliker nicht einfach an den lokalen Traditionen orientiert, wenn es beispielsweise um das Verhältnis zwischen den Geschlechtern geht. Er mißt diese Traditionen an seiner vagen Konzeption des Guten. Die tatsächlichen Bedingungen mit dieser Konzeption vergleichend, stellt er sich einen möglichen Übergang von diesen Bedingungen zu einer Spezifikation der vagen Konzeption vor, die der jeweiligen Geschichte und den jeweiligen Bedingungen Rechnung trägt. Genau dies geschah in unserem Beispiel aus Bangladesch. Sobald die Entwicklungshelfer die Vorstellung aufgaben, daß sich das Gute in Bangladesch weitgehend auf dieselbe Weise verwirklichen ließe wie in Europa, konnten sie zusammen mit den Frauen vor Ort die Situation einschätzen und möglichen anderen Situationen gegenüberstellen, die den Frauen ein größeres Maß an Handlungsspielraum und Würde geben würden. Sie konnten eine spezifische Form der Ausbildung konzipieren, die unter den konkreten Umständen dazu beitrug, den Übergang vom gegebenen Zustand zu einem Zustand größerer Leistungsfähigkeit zu ermöglichen.

Hier haben wir einen Fall, in dem das Zusammentreffen von Kulturen mit radikal unterschiedlichen Traditionen in den fraglichen Bereichen zu hervorragenden Ergebnissen führte. Diese wurden möglich, weil sich die Parteien (Frauen aus dem Westen und Frauen vom Land) als Mitmenschen erkannten, denen bestimmte Probleme und Ressourcen, bestimmte Bedürfnisse nach einer größeren Ausbildung von Fähigkeiten und nach Möglichkeiten zur Erlangung dieser Fähigkeiten gemeinsam sind. Sie wurden auch deswegen möglich, weil sich die beiden Parteien mit Phantasie, emotionaler Sensibilität und Humor und nicht nur mit wissenschaftlichen Fakten und Überlegungen einander näherten – wodurch sich eine wirklich menschliche Interaktion ergab. (Chens Prosa mit ihrem stark deskriptiven und evokativen Charakter läßt genau die innere Einstellung erkennen, deren der aristotelische Ansatz bedarf, um im vollen Sinne vernünftig zu sein.) Vielleicht waren Erfolge auch deswegen möglich, weil sich die Frauen nicht so sehr mit ihrer gegenwärtigen Lebensweise identifizierten und die Herausforderung annahmen, sich etwas anderes vorzustellen. Auf diese Weise unterstützten und verstärkten sich Unzufriedenheit und Reflexion wechselseitig. Die Begegnung war vor allem deswegen möglich, weil der aristotelische Ansatz kein paternalistischer ist, wie Dworkin und andere unterstellen, also einer, der Menschen in weit entfernten Ländern einfach sagt, was ›Klugheit‹ gebietet. Er ist eine Aufforderung, an einem intellektuellen Abenteuer teilzunehmen. Die »starke vage Konzeption« ist nur so lange wertvoll und hat nur so lange Bestand, wie sie solche Abenteuer anleiten kann. Die Beteiligten werden mit einem Katalog von Möglichkeiten bekannt gemacht und zu einem Dialog darüber aufgefordert - und nach einem kreativen Prozeß des Nachdenkens werden sie gefragt, wofür sie sich entscheiden würden.

Die Dinge werden freilich nicht immer so einfach liegen – obwohl die Frage der Bildung und Ausbildung für Frauen beileibe keine einfache und politisch leicht lösbare Frage ist. Sie gehört in den Entwicklungsländern zu den drängendsten und umstrittensten Problemen, und es ist ein großes Verdienst der aristotelischen Konzeption, wenn sie hier als Richtschnur dienen kann. Es wird indessen andere Fragen geben, die sich als noch strittiger erweisen werden, wenn sich unterschiedliche Traditionen begegnen und wenn sich jede von ihnen mit ihren eigenen vielfältigen und widerstreitenden Aspekten auseinandersetzt. Eine Gesellschaft, deren gesamte Lebensweise darauf beruht, die einer bestimmten Rasse, Klasse oder einem bestimmten Geschlecht zugehörigen Mitglieder der Möglichkeit zu einem guten Leben zu berauben, wird keinen Wert darauf legen, den Inhalt oder die Verfahrensweise der aristotelischen Liste als wesentlich für alle Menschen anzuerkennen. Spricht dies gegen die aristotelische Konzeption?

Hier muß der Aristoteliker auf drei Punkte hinweisen. Erstens: Die starke vage Konzeption wird mit großer Sicherheit auch vom Kontrahenten als zentral für sein eigenes Leben und für das Leben der Menschen anerkannt, für die er Sorge trägt. In seiner Lebensweise manifestiert sich, daß er sie anerkennt, auch wenn er in der Diskussion ihre Bedeutung für andere leugnet, die er durch Diskurs und Interaktion implizit als Mitmenschen anerkennt. Zweitens: Die Weigerung des Kontrahenten, die gesamte aristotelische Schlußfolgerung zu übernehmen, läßt sich (in diesem durch Widersprüchlichkeit gekennzeichneten Fall und in anderen ähnlich gelagerten Fällen) eher durch seinen Widerstand unkonventionellen Vorstellungen gegenüber erklären und nicht dadurch, daß er das aristotelische Verfahren erfolgreich anwendet, aber zu anderen Ergebnissen gelangt. Eine nachhaltige, gewissenhafte und phantasievolle Reflexion hätte die von uns erwähnte Widersprüchlichkeit offenbart. Und die Reflexion würde dadurch, daß sie Überzeugungen verändert, früher oder später auch die entscheidenden Gefühle und Wünsche verändern. Es sollte nicht gegen die aristotelische Konzeption sprechen, daß Menschen, die nicht ihre Verfahrensweise anwenden, auch ihren Ergebnissen nicht zustimmen. Drittens: Die Konzeption beansprucht nicht, auf alle schwierigen Fragen eine Antwort zu wissen. Es wird viele Fragen geben, über die bei den Bürgern Meinungsverschiedenheiten bestehen – vor allem, wenn die Auffassungen selbst unklar oder im Prozeß der Veränderung begriffen sind (wie etwa bei der Abtreibungsfrage) – und bei denen die aristotelische Liste keiner Seite das entscheidende Argument liefern kann. Die Konzeption weist die Regierung an, die Privatsphäre der Bürger in vielen Bereichen zu schützen (wie wir weiter unten sehen werden). Aber es bleibt eine offene, nur durch eine intensive Debatte zu klärende Frage, auf welche Bereiche sich dieser Schutz erstrecken soll.

Dazu wäre noch viel zu sagen, und das meiste davon verlangt nach konkreter Ausformulierung. Aber wir behaupten, daß die aristotelische Konzeption ein fruchtbarerer und vielversprechenderer Ausgangspunkt für die Bearbeitung strittiger gesellschaftspolitischer Fragen ist als die schwachen Konzeptionen, mit denen viele Spielarten des Liberalismus operieren – vielversprechender auch als die inhaltlich völlig festgelegten Konzeptionen, mit denen viele Formen des Konservatismus und Kommunitarismus operieren.

Häufig ist der Vorwurf zu hören, es gebe bei dieser Form des in der aristotelischen Konzeption angelegten Sozialdemokratismus eine starke Spannung zwischen dem Wert des Wohlergehens (und der staatlichen Fürsorge für das Wohlergehen des einzelnen) und dem Wert der Entscheidungsfreiheit. Wenn die Regierung mit einer immer umfassenderen (wenn auch vagen)

Konzeption des Guten immer mehr für das Wohlergehen der Bürger tut, nimmt sie ihnen immer mehr die Möglichkeit, nach den eigenen Maßstäben zu leben. In der Debatte über die Angemessenheit des skandinavischen Sozialstaates wird diese Spannung häufig unterstellt und behauptet, daß die Einschränkung der Entscheidungsfreiheit ein Ergebnis genau der Strukturen sei, die das gute Leben fördern sollen.[99]

Die aristotelische Konzeption vertritt ganz entschieden den Standpunkt, daß diese Spannung bis zu einem gewissen Grad eine Illusion ist. Die menschliche Entscheidungsfreiheit ist nicht reine Spontaneität, die sich trotz aller Zufälle der Natur entfaltet.[100] Der Aristoteliker verwendet (und argumentiert für) eine naturalistischere und notwendig umweltgebundene Auffassung von der Entscheidungsfreiheit, der zufolge sowohl die Fähigkeit, sich in jedem Bereich für ein gutes Leben und Handeln zu entscheiden, als auch die Entscheidungsfähigkeit überhaupt im allgemeinen sehr komplexe gesellschaftliche und materielle Voraussetzungen haben, Voraussetzungen, die wahrscheinlich nicht ohne eine starke Intervention von seiten der Politik entstehen. Der Marxsche Arbeiter wählt seine Arbeitsbedingungen nicht freiwillig, auch wenn er in einer liberalen kapitalistischen Demokratie lebt. In fast allen Teilen der Welt haben die Frauen das Leben, das sie führen, nicht gewählt, da sie häufig keine Vorstellung oder eine unzureichende Vorstellung von Alternativen und nur begrenzte Möglichkeiten haben. Entscheidungsfreiheit ist durchaus vereinbar mit der Art von politischer Reflexion über das Gute und mit der Art von Einmischung in das Laisser-faire, die der aristotelische Sozialdemokratismus beinhaltet, ja sie erfordert beides geradezu.

Dem aristotelischen Sozialdemokratismus zufolge üben die Bürger ihre Entscheidungsfreiheit in vier Formen aus. Erstens werden sie durch die planmäßigen materiellen und institutionellen Regelungen befähigt, sich in jedem Lebensbereich für das gute Handeln zu entscheiden (oder auch nicht, falls sie dies wünschen). Zweitens wählen sie aufgrund der sozialdemokratischen politischen Struktur auch den Plan selbst: Sie sollen sich in jeder Phase nicht wie Mitläufer, sondern wie aktive Teilnehmer fühlen. (Man sollte also die Vorstellung verabschieden, daß eine große abgehobene Bürokratie die Planung durchführt, und statt dessen die Beteiligung der Bürger fördern. Hier besteht eine gewisse Unzufriedenheit mit der skandinavischen Sozialdemokratie; und wir sollten dem entgegensteuern.) Drittens haben die Bürger aufgrund des vagen Charakters der Konzeption viele verschiedene Optionen.[101]

Schließlich erfordern das Getrenntsein und das starke Getrenntsein für jeden Bürger eine persönliche Sphäre, die ihn vor Einmischung schützt; was in dieser Sphäre geschieht, ist nicht Sache politischer Planung, wenngleich die Politik ihre Grenzen schützt. Was zu dieser Sphäre gehört und wie weit sie sich erstreckt, ist Gegenstand einer politischen Auseinandersetzung; aber die Athener haben diese Idee dahingehend interpretiert, daß sie die Redefreiheit, vor allem die politische Redefreiheit, den größten Teil des Familien- und Sexuallebens und den Umgang mit persönlichen Freunden umfaßte.

Ein richtiges Verständnis dieser vierten Form der Entscheidungsfreiheit ist absolut wesentlich, wenn die aristotelische Konzeption einigen der stärksten Intuitionen gerecht werden soll, die der Liberale anspricht. Die Konzeption braucht einen Katalog von Grundrechten, um den Begriff des starken Getrenntseins näher zu definieren. Aber wir sollten ausdrücklich darauf hinweisen, daß diese Rechte nicht als der natürliche und mehr oder weniger apriorische Ausgangspunkt für das politische Denken aufgefaßt werden, wie es bei einigen liberalen Konzeptionen der Fall ist.[102] Ihre Berechtigung ergibt sich aus der Rolle, die sie beim Schutz einer Lebensweise spielen, die die Bürger übereinstimmend als gut für sie als Menschen einschätzen.

In diesem Bereich muß der Aristoteliker einen von Aristoteles abweichenden Standpunkt einnehmen. Denn während Aristoteles sein Augenmerk auf einige Aspekte der Athener Tradition der Bürgerfreiheit richtete – zum Beispiel auf den privaten Charakter des Familienlebens und die uneingeschränkte Freiheit der politischen Rede und Mitwirkung –, interessierte er sich weniger für die allgemeine Frage »Wie weit und auf welche Weise darf der Staat das alltägliche Leben der Menschen regulieren?«.[103] Sie ist für ihn nicht Gegenstand einer gründlichen Untersuchung. Außerdem sind einige seiner konkreten Empfehlungen für die meisten Liberalen wahrscheinlich abschreckend. Schwangere Frauen sollen jeden Tag Leibesübungen machen. Abtreibungen zum Zweck der Geburtenkontrolle sind in gewissen Fällen nicht nur erlaubt, sondern ebenso notwendig wie gewisse Formen der Kindstötung. Das richtige Lebensalter für die Schließung der Ehe und das Gebären von Kindern wird durch ein strenges System von Anreizen und Abschreckungsmitteln geregelt.[104] Die drängenden Probleme der Säuglingssterblichkeit und der Geburtenkontrolle in der Athener Gesellschaft mögen diese paternalistischen Vorschriften erklären; aber dies erklärt oder entschuldigt nicht das Fehlen einer gründlichen philosophischen Reflexion über die Grenzen gesetzlicher Eingriffe.

Mir scheint, daß diese Form und dieses Maß an Paternalismus der aristotelischen Konzeption nicht immanent sind. Ich glaube, daß eine Weiterentwicklung ihrer grundlegenden intuitiven Erkenntnisse über das starke Getrenntsein und über Entscheidungsfreiheit zur Aufstellung eines Katalogs von menschlichen Grundrechten führen würde. Und ich vermute, Aristoteles würde in diesen Fällen für ein starkes Eingreifen des Staates plädieren, weil er sich vor allem mit Frauen befaßte, die er nicht als freie und gleichgestellte Bürgerinnen anerkannte, sowie mit Kindern, die noch nicht die Bürgerrechte von Erwachsenen hatten. Er räumte selbst ein, daß bei einem echten Staatsbürger mehr Zurückhaltung geboten wäre.

Die Frage der Entscheidungsfreiheit ist vielschichtig. Wir können sie nicht umfassend behandeln, ohne ausführlicher darzustellen, was es bedeutet, ein Wesen zu sein, das Entscheidungen trifft, und was es bedeutet, ein Kind so zu erziehen, daß es zu einem solchen Wesen wird. Offenkundig spricht aber die Frage der Entscheidungsfreiheit nicht unbedingt für den Liberalen. Ja, der Aristoteliker kann den Vorwurf des Liberalen an diesen zurückgeben, indem er darauf hinweist, daß ein starkes Spannungsverhältnis zwischen der liberalen *Nicht*-Einmischung und dem Wert der Entscheidungsfreiheit besteht, da der Liberale es sich häufig nicht gestattet, genügend Strukturveränderungen vorzunehmen, um die Menschen wirklich entscheidungsfähig zu machen.[105]

Die Messung des menschlichen Wohlergehens in Skandinavien

Ich habe schon einige Vergleiche zwischen der aristotelischen Konzeption und den skandinavischen Sozialdemokratien angestellt. Jetzt können wir konkreter werden und eine faszinierende Konvergenz beschreiben. Denn die Strategien, mit denen die finnische und die schwedische Regierung die Frage nach dem Wohlergehen der Bürger angegangen sind, weisen überraschende Parallelen zum aristotelischen Ansatz und sogar zur aristotelischen vagen Konzeption auf. Der skandinavische Ansatz zur Messung des Wohlergehens geht von der entscheidenden intuitiven Erkenntnis aus, daß der Mensch ein aktives Wesen ist, das in einer Reihe von verschiedenen Bereichen gut leben und handeln möchte. Keine dieser Komponenten ist auf eine andere reduzierbar: Daher muß jeder gute Maßstab für das Wohlergehen von Menschen ein pluraler Maßstab sein. Die Lebensqualität wird anhand all dieser Dimensionen gemessen. Wie Robert Erikson, ein führender schwedischer Theoretiker, ausführt, ist bei der Beurteilung dieser Qualität auch die Fähigkeit der Bürger entscheidend, ihre »Lebensbedingungen bewußt zu gestalten; d.h., die Stufe, auf der der einzelne lebt, ist ein Ausdruck seines ›Betätigungsraumes‹«. Um das Leben der Bürger in dieser Weise einzuschätzen, müssen die Wissenschaftler »Stellung zu der Frage beziehen, welches die zentralen Bereiche des menschlichen Lebens sind, die Bereiche, in denen es am wichtigsten ist, daß die Menschen ihre Lebensbedingungen selbst gestalten können«.[106]

Dieser Ansatz ist, wie Erikson und andere betonen, dem früher dominierenden Ansatz diametral entgegengesetzt, der die Lebensqualität an der Befriedigung von Wünschen oder Vorlieben maß. Gefühle der Zufriedenheit, meint Erik Allardt, der Vordenker des finnischen Ansatzes, sind instabile und unzuverlässige Maßstäbe für das Wohlergehen von Menschen. Statt dessen sollten wir uns anschauen, wozu sie tatsächlich fähig sind und wie sie in vielen verschiedenen Bereichen wirklich handeln und entscheiden. Allardt gab seinem wichtigsten Buch über die Messung des Wohlergehens den Titel *Having, Loving, Being,* um sowohl auf die Breite als auch auf den aktiven Charakter seines Anliegens hinzuweisen.[107]

Die Liste der Komponenten des guten Lebens, mit der die schwedischen Wissenschaftler operierten, umfaßte laut Robert Erikson die folgenden Punkte:[108]

Die Indikatoren	*Die Komponenten*
1. Die Fähigkeit, 100 Meter zu gehen, verschiedene Krankheitssymptome, Kontakte zu Ärzten und Krankenschwestern bzw. Krankenpflegern	1. Gesundheit und Zugang zu medizinischer Versorgung
2. Erfahrungen von Arbeitslosigkeit, die physischen Anforderungen der Arbeit, die Möglichkeiten, den Arbeitsplatz zu verlassen	2. Arbeit und Arbeitsbedingungen
3. Einkommen, Wohlstand und Besitz, die Möglichkeit, in einer Woche unvorhergesehene Ausgaben in Höhe von bis zu 1600 DM zu bestreiten	3. Wirtschaftliche Situation
4. Die Zahl der Ausbildungsjahre, erreichter Bildungsstand	4. Wissensstand und Bildungsmöglichkeiten
5. Familienstand, Kontakte zu Freunden und Verwandten	5. Familie und soziale Integration
6. Die Zahl der Personen pro Zimmer, Komfort	6. Wohnsituation und Einrichtungen im Wohngebiet
7. Die Wahrscheinlichkeit, ein Opfer von Gewalt und Diebstahl zu werden	7. Sicherheit für Leben und Besitz
8. Freizeitaktivitäten, Reisen	8. Freizeit und Kultur
9. Teilnahme an Wahlen, Mitgliedschaft in Gewerkschaften und politischen Parteien, die Fähigkeit, Beschwerden einzureichen	9. Politische Partizipationsmöglichkeiten

Die Ähnlichkeit dieser Liste mit der aristotelischen Liste ist auffallend, aber nicht überraschend, wenn wir uns vergegenwärtigen, was wir über den universalen Charakter der starken vagen Konzeption gesagt haben. (Mehr oder weniger identische Konzeptionen werden heute in der medizinischen Praxis und Ethik zur Einschätzung von Lebensqualität verwendet.) Die Liste ist von unserem Standpunkt aus etwas grob geraten. Einige Indikatoren beziehen sich auf die tatsächliche Ausübung von Tätigkeiten, einige auf die materiellen Voraussetzungen für die Ausübung von Tätigkeiten, einige auf Fähigkeiten. Hätte Erikson stärker auf diese Unterschiede geachtet, wäre vielleicht mehr Klarheit erreicht worden. (In manchen Fällen kann er diese Überlagerungen als Ergebnis des Nachdenkens über ein Problem rechtfertigen. Beispielsweise kommt er angesichts der subtilen Hindernisse für die politischen Partizipationsmöglichkeiten von Minderheitengruppen und Frauen zu dem Schluß, daß man nicht wissen kann, ob ein Mensch wirklich umfassend zur politischen Partizipation *befähigt* worden sei; man kann nur feststellen, daß er oder sie partizipiert *hat*.) Einige für uns interessante Komponenten fehlen. Die parallele finnische Untersuchung fragt zum Beispiel nach dem Verhältnis der Bürger zur Natur und zu Tieren und nach einem größeren Spektrum von sozialen Interaktionen.[109] Und bei einigen der aufgenommenen Punkte ist nicht klar, inwiefern sie überhaupt relevant sind: Es ist etwa unklar, inwiefern der Familienstand ein Indikator für Lebensqualität sein kann! Und schließlich gehen manche Fragen nicht tief genug. Die Qualität der Arbeitsbeziehungen läßt sich durch diese Fragen nicht im vollen Umfang ermitteln; es wird nicht gefragt, ob Privateigentum tatsächlich immer ein positiver Indikator für Lebensqualität ist. Aber trotz dieser Mängel kann diese Studie die Regierung besser als vergleichbare Messungen über die wirklich wichtigen Dinge informieren, die im Mittelpunkt ihrer Arbeit stehen.

Die Ergebnisse der Untersuchung wurden in einer von der aristotelischen Konzeption empfohlenen Weise ausgewertet. Wo die Daten in einem oder mehreren Bereichen für identifizierbare Gruppen – dies waren namentlich ältere Menschen und Frauen – eine niedrigere Fähigkeitsstufe anzeigten, ging die Regierung daran, Maßnahmen zu konzipieren, die diesen Gruppen ein besseres Leben ermöglichen sollten. Am Schluß seiner Untersuchung stellt Erikson die schwedische Sozialdemokratie den in anderen westlichen Nationen dominierenden Spielarten des Liberalismus gegenüber:

> »Ich würde sagen, daß Armut für den sozialen Liberalismus das wichtigste sozialpolitische Problem darstellt, während die Ungleichheit für die Sozialdemokratie das wichtigste Problem ist. […] Für die Sozialdemokratie sind staatliche Aktivitäten nicht ein zusätzlicher, sondern ein dem Markt gleichgestellter Mechanismus. In einem institutionalisierten Sozialstaat enthält ein sozialpolitisches Umverteilungsmodell Regelungen, die die Befriedigung der Grundbedürfnisse aller Bürger vorsehen.«

Dieser Gegensatz ist vielleicht etwas unklar formuliert, denn dem Liberalismus geht es auf seine Art gewiß auch um Gleichheit. Was Erikson meint, läßt sich vielleicht so ausdrücken, daß dem Liberalismus und der Sozialdemokratie auf verschiedene Weise an Gleichheit gelegen ist. Der Liberalismus legt das Schwergewicht auf die Verteilung von Ressourcen. (Und dies ist laut Erikson häufig mit der Bereitschaft verbunden, sich auf den Markt zu verlassen, solange nicht Armut oder eine echte Notlage erzeugt wird.) Bei der Sozialdemokratie ist das Bemühen um Gleichheit ein Bemühen um die gleiche Fähigkeit, ein Leben lang gut zu leben. Der Staat gibt eine umfassende und nicht nur eine ergänzende Unterstützung, wobei er teilweise mit einer umfassenden Konzeption des Guten arbeitet.

Aristoteles und der Liberale

Dies war eine Skizze. Und es erfordert noch viel Arbeit, ihre einzelnen Teile weiter auszuarbeiten und aufzuzeigen, in welchem Verhältnis jeder Teil zu den Auffassungen der verschiedenen Liberalismus-Varianten steht. Aber anstatt diese größere Aufgabe hier in Angriff zu nehmen, möchte ich abschließend noch einmal auf die grundlegende intuitive Idee der aristotelischen Konzeption zurückkommen und sie so klar wie möglich von den intuitiven Grundlagen des kantischen Liberalismus von Rawls abgrenzen.

Rawls' kantischer Konstruktivismus arbeitet mit einem Begriff der Person, der in vieler Hinsicht dem von Kant entspricht. Die Person[110] zeichnet sich etwa nicht durch Bedürfnisse und Verletzbarkeiten, sondern vor allem durch die zwei moralischen Fähigkeiten aus. Die Grundstruktur der Gesellschaft drückt gemäß dieser Auffassung die Verteilung der verfügbaren Ressourcen durch moralische Subjekte aus. Die Menschen werden als Wesen begriffen, die für die verschiedenen Dinge, die sie tun und für die sie sich entscheiden, bestimmte Ressourcen benötigen; in diesem Sinne ist Rawls' Kantianismus empirisch ausgerichtet. Aber ihre Bedürftigkeit und Abhängigkeit bildet nicht den Schwerpunkt der intuitiven Idee dieser Konzeption oder ihrer Auffassung von den moralischen Fähigkeiten selbst. Die wechselseitige Durchdringung von Mensch und Natur wird nicht als eine tiefgehende betrachtet, so daß gilt: Alles ist in Ordnung, wenn die notwendigen Dinge zur Verfügung stehen. Das kantische Bild der Person verlangt keine eingehende Reflexion über die Art und Weise, wie Personen und Dinge – bzw. Personen unter sich – miteinander verbunden sind. Denn obwohl Rawls einen empirischen Kantianismus vertritt, ist bei ihm die kantische Tendenz erkennbar, die moralische Sphäre von der natürlichen zu trennen und anzunehmen, das moralische Subjekt schaffe sich seinen eigenen Raum, einen Raum, der sich bis zu einem gewissen Grad von dem natürlichen Raum unterscheidet und unabhängig von ihm ist. Ich begnüge mich mit einer vagen Andeutung, da ich mich diesen intuitiven Merkmalen des liberalen Kantianismus erst vage angenähert habe. Aber ich glaube, daß der Kantianismus hier eine wichtige Rolle spielt und daß wir uns gründlich mit ihm befassen müssen, wenn wir den Unterschied zwischen den beiden Konzeptionen tatsächlich verstehen wollen.

Die aristotelische Konzeption geht dagegen von der intuitiven Annahme aus, daß der Mensch weder Tier noch Gott ist; dieses Wesen kommt auf die Welt – die einzige Welt, die es gibt, nämlich die Welt der Natur – und ist sowohl durch bestimmte Grundfähigkeiten als auch durch eine erstaunliche Bedürftigkeit gekennzeichnet, durch eine Reichheit menschlicher Bedürfnisse, um mit Marx zu sprechen. Die Wesenskräfte des Menschen existieren als Bedürfnisse, die nach Erfüllung streben und für ihre wirklich menschliche Entwicklung einer starken und vielfältigen Unterstützung durch die Menschen und die Natur bedürfen. Das Gute für dieses menschliche Wesen kann immer nur durch ein System komplexer Abhängigkeitsbeziehungen zwischen dem handelnden Subjekt und instabilen Elementen wie Freunden, Angehörigen, Nahrung, Wasser und einer Gemeinschaft von Mitbürgern erreicht werden. Der Staat ist »eine Gemeinschaft von Gleichen, und zwar zum Zweck des möglichst besten Lebens«[111] – das heißt ein komplexes Zusammenwirken von Maßnahmen, die darauf abzielen, die Bürger beim Essen, Fortbewegen, Lieben und Entscheiden so zu unterstützen, daß sich ihre Grundfähigkeiten in voll entwickelte menschliche Fähigkeiten verwandeln, die ihnen die Ausübung wichtiger Tätigkeiten ermöglichen. Das menschliche Handeln vollzieht sich immer in einer vielschichtigen Interdependenz. Die Politik hat die Aufgabe, Formen der Interaktion zu konzipieren, die menschenwürdig sind und keine sklavische Abhängigkeit bedeuten, und diese Formen nach Möglichkeit überall auf der Welt zu schaffen.[112]

Die Natur des Menschen, seine Fähigkeiten und Tätigkeiten: Aristoteles über die distributive Aufgabe des Staates[113]

> »Man sieht, wie an die Stelle des nationalökonomischen Reichtums und Elends der reiche Mensch und das reiche menschliche Bedürfnis tritt. Der reiche Mensch ist zugleich der einer Totalität der menschlichen Lebensäußerungen bedürftige Mensch. Der Mensch, in dem seine eigene Verwirklichung als innere Notwendigkeit, als Not existiert.«
>
> Karl Marx, *Pariser Manuskripte 1844*

1. Einleitung

Dieser Beitrag verfolgt ein zweifaches Ziel: Er will eine vielversprechende Sicht von der Grundlage und den Zielen staatlicher Verteilungspolitik beschreiben und zeigen, daß Aristoteles diese Auffassung vertreten hat. Beide Ziele verstärken sich wechselseitig, da Aristoteles meiner Ansicht nach viel zu unserem Verständnis einer solchen Vorstellung und ihrer Implikationen beigetragen hat; in mehreren Punkten scheint sie philosophisch über moderne Varianten einer ähnlichen Vorstellung hinauszugehen. Umgekehrt kann uns ein Blick auf die heutige Diskussion helfen, die Aussagekraft der Aristotelischen Ansichten einzuschätzen. Aber diese Ziele gehen bis zu einem gewissen Grad auch auseinander. Denn die Aussagen des Aristoteles sind voller Unklarheiten und Widersprüche, so daß unsere Untersuchung mitunter gewisse Umwege machen muß. Ich hoffe, beiden Aufgabenstellungen so gut wie möglich gerecht zu werden, und ich bin zufrieden, wenn es mir gelingt, diese komplexen philosophischen und textspezifischen Probleme für weitergehende Arbeiten zu erschließen.

Es geht, kurz gesagt, um folgende Frage. Das Ziel politischer Planung besteht darin, für jeden Bürger des Staates die Voraussetzungen zu schaffen, die es ihm ermöglichen, ein gutes menschliches Leben zu wählen und zu führen. Diese distributive Aufgabe zielt auf die Entwicklung von Fähigkeiten ab. Das heißt, sie konzentriert sich nicht einfach auf die Zuteilung von Gütern, sondern will auch die Menschen befähigen, bestimmte menschliche Tätigkeiten auszuüben. Als notwendige Voraussetzung einer solchen Verteilung müßte der Empfänger dieser Güter bereits über eine gewisse Fähigkeit verfügen, die fraglichen Tätigkeiten auszuüben. Die Aufgabe des Staates besteht folglich darin, den Übergang von einer Fähigkeitsstufe zu einer anderen zu ermöglichen. Diese Aufgabe des Staates kann aber nicht unabhängig von einer substantiellen Konzeption des menschlich Guten und losgelöst von der Frage verstanden werden, was es bedeutet, wahrhaft menschlich zu leben und zu handeln. Zu dieser Konzeption gelangt man durch eine bestimmte Art ethischer Untersuchung.

Zunächst werden wir uns anschauen, welche Vorstellung von der distributiven Aufgabe des Staates Aristoteles in der *Politik* VII.1-2 und an anderer Stelle entwickelt. Wir werden deutlich machen, worum es bei dieser Vorstellung geht, indem wir sie im Verhältnis zu zwei zeitgenössischen Verteilungskonzeptionen untersuchen: zu jenen von John Rawls und von Amartya Sen. Während Rawls eine Theorie des Guten vertritt, die wesentlich »schwächer« ist als die, die Aristoteles für notwendig erachtet, plädiert Sen dafür, von dieser »schwachen« Theorie zu einer Konzeption überzugehen, die der aristotelischen nähersteht. In einem gesonderten Teil werden wir sodann darlegen, daß Aristoteles sein Verteilungskonzept nicht konsequent verteidigt, sondern auf eine merkwürdige Weise zwischen dieser Vorstellung und zwei anderen hin und her schwankt, die sich nicht mit ihr vereinbaren lassen. Ohne näher auf diese Probleme einzugehen, werden wir uns dann Aristoteles' Aussagen über die menschlichen Fähigkeiten zuwenden, wobei wir in der *Politik* Belege für unsere These von den zwei Fähigkeitsstufen sowie für unsere Behauptung finden, daß nämlich das Ziel der Verteilung in der Herstellung bestimmter Fähigkeiten liege; auch hier werden wir einige vergleichende Überlegungen anstellen. Dem folgt die Untersuchung einzelner Probleme der aristotelischen Konzeption. Zum Schluß werden wir auf die vielversprechendsten Komponenten dieser Konzeption zurückkommen und beschreiben, welche Arbeit noch geleistet werden muß, um sie wirklich überzeugend zu machen. Wir werden diese Arbeit in Angriff nehmen, indem wir die berühmten Ausführungen des Aristoteles über die spezifischen Fähigkeiten und Tätigkeiten des Menschen in der *Nikomachischen Ethik* I.7 untersuchen.

2. Die distributive Konzeption

»Daß nun also die beste Verfassung (*politeia*) notwendig diejenige ist, deren Einrichtung (*taxis*) dazu führt, daß es mit jedem Einzelnen aufs beste bestellt ist (*arista prattoi*) und ein jeder glückselig lebt (*zoie makarios*),[114] ist einleuchtend« (*Politik* 1324 a 23-25). Dies ist eine der klarsten Aussagen des Aristoteles im Hinblick auf seine Vorstellung von der staatlichen Verfassung, die ich hier untersuchen werde. Ich werde sie die distributive Konzeption (DK) nennen.[115] Siehe auch 1325 a 7 ff.: »Vielmehr ist es des tüchtigen Gesetzgebers Aufgabe, darauf zu sehen, wie ein Staat oder ein Geschlecht von Menschen (*genos anthropon*) und jede andere Gemeinschaft eines tugendhaften Lebens teilhaftig wird und des möglichst hohen Grades von Glückseligkeit (*eudaimonia*).« Diese Konzeption fordert uns auf, eine politische Ordnung danach zu bewerten, welche Tätigkeiten jeder einzelne ausübt – ob ihn diese Ordnung befähigt, das Beste aus sich zu machen. (Die Begriffe *prattoi* und *zoie* könnten den an anderer Stelle – vgl. Abschnitt 5 – explizit formulierten Hinweis enthalten, daß die Struktur nicht so beschaffen ist, jemanden zu einem wirklich guten Leben und Handeln zu zwingen, sondern daß sie einen Kontext schafft, in dem ein Mensch gut leben, mit anderen Worten: ein tugendhaftes Leben wählen kann. Sie eröffnet ihm ein Spektrum von Möglichkeiten.[116] Wir werden darauf zurückkommen.) Nun wissen wir aber noch nichts über den Umfang der distributiven Verpflichtung des Staates; zu dieser Frage äußert sich Aristoteles, vielleicht bewußt, ziemlich vage. Gleichwohl deuten *genos anthropon* und vor allem *hostisoun* darauf hin, daß der Umfang recht groß ist. Jedenfalls wird nicht gesagt, der Gesetzgeber solle sich nur um die Grundeigentümer kümmern oder um diejenigen, die schon bestimmte Privilegien haben, oder um jene, die über ausgebildete moralische und geistige Fähigkeiten verfügen.

Dieselbe Konzeption wird gleich zu Anfang der *Politik* VII.1 näher ausgeführt, wo Aristoteles seine Theorie von der besten staatlichen Verfassung darlegt. Ich erörtere diesen Abschnitt nach den späteren, da seine Übersetzung und Interpretation gewisse Schwierigkeiten mit sich bringen. Aristoteles argumentiert, daß eine Theorie der guten staatlichen Verfassung eine Theorie des guten menschlichen Lebens erfordert und auf ihr basiert: »Denen nämlich, welche nach den gegebenen Umständen die beste Staatsverwaltung haben (*arista politeuomenois*), muß es verständlicherweise auch am besten ergehen (*arista prattein*), falls nichts Unberechenbares eintritt« (1323 a 17-19). Mit anderen Worten: Es ist ein Kriterium für die beste staatliche Verfassung, daß die unter ihr lebenden Menschen bestens leben; und bestens nicht im absoluten Sinne, sondern soweit es die äußeren Bedingungen zulassen.[117] Ich glaube, diese Einschränkung – die auch in 1325 a 7ff. zu finden ist – soll der offenkundigen Tatsache Rechnung tragen, daß ein und dieselbe Verfassung unter verschiedenen äußeren Bedingungen unterschiedliche Grade von Erfolg haben kann. Und sie würde dennoch als die beste gelten, vorausgesetzt, sie würde den betroffenen Menschen ein gutes Leben in dem maximalen Umfang ermöglichen, den diese Umstände zulassen. Ein gerechter Plan zur Verteilung von Nahrungsmitteln wird nicht allen Menschen unter allen Umständen volle Gesundheit bringen, und ein und dieselbe Regelung wird in einem wohlhabenden Teil der Welt bessere Resultate in bezug auf eine gute Lebensführung erzielen als in einem armen Teil. Aristoteles zufolge gilt sie immer noch als die beste Verfassung, vorausgesetzt, sie ermöglicht es den Menschen, die Handlungsfähigkeit zu entwickeln, die unter ihren natürlichen Lebensbedingungen die optimale ist. Die Wendung »falls nicht etwas Unberechenbares eintritt« bedeutet meiner Ansicht nach eine weitere Einschränkung. Manchmal kann eine unerwartete Störung, zum Beispiel der Ausbruch eines Krieges oder einer Krankheit, den kausalen Zusammenhang zwischen einer guten Verfassung und einer guten Handlungsfähigkeit unterbrechen. Eine Verfassung, die die beste ist, kann durch eine Seuche oder irgendein anderes unvorhergesehenes Ereignis empfindlich gestört werden – und in diesem Fall werden wir ihr das Attribut »beste« nicht entziehen.

An dieser Stelle sollten wir unserer Interpretation dieser Äußerungen über das Mögliche allerdings noch eine weitere Einschränkung hinzufügen. Denn Aristoteles gibt zu bedenken, daß eine Konzeption, um überhaupt die beste sein zu können, in einem bestimmten Verhältnis zu dem stehen muß, was im menschlichen Leben generell machbar ist. In seiner Kritik an

Plato, der in seinem Werk *Gesetze* eine Stadt beschreibt, deren materielle Bedingungen unerfüllbar sind, bemerkt er:

> »Den Charakter des Außerordentlichen, Feinen, Bahnbrechenden und Durchdachten tragen die sämtlichen Erörterungen des Sokrates an sich; daß aber alles auch richtig sei, ist wohl in der Tat schwer zu erreichen, und so darf gleich nicht außer acht gelassen werden, daß es für die angegebene Zahl von Wehrleuten eines Landes von der Größe Babyloniens oder von ähnlichem riesigen Umfang bedürfen würde, um 5000 Müßiggänger zu ernähren und dazu noch einen viel größeren Haufen von Weibern und Dienerschaft. Nun muß man freilich gewisse Voraussetzungen machen, aber es darf doch nichts Unmögliches unter ihnen sein.« (*Politik* II.6 1265 a 10-18)

Wenn Buch VII in einer Weise interpretiert werden soll, die so weit wie möglich mit diesen Äußerungen übereinstimmt, dann müssen wir unserer Interpretation des fraglichen Abschnitts hinzufügen, daß eine Verfassung nicht als die beste gelten kann, wenn sie nicht von Anfang an das Machbare in ihren Plan einbezieht. So wäre die Unterschiedlichkeit der Umstände, die durch die Formulierung »soweit es ihre Umstände zulassen« eingeführt wird, eine Unterschiedlichkeit im Rahmen dieses menschlich möglichen und realisierbaren Spektrums von Optionen.

Meiner Interpretation zufolge weist der Anfang von VII.1 auf den gleichen Sachverhalt hin wie die beiden späteren Abschnitte von VII.1-2, die wir schon erörtert haben: daß eine politische Verfassung die Aufgabe hat, dem Volk (und wir werden mehr darüber zu sagen haben, wie dieses definiert wird) die für ein im vollen Sinne gutes menschliches Leben notwendigen Bedingungen zur Verfügung zu stellen. Sie hat Umstände zu schaffen, in denen jeder – mit den genannten Einschränkungen – die Möglichkeit hat, in einer Weise tätig zu sein, die konstitutiv für ein gutes menschliches Leben ist. Dieses Ziel kann somit nicht verstanden werden, wenn diese Tätigkeiten nicht verstanden werden. Aristoteles führt die distributive Konzeption tatsächlich ein, um die folgende Behauptung zu untermauern: »Wer über die beste Verfassung die Untersuchung in sachgemäßer Weise anstellen will, der muß notwendig zuerst bestimmen, welches das wünschenswerteste Leben ist. Denn solange dies noch im unklaren ist, muß notwendig auch die beste Staatsverfassung im unklaren bleiben.« (1323 a 14-17) Dieser Behauptung folgt die Äußerung über die Funktion der staatlichen Verfassung, die wir gerade analysiert haben.

Der Hinweis auf die Funktion der staatlichen Verfassung und die Aufgabe des Gesetzgebers (oder desjenigen, der die Verfassung ausarbeitet) begegnet auch an zahlreichen anderen Stellen in den ethischen und politischen Schriften des Aristoteles. Der entscheidende Punkt ist, daß die Aufgabe einer staatlichen Verfassung sowohl *breit* als auch *tief* angelegt ist: breit insofern, als sie auf das gute Leben von vielen Menschen (von »jedermann«, was immer das bedeuten mag) und nicht nur einer kleinen Elite ausgerichtet ist; tief insofern, als sie auf eine Totalität der Tätigkeiten abzielt, die ein gutes menschliches Leben ausmachen. Aristoteles zufolge reicht es nicht aus, Güter, Geldmittel und Ämter zu verteilen – also die traditionellen politischen Zuwendungen. Die distributive Aufgabe muß auf einer umfassenden Konzeption des menschlich Guten und der guten menschlichen Lebensführung beruhen. Das Ziel des Gesetzgebers, darauf insistiert Aristoteles, besteht darin, die Menschen zu einem guten Leben zu befähigen; und »wer dies nicht geschickt anstellt, der macht einen Fehler, und gerade darin unterscheidet sich eine gute von einer schlechten Verfassung« (*NE* II.1 1103 b 2-6). Eine staatliche Gemeinschaft hat ein »gutes Leben« zum Ziel und nicht nur die Anhäufung von Besitz oder den bloßen Lebenserhalt (vgl. etwa *Politik* 1280 a 25 ff.). Ein Gesetzgeber wie Phaleas, dem an einer gleichen Verteilung des Besitzes gelegen ist, ohne zu fragen, welche Beziehung zwischen dem Besitz und einem guten Leben besteht und was im Hinblick darauf die richtige Verteilung ist, tut nicht genug: Denn er vernachlässigt die Totalität des guten menschlichen Lebens (*Politik* II.7 1266 b 24 ff.). Die Argumentation in VII.1 in bezug auf die Rolle, die eine Theorie des Guten bei dem Entwurf einer guten staatlichen Verfassung spielt, kommt folglich sowohl in anderen allgemeinen ethischen Erörterungen als auch bei der Beurteilung von konkreten politischen Konzepten zum Tragen.

3. Die Theorie des Aristoteles und zeitgenössische Varianten

Die Idee, daß eine ziemlich umfassende Vorstellung vom menschlich Guten und vom guten menschlichen Handeln einer Vorstellung von der distributiven Aufgabe des Staates vorausgehen und sie begründen muß, ist neueren Arbeiten auf dem Gebiet der politischen Theorie fremd. In seinem Buch *Eine Theorie der Gerechtigkeit* räumt John Rawls zwar ein, daß eine Theorie des Guten der Aufstellung von distributiven Prinzipien vorausgehen muß – denn wir brauchen eine Vorstellung davon, was wir verteilen, und wir müssen überzeugt sein, daß diese Dinge gut sind.[118] Rawls meint jedoch, daß wir vor der Wahl eines bestimmten distributiven Modells keine umfassende, sondern eine »schwache« Theorie des Guten benötigen. Diese liefert er durch eine Liste von »Grundgütern«, Gütern, von denen jeder Mensch, unabhängig von seiner oder ihrer umfassenden Konzeption des guten Lebens, (angeblich) eher mehr als weniger haben möchte:

> »Doch zur Aufstellung dieser Grundsätze muß man sich auf einen Begriff des Guten stützen, denn man braucht Annahmen über die Beweggründe der Parteien im Urzustand. Diese dürfen den Vorrang des Begriffs des Rechten nicht beeinträchtigen; deshalb beschränkt sich die Theorie des Guten, die zur Begründung der Gerechtigkeitsgrundsätze herangezogen wird, auf das Allernotwendigste. Diese Analyse des Guten nenne ich die schwache Theorie; sie soll die Voraussetzungen über die Grundgüter liefern, die zur Herleitung der Gerechtigkeitsgrundsätze nötig sind. [...] Vernünftige Menschen wünschen sich unabhängig davon, was sie sich sonst wünschen, bestimmte Dinge als Vorbedingungen der Ausführung ihrer Lebenspläne. Unter sonst gleichen Umständen haben sie lieber mehr als weniger Freiheit und Chancen, Vermögen und Einkommen. Daß diese Dinge Güter sind, scheint völlig klar.«

Wie Rawls sagt, möchte er es jedem einzelnen überlassen, sich eine Auffassung von einem guten Leben zu bilden. Um in Abgrenzung von Rawls eine klarere Vorstellung von der aristotelischen Theorie zu gewinnen, müssen wir zuerst fragen, wie Aristoteles Rawls' »schwache Theorie« kritisieren würde, und zweitens, ob Aristoteles einfach die Bedeutung der Entscheidungsfreiheit übersieht, wenn er darauf besteht, daß der Wahl der Prinzipien die Ausarbeitung einer »stärkeren« Theorie vorauszugehen hat.

An Rawls' Liste der »Grundgüter« würde Aristoteles sicherlich zunächst bemängeln, daß sie einige falsche Dinge enthält. Denn Reichtum und Besitz sind, wie er in dem erwähnten Kapitel ausführt, nicht Dinge, die einen Wert an sich haben; daher sind sie auch keine Dinge, von denen man besser immer mehr als weniger hat.[119] (Aristoteles zufolge ist es immer besser, von einer Sache mehr zu haben, wenn diese einen Wert an sich hat, nicht aber, wenn ihr Wert nur ein instrumenteller ist.[120]) Zuviel Reichtum kann beispielsweise das glückselige Leben beeinträchtigen. Und Aristoteles weist hier und an anderer Stelle darauf hin, daß dies für alle Dinge gilt, die »äußere Güter« oder »Glücksgüter« genannt werden: Sie »haben eine bestimmte Grenze, wie überhaupt jedes Werkzeug, ein jedes nämlich ist immer nur zu etwas Bestimmtem brauchbar« (1323 b 7-8) – nämlich zum guten menschlichen Leben und Handeln. Es ist in jedem einzelnen Fall das richtige Maß, das für das beste Leben ausschlaggebend ist.[121] Kurzum, die richtige Betrachtungsweise dieser instrumentellen Güter besteht darin, sie in Bezug zur Tätigkeit des Menschen zu setzen und zu fragen, ob sie diese Tätigkeit unter verschiedenen Umständen fördern oder hemmen. Und die Dinge, deren Bereitstellung für den Gesetzgeber oberste Priorität haben muß, die Dinge, von denen man immer besser mehr als weniger hat, das sind die Grundvoraussetzungen für diese Tätigkeiten – die Fähigkeiten, die es den Menschen ermöglichen, sich für das beste Leben und Handeln zu entscheiden. In der *Politik* greift Aristoteles diejenigen an, die behaupten, Reichtum hätte irgendeine unabhängige Bedeutung.[122] Kein einzelnes Gut kann richtig eingeschätzt werden, wenn es nicht in den Kontext einer stärkeren Theorie des guten Lebens gestellt wird; und wenn wir das tun, entdecken wir, daß Reichtum keinen Wert an sich hat. Rawls' Theorie ist also zu schwach. Auf seiner Liste fehlen die wirklich »primären Güter«, und sie schreibt denjenigen Gütern eine unabhängige Bedeutung zu, deren Wert erst im Zusammenhang mit den wahrhaft primären Gütern erkannt werden kann. Es führt kein Weg daran vorbei, einen Standpunkt zu der Frage einzunehmen, welche Tätigkeiten für ein gutes menschliches Leben konstitutiv sind – sofern wir zu einer distributiven Konzeption gelangen wollen, die in kohärenter Weise darstellt, wie der Staat wirklich das Gute für die Menschen fördern kann.

Nun ist es für Aristoteles natürlich leichter als für Rawls, dies zu behaupten, da er glaubt, daß es (zumindest auf einer bestimmten Ebene der Generalisierung) nur *eine* Liste von Tätigkeiten gibt, die das gute menschliche Leben konstituieren; Rawls ist dagegen entschlossen, die Auswahl der Komponenten dem einzelnen zu überlassen. Er wählt die primären Güter genau deswegen aus, weil sie in so vielen Lebensformen, für die die Menschen sich entscheiden können, eine grundlegende Rolle spielen. Dies ist ein wichtiger und tiefgreifender Unterschied; ich möchte ihn nicht herunterspielen und werde in Abschnitt 5 darauf zurückkommen. Aber das Ausmaß der Unstimmigkeit sollte auch nicht übertrieben werden. Denn sowohl Aristoteles als auch Rawls weisen Konzeptionen des guten Lebens zurück, die keinen Raum für Entscheidungsfreiheit und praktische Vernunft lassen.[123] So gesehen, läßt Rawls nicht jede Möglichkeit offen. Und Aristoteles betont den Stellenwert, den die persönliche Entscheidungsfreiheit in seiner Theorie des Guten hat. Denn was wir den Menschen geben möchten, das sind genau die Bedingungen, unter denen jeder von ihnen als Individuum gemäß seiner eigenen praktischen Vernunft Entscheidungen treffen und seine Fähigkeiten zur Geltung bringen kann. Aristoteles hätte nichts gegen Rawls' Betonung der Entscheidungsfreiheit einzuwenden, wohl aber gegen dessen Auffassung, daß Dinge, die lediglich einen instrumentellen Charakter haben, einen unabhängigen Wert besitzen, sowie gegen Rawls' fehlende Bereitschaft, die verschiedenen Tätigkeiten näher zu bestimmen, zu deren Ausübung wir die Menschen befähigen wollen und die den Gütern erst ihren Sinn verleihen.

Eine aktuelle Parallele kann diese Kritik verdeutlichen. In einer Reihe von Arbeiten zu Verteilungsfragen hat Amartya Sen, genau wie Aristoteles, das Argument vorgebracht, daß wir den Wert von verteilungsfähigen Gütern nur dann richtig einschätzen können, wenn wir eine Vorstellung von den Tätigkeiten haben, für die diese Güter nützlich sind.[124] Die Verteilungsfrage müsse außerdem im Kontext der funktionalen Bedürfnisse eines jeden Menschen beantwortet werden. Um ein einfaches Beispiel zu nennen: Die Verteilung von Nahrungsmitteln bewirkt nichts Gutes bzw. ihre Ziele werden nicht richtig verstanden, wenn wir nicht zuerst fragen, was die Menschen *tun*, wenn sie gut oder nicht gut ernährt sind. Im konkreten Fall müssen wir fragen, welche funktionalen Ernährungsbedürfnisse ein Mensch im Verhältnis zu seinem Stoffwechsel, zum Umfang seiner Aktivitäten und zu anderen Lebensbedingungen hat. Das Ziel kann nicht sein, gewisse *Dinge* so zu verteilen, als hätten sie einen Wert an sich. (Sen wirft Rawls hier eine Art »Warenfetischismus« vor.) Unser Ziel besteht darin, die Menschen in die Lage zu versetzen, in bestimmter konkreter Weise zu leben und zu handeln. Ein solcher Ansatz ignoriert nicht den Wert der Entscheidungsfreiheit, da wir die Menschen befähigen und nicht nötigen wollen, eine bestimmte Handlungsweise zu wählen. Dies bedeutet erstens, daß wir unser Ziel im Hinblick auf die Fähigkeiten und nicht im Hinblick auf das tatsächliche Handeln definieren; und zweitens, daß eine der Fähigkeiten, auf die wir in jedem Lebensbereich das Hauptgewicht legen, die *Entscheidungsfähigkeit* ist.[125] Folglich müssen wir genauere Angaben darüber machen, welche Fähigkeiten die Menschen unserer Ansicht nach haben sollten, wobei sie frei über deren Gebrauch entscheiden können. So orientiert sich unsere Verteilung nicht am Wohlstand an sich, sondern (beispielsweise) an der Mobilität; nicht an Büchern und Schulen an sich, sondern an der Fähigkeit, eine Ausbildung zu erhalten, usw.

Wenn ich es richtig sehe, zielt Aristoteles genau auf diesen Punkt ab. Und die Vehemenz seiner Angriffe auf den Geld- und Warenfetischismus deutet darauf hin, daß er Kontrahenten (in Gestalt von Philosophen oder »Laien«) hatte, gegen die die Erfordernisse der menschlichen Handlungsfähigkeit und eine »stärkere Theorie« des Guten verteidigt werden mußten.

Die aristotelische Theorie hat einen weiteren prominenten Gegner, der sich sehr von Rawls unterscheidet und den wir jetzt zur Diskussion stellen können: Es ist der Utilitarist, dessen verteilungstheoretischer Ansatz einen großen Teil der gegenwärtigen ökonomischen und politischen Diskussion beherrscht. Aristoteles würde mit dem Utilitaristen darin übereinstimmen, daß verteilungsfähige Güter deswegen wertvoll sind, weil sie etwas *für die Menschen* bewirken, und nicht, weil sie einen Wert an sich darstellen. Diese Übereinstimmung ist wichtig und sollte nicht übersehen werden. Aber Aristoteles würde natürlich der Vorstellung entschieden entgegentreten, daß das Kriterium, das der Gesetzgeber benötigt, in den subjektiven Präferenzen der

Menschen oder in der Befriedigung der Wünsche zu finden ist, die sie zufälligerweise haben. Denn er betont in seinen sämtlichen politischen und ethischen Schriften, daß viele Menschen schlecht erzogen seien und daher die falschen Dinge oder eine falsche Menge von Dingen haben möchten. Sie können nicht zuverlässig beurteilen, welche Tätigkeiten zu einem guten menschlichen Leben gehören. Die Tätigkeiten-Liste des guten Gesetzgebers wird nicht ganz unabhängig von den Wünschen und Präferenzen der Menschen sein; denn die verschiedenen Tätigkeiten werden mit Blick auf die Präferenzen einer bestimmten Art von Mensch definiert, nämlich des mit praktischer Vernunft begabten Menschen. Aber die reflektierten Bewertungen, die dieser Mensch vornimmt, unterscheiden sich wahrscheinlich erheblich von den unreflektierten oder zu wenig reflektierten Präferenzen der meisten Menschen. Die von Aristoteles wiederholt erwähnte Tatsache etwa, daß die Menschen in vielen Gesellschaften einen starken Wunsch nach Geld haben und enttäuscht sind, wenn sie es nicht in beliebiger Menge anhäufen können, sollte die Entscheidungen des Gesetzgebers in bezug auf Geld nicht beeinflussen.

Dies wirft tiefgreifende Fragen nach ethischer Objektivität und kultureller Differenz auf; in den Abschnitten 6 und 7 werden wir uns näher mit ihnen befassen. Vorerst können wir festhalten, daß dieser Aspekt der aristotelischen Betonung der Tätigkeiten starke Parallelen zu Sens Schriften aufweist. Diese Schriften kritisieren den wunschorientierten Ansatz ausführlicher, als Aristoteles es aufgrund des Charakters seiner philosophischen Kontrahenten für nötig hielt, und helfen uns auf diese Weise, die Stärke der aristotelischen Position besser zu erfassen. In verschiedenen gegen den Utilitarismus gerichteten Arbeiten hat Sen dargestellt, inwiefern pädagogische Versäumnisse und andere Defizite die Wünsche benachteiligter Menschen beeinflussen, so daß sie keinen Wunsch nach Dingen entwickeln, die aufgrund ihrer Situation oder ihrer Traditionen außerhalb ihrer Reichweite liegen.[126] Er hat damit vor allem die Frauen in vielen Teilen der Welt gemeint, die so sehr verinnerlicht haben, daß sie weder eine Ausbildung bekommen noch außerhalb der Traditionen leben und handeln sollten, daß sie gar nicht den Wunsch nach einer anderen Lebens- und Handlungsweise verspüren. (Eine notwendige Bedingung für die Entwicklung von Wünschen ist die Fähigkeit, sich den gewünschten Gegenstand vorzustellen; daher sind Menschen mit einem sehr begrenzten Erfahrungsbereich allein aus diesem Grund nicht fähig, sich Alternativen zu wünschen, die sie nicht kennen.) Selbst auf der Ebene des Grundbedürfnisses nach Nahrung kann gezeigt werden, daß Frauen häufig sagen, es gehe ihnen gut, auch wenn sie sichtlich unter Krankheiten leiden, die durch eine schlechte Ernährung bedingt sind. Viele von ihnen sterben, ohne ihre Bedürfnisse erkannt zu haben. Wenn wir einem utilitaristischen Ansatz folgen, müßten wir also zu dem Schluß kommen, daß es diesen Menschen wirklich gutgeht und daß der Gesetzgeber ihnen gegenüber keine weitergehende Verantwortung hat. Der aristotelische Ansatz fragt statt dessen, welche guten menschlichen Tätigkeiten sie tatsächlich ausüben können. Eines seiner Verdienste besteht darin, uns zu befähigen, derartige Situationen zu kritisieren und zu sagen, daß diesen Menschen mehr zusteht. Wünsche, so meint die heutige Aristotelikerin, sind ein leicht zu entstellender, unbeständiger und unzuverlässiger Wegweiser zu einem wirklich gedeihlichen menschlichen Leben.

4. Die mit der distributiven Konzeption verbundenen Probleme

Bevor wir uns anschauen, wie Aristoteles seine distributive Konzeption im Hinblick auf die menschlichen Fähigkeiten und Tätigkeiten entwickelt, müssen wir feststellen, daß er diese Konzeption von der Funktion des Staates nicht durchgehend vertritt. Es gibt mindestens zwei weitere Auffassungen, die in den betreffenden Kapiteln der *Politik* beschrieben werden – und die den distributiven Definitionen so nahe kommen, daß wir uns fragen müssen, ob Aristoteles die Unterschiede sieht. Ich werde sie die holistische Konzeption und die Teil-Ganzes-Konzeption nennen.

Holistische Konzeption (HK): Eine staatliche Verfassung ist gut (oder in einer konkreten Hinsicht tugendhaft), wenn sie dieselbe Struktur hat wie das Gute (bzw. wie eine konkrete Tugend) in der Seele eines einzelnen Menschen.

Teil-Ganzes-Konzeption (TGK): Eine staatliche Verfassung ist als ganze gut, wenn ihre Bürger (jeder einzelne?) als Einzelmenschen gut sind.

Eine klassische Beschreibung von HK findet sich in *Politik* VII. 1323 b 33 ff.: »Die Tapferkeit aber, die Gerechtigkeit und die Einsicht des Staates haben dieselbe Geltung und Gestalt wie diejenigen Eigenschaften, deren Besitz jedem Einzelmenschen den Namen eines gerechten, einsichtigen und enthaltsamen verschafft.« Diese Idee wird mehrfach in VII.1-2 geäußert und lehnt sich stark an Aussagen über die *distributive Konzeption* (DK) an (vgl. 1324 a 8, 1324 a 33). TGK ist die in VII.9-10 vorherrschende Konzeption, etwa in der Feststellung: »Glückselig aber darf man einen Staat nicht nennen mit Rücksicht nur auf einen seiner Teile, sondern auf alle Staatsbürger.« (1329 a 19 ff.)

TGK und DK sind formal nicht inkonsistent. Beide betrachten die Vortrefflichkeit der Mitglieder des Staates unter dem Aspekt der Distribution, d.h., sie betrachten alle als getrennte Einheiten. Und beide machen die gute Verfassung eines Staates von der Handlungsfähigkeit der in ihm lebenden Menschen abhängig. Beide Konzeptionen unterscheiden sich allerdings stark in ihrer Schwerpunktsetzung und ihren Implikationen. DK sagt uns, daß der Staat eine *Aufgabe* hat: Er soll es den Bürgern ermöglichen, gut zu leben. Diese Konzeption verlangt, daß die Struktur des Staates im Hinblick auf dieses Ziel gewählt werden soll, und sie fordert den Gesetzgeber auf, Verteilungsfragen zu berücksichtigen. TGK sieht dagegen die gute Verfassung eines Staates nicht in dem, was dieser *für* seine Menschen *tut*, sondern als eine Funktion der Qualitäten der Menschen, unabhängig davon, wie diese zustande gekommen sind.

Wie entscheidend dieser Unterschied ist, zeigt sich, wenn wir uns die Argumentation in VII.9-10 anschauen. TGK wird benutzt, um den Ausschluß von Handwerkern und Bauern von der Staatsbürgerschaft zu rechtfertigen. Und dies geschieht folgendermaßen: Wir wollen einen guten Staat. Ein Staat ist dann und nur dann gut, wenn (alle) Teile gut sind. Handwerker und Bauern können dieses Gutsein nicht erreichen, weil es ihrem Leben an Muße mangelt und weil Muße für die Ausbildung der Tugend notwendig ist. Also sollen diese Menschen nicht Teile (Staatsbürger) des Staates sein. (Vgl. 1329 a 18 ff., 1328 b 38 ff. und III.5 1278 a ff.) Mit anderen Worten: Sie sollen nicht unsere schöne Verfassung beschmutzen. Sie mögen ein notwendiges

Zubehör oder wichtige Hilfskräfte sein, aber laßt sie nicht *Teile* sein.[127] Nun bleibt DK zugegebenermaßen vage in bezug auf den Umfang von *hostisoun*. Aber es scheint dieser Konzeption zu widerstreben, Menschen als Staatsbürger auszuschließen, nur weil sie unter den gegebenen Umständen nicht schon gut leben. DK fordert uns auf, die gesamte Gruppe (wie auch immer spezifiziert) zu betrachten und ein Konzept zu *entwerfen*, das es jedem Mitglied dieser Gruppe *ermöglicht*, gut zu leben. Und wenn sich herausstellen sollte, daß die Umstände eine Verwirklichung nicht zulassen, dann wäre das Ziel des Staates verfehlt; dem Konzept würde allerdings nicht unbedingt das Attribut »bestes« abgesprochen, wenn wir zeigen könnten, daß es genau dasselbe geleistet hat, was jedes mögliche und praktikable Konzept unter diesen Bedingungen leisten könnte (vgl. Abschnitt 2).

DK führt Aristoteles dazu, einige bestehende Ordnungen zu kritisieren, weil sie Verteilungsfragen vernachlässigen. Er kritisiert beispielsweise politische Ordnungen, die nicht einen Teil des Reichtums darauf verwenden, die Teilnahme der Armen an den gemeinsamen Mahlzeiten – einem wesentlichen Bestandteil des sozialen Lebens – finanziell zu unterstützen. Aristoteles kommt mehrmals und eindringlich auf diesen Punkt zurück, kritisiert die Verfassung Spartas (II.9 1271 a 29-37) und lobt diejenige Kretas, die »mehr den Charakter der Gemeinschaftlichkeit« trägt, weil sie die Teilnahme an den gemeinsamen Mahlzeiten von den Erträgen aus dem Vieh und den Agrarprodukten des Gemeindelands und von einem Teil der Abgaben der Hintersassen (*perioikoi*) finanziert (II.10 1272 a 12 ff.). Seine eigene ideale Verfassung ist am kretischen Modell ausgerichtet (VII.10 1330 a 3 ff.). Wenn wir jedoch TGK auf Metöken und Handwerker anwenden, können wir jedes System rechtfertigen, wie sehr es auch Verteilungsfragen vernachlässigt. Den Bürgern Spartas, die die Möglichkeit verlieren, an den gemeinsamen Mahlzeiten teilzunehmen, geschieht demnach kein Unrecht, wie es II.9 annimmt: denn sie können als Nicht-Staatsbürger definiert und als Hilfspersonal ausgegrenzt werden. Genau dies tut die Verfassung Spartas, die ihnen – sehr zum Mißvergnügen des Aristoteles (Buch II) – das Recht auf politische Partizipation nimmt als Strafe dafür, daß sie nicht mehr an den Mahlzeiten teilnehmen können (1271 a 34-37). Nehmen wir eine Ordnung, in der die Dinge so geregelt sind, daß nur ein einziger Tyrann gut leben kann. Dann könnten wir argumentieren: Da wir einen guten Staat wollen und da die gute Verfassung des Staates eine Funktion der guten Verfassung seiner Teile ist und da in diesem Fall nur ein Teil ein gutes Leben führt, laßt uns nur einen »Teil« in unserem Staat haben und alle anderen als Hilfspersonal draußen halten. Wird TGK so angewandt, gibt es keinen Unterschied zwischen den Philippinen unter Marcos (angenommen, wir definieren sie als ein System, in dem nur eine Handvoll Bürger »Teile« und sehr viele Hilfspersonal waren) und den Philippinen unter Aquino. DK zufolge ist der Unterschied ganz erheblich. Und auch HK steht ganz klar im Widerstreit zu TGK. Da dieser Widerspruch von Bernard Williams in bezug auf Platos *Republik*[128] gut analysiert wurde und da ihm nicht mein primäres Interesse gilt, werde ich mich kurz fassen. HK besagt, daß ein Staat dann gut ist, wenn seine Teile in einem Verhältnis zueinander stehen, das eine Gesamtstruktur ergibt, die der Struktur des Guten in der Seele des einzelnen ähnelt; sie erfordert nicht, daß *jedes* einzelne Mitglied gut ist. So könnten wir die Bauern und Handwerker als Teile des Staates betrachten und sagen, daß sie der appetitive Teil der Seele des Staates oder die Füße seines Körpers oder all die anderen erfreulichen Dinge sind, von denen Plato in diesem Zusammenhang gerne spricht. TGK verlangt hingegen, daß jeder einzelne Teil am Guten teilhat – mit den merkwürdigen Ergebnissen, die wir festgestellt haben.

Zwischen HK und DK besteht gleichfalls ein ernsthafter und irritierender Widerstreit. HK besagt, daß wir nicht das gesamte gute Leben jedes einzelnen Menschen zu betrachten haben; wir müssen lediglich sicherstellen, daß der Staat in seiner Gesamtstruktur auf irgendeine Weise jedes Element des guten Lebens verwirklicht. In 1324 a 8 ff. illustriert Aristoteles HK anhand eines Beispiels: Wenn das gute Leben des Menschen ein Leben in Reichtum ist, dann ist der reiche Staat ein guter Staat. Laut DK wäre natürlich der Staat gut, der Reichtum an jedes seiner Mitglieder verteilt. Es liegt auf der Hand, daß ein Staat im Sinne von HK reich sein kann, ohne sich im geringsten um die distributiven Fragen von DK zu kümmern. Manila war im Sinne von HK eine mit Schuhen bestens versorgte Stadt, da man im Schrank von Frau Marcos 3000 Paar Schuhe fand. Dasselbe könnte man von der Erziehung, dem Gesundheitswesen, den meisten wichtigen Tätigkeiten sagen.

Was fangen wir mit alldem an? Zuerst ist festzustellen, daß alle drei Konzeptionen auch in Platos *Republik* anzutreffen sind, wo ihr Nebeneinander ähnliche Probleme aufwirft. In bezug auf HK und TGK kommen Aristoteles' Äußerungen im siebten Buch der *Politik* Platos Ausführungen sehr nahe.[129] Zweitens ist zu sagen, daß das siebte Buch der *Politik* – auch in anderen Punkten ein sehr platonisches Buch – der einzige Ort ist, wo die drei Konzeptionen eine solche Verwirrung stiften. An anderen Stellen finden wir viele vage Äußerungen, etwa daß das Ziel der guten Staatsverfassung (*politeia*) das »gute Leben« oder »das gemeinsame Gute« sei; dort aber, wo wir Klarheit über Aristoteles' Absichten haben *können*, ist DK vorherrschend. So kritisiert Aristoteles in der *Politik* II.3 Platos organische Konzeption des Staates, indem er ausdrücklich auf den Unterschied zwischen der holistischen Glückseligkeit und der distributiven Glückseligkeit hinweist; und er betont, selbst ein distributives Verständnis vorzuziehen:

> »Denn eine Vielheit seiner Natur nach ist der Staat, und um zu einer Einheit zu werden, müßte er vielmehr aus dem Staat zur Familie werden [...] Und wenn man daher auch wirklich imstande wäre, den Staat in dieser Weise zu einigen, so dürfte man es doch gar nicht tun, weil man damit den Staat aufheben würde [...] während doch das, was für ein *jedes* Ding gut ist, vielmehr das *betreffende* Ding erhalten muß.« (1261 a 17 ff.)

Abermals kritisiert er Sokrates' Forderung, daß die Bürger des idealen Staates dieselben Dinge »mein« und »nicht mein« nennen sollen, indem er darauf hinweist, daß Plato die Verteilungsfragen und das durch sie vorausgesetzte Getrenntsein der Menschen ignoriert hat. »Das Wort ›alle‹«, schreibt er, »ist doppelsinnig«: Es kann einerseits jeden als einzelnen meinen und andererseits in einer mehr korporatistischen oder holistischen Weise verstanden werden. Platos Staatsbürger werden alle zusammen gesehen, aber nicht als je einzelne Person (1261 b 16-27).[130] Ein grundlegender Kritikpunkt an Plato lautet, daß sowohl die Familienbande als auch das Eigentum den Menschen als voneinander getrennten Einheiten zukommen müssen. Und in einem späteren Abschnitt verwirft er die gesamte Idee einer holistischen *eudaimonia* als eine nicht haltbare Konstruktion: Denn mit der *eudaimonia* ist es nicht wie mit einer »geraden Zahl«, die für das Ganze, aber nicht für seine einzelnen Teile stehen kann. Sie gilt nur dann für ein Ganzes, wenn sie für »alle oder doch die meisten oder gewisse bestimmte Teile« gilt (1264 b 15-22). Das zweite Buch befaßt sich also ausführlich mit distributiven Fragen und ihren Auswirkungen auf die Lebensführung der einzelnen Menschen und stützt die Kritik an bestimmten Systemen auf ebensolche Überlegungen.

Ich wage die Behauptung, daß das siebte Buch der *Politik* ein weniger entwickeltes Stadium des aristotelischen Denkens in bezug auf diese Fragen darstellt. Das bedeutet nicht unbedingt ein zeitlich früheres, wenngleich man dies gerne annehmen würde.[131] In diesem Stadium steht Aristoteles Plato recht nahe und ist bereit, dessen Formulierungen mit allen ihren Widersprüchlichkeiten zu übernehmen. Wenn er diese Fragen in der *Politik* II-III im Zusammenhang mit seiner Kritik an Plato näher ausführt, entscheidet er sich für DK – wenngleich ich nicht behaupten möchte, daß damit alle Probleme einfach verschwunden wären.

5. Die Fähigkeitsstufen

Wir haben betont, daß der aristotelische Gesetzgeber das Ziel hat, den Menschen zu einem guten Leben und Handeln zu befähigen. Wir müssen jetzt näher auf das angestrebte Ziel eingehen; und wir müssen uns mit der schwierigen Frage befassen, *für wen* und auf welcher Basis dieses Ziel angestrebt wird. In diesem Abschnitt werde ich darlegen, daß das Ziel die Herstellung einer bestimmten Art von Fähigkeit ist – der Fähigkeit zu einem guten Leben, falls man sich für ein solches entscheidet; daß dieses Ziel Aristoteles zufolge notwendige materielle und institutionelle Voraussetzungen erfordert; und daß die *Basis* der Verteilung eine niedrigere Fähigkeitsstufe des Menschen, eine nicht ausgebildete natürliche Fähigkeit ist, die höhere Fähigkeitsstufe zu erreichen, wenn bestimmte weitere verteilungsfähige Bedingungen hinzukommen. Es gibt hier viele Unklarheiten, und ich werde versuchen, einigermaßen klar zu umreißen, was wir in den Texten vorfinden, und auf einige Probleme hinweisen, die einer weiteren Bearbeitung bedürfen.

Die Fähigkeit zum guten Leben und Handeln hat nach Aristoteles' Auffassung zwei unterschiedliche notwendige Bedingungen, auf die der Gesetzgeber zu achten hat. Dies läßt sich besser ausdrücken, wenn wir sagen, daß er Aristoteles zufolge darauf achten muß, zwei verschiedene Arten von Fähigkeiten herzustellen. Die eine ist eine *interne* Fähigkeit, über die jeder verfügt: Die Menschen können ihren Geist, Charakter und Körper so ausbilden, daß sie unter den geeigneten Umständen in der Lage sind, gut zu entscheiden und gut zu handeln. Diese Fähigkeit wollen wir eine I-Fähigkeit nennen und sie vorläufig folgendermaßen definieren:

> *Ein Mensch hat zum Zeitpunkt t dann und nur dann die I-Fähigkeit, die Tätigkeit A auszuüben, wenn dieser Mensch zum Zeitpunkt t so ausgestattet ist, daß er unter den geeigneten Umständen eine Handlung A wählen kann.*

Diese Definition beruht natürlich auf der Definition des vortrefflichen Charakters in der *Nikomachischen Ethik* II; sie betont ebenso wie die aristotelische Definition die Entscheidungsfreiheit.[132] Ich habe sie dahingehend erweitert, daß sie auch die Grundlagen für andere Fähigkeiten – z.B. des Geistes und des Körpers – umfaßt. In dieser erweiterten Form kommt sie der »ersten Entelechie« in *de Anima* II.1 nahe, wo als Beispiel der Unterschied zwischen dem Besitz und dem Gebrauch von wissenschaftlichem Wissen angeführt wird. Dies ist wohl dasselbe wie das, was in *de Anima* II.5 die »zweite Fähigkeit« genannt wird – wie in 417 b 30, wo das Beispiel zu finden ist, daß ein Erwachsener im Gegensatz zu einem Kind die Tätigkeit eines Generals ausüben kann (was wohl nur gilt, wenn der Erwachsene bereits eine militärische Ausbildung hat). Unsere Idee steht auch in engem Zusammenhang mit der Darstellung der »begrifflichen Vermögen« in der *Metaphysik* IX.2 und 5, wo Aristoteles betont, daß bestimmte menschliche Fähigkeiten »zugleich Gegenteiliges bewirken« können, d.h., das handelnde Subjekt kann sie nach eigenem Belieben einsetzen. Ich glaube, einige I-Fähigkeiten haben diesen ambivalenten Charakter: Die Beschreibung der Fähigkeit sagt nichts über den Wunsch aus, wie diese Fähigkeit eingesetzt werden soll. Es sollte jedoch betont werden, daß die ethischen I-Fähigkeiten nicht so geartet sind, denn in diesem Fall impliziert »so ausgestattet« eine derartige Ausbildung oder Organisation der Wünsche, daß aller Voraussicht nach das tugendhafte Handeln gewählt wird.[133] Aber auch hier liegt die Betonung auf der Entscheidungsfreiheit: Denn das Handeln ist nur dann tugendhaft, wenn der Mensch sich dafür *entscheidet*.

I-Fähigkeiten werden durch Erziehung entwickelt. Und Aristoteles weist wiederholt und nachdrücklich darauf hin, daß eine der wichtigsten Aufgaben des Gesetzgebers darin besteht, den jungen Menschen eine angemessene Erziehung und Ausbildung zu geben (vgl. etwa *Politik* VIII.1; *NE* X.9 1179 b 33-35, 1180 a 14-15). In der *Nikomachischen Ethik* II.1 sieht er in der Entwicklung der I-Fähigkeiten das Ziel eines jeden Gesetzgebers, wobei Erfolge auf diesem Gebiet den Unterschied zwischen einem guten und einem schlechten Staat ausmachen würden (1103 b 2-6). In der *Nikomachischen Ethik* X.9 heißt es, daß – sofern die Menschen zum rechten Handeln befähigt werden sollen – die Erziehung eine öffentliche Aufgabe sein muß und keine private Angelegenheit bleiben darf und daß der Staat nicht nur für die Ausbildung der Fähigkeiten bei den jungen Menschen, sondern auch für ihre Aufrechterhaltung bei den Erwachsenen Sorge tragen muß.[134] Aber neben einem öffentlichen Erziehungswesen sind auch die Zuwendung und das besondere Wissen der Familie gefordert; daher sollte der Gesetzgeber die Familie als eine gesellschaftliche Einrichtung unterstützen und nicht schwächen. So argumentiert Aristoteles in der *Politik* II gegen Platos Konzept des Familienkommunismus, indem er darauf hinweist, daß es die Bindungen untergräbt, die die Grundlage der Tugenden darstellen. Noch andere institutionelle Voraussetzungen sind für die Entwicklung der I-Fähigkeiten wichtig; und Aristoteles' ausgeprägtes Interesse für diese zeigt uns sehr deutlich, daß es ihm nicht nur um eine gute Lebensführung für diejenigen geht, die bereits entwickelte I-Fähigkeiten besitzen. Im gesamten zweiten Buch der *Politik* kritisiert er die (theoretischen und realen) Gesetzgeber, die die Entwicklung einer bestimmten Fähigkeit vernachlässigen und eine andere über Gebühr bevorzugen. Und wiederholt analysiert er die Art und Weise, wie die institutionellen Einrichtungen des Staates die Entwicklung von Tugenden fördern oder behindern: wie die Einrichtungen Spartas einerseits den Mut, andererseits aber auch die Habsucht fördern. In der *Politik* VII tut er das gleiche. Wir erfahren viel über die besten Bedingungen für die Herstellung und Verteilung von Nahrungsmitteln und anderen gesundheitsfördernden Gütern. *Politik* VII.9-10 betont die Bedeutung der Freizeit und der Abschaffung von monotoner Arbeit für die Entwicklung der ethischen und geistigen Fähigkeiten. Aristoteles kommt dort zu dem Schluß, der Gesetzgeber müsse sicherstellen, daß die Bürger nicht zu einer Lebensweise gezwungen werden, die »unedel und der Tugend zuwider« ist (1328 b 39-41).

Obwohl eine I-Fähigkeit vorhanden sein kann, können die äußeren Bedingungen für ihre Aktivierung fehlen. Es ist möglich, daß ein Mensch während seiner Erziehung alle I-Fähigkeiten ausgebildet hat, dann aber ein Leben führen muß, das die Ausübung einiger oder aller dieser Fähigkeiten hemmt oder ganz verhindert. (In *Fragility of Goodness*, Kap. 11, habe ich alle Aussagen des Aristoteles über ungünstige Lebensumstände zusammengetragen und seine Auffassung analysiert.) Folglich müssen wir uns auch über die externen Bedingungen Gedanken machen, in denen die Menschen leben, nachdem sie die I-Fähigkeiten entwickelt haben. Einige Bedingungen, um die es dabei geht, werden die gleichen sein wie diejenigen, die auch die anfängliche Entwicklung gefördert haben: ein relativ hohes Maß an Muße, das Fehlen von monotoner Arbeit, enge Beziehungen zu Familienmitgliedern und Freunden, ausreichende Ernährung und Körperpflege. Nun kommen jedoch mehrere neue Bedingungen hinzu. Die institutionelle Struktur des Staates muß dergestalt sein, daß das zu moralischem Handeln fähige Individuum den *Spielraum* hat, in dem es seine Fähigkeiten entsprechend den verschiedenen persönlichen und sozialen Tugenden ausüben kann. Diesen Gedanken verdeutlicht Aristoteles anhand einer Reihe von konkreten und eindrucksvollen Beispielen. So argumentiert er, daß kein Bürger durch Armut daran gehindert werden sollte, an den für die Gemeinschaft wichtigen »gemeinsamen Mahlzeiten« teilzunehmen (Abschnitt 4). Er spricht sich gegen eine kommunistische Haltung zum Eigentum aus, insofern der einzelne in einem solchen System nicht den Spielraum hätte, Freigebigkeit zu praktizieren (1263 b 11). Derselbe Gedanke liegt auch, was etwas merkwürdig anmutet, der Argumentation gegen die Weibergemeinschaft und für die Monogamie zugrunde, indem gesagt wird, daß der einzelne in diesem System nicht die Möglichkeit hat, Enthaltsamkeit zu üben (1263 b 10-11).[135] (Dahinter scheint die Vorstellung zu stehen, daß es, wenn die Frauen kein Privatbesitz sind, keine Gelegenheit gibt, sich tugendhaft des Besitzes eines anderen Mannes zu enthalten.) Kurz: Der Gedanke vom notwendigen Spielraum des Individuums wird gegen die Institutionen ins Feld geführt, da sie die Menschen daran hindern würden, ihre I-Fähigkeiten in freier Entscheidung auszuüben. In diesen Abschnitten macht Aristoteles klar, daß ein Teil einer guten menschlichen Lebensführung verlorengegangen ist, wenn ein »richtiges« Ergebnis (beispielsweise die Freigebigkeit) durch Zwang und nicht durch die persönliche Entscheidung erreicht wird.

Schließlich liegt dieser Gedanke in der *Politik* III dem Argument zugrunde, daß eine gute Staatsverfassung diejenige sein wird, in der die zwei grundlegenden Formen der politischen Partizipation – die beratende und die richterliche Tätigkeit – allen Bürgern offenstehen. Der Staatsbürger wird geradezu durch diese Fähigkeit definiert: »Jeden nämlich, dem in einem Staat der Zutritt zur Teilnahme (*exousia*) an der beratenden und richtenden Staatsgewalt desselben offensteht, haben wir auch als Bürger eben dieses Staates zu bezeichnen« (1275 b 18-20.)[136] (Man beachte, daß die Tätigkeiten, die konstitutiv für das gute Leben des Menschen sind, die politische Partizipation einschließen – so daß die Ziele des Staates und des Individuums als wechselseitig aufeinander bezogen definiert werden. Dies ist folgerichtig, da Aristoteles gesagt hat, daß der Mensch der Natur nach in der Gemeinschaft lebt, und ein Leben, das nicht zusammen mit anderen gelebt wird, für nicht lebenswert hält.) Aristoteles legt auch hier Wert auf die Feststellung, daß es um *exousia*, also die Fähigkeit zur Partizipation, und nicht um das tatsächliche Handeln geht. Denn möglicherweise – so heißt es ausdrücklich in *Magna Moralia* – entscheidet sich ein Mensch dafür, kein Amt auszuüben. Wichtig ist, daß der Staat ihm diese Möglichkeit gibt. In Athen werden die Namen ausgelost, aber das Amt kann jederzeit abgelehnt werden. Aristoteles betont die Wichtigkeit dieser Art von Fähigkeit in seiner Beschreibung der Reformen Solons: »Denn Solon hat anscheinend dem Volk nur die allernotwendigste Gewalt gegeben« (*anankaiotaten dynamin*), nämlich die, sich eine Regierung selbst zu wählen und sie zur Verantwortung zu ziehen, denn wenn ein Volk (*demos*) nicht einmal diese Macht besitzt, lebt es sklavisch (*Politik* II.12 1274 a 15 ff.).

Da diese Art von Fähigkeit und generell die in den letzten beiden Abschnitten beschriebene Art von Fähigkeit auf das Vorhandensein von *externen* Bedingungen für die Ausübung der fraglichen Tätigkeiten verweisen, werde ich sie die E-Fähigkeiten nennen und sie folgendermaßen definieren:

Ein Mensch hat zum Zeitpunkt t dann und nur dann die E-Fähigkeit, die Tätigkeit A auszuüben, wenn der Mensch zum Zeitpunkt t die E-Fähigkeit zu A hat und keine äußeren Umstände ihn daran hindern, A auszuüben.

(Man könnte zwischen dieser negativen Darstellung der E-Fähigkeit und einer positiveren schwanken, die fordert, daß die äußeren Umstände so beschaffen sein sollen, daß sie die Entscheidung für ein Handeln A ermöglichen. Ich habe der negativen Formulierung nur deswegen den Vorzug gegeben, weil im normalen Leben nicht zu jedem Zeitpunkt die Möglichkeit zur Ausübung jeder Tätigkeit vorhanden ist; aber das ist für uns kein Grund, unsere Zuschreibung einer E-Fähigkeit zurückzunehmen. Der Arme, dem genügend Mittel zur Verfügung gestellt wurden, um an den gemeinsamen Mahlzeiten teilzunehmen, hat die E-Fähigkeit, auch wenn der Zeitpunkt für seine Aufnahme noch nicht gekommen ist; der wohlhabende Mensch hat die E-Fähigkeit zum großzügigen Handeln, auch wenn kein Empfänger dieser Wohltat in Sicht ist.)

Zwischen den E- und den I-Fähigkeiten gibt es keine scharfe Trennungslinie, und es sollte sie auch nicht geben. Die gleichen Umstände, die die aktive Ausübung einer ausgebildeten I-Fähigkeit blockieren, behindern auch ihre Entwicklung bei einem unreifen Menschen; und wenn sie lange genug vorherrschen, zerstören sie diese I-Fähigkeit auch bei einem Erwachsenen. Eine I-Fähigkeit, die *niemals* unter E-Umständen ausgeübt wird, ist laut Aristoteles nur mehr als ein Schatten vorhanden, denn es ist fraglich, ob wir jemanden gut nennen möchten, der z.B. immer schläft oder im Koma liegt oder dessen Fähigkeiten sonst in irgendeiner Weise völlig brachliegen (siehe *NE* 1102 b 5-8). Dementsprechend wird die Aufgabe des Gesetzgebers darin bestehen, I-Fähigkeiten bei den jungen Menschen zu entwickeln, sie bei den Erwachsenen aufrechtzuerhalten und gleichzeitig E-Umstände zu schaffen und zu erhalten, in denen diese entwickelten Fähigkeiten aktiv ausgeübt werden können. Die traditionellen verteilungsfähigen Güter Geld und Besitz sind Mittel zur Erlangung von I-Fähigkeiten und ermöglichen als E-Umstände die aktive Ausübung dieser Fähigkeiten.

Wer soll in den Genuß all dieser Fürsorge kommen, und warum? An diesem Punkt kommen wir nicht umhin, uns mit der schwierigen Frage der *Reichweite* dieser Maßnahmen zu beschäftigen und zu fragen, wem sie auf welcher Basis zugute kommen sollen. Wer ist *hostisoun*? Zuerst kommen wir einer Antwort durch Ausschluß näher.

1. Die Empfänger der zu verteilenden Güter können, wenn

Aristoteles konsequent argumentiert, keine Unterworfenen sein, da sie Staatsbürger sind. Denn Aristoteles definiert die Staatsbürger dahingehend, daß sie E-Fähigkeiten haben: So kann dieser Tatbestand kaum die *Basis* sein, auf der Fähigkeiten verteilt werden.

2. Es kann nicht gefordert werden, daß der Empfänger bereits ausgebildete ethische und/oder geistige Fähigkeiten besitzt. Denn eine der wichtigsten Leistungen des Gesetzgebers ist die Bereitstellung von Erziehung, wie wir gesehen haben; und Erziehung bedeutet die Entwicklung dieser Fähigkeiten. Die *Nikomachische Ethik* II.1 macht die Ausbildung der Fähigkeiten zur wichtigsten Aufgabe des Gesetzgebers; und die *Politik* II kritisiert mehrfach diejenigen Gesetzgeber, die diese Aufgabe nicht erfüllen.

3. Der Empfänger kann nicht nach Reichtum oder Geburt ausgewählt werden, denn gerade dieses Auswahlverfahren kritisiert Aristoteles an der Verfassung Spartas; und es ist dem Verfahren entgegengesetzt, das er bei Solon lobt.

4. Aus ähnlichen Gründen kann der Empfänger nicht das *Kind* von Eltern sein, die bereits Staatsbürger sind. Aristoteles beurteilt es positiv, daß Solon die politischen Rechte auf die vormals Unfreien ausgedehnt hat, und er kritisiert die anhaltende Ausgrenzungspolitik Spartas. Er stellt und beantwortet ebenfalls die Frage, wem man diese Bürgerrechte geben sollte, wenn man *de novo* beginnt. Und es ist sicher nicht hilfreich, wenn man sagt, »den Kindern von Eltern, die *zu Recht* Staatsbürger sind oder die Staatsbürger sein *sollten*«, denn damit wird unsere Frage nur in einer anderen Form gestellt: Ausgehehend von welcher Basis glaubt Aristoteles, daß sie diese Fähigkeit haben *sollten* (vgl. *Politik* III.3)?

5. Der Empfänger kann nicht *nur* nach geographischen Gesichtspunkten ausgewählt werden. Dieser Punkt ist vom Text her gesehen weniger klar als die anderen; und die geographische Lage wird sicherlich eine gewisse Rolle spielen. Denn Aristoteles kritisiert am Gesetzgeber nie, daß er sich nicht mit den Bedürfnissen von Menschen befaßt, die weit entfernt leben. Aber *Politik* III.1 kritisiert die Auffassungen von Staat und Staatsbürgerschaft, die auf der reinen Geographie basieren.

6. Die Gruppe der Empfänger ist ziemlich umfangreich; wie sie definiert wird, geht aus VII hervor.

Wir machen weitere Fortschritte hin zu einer positiven Darstellung der Basis, auf der die Distribution erfolgt, wenn wir einen weiteren Punkt betrachten:

7. Von der Gruppe der Empfänger sind Frauen und Sklaven der Natur nach ausgeschlossen. Und die Begründung dafür lautet, daß diese Menschen (angeblich) natürliche Fähigkeiten besitzen, die sich in der »Art« und nicht nur im Grad von den natürlichen Fähigkeiten derjenigen unterscheiden, die im Gegensatz zu ihnen eine auf *eudaimonia* ausgerichtete Erziehung erhalten. Aristoteles sagt, daß Frauen und Sklaven aufgrund ihrer natürlichen Fähigkeiten unter keinen Umständen *eudaimonia* erlangen können. Der natürliche Sklave verfügt nicht über die natürliche Fähigkeit, Vorsätze nach der praktischen Vernunft zu fassen (1254 b 22, 1260 a 12, 1260 a 37; vgl. auch *NE* 1149 a 7 ff.), während Frauen sie nur in so geringem Maße besitzen, daß sie von Natur aus unfähig sind, ihr Leben selbst zu bestimmen (1260 a 12-13). Aristoteles' Kritik an der in Sparta üblichen Praxis, den Frauen Eigentum zu geben (*NE* VIII.10), basiert auf seiner Behauptung, daß durch diese Regelung nicht in der richtigen Weise Gebrauch vom Eigentum gemacht wird, nämlich als Werkzeug für ein tugendhaftes Leben (1161 a 1-3, vgl. *Politik* III.9 1269 b 12 ff.).

Wenn es uns gelingt, das philosophische Prinzip des Aristoteles hier von seiner unerfreulichen und ungerechten Anwendung zu trennen, können wir meines Erachtens erkennen, auf welcher Grundlage seiner Ansicht nach die Verteilung der I- und der E-Fähigkeiten stattzufinden hat. Ein Mensch, dem eine solche Verteilung zugute kommen soll, muß zumindest eine *notwendige* Bedingung erfüllen: Er muß *von Natur aus* bereits eine weniger entwickelte Fähigkeit besitzen, die fraglichen Tätigkeiten auszuüben, so daß er durch die richtige Erziehung und die angemessenen äußeren Ressourcen diese Fähigkeit im Laufe der Zeit voll entfalten kann. Diese Art von Fähigkeit wird von Aristoteles in einer Reihe von Texten hervorgehoben. Nennen wir sie eine Grundfähigkeit oder G-Fähigkeit, die wir folgendermaßen definieren:

Ein Mensch besitzt die G-Fähigkeit, die Tätigkeit A auszuüben, dann und nur dann, wenn dieser Mensch eine individuelle Konstitution hat, die so beschaffen ist, daß er nach der angemessenen Ausbildung, dem angemessenen Zeitraum und anderen notwendigen instrumentellen Bedingungen die Tätigkeit A ausüben kann.

In diesem Sinne ist ein Junge fähig, eines Tages die Tätigkeit eines Generals auszuüben (*de Anima* 417 b 30); ist ein kurzsichtiger Mensch fähig, gut zu sehen (vgl. *Metaphysik* V.22); ist ein Embryo fähig, zu sehen und zu hören; ist eine Eichel fähig, zu einem Baum zu werden; ist ein männliches Kind fähig, ethische Tugenden zu entwickeln.

Ist das Vorhandensein der G-Fähigkeit bzw. der G-Fähigkeiten sowohl hinreichend als auch notwendig, um das Interesse des Gesetzgebers auf sich zu ziehen? Ich neige dazu, dies zu bejahen. Wir können kein anderes positives Kriterium finden, das dafür so geeignet wäre. Diese Auffassung würde sowohl den von Aristoteles verwendeten Begriff (*hostisoun*) als auch seine Urteile über Solon und Sparta erklären. Sie steht im Einklang mit der Tatsache, daß er die Pflicht des Gesetzgebers betont, allen eine Erziehung zuteil werden zu lassen; und mit seiner Ansicht, daß die Erziehung die besonderen Erfordernisse eines jeden einzelnen berücksichtigen müsse; und sie steht auch in Einklang mit seiner Einstellung gegenüber Kindern generell, die er als Wesen betrachtet, die ihre natürlichen Anlagen noch nicht vollständig ausgebildet haben, und mit seiner Neigung, die Fähigkeiten als Dinge zu behandeln, die ihrem Wesen nach danach streben, durch eine angemessene Tätigkeit verwirklicht zu werden. Und sie steht schließlich mit der in IV.11 formulierten Forderung in Einklang, daß der Gesetzgeber nicht das Außergewöhnliche, sondern das Mittelmaß im Auge haben soll.

Diese Interpretation wird durch einen Abschnitt erhärtet, in dem Aristoteles die moralisch relevanten Kriterien für die Verteilung von Ämtern erörtert und sagt, daß sich diese Verteilung an der Fähigkeit orientieren soll, die betreffende Tätigkeit auszuüben (*Politik* III.12). Denn seine Argumentation zielt auf etwas Allgemeineres ab: daß wir in jedem Bereich, in dem wir die notwendigen materiellen Bedingungen für eine bestimmte Tätigkeit verteilen, nicht auf die irrelevanten Merkmale (wie Geburt oder Reichtum), sondern auf ein relevantes Merkmal achten sollen, nämlich die Fähigkeit zur Ausübung der betreffenden Tätigkeit. Aristoteles' Beispiel ist der *aulos*-Spieler. Wenn wir *auloi* verteilen und wenn die Tätigkeit, die wir im Auge haben, das Musizieren ist, wem sollten wir dann unsere *auloi* geben? Welche Merkmale der Menschen, mit denen wir es zu tun haben, sollten wir uns anschauen, um diese Frage zu entscheiden? Die gute Gesundheit? Die Schönheit? Sicherlich nicht, sagt Aristoteles. Was aber dann? Die Fähigkeit, *aulos* zu spielen – denn das sind die Menschen, die einen guten Gebrauch von den ihnen zur Verfügung gestellten Mitteln machen werden. Er kommt zu dem Schluß, daß das Kriterium für die Verteilung auf die auszuübende Tätigkeit (*ergon*) bezogen sein muß (1283 a 1-3).

Bei diesem Beispiel und bei der Aussage über die Ämter, die durch dieses Beispiel illustriert wird, scheint Aristoteles an eine bereits ausgebildete Fähigkeit zu denken: Denn diese wäre relevant, wenn es darum geht, die notwendigen Bedingungen für den *Übergang von* einer I-Fähigkeit *zu* einer E-Fähigkeit bereitzustellen. Das Beispiel soll aber etwas Allgemeineres deutlich machen: daß nämlich die Fähigkeit das moralisch relevante Kriterium für die Verteilung der Voraussetzungen für die Ausübung einer Tätigkeit ist, da die Fähigkeit im Gegensatz zu anderen Eigenschaften für die Ausübung der Tätigkeit relevant ist. Diesen allgemeinen Grundsatz wenden wir sicherlich auf die Verteilung der Erziehung und anderer für die I-Fähigkeiten notwendiger Bedingungen durch den Gesetzgeber an. Wenn wir das tun, stellen wir fest, daß die Eigenschaft, auf die er achten sollte, nicht Geburt, Reichtum oder Schönheit ist, sondern das Vorhandensein der G-Fähigkeit, die betreffende Tätigkeit auszuüben. Das Beispiel des *aulos*-Spielers besagt darüber hinaus, daß es *ungerecht* ist, wenn der Gesetzgeber die *auloi* nicht den fähigen Spielern gibt. (Dies wird bei der Beantwortung der Frage nach der *gerechten* Verteilung gesagt.) Wenden wir diesen Grundsatz auf die Erziehung an, könnten wir wohl mit Fug und Recht sagen, daß es ungerecht wäre, wenn der Gesetzgeber diese wesentlichen Güter nicht denjenigen geben würde, die von ihrer natürlichen Anlage her fähig sind, sie zu gebrauchen.

Die Ressourcen des Staates, so sagt uns Aristoteles, sollten nicht denjenigen gegeben werden, die *gar keinen* Gebrauch von ihnen machen können. Man gebe also den Menschen, deren Unfruchtbarkeit nicht zu heilen ist, keine Güter, die mit reproduktiven Tätigkeiten verbunden sind; man gebe also denjenigen, die Sklaven der Natur nach und zu vernünftigen Vorsätzen völlig unfähig sind, keine auf die Ausbildung der Vernunft gerichtete Erziehung. Aber denjenigen, die eine G-Fähigkeit haben, gebe man so viele relevante Güter, daß sie von einer G-Fähigkeit zu einer E-Fähigkeit fortschreiten können – so wie wir den Flötenspieler mit den Bedingungen für das Flötenspiel ausgestattet haben. Aristoteles' Ausführungen über die Erziehung deuten darauf hin, daß dies nicht unter meritokratischen Gesichtspunkten geschehen soll, d.h., daß nicht diejenigen besondere Belohnungen und Aufmerksamkeit erhalten, die eine schnelle Auffassungsgabe haben, und diejenigen vernachlässigt werden, die sich schwerer tun, sondern daß man sich um die speziellen Fähigkeiten und Bedürfnisse eines jeden einzelnen kümmert, um ihn von einem Zustand der Nichterzogenheit in einen Zustand der Erzogenheit zu versetzen, der die Voraussetzung für ein gutes Leistungsvermögen ist. Denn er meint, ein guter Lehrer sei wie ein guter Arzt, der fähig ist, den kranken Patienten wieder gesund zu machen, weil er dessen besondere Konstitution und speziellen Symptome kennt (*NE* X.9 1180 b 7 ff.). Und anhand dieses Beispiels begründet er, warum der Gesetzgeber den Eltern bei der Erziehung zum rechten Handeln eine zentrale Rolle zuweisen sollte: Die Eltern kennen die Bedürfnisse des einzelnen Kindes besser als ein Lehrer, so daß »jedes erhält, was ihm zuträglich ist« (1180 b 12-13).[137]

Diese Auffassung von der Grundlage, auf der die Verteilung erfolgen soll, eröffnet eine Sichtweise, die die verteilungsfähigen Güter und Möglichkeiten in das Tun der Menschen integriert. Sie scheint eine natürliche Erweiterung des auf die Ausbildung von Fähigkeiten ausgerichteten Verteilungsziels zu sein: Denn wenn dieses Ziel sich nicht nur auf die Verteilung von Gütern, sondern auch auf die Ausbildung von E-Fähigkeiten richtet, dann wäre es nicht sinnvoll, diese Güter einem Menschen zu geben, der niemals und unter *keinen* Umständen die fraglichen Tätigkeiten ausüben würde (das meint Aristoteles vermutlich, wenn er von einem Unterschied in der *Art* spricht), es wäre aber sehr sinnvoll, den Umfang der zu verteilenden Güter den tatsächlichen Bedürfnissen des Menschen anzupassen. Demnach sind G-Fähigkeiten *Bedürfnisse* nach der Ausübung von Tätigkeiten: Sie begründen einen Anspruch, weil sie vorhanden und in einem Zustand unzureichender Realisierung sind. Sie sind Bedingungen, die nach einer bestimmten Tätigkeit streben und sich durch diese verwirklichen wollen. Wenn es niemals zu dieser Tätigkeit kommt, liegen sie brach, sind nutzlos und unfertig.[138] Aristoteles weist darauf hin, daß ihr bloßes Vorhandensein die Ausübung von Tätigkeiten verlangt; besteht dazu keine Möglichkeit, sind sie nur ein Schatten ihrer selbst.

Die Grundlage der G-Fähigkeit ist kontingent; das Verfügen

über die G-Fähigkeit ist eine Eigenschaft von Menschen (eigentlich eine Reihe von Eigenschaften), die manche Menschen aus dem einen oder anderen Grund vielleicht nicht haben. Von zwei Menschen abzustammen ist nicht ausreichend: Wir müssen uns die tatsächlichen Merkmale des Menschen anschauen. (Aristoteles hat zweifellos einen funktionalen Menschenbegriff; demzufolge handelt es sich nicht um *menschliche* Wesen, wenn ihnen wichtige G-Fähigkeiten völlig fehlen. Aber Frauen sind eindeutig sowohl Menschen als auch Wesen, die seiner Ansicht nach große Defizite aufweisen.) Die Grundlage hängt jedoch nicht von dem Vorhandensein eines *Wunsches* nach diesen Fähigkeiten oder von einem subjektiv *empfundenen* Bedürfnis ab. Ein Mensch, dem in einer Situation des Mangels beigebracht wurde, die fraglichen Fähigkeiten nicht zu *wollen*, hat trotzdem einen Anspruch auf sie; denn in diesem Menschen gibt es eine Bedingung, die nur durch die Ausübung von Tätigkeiten verwirklicht werden kann. Bedürfnisse nach Fähigkeiten sind wegen des Wertes der Tätigkeiten wichtig, in die sie einmünden; Tätigkeiten sind teilweise wegen der Art und Weise wichtig, in der sie Fähigkeiten realisieren. Wir können und sollten die beiden nicht als getrennte Werte betrachten. Sie sind vorhanden und machen Ansprüche geltend, ob die Wünsche und Wertvorstellungen des betreffenden Menschen durch die Erziehung auf Verwirklichung ausgerichtet wurden oder nicht. Auf diese Weise kann dieser Ansatz überzeugender als nützlichkeitsorientierte Ansätze (oder als Ansätze, die von Grundbedürfnissen ausgehen und die Bedeutung der Grundbedürfnisse unter dem Gesichtspunkt der Nützlichkeit beurteilen) die Verteilungspolitik von Systemen kritisieren, die ihre verelendeten Menschen dazu bringen können, nicht mehr zu wünschen, als sie bekommen.

Dieser Fähigkeiten-Ansatz ist meines Erachtens eine gute Ergänzung der aristotelischen Theorie, so wie wir sie bisher betrachtet haben, und der modernen Varianten einer solchen Theorie. Er bietet eine weitergehende Erklärung dafür an, *warum* der Gesetzgeber die Pflicht hat, sich um Menschen zu kümmern, die ihre Fähigkeiten noch nicht voll entfaltet haben, und warum er sich um alle kümmern sollte, anstatt die außerordentlichen Leistungen zu fördern, falls diese beiden Ziele im Widerstreit liegen sollten.

Aber in diesem Punkt scheint eine Asymmetrie zwischen der

aristotelischen Auffassung und ihren modernen Analogien zu bestehen. Denn man kann sagen, daß Aristoteles vor allem auf die *moralischen* G-Fähigkeiten abhebt, während es Sen beispielsweise vor allem um die Gesundheit und ähnliche körperliche Güter geht, so daß es irreführend wäre, zu sagen, sie hätten den gleichen Zugang zu Verteilungsfragen. Dies würde meiner Ansicht nach beiden Seiten nicht gerecht. Sen interessiert sich ausdrücklich für das gesamte Spektrum der Fähigkeiten, die ein gutes Leben in allen Bereichen ermöglichen. Er richtet sein Augenmerk sowohl auf die Erziehung und auf soziale Güter wie Selbstachtung als auch auf die körperliche Gesundheit. Er legt das Hauptgewicht mehr auf Hunger und Gesundheit, weil er sich in diesem Bereich auskennt und engagiert ist und weil kein anderer Aspekt des menschlichen Lebens angesprochen werden *kann*, wenn Menschen hungern. Nahrung ist die Voraussetzung für die Ausübung aller anderen Tätigkeiten, heißt es in »Hunger and Entitlement«. Sen läßt aber explizit Raum für eine umfassende Konzeption des guten menschlichen Lebens. Andererseits vergessen Aristoteles-Interpreten häufig, während sie seine Rolle als Theoretiker der staatsbürgerlichen Tugenden betonen, daß Aristoteles' Tugenden größtenteils im vernünftigen Umgang mit äußeren Gütern bestehen: Sie sind nicht in dem Sinne »moralisch«, daß sie in einem noumenalen Raum angesiedelt sind, der völlig losgelöst oder unabhängig von den materiellen Lebensbedingungen ist. Aristoteles kennt generell keine gesonderte Sphäre moralischer Werte im Gegensatz zu nicht-moralischen Werten und Tugenden. Aristoteles-Interpreten in den wohlhabenden Teilen der Welt vergessen oder überschätzen überdies häufig, wie sehr sich Aristoteles für solche Fragen wie Hunger und Knappheit, Eigentum und seine Verteilung und Umverteilung, Geburtenkontrolle und ihr Verhältnis zur Kargheit interessiert hat (z.B. 1265 a 38 ff.). Europäische und nordamerikanische Aristoteles-Interpreten haben sich im allgemeinen für diese Fragen und diese Abschnitte nicht sonderlich interessiert – Aristoteles aber hat sich dafür interessiert und diese Abschnitte geschrieben. Und der Grund dafür ist sein tiefgehendes Interesse und sein praktisches Engagement für die Förderung des guten menschlichen Lebens und die volle Entfaltung der natürlichen Anlagen eines jeden Menschen.

In der antiken Welt gibt es im politischen Denken zwei grundlegende Ansätze. Der eine, den wir in exemplarischer

Weise bei den hellenistischen Philosophen finden, geht davon aus, daß das zentrale, dem menschlichen Glück entgegenstehende Problem negatives Denken und Fühlen ist. Unabhängig von irgendwelchen materiellen Veränderungen können die Menschen dazu gebracht werden, sich wohl zu fühlen und ihr Leben zu bejahen, wenn sie lernen, anders zu denken. Und die Aufgabe der politischen Philosophie (sofern eine solche Philosophie politisch sein kann) besteht vor allem in der Beförderung des richtigen Denkens. Der zweite Ansatz geht davon aus, daß das menschliche Wohlergehen notwendige materielle und institutionelle Voraussetzungen hat, die beschrieben und auch verwirklicht werden können. Ein gutes Leben und sogar ein gutes Denken und Wünschen sind nicht unabhängig von den materiellen Ressourcen, über die die Menschen verfügen, und von den Institutionen, unter denen sie leben. Das politische Denken hat die Aufgabe, diese Voraussetzungen zu konzipieren. Dies ist Aristoteles' Auffassung. Die Kluft zwischen den unvollständigen Fähigkeiten eines Kindes und den entwickelten Fähigkeiten eines Erwachsenen kann nicht ohne politische Planung überbrückt werden; und daher ist es die vordringlichste Aufgabe des Philosophen, *als* Vorkämpfer für das menschlich Gute, über solche (nach manch moderner Einschätzung) unphilosophischen Fragestellungen nachzudenken wie die zu fördernde Kinderzahl, die Finanzierung von öffentlichen Mahlzeiten, die Reinheit des Wassers oder die Entfernung eines Handelsplatzes vom Meer. Die enge Verbindung, die Aristoteles zwischen der Philosophie und dem öffentlich-politischen Raum anstrebte (zwischen einer verständlichen und umfassenden Begründung und einem empirischen Entwurf), ist in der heutigen Welt kaum anzutreffen. Die aristotelische Konzeption fordert uns auf, diese Verbindung nicht zu vergessen.

Wir müssen wieder auf Aristoteles zurückkommen und dabei einräumen, daß unsere Interpretation zwar am besten zu sämtlichen Textbelegen paßt, uns aber dennoch vor ein beträchtliches Problem stellt. Wie wir gesehen haben, gibt Aristoteles sowohl in III.5 als auch in VII.9-10 Urteile über Bauern, Metöken und Handwerker ab, die zu besagen scheinen, daß der Staat nur dann die Pflicht hat, ihnen etwas zu geben, wenn sie bereits über ausgebildete ethische Fähigkeiten verfügen. Unserer Lesart zufolge hätten wir erwartet, daß er sagt, der Staat *sollte* ihnen eine Erziehung geben, wenn sie G-Fähigkeiten haben, selbst wenn dies bedeutet, ihnen Muße zu geben. Wenn er das nicht tut, weil er ihre Arbeit braucht, beutet er sie aus. Wir könnten das Problem umgehen, indem wir sagen, daß die G-Fähigkeiten durch eine schlechte Erziehung oder eine unwürdige Lebensweise zunichte gemacht werden: so daß es um diese Menschen, wenn wir ihnen als Erwachsenen begegnen, schon so schlecht bestellt ist, daß keine Verpflichtung besteht, ihnen eine Erziehung zuteil werden zu lassen. Dies wäre ein hartes Urteil, und es würde uns nicht gefallen; aber es würde der gesamten Position Konsistenz verleihen, und Aristoteles scheint dies wirklich geglaubt zu haben. Wir würden dann aber zumindest erwarten, daß er den *Kindern* dieser Erwachsenen besondere Aufmerksamkeit schenkt, damit diese nicht ein so schlechtes Leben führen müssen; aber dies ist nirgends erkennbar.

Ich glaube, daß Aristoteles' Position hier unklar ist und daß er sich unserem Problem nicht wirklich stellt – vielleicht weil es für eine Auffassung wie die seine tatsächlich ein großes Problem *ist*. Wenn seine Erkenntnis über das, was Fähigkeiten zu ihrer Entwicklung brauchen, richtig ist, dann kann der Staat aufgrund seines Bedarfs an Handwerk und Handel[139] seine Aufgabe gar nicht gegenüber allen Menschen erfüllen, die G-Fähigkeiten haben. Ich glaube, aus diesem Grund sagt er recht nachdenklich, daß es schön wäre, wenn alle Bauern und Handwerker Sklaven der Natur nach sein könnten (1329 a 25-26, 1330 a 28 ff., vgl. 1278 a 6-8) – denn dann wären sich die Menschen, denen es an G-Fähigkeiten fehlt, und diejenigen, die aus kontigenten Gründen keine I-Fähigkeiten erlangen können, völlig gleich. Seine zweite Präferenz gilt Fremden aus benachbarten Gebieten – wahrscheinlich, weil den Verpflichtungen des Staates (gegenüber dem *hostisoun*) gewisse geographische Grenzen gesetzt werden müssen –, denn so nutzt der Staat zumindest nicht dieselben Menschen aus, denen gegenüber er eine Pflicht hat; da sie wahrscheinlich Einwanderer sind, wird sich die Frage ihrer Erziehung oder Nicht-Erziehung nicht stellen. (Und hoffen wir, daß sie ihre Kinder zu Hause lassen.)

Was *sollte* eine aristotelische Konzeption zu diesem Problem sagen? Sie sollte meines Erachtens zuerst Aristoteles' extreme Forderung nach Muße einschränken, die nach unseren intuitiven Vorstellungen von einer umfassenden Entwicklung von Fähigkeiten falsch ist. Wir können in einer bestimmten Weise an dieser Forderung festhalten – indem wir zum Beispiel fordern, daß Kinder aus öffentlichen Mitteln unterstützt werden, damit sie einige Jahre lang zur Schule gehen können, ohne eine Arbeit verrichten zu müssen, die eine Erziehung verhindert. Gesetze zum Verbot von Kinderarbeit sind eine vernünftige aristotelische Forderung, und sie bedeuten nicht, daß nur die sehr Wohlhabenden eine Erziehung erhalten können. Aber auch wenn wir Aristoteles' Forderung einschränken, werden wir häufig auf die von ihm beschriebenen Spannungsverhältnisse stoßen: auf Situationen, in denen Bürger nicht fähig sind, die verfügbaren Bildungsmöglichkeiten auszuschöpfen, weil sie arbeiten müssen. In einem reichen Land würde die Lösung in einer bestimmten Form der Umverteilung und einer starken Subventionierung des öffentlichen Bildungswesens liegen. Es sollte in der Tat möglich sein, sicherzustellen, daß kein Jugendlicher eine Arbeit verrichten muß, die seine vortrefflichen Eigenschaften untergräbt, wie Aristoteles sagt; und ein erster Schritt in diese Richtung ist das Eingeständnis, daß manche Arbeiten genau dies tun. Aber in einem armen Land müßten wir einfach zugeben, daß das beste Leben für alle auch nicht durch das beste System gewährleistet werden kann. Dies ist durchaus in der Definition des Aristoteles enthalten.

6. Probleme und Aussichten

Ich habe gesagt, warum ich diesen Ansatz für vielversprechend halte. An diesem Punkt beginnt jedoch die Herausforderung erst – wenn wir diesen Ansatz auf wirklich überzeugende Weise entwickeln wollen. Sofort stürmen Fragen auf uns ein. Was bedeutet es etwa, eine Fähigkeit (ob I- oder E-) zu verteilen: Welche Menge und welcher Zugang zu Mitteln und Bedingungen gelten als ausreichend?[140] (Sagen wir von einem Kind, das in einer halb-analphabetischen Familie in einem Ghetto aufwächst und Zugang zum öffentlichen Erziehungswesen hat, aber durch materielle Not gehindert wird, von diesem Zugang Gebrauch zu machen, es sei mit der Fähigkeit ausgestattet, eine Erziehung zu erhalten? Macht die Verteilung von Fähigkeiten, die auf Erwerbsarbeit bezogen sind, Fördermaßnahmen notwendig oder nicht, und wenn ja, welche?) Man wird uns abermals viele Fragen nach der *Grundlage* von Fähigkeiten stellen: Welche Kriterien wenden wir an und welche Stufe haben wir im Blick, wenn wir zu dem Schluß kommen, daß ein bestimmter Mensch die G-Fähigkeit zur Ausübung einer bestimmten Tätigkeit hat oder nicht hat? Mit den G-Fähigkeiten kann viel Schindluder getrieben werden, und Aristoteles' Meinung von Frauen und Barbaren ist nicht gerade vertrauenerweckend. Wir täten gut daran, solchem Mißbrauch vorzubeugen und entsprechende Sicherungen einzubauen. (Manchmal kann man den Eindruck gewinnen, in Fähigkeits-Tests steckte ein solches Mißbrauchspotential, so daß wir den Gesetzgeber anhalten sollten, so zu verfahren, als *hätte* jeder G-Fähigkeiten.) Bestehen auch dann noch gewisse politische Verpflichtungen, wenn die Fähigkeiten der ersten Stufe reduziert sind? Welche Verpflichtungen hat der Staat gegenüber geistig behinderten Kindern? Muß er alle empfindungsfähigen Menschen ernähren und medizinisch versorgen und sie in die Lage versetzen, die ihnen mögliche Handlungsfähigkeit zu erreichen? Gibt es irgendeinen Grund, die Grenze bei der menschlichen Gattung zu ziehen?[141]

Auch hier wird man uns viele Fragen nach dem Verhältnis dieser Konzeption zum liberalen Ideal stellen, dem zufolge die Bürger die Freiheit haben sollen, selbst eine Vorstellung vom Guten zu entwickeln. Wenn wir mit einer stärkeren Konzeption des Guten arbeiten und sie (beispielsweise) durch ein öffentliches Bildungswesen in die Praxis umsetzen – zwingen wir den Menschen dann nicht von vornherein etwas auf, das viele spätere Entscheidungen unmöglich macht, auch wenn wir die Entscheidungsfreiheit und die praktische Vernunft betonen? Und ist dies eine Beeinträchtigung der moralisch wertvollen Art von Entscheidungsfreiheit oder nicht, also der Art, zu der die Menschen unserer Vorstellung nach in erster Linie fähig sein sollten?

Wieder werden wir entscheiden müssen, ob der Gesetzgeber sein Augenmerk auf die einzelnen Fähigkeiten richten kann oder ob er eine umfassende Konzeption des guten Lebens und Handelns braucht, damit er die Auswirkungen einer Verteilung von Gütern oder Ressourcen auf die *gesamte* Lebens- und Handlungsweise eines Menschen beurteilen kann. Aristoteles plädiert für die zweite Vorgehensweise; Sen stimmt dem zu.[142] Die zweite Vorgehensweise ist aber weitaus schwerer zu verwirklichen als die erste: Denn sie bedeutet, daß ein Planer nicht einfach darangehen kann, ein gutes und gerechtes Gesundheitswesen oder ein gutes Bildungswesen zu entwerfen, sondern daß er zu jedem Zeitpunkt das Gesamtbild vor Augen haben muß.

All dies sind schwierige Probleme. Ob und wie der Fähigkeiten-Ansatz sie lösen kann, ist eine offene Frage. An diesem Punkt möchte ich auf das meiner Ansicht nach wichtigste Problem zu sprechen kommen, das mit diesem Ansatz verbunden ist und das gelöst werden muß, wenn dieser Ansatz gehaltvoll genug sein soll, um auch nur ernsthaft bewertet zu werden: Welches sind die Fähigkeiten, um die sich der Staat kümmern sollte, und wie gelangen wir zu unserer Fähigkeiten-Liste? Dies sind zwei eng miteinander verbundene Fragen, nämlich eine inhaltliche Frage und eine erkenntnistheoretische Frage. Sie sind deshalb eng miteinander verbunden, weil wir Zweifel an einem Auswahlverfahren haben werden und haben sollten, wenn der durch dieses Verfahren gewonnene Inhalt nicht unseren Intuitionen und Urteilen entspricht; und andererseits werden und sollten wir Zweifel an einer Fähigkeiten-Liste haben, wenn wir feststellen, daß sie nicht durch ein Verfahren gewonnen werden kann, das uns vollkommen rational erscheint. Hier liegt eine wechselseitige Verstärkung vor, die meiner Ansicht nach aber nichts mit einem Teufelskreis zu tun hat. Ich werde allgemein umreißen, wo die Antworten auf diese Fragen vielleicht zu finden sind; dann werde ich auf Aristoteles zurückkommen und untersuchen, inwieweit er uns bei der Beantwortung dieser Fragen helfen kann.

Ich glaube, wir brauchen eine Liste von Fähigkeiten, die einerseits nicht abgehoben, andererseits aber objektiv ist. Was meine ich damit? Mit »nicht abgehoben« meine ich, daß sie nicht dadurch zustande kommen sollte, daß das menschliche Leben und Handeln von einem völlig fremden Standpunkt aus betrachtet wird, der außerhalb der Lebensbedingungen und Erfahrungen der betreffenden Menschen liegt – so als würden wir irgendwelche wertneutralen wissenschaftlichen Fakten über uns selbst entdecken. Dies halte ich ohnehin nicht für eine plausible Verfahrensweise; und auch wenn sie es wäre, würde sie wahrscheinlich nicht zu dem Menschenbild führen, das die richtige Grundlage für menschliche Entscheidungen und Planungen wäre. Um eine Liste der Fähigkeiten zu erstellen, die für ein gutes Leben konstitutiv sind, müssen wir uns selbst fragen, was am wichtigsten ist, was ein wesentlicher Bestandteil eines jeden Lebens ist, das so reich ist, daß es als ein wahrhaft menschliches gelten kann. Ein Wesen, das keinerlei Beziehung zu den menschlichen Erfahrungen und Entscheidungen hätte, könnte meiner Ansicht nach eine solche Bewertung nicht vornehmen.[143]

Mit »objektiv« meine ich, daß wir nicht einfach von einer jeden Kultur oder Gruppe die Vorstellung dessen übernehmen, was sie für die wichtigsten menschlichen Fähigkeiten hält – auch wenn sie von sich selbst spricht. Würden wir dies tun, so ginge viel von dem Ziel verloren, den Schritt vom Wunsch oder von der Präferenz zur Fähigkeit zu vollziehen. Gesetzt den Fall, wir stellen wie Sen fest, daß die Frauen in bestimmten armen Gebieten Indiens mehr unter ernährungsbedingten Krankheiten leiden als die Männer und dadurch weniger in der Lage sind, Tätigkeiten auszuführen, die Mobilität und Kraft erfordern (vgl. Abschnitt 3).[144] Diese Situation ist das Ergebnis der traditionell ungleichen Verteilung, die durch kulturell erlernte Werte gestützt wird. Nehmen wir an, diese Frauen würden nicht nur sagen, es gehe ihnen gut. (Wir erinnern uns, daß sie das tatsächlich sagen.) Nehmen wir an, sie geben eine komplexere Antwort: Daß es nämlich ihren tiefsten Wertvorstellungen zufolge gut und richtig ist, daß Frauen in diesen Lebensbereichen weniger Fähigkeiten ausbilden. Ich halte es für wahrscheinlich, daß sie diese Antwort wirklich geben würden, wenn man ihnen die richtigen Fragen stellen würde. Sen will anhand dieses Beispiels die Mängel derjenigen Verteilungskonzepte aufzeigen, die auf dem Wunsch und der Wunscherfüllung basieren; schön und gut. Mir scheint jedoch, daß der Fähigkeiten-Ansatz ähnliche Mängel aufweisen wird, wenn wir nicht ein objektives Bewertungsverfahren entwickeln, mit dem die Werturteile der Menschen kritisiert werden können, die unter den Bedingungen von Diskriminierung und Benachteiligung aufgewachsen sind. Sen scheint anzunehmen, wir könnten das Problem dadurch ausräumen, daß wir von der utilitaristischen Betonung des Wunsches zu seinem eigenen Ansatz übergehen, der das Hauptgewicht auf die *Bewertung* von Fähigkeiten legt. Aber das Verfahren, mit dem Fähigkeiten bewertet werden, scheint, zumindest wenn es nicht näher beschrieben wird, ebensowenig gegen Verzerrungen gefeit zu sein wie der Wunsch selbst.

So wie den Menschen beigebracht werden kann, die Dinge nicht zu wollen oder nicht zu vermissen, die sie aufgrund ihrer Kultur nicht haben sollen oder können, kann ihnen auch beigebracht werden, bestimmte Tätigkeiten nicht als Bestandteile eines guten Lebens zu schätzen, wenn ihre Kultur ein Interesse daran hat oder nicht umhinkann, ihnen den Zugang zu diesen Tätigkeiten zu verweigern. Es hat in der Tat den Anschein, als wäre die Ebene des Wunsches mitunter schwerer zu korrumpieren als die Ebene der Bewertung. Sextus Empiricus sagte, daß der Mensch, der Hunger oder Durst leidet, nicht durch Argumente zu der Überzeugung gebracht werden könne, daß er sie nicht leidet (*adversus Mathematicos* XI.148); es ist häufig leichter, Menschen davon zu überzeugen, daß Karriere oder Bildung oder eine wirklich angemessene Ernährung oder andere Tätigkeiten für sie keine wertvollen und erstrebenswerten Dinge sind. Und oftmals haben die bewertenden Individuen so wenige Alternativen kennengelernt, daß ihre Bewertung wenig mehr sein *kann* als eine Bestätigung des Status quo. Die ethischen und politischen Schriften des Aristoteles sind voll von Beispielen von Gesellschaften, die Werte lehren und verinnerlicht haben, welche falsch und dem wahren menschlichen Gedeihen nicht förderlich sind: eine übermäßige Liebe zum Geld, ein übermäßiges Interesse an Ehre und Ansehen, eine einseitige Vorliebe für das kriegerische Leben, ein fehlendes Bemühen um ordentliche Verfahren und die Gleichbehandlung der Menschen in der Rechtspflege. Wir müssen diese Beispiele ernst nehmen und eine Reflexionsweise entwerfen, die uns in die Lage versetzt, bestimmte Traditionen zu kritisieren, ohne das tatsächliche Leben der Menschen aus einer völlig fremden Perspektive zu betrachten.

Wie mir scheint, muß Sen seine Kritik an der utilitaristischen Auffassung des Wohlergehens radikaler formulieren, als er es bisher getan hat, indem er eine objektive normative Konzeption der menschlichen Tätigkeiten einführt und ein objektives Bewertungsverfahren beschreibt, durch das die Tätigkeiten hinsichtlich ihres Beitrags zu einem guten menschlichen Leben beurteilt werden können. Ich glaube, daß Aristoteles hier eine wichtige Hilfestellung gibt. Denn das ethische Denken des Aristoteles enthält eine Konzeption der menschlichen Tätigkeiten (der verschiedenen Aktivitäten, deren vortreffliche Ausübung das gute menschliche Leben ausmacht), die nicht-extern und dennoch objektiv ist – objektiv in einer Weise, die noch genug Raum für eine bestimmte Art von Sensibilität für die Relativität von kulturellen Vorstellungen läßt. Es wäre ein wichtiges Projekt, dies im Detail auszuführen.[145] Hier werde ich lediglich umreißen, wie ein solches Projekt weiterentwickelt werden könnte, und dann einen in dieser Hinsicht besonders wichtigen Text kommentieren.

Die detaillierte Darstellung und Verteidigung des aristotelischen Herangehens an die Frage ethischer Objektivität muß meines Erachtens mit der Feststellung beginnen, daß die Kritik, die in letzter Zeit von mehreren Philosophen, darunter Alasdair MacIntyre und Bernard Williams, an der aristotelischen Auffassung von der menschlichen Natur und den spezifischen Tätigkeiten des Menschen geübt wurde, nicht greift.[146] Diese Autoren werfen Aristoteles vor, daß er der Ethik eine von einer »metaphysischen Biologie« abgeleitete Auffassung von den menschlichen Tätigkeiten überstülpt und somit ethische Werturteile auf wertneutrale wissenschaftliche Fakten und nicht auf die menschliche Erfahrung von Leben und Werten gründet. Sowohl MacIntyre als auch Williams kommen, wenn auch aus unterschiedlichen Gründen, zu dem Schluß, daß dieser metaphysische Ausgangspunkt unangemessen und unbrauchbar wäre, so wie das gesamte Projekt des Aristoteles, bestimmte ethische Normen zu rechtfertigen, gescheitert sei. Es ist meiner Ansicht nach möglich, diesen Vorwürfen entgegenzutreten. Dabei wäre als erstes festzustellen, daß es die Unterscheidung von Tatsache und Wert bei Aristoteles gar nicht gibt, selbst dort nicht, wo es um die Wissenschaft geht. Sodann könnte man anhand der Texte zeigen, daß die Frage, ob eine bestimmte Tätigkeit ein Teil der menschlichen Natur ist oder nicht, für Aristoteles eine Bewertungsfrage darstellt, nämlich die Frage, ob diese Tätigkeit so wichtig ist, daß ein Wesen, dem sie fehlte, nicht als ein richtiger Mensch angesehen würde. Diese Frage wird wie jede andere ethische Frage beantwortet: nämlich mit Blick auf die Wertvorstellungen der Leute und der Gebildeten.[147]

Aber kann es überhaupt eine allgemeine Antwort auf die Frage nach den für alle Menschen wünschenswerten Tätigkeiten geben, die sensibel für die kulturellen Differenzen ist und uns dennoch die Möglichkeit gibt, ungerechte Kulturen zu kritisieren? Ich sehe bei Aristoteles einen vielversprechenden Weg zu einer solchen Antwort, den ich mit Bezugnahme auf die relativistischen Argumente in dem Aufsatz »Nicht-relative Tugenden« dargestellt habe. Zunächst werden gewisse allgemeine Bedingungen des menschlichen Lebens betrachtet, die allen menschlichen Gesellschaften gemeinsam zu sein scheinen: daß wir sterblich sind; daß wir körperliche Bedürfnisse haben, die schwer zu steuern und zu befriedigen sind; daß die materiellen Ressourcen knapp sind und daß es daher Verteilungsprobleme gibt usw. Von jedem dieser Bereiche (gewöhnlich »Problembereiche« genannt) ausgehend, fragt Aristoteles, worin das rechte Tun in bezug auf das betreffende Problem bestehen würde. Das heißt: Wie gelangt man zu der Liste der Tugenden bzw. der guten Handlungsweisen? Jede Tugend wird im Hinblick auf das Grundproblem oder den Erfahrungsbereich spezifiziert – es wird gefragt, was es bedeuten würde, im Hinblick auf diesen Bereich oder dieses Problem *gut* zu handeln und zu entscheiden.

Wenn wir so vorgehen, ergibt sich erstens, daß wir konkurrierende Auffassungen beispielsweise von Mut haben und trotzdem Zufriedenheit darüber empfinden, über ein und dieselbe Sache diskutieren zu können. Zweitens können wir entdecken, daß sich eine bestimmte Tätigkeit in verschiedenen konkreten kulturellen Ausformungen darstellt, ohne zu dem Schluß zu kommen, daß es sich nicht um ein und dieselbe Tätigkeit handelt. Sodann können wir darangehen, die verschiedenen Ausformungen zu vergleichen und zu bewerten. Für dieses Verfahren gibt Aristoteles in der *Politik* III ein gutes Beispiel, indem er sagt, alle Bürger müßten die *Möglichkeit* haben, eine beratende oder richtende Tätigkeit auszuüben, wobei die konkrete institutionelle Ausformung in den verschiedenen Staaten unterschiedlich sein könne. In Athen streben wir danach, daß die Bürger an den beratenden Versammlungen und an der richterlichen Tätigkeit teilhaben; anderswo nehmen diese Tätigkeiten je nach den unterschiedlichen Lebensformen andere konkrete institutionelle Formen an. Wir können jede dieser Lebensformen respektieren, ohne zu übersehen, daß die in jeder Lebensform verkörperten Tätigkeiten etwas sehr Wichtiges gemeinsam haben; laut Aristoteles besteht das Gemeinsame darin, den Staatsbürger zu definieren und somit konstitutiv für das gute menschliche Leben zu sein.

Ähnlich argumentiert Sen in einer seiner Auseinandersetzungen mit dem Relativismus. Er behauptet, daß wir eine ziemlich allgemeine Liste der menschlichen Tätigkeiten aufstellen können (z.B. eine Erziehung erhalten oder Unehrenhaftigkeit vermeiden), ohne zu leugnen, daß es in jeder Kultur etwas sehr Verschiedenes bedeuten kann, eine Erziehung zu erhalten oder ehrenhafte Beziehungen zu seinen Mitmenschen zu entwickeln.[148]

Das gleiche Argument wird in einer der besten Arbeiten über das öffentliche Erziehungswesen vorgebracht, die in den letzten Jahrzehnten erschienen sind, nämlich in dem Bericht mit dem Titel *General Education in a Free Society*, der 1945 in Harvard von einem Ausschuß verfaßt wurde, dem u.a. Paul Buck, John H. Finley, I. A. Richards und George Wald angehörten. Mit ausdrücklicher Bezugnahme auf Modelle des antiken Griechenland vertreten die Autoren die These, daß ein nationaler Plan für ein allgemeines Erziehungswesen gewisse Fähigkeiten, die wir bei allen Bürgern entwickeln möchten, sehr allgemein umreißen sollte: zum Beispiel soziales Bewußtsein und soziale Sensibilität, die Fähigkeit, ein wissenschaftliches Argument zu bilden und zu verstehen, geistige und emotionale Sensibilität für die großen Werke der Literatur, der Musik und der bildenden Kunst. Nach einer ausführlichen Erörterung dieser allgemeinen Fähigkeiten meinen die Autoren, daß es jeder Region und jeder lokalen Institution überlassen bleiben sollte, in diesen Bereichen einen konkreteren Lehrplan zu erstellen, der auf der konkreten Überlegung basieren sollte, wie die jeweiligen Schüler im Kontext ihrer konkreten Lebensbedingungen die betreffenden Fähigkeiten am besten realisieren können.

7. Die menschlichen Tätigkeiten: Das gemeinsame Band

Anstatt mich mit den spezifischen Komponenten des guten Lebens und ihren allgemeinen und konkreten Ausformulierungen zu befassen, möchte ich zum Schluß kurz auf etwas zu sprechen kommen, das sie miteinander verbindet. Im Zusammenhang mit dem guten menschlichen Leben haben wir von einer Vielzahl von Tätigkeiten und einer Vielzahl von damit verbundenen Fähigkeiten gesprochen. Jetzt ist die Feststellung angebracht, daß alle diese Tätigkeiten nach Aristoteles' Auffassung etwas Wichtiges gemeinsam haben und daß der Gesetzgeber sein Augenmerk in erster Linie auf die Entwicklung dieses gemeinsamen Merkmals legen sollte. Dieses gemeinsame Merkmal ist die Ausübung der praktischen Vernunft.

Die berühmten Ausführungen über die spezifischen Fähigkeiten und Tätigkeiten des Menschen in der *Nikomachischen Ethik* I.7 finden sich ganz am Anfang einer Arbeit, die sich mit dem guten Leben für einen Menschen befaßt, einer Arbeit, die die Elemente, die für ein solches Leben in Anschlag gebracht werden, kritisch bewertet und versucht, auf der Grundlage der vorhandenen Elemente den Umriß eines besten Lebens zu entwerfen. Dies geschieht vor der detaillierten Erörterung des Inhalts eines solchen Lebens; anscheinend sollen einige Parameter für die weitere Untersuchung aufgestellt und der allgemeine Bereich abgesteckt werden, in dem wir nach dem guten Leben zu suchen haben. Gleichzeitig wird eine extreme Form des Hedonismus zurückgewiesen, die das gute Leben allein auf lustvolle Tätigkeiten zu gründen und die Vernunft gänzlich auszuschalten versucht. Dies ist laut Aristoteles gleichbedeutend mit dem »Leben des Viehs« (1095 b 20). Diese Formulierung deutet darauf hin, daß ein Leben, das ausschließlich dem Vergnügen gewidmet ist und von dem viele Menschen *behaupten*, sie würden es anstreben, seiner Ansicht nach nicht ein im vollen Sinne menschliches Leben ist (1095 b 19). Ihm scheint darin etwas zu fehlen, das ein menschliches Leben unseres Erachtens nach haben sollte. Dieses Etwas wird mit dem Wort »wählen« (*proairoumenoi*) bezeichnet, das die Ausübung der Entscheidungsfreiheit und der praktischen Vernunft meint. Aristoteles zufolge ist es paradox, ein Leben ohne Entscheidungsmöglichkeiten zu wählen. Daraus kann man schließen, daß die Menschen, die eine solche Meinung äußern, nicht nur von einem externen Standpunkt aus im Irrtum sind, sondern auch im Widerspruch zu ihren eigenen Überzeugungen stehen: Durch ihre Art, die Dinge zu betrachten und auszuwählen, schreiben sie der praktischen Vernunft implizit einen Wert zu, den ihre Aussage explizit bestreitet.[149] Ihre Auffassung erscheint auf jeden Fall dem gebildeten Menschen merkwürdig, der Aristoteles beipflichtet. Wir können also unserem Ziel, die zentrale Bedeutung der praktischen Vernunft aufzuzeigen, näher kommen, wenn wir mit den Auffassungen arbeiten, die die Menschen wirklich von sich selbst haben – d.h. von dem Leben, das sie als ein richtiges menschliches Leben ansehen oder nicht. Das dann folgende Argument von der besonderen Leistungsfähigkeit des Menschen versucht, einen Konsens in bezug auf die zentrale Bedeutung der praktischen Vernunft herzustellen, von dem aus Menschen mit unterschiedlichen Meinungen an der schwierigen Aufgabe weiterarbeiten können, das gute menschliche Leben zu spezifizieren.

Die Textpassage beginnt mit einer aufschlußreichen Feststellung: Wir sagen übereinstimmend, daß *eudaimonia* das Beste ist, »wir möchten aber noch genauer erfahren, was sie ist« (1097 b 22-24). Diese Bemerkung über die Grenzen des Konsenses verweist auf eine frühere Stelle (1095 a 19ff.), wo es heißt, daß »die Leute ebenso wie die Gebildeten« in bezug auf den Namen des »obersten aller praktischen Güter« (*akrotaton*) übereinstimmen, daß es nämlich die *eudaimonia* ist; und sie sind sich darin einig, daß das gute Leben und Handeln dasselbe wie *eudaimonia* ist. «Was aber die Glückseligkeit sei, darüber streiten sie« – sowohl miteinander als auch mit sich selbst. Diese stark divergierenden Ansichten über das, »was sie ist«, werfen schwerwiegende Probleme für eine ethische Untersuchung auf, die dieser »Was-sie-ist«-Frage nachgeht und sich auf die Vorstellungen der Menschen stützt. Kein Wunder also, daß Aristoteles in dem betreffenden Abschnitt von einem starken Wunsch nach einer substantielleren Übereinstimmung spricht.

Er schlägt nun aber einen optimistischeren Ton an: »Dies [die nähere Bestimmung] sollte wohl geschehen können, wenn wir von der eigentümlichen Leistung des Menschen ausgehen.« Aristoteles' Optimismus ist anscheinend durch seine Entdeckungen im folgenden Abschnitt gerechtfertigt. Dort schließt er mit der Aussage, einen »Umriß« für das gesuchte Gute gefunden zu haben, der mit der Zeit inhaltlich weiter ausgefüllt werden kann, so daß es auf dem Gebiet der Ethik den gleichen Fortschritt gibt wie auf dem Gebiet der Wissenschaft (1098 a 20-26).

Diese Argumentation ist schwierig und umstritten. Ich habe sie ausführlich in meinem Aufsatz »Aristotle on Human Nature and the Foundation of Ethics«[150] diskutiert und werde hier nur die Schlußfolgerungen dieser längeren Untersuchung zusammenfassen. Aristoteles sagt zunächst ganz logisch, daß die Frage, worin denn die gute Ausübung einer Sache bestehe, im Rahmen und auf der Grundlage einer Darstellung der charakteristischen Merkmale dieser Sache beantwortet werden muß, also der Tätigkeiten, durch die sie diese Sache und keine andere ist. Folglich muß die Frage nach der *guten* Leistung des Menschen mit einer Darstellung der eigentümlichen Leistung des Menschen beginnen, so wie eine Abhandlung über die Kunst des *aulos*-Spiels am besten mit einer Beschreibung des *aulos* und des *aulos*-Spiels beginnt und zeigt, wie sich dieses Instrument und seine Merkmale von ähnlichen Instrumenten und ihren Merkmalen unterscheiden.

Aristoteles führt nun weiter aus, daß eine Lebensweise, die nur aus Ernährung und Wachstum besteht oder um diese Tätigkeiten zentriert ist, nicht als ein menschliches Leben gelten kann, und so kann *diese* Lebensweise nicht das sein, wonach wir streben.[151] Dasselbe würde auch auf ein um die Sinneswahrnehmung zentriertes Leben zutreffen, in dem die Sinneswahrnehmung das entscheidende Wesensmerkmal ist, welches dem gesamten Leben seinen Charakter bzw. seine spezifische Ausformung gibt: Dies wäre nur ein tierhaftes Leben. Das wahrhaft menschliche Leben ist dagegen ein Leben, das durch die Tätigkeit der praktischen Vernunft geleitet wird (1098 a 3-4; *praktike tis tou logon echontos*), in dem diese Tätigkeit dem gesamten Leben seine spezifische Ausformung und Tönung gibt. (Die Vernunft würde hier eine zweifache Rolle spielen: Sie hätte eine architektonische Funktion, da sie das gesamte Leben strukturiert und seine vielfältigen Tätigkeiten leitet, und sie würde jede dieser Tätigkeiten durchdringen und sie zu menschlichen und nicht bloß vegetativen oder tierhaften machen.) Dieses Leben wird viele wichtige Komponenten enthalten, und manche werden auf die Ernährung und die Wahrnehmung bezogene Tätigkeiten sein. Aristoteles verwirft diese Tätigkeiten keineswegs als Bestandteile des menschlichen Lebens. Er sagt jedoch, daß sie nur dann spezifisch menschliche Tätigkeiten darstellen, wenn sie Teil eines Lebens sind, das durch die praktische Vernunft bestimmt und von der Tätigkeit der Vernunft durchdrungen wird. Seine Nahrung wie ein wildes Tier zu verschlingen wäre beispielsweise nicht die Ausübung einer spezifisch menschlichen Tätigkeit bzw. ein konstitutiver Bestandteil eines Lebens, das als ganzes durch ein typisch menschliches Handeln geprägt ist. Die menschliche Art und Weise, mit der Nahrung umzugehen, würde darin bestehen, sie mit Hilfe der praktischen Vernunft angemessen zu verwenden und zu genießen. Bei der Beschreibung der Tugend *sophrosyne* wird erwähnt, daß diese Disposition diejenigen Begierden reguliert, die die Menschen mit anderen Lebewesen teilen (1118 a 23-25). Und obwohl nicht jeder auf diesem Gebiet eine Disposition zum wirklich tugendhaften Handeln besitzt, fordert Aristoteles, daß jeder, der als ein Mensch mit einem ethischen Urteilsvermögen gelten soll, über eine *gewisse* Disposition zum vernunftgeleiteten Handeln verfügen sollte. Ein »Leben der Ernährung« wäre ebensowenig eine genuin menschliche Lebensweise wie das unkontrollierte Funktionieren des Körpers im Schlaf, von dem man kaum sagen könnte, daß es von der Tätigkeit der Vernunft durchdrungen ist. Aristoteles sagt an anderer Stelle, daß das Leben des Schlafenden wie das Leben einer Pflanze ist, mehr nicht (*NE* 1095 b 32 - 1096 a 2, 1176 a 34-35; *Eudemische Ethik* 1216 a 5; das gleiche gilt für den Embryo in einer frühen Entwicklungsphase – ebd. 1216 a 6-8).

So interpretiert, entwerfen die Ausführungen über die spezifischen Fähigkeiten und Tätigkeiten des Menschen einen Umriß des guten Lebens, indem sie nach gemeinsamen Vorstellungen vom Menschsein fragen. Da ein Leben nicht als ein gutes Leben gelten kann, wenn es nicht zuallererst ein Leben für einen Menschen ist, und da ein Leben für einen Menschen ein Leben sein muß, das auf irgendeine Art und Weise durch die praktische Vernunft bestimmt wird und in dem alle ausgeübten Tätigkeiten dem strukturierenden Einfluß der praktischen Vernunft unterliegen, muß *eudaimonia* in einem solchen Leben gesucht werden, nicht aber in einem Leben, das ganz den körperlichen Genüssen ohne den Gebrauch der Vernunft gewidmet ist, nicht im Leben des Schlafenden mit seinen unkontrollierten Körperfunktionen und nicht im Leben des Sklaven, der zur Ausübung monotoner Arbeiten gezwungen ist. Ein gründliches Erforschen unserer grundlegendsten Werte und die Frage, welche Tätigkeiten wir für so wichtig halten, daß wir uns durch sie definieren, bringen uns zu der Erkenntnis, daß all diese Tätigkeiten ein gemeinsames Merkmal aufweisen: Es ist die Vernunft, und sie hat die architektonische Funktion, alle Tätigkeiten zusammenzuhalten. Diese Feststellung bedeutet nicht, vieles auszuschließen. Das Beispiel des extremen Hedonismus zeigt jedoch, daß dieser eine ethische Position ausschließt, von der Aristoteles annimmt, daß sie viele Befürworter hat. Wichtiger für uns ist – aufgrund unseres politischen Interesses –, daß sich daraus einige sehr deutliche (wenn auch allgemeine) Empfehlungen für den Gesetzgeber ableiten lassen: Ihm wird gesagt, daß unsere Werturteile in bezug auf die praktische Vernunft so stark sind, daß ein Leben, dem dieses leitende Element fehlt (selbst wenn für die Ernährung und für andere Dinge gesorgt ist), ein nicht wahrhaft menschliches Leben ist. Es ist also ausgeschlossen, daß es sich um ein *gutes* menschliches Leben handelt, und es ist ausgeschlossen, daß es die Kriterien einer guten staatlichen Verfassung erfüllt.

Die zentrale Aufgabe des Staates besteht also darin, allen Menschen (die ein solches Leben führen *können*, weil sie die G-Fähigkeiten besitzen) die Bedingungen für ein im vollen Sinne menschliches Leben zur Verfügung zu stellen: ein Leben, in dem es möglich ist, die wesentlichen Tätigkeiten gemäß der Vernunft auszuüben. Das bedeutet, den Menschen nicht einfach Nahrungsmittel zu geben und sie wie das Vieh weiden zu lassen; es bedeutet, ihnen zu ermöglichen, sich mit Hilfe ihrer eigenen Vernunft mit Nahrungsmitteln zu versorgen.[152] Man bilde ihre Wahrnehmungsorgane nicht einfach mechanisch aus, indem man ein sehendes Auge, ein hörendes Ohr erzeugt, sondern man befähige sie, ihren Körper und ihre Sinne auf eine wahrhaft menschliche Weise zu gebrauchen. Und alle diese Dinge sollten nicht nur in minimaler, sondern umfassender Weise ermöglicht werden.

Wir können diese Sicht mit den Vorstellungen von einem im vollen Sinne menschlichen Leben vergleichen, die Marx in den *Pariser Manuskripten 1844* dargelegt hat. Es gibt viele Lebensformen, die seiner Ansicht nach dazu führen, daß die Menschen ihre verschiedenen Lebenstätigkeiten nur noch auf eine tierische Weise realisieren können. Da der Arbeiter keine Entscheidungsfreiheit und keine Kontrolle über seine Arbeit hat, fühlt er sich »in seinen menschlichen Funktionen nur mehr als Tier«. Er ißt, trinkt, zeugt Kinder in einer Weise, die keine Wahlmöglichkeiten enthält; folglich übt er diese menschlichen Tätigkeiten auf eine tierische Weise aus. Und wenn er seine Sinne ohne eine gewisse Wahlfreiheit und ohne Befreiung von den Zwängen des unmittelbaren Bedürfnisses gebraucht, wird er sie auf eine bloß tierische Weise gebrauchen:

> »Es versteht sich, daß das *menschliche* Auge anders genießt als das rohe, unmenschliche Auge, das menschliche *Ohr* anders als das rohe Ohr etc.
>
> […] Der unter dem rohen praktischen Bedürfnis befangene *Sinn* hat auch nur einen *bornierten* Sinn. Für den ausgehungerten Menschen existiert nicht die menschliche Form der Speise, sondern nur ihr abstraktes Dasein als Speise; ebensogut könnte sie in rohster Form vorliegen, und es ist nicht zu sagen, wodurch sich diese Nahrungstätigkeit von der *tierischen* Nahrungstätigkeit unterscheidet.«[153]

In diesem Abschnitt werden meines Erachtens zwei aristotelische Argumente entwickelt:[154] daß es zu einem wahrhaft menschlichen Leben gehört, seine natürlichen Anlagen in einer durch menschliche Entscheidungsfreiheit und Rationalität bestimmten Weise zu entfalten; *und* daß die Fähigkeit dazu nicht automatisch allen Menschen offensteht, sondern für sie (ausgehend von rudimentäreren Fähigkeiten) durch materielle und soziale Bedingungen geschaffen werden muß. Diese Bedingungen werden natürlich sehr unterschiedlich verstanden und beschrieben – nicht zuletzt existiert die Auffassung, Aristoteles würde mitunter vor den möglichen revolutionären Implikationen einiger seiner Aussagen zurückschrecken und sich auf die Position zurückziehen, daß wir diese Behandlung nur denjenigen schulden, die schon ein Stück von dem Weg zurückgelegt haben, der zu dieser Fähigkeit führt. Aber ich glaube, daß eine politische Theorie, die die Implikationen dieser Aussagen ohne Scheu darstellen würde, sich zu Recht eine aristotelische nennen könnte. Und mir scheint, es lohnt sich, diesen Ansatz weiter auszuarbeiten.[155]

Gefühle und Fähigkeiten von Frauen

> »Benommen vor Angst, zog Okonkwo seine Machete und schlug ihn nieder. Er hatte Angst, daß man ihn für schwach hielt. ›Wann wurdest du zu einem zitternden alten Weib?‹, fragte sich Okonkwo. ›Du bist in allen neun Dörfern für deine Tüchtigkeit im Krieg bekannt. Wie kann ein Mann, der im Kampf fünf Männer getötet hat, so sehr die Fassung verlieren, weil er ihrer Zahl noch einen Jungen hinzugefügt hat? Okonkwo, du bist wirklich zu einem Weib geworden.‹«
>
> Chinua Achebe, *Things Fall Apart*

Aus Angst vor »weiblichen« Gefühlen und der mit ihnen verbundenen Schwäche tötet Okonkwo seinen Pflegesohn Ikemefuna, den er liebt. Da er seine Liebe verabscheut, weil sie ihn in eine »weibische«, in den Augen der anderen beschämende Passivität versetzt, bringt er einen Menschen um, den er selbst großgezogen hat, einen Teil von sich selbst.[156] Frauen sind gefühlsbetont, Gefühle sind etwas Weibliches. Diese in westlichen und nicht-westlichen Traditionen weit verbreitete Auffassung dient seit Tausenden von Jahren auf unterschiedliche Weise dazu, Frauen von einer vollwertigen Teilnahme an der menschlichen Gemeinschaft auszuschließen und die moralische Erziehung der Männer – in einer auch für deren Entwicklung oft abträglichen Weise – in eine bestimmte Richtung zu lenken.[157] Wollen wir überzeugend für die Gleichstellung der Frauen eintreten und eine Vorstellung von einer guten, den Fähigkeiten entsprechenden Lebensgestaltung entwickeln, die für Männer und Frauen gleichermaßen gilt, müssen wir uns ernsthaft mit diesem Thema und der Rolle der Gefühle in einem guten menschlichen Leben auseinandersetzen.

1. Gefühle und Rationalität

Diese Auseinandersetzung ist von großer Dringlichkeit, da die Gefühle nicht nur von vielen Traditionen, sondern auch von dem Rationalitätsverständnis her, das unser öffentliches Leben beherrscht, dem Rationalitätsbegriff des ökonomischen Utilitarismus, als Feinde der Vernunft verurteilt werden. Schon Charles Dickens hat den wesentlichen Punkt hervorragend erfaßt, als er das folgende Gespräch zwischen Bitzer, einem Anhänger des Utilitarismus, und Mr. Gradgrind, einem Ökonomen und gramgebeugten Vater, ersann:[158]

»›Bitzer‹, sagte Herr Gradgrind gebrochen und in kläglicher Demut sich ihm unterwerfend, ›haben Sie ein Herz?‹.

›Der Blutkreislauf, Sir‹, entgegnete Bitzer, der über die Seltsamkeit der Frage lächelte, ›würde nicht funktionieren ohne ein Herz. Kein Mensch, Sir, dem die Tatsachen bekannt sind, welche Harvey in bezug auf den Kreislauf des Blutes festgesetzt hat, kann daran zweifeln, daß ich ein Herz habe.‹

›Ist es‹, rief Herr Gradgrind, ›irgendeinem Einfluß des Mitleids zugänglich?‹

›Es ist der Vernunft zugänglich, Sir‹, entgegnete der vorzügliche junge Mann, ›und keiner Sache sonst.‹«

Bitzer versteht unter »Vernunft« eine Fähigkeit der nüchternen Abwägung, die sich völlig von den Gefühlen unterscheidet und diese nicht braucht, um ein angemessenes Urteil zu fällen. Ja, er hat seine Lektion in puncto ökonomische Rationalität so gut gelernt, daß er nicht begreift, was eine emotionale Reaktion ist. Wie Okonkwo will Bitzer von Weichheit nichts wissen. Im Gegensatz zu Okonkwo scheint er nicht einmal Angst vor ihr zu haben – vielleicht weil ihm ein »wissenschaftliches« Argument für seine Position zur Verfügung steht, das ihm Mr. Gradgrind selbst geliefert hat. Denn der Utilitarismus bevorzugt ein distanziertes, nüchternes und abwägendes Denken, das sich um quantitative Größen dreht. Diese Präferenz erhebt er zu einer Norm, der entsprechend er Vernunft und Rationalität definiert, während er alles andere als bloße Irrationalität abstempelt. Ein solches Denken hatte und hat tiefgreifende Auswirkungen auf unser öffentliches Leben, und zwar nicht nur in der Wirtschaft, sondern auch im Rechtswesen.

Ein typisches Beispiel aus unserer Zeit verdeutlicht dies. In seinem 1981 erschienenen Buch *The Economics of Justice* beginnt Richard Posner (der führende Denker der ökonomischen Rechtstheorie) seine Ausführungen mit dem Hinweis, er gehe von der Annahme aus, daß »die Menschen rationale Nutzenmaximierer sind« und daß die »ökonomischen Prinzipien« sich letztlich von dieser Annahme ableiten.[159] Dann schlägt Posner vor, die ökonomische Analyse auf alle menschlichen Lebensbereiche auszudehnen. Er rechtfertigt diese Ausdehnung mit dem Verweis auf eine normative Vorstellung von Rationalität, die er als Gegensatz von Emotionalität definiert:

> »Kann man plausiblerweise annehmen, daß sich die Menschen nur dann oder hauptsächlich dann rational verhalten, wenn sie am Marktgeschehen teilnehmen, und nicht, wenn sie in ihrem Leben andere Dinge tun, wie Heiraten, Prozesse führen, Verbrechen begehen, andere diskriminieren oder persönliche Daten verheimlichen? Oder daß sich nur die Bewohner der modernen westlichen (oder verwestlichten) Gesellschaften rational verhalten? Wenn die Rationalität nicht auf wirtschaftliche Transaktionen beschränkt wird, sondern ein allgemeines und dominierendes Merkmal sozialen Verhaltens ist, dann kann der Begriffsapparat, der von Generationen von Wirtschaftswissenschaftlern konstruiert wurde, um das Verhalten am Markt zu erklären, auch benutzt werden, um das Verhalten in den Bereichen zu erklären, die außerhalb des Marktes liegen [...] Ich halte es für wenig plausibel und gegen unsere Intuitionen gerichtet, daß die Entscheidungsprozesse des einzelnen so stark aufgegliedert seien, daß er rational handelt, wenn er ein paar einfache Einkäufe macht, aber irrational handelt, wenn er beschließt, Jura zu studieren, zu heiraten, Einkommensteuer zu hinterziehen, drei anstatt zwei Kinder zu haben oder eine Klage anzustrengen. Aber viele Leser werden, da bin ich sicher, diese Entscheidungen intuitiv dem Bereich zuordnen, in dem Entscheidungen mehr emotional als rational zustande kommen.«[160]

Vordergründig ist es Posners Absicht, den Mitgliedern der nicht-westlichen und der westlichen Gesellschaften (und, wie wir später sehen werden, den Frauen ebenso wie den Männern) Respekt zu zollen, indem er zeigt, daß ihre Entscheidungen auf eine rationale Art und Weise zustande kommen. Aber ohne irgendeine Begründung schließt er von Gefühlen geleitete Überlegungen (und vieles andere) einfach aus seinem Rationalitätsbegriff aus, den er unkritisch von einer sehr eng gefaßten Wirtschaftskonzeption übernommen hat. Demnach muß jeder Entscheidungsprozeß, von dem sich später herausstellt, daß er diesem engen Modell nicht entspricht, Posner zufolge als »irrational« und daher als minderwertig betrachtet werden. Wenn

Frauen und nicht-westliche Völker sich diesem Modell des ökonomischen Utilitarismus nicht anpassen – um so schlimmer für sie. Das Buch verdeutlicht die Folgen. Denn obwohl es Posner gelingt, Verhaltensweisen, die anscheinend recht wenig mit Utilitarismus zu tun haben[161], in ökonomische Begriffe zu fassen, muß er am Ende seiner Untersuchung zugeben, daß viele Entscheidungen diesem Modell nicht entsprechen – vor allem die Zivilrechtsprechung des Obersten Gerichtshofes, insbesondere auf dem Gebiet der Abtreibung und der Empfängnisverhütung. Er kommt zu einem überraschenden Schluß: Die Urteile des Obersten Gerichtshofes stellen eine »verkehrte Welt« dar, der der »rationale« Leser nicht den geringsten Respekt entgegenbringen sollte.[162] Zum gleichen Schluß käme er freilich, wenn es um die Urteile einer Frau oder eines Mitgliedes einer nichtwestlichen Gesellschaft gehen und er erkennen würde, daß diese Urteile auf Gefühlen oder auf anderen nicht-ökonomischen Überlegungen beruhen würden. An anderer Stelle führt Posner die Trauer einer Mutter über den Tod eines Kindes als ein Beispiel für ein »nicht-rationales« Verhalten an.[163]

Ist Posner Okonkwo? Wenn ja, dann ist die Machete der utilitaristischen Rationalität bereit, der Weichheit in uns allen den Garaus zu machen: Denn Posners Ablehnung eines von Gefühlen geleiteten Urteils als irrational und (sozusagen)[164] typisch weiblich ist durchweg kennzeichnend für das öffentliche Leben. Mitunter wird behauptet, daß Frauen aufgrund ihrer gefühlsbetonten »Natur« nicht zu einem wirklich rationalen Denken und Urteilen fähig sind und daher verschiedene gesellschaftliche Tätigkeiten, die Rationalität erfordern, nicht ausüben sollten. Um nur ein Beispiel zu nennen: 1872 erhielt Myra Bradwell nicht die Erlaubnis, im Staat Illinois als Rechtsanwältin zu arbeiten. Der Oberste Gerichtshof der Vereinigten Staaten, der das Verbot bestätigte, schrieb, daß »die naturgegebene und besondere Scheu und Zerbrechlichkeit des weiblichen Geschlechts dieses für viele Tätigkeiten im gesellschaftlichen Leben ungeeignet macht«.[165] Dieses Denken, das auf der Linie von Okonkwo liegt,[166] braucht nicht den Utilitarismus zu bemühen, denn bedauerlicherweise läßt es sich in der philosophischen Tradition des Westens bis zu Aristoteles zurückverfolgen.[167]

Manchmal nimmt der Hinweis auf die gefühlsbetonte Natur der Frau eine positivere Form an – wenngleich seine Folgen für die Gleichstellung und Gleichberechtigung der Frau nicht minder schädlich sind. Es wird behauptet, daß Frauen aufgrund ihrer gefühlsbetonten »Natur« besonders gut in der Lage sind, bestimmte wertvolle soziale Tätigkeiten auszüben: zum Beispiel Kinder aufzuziehen und sich um die Bedürfnisse eines Ehemannes zu kümmern. Diese Tätigkeiten sind in der Tat wichtig; und die Tatsache, daß Frauen für sie gut geeignet sind, verleiht ihnen eine gewisse soziale Bedeutung. Die Tätigkeiten müssen jedoch zu Hause verrichtet werden, und wenn sie gut verrichtet werden, fesseln sie die Frauen für einen großen Teil ihres Lebens ans Haus. Auch hierbei handelt es sich um eine sehr alte Prämisse, die sowohl in der nicht-westlichen als auch in der westlichen Denktradition anzutreffen ist. Sie nimmt einen wichtigen Platz in der Tradition des Hinduismus und des Islam sowie im chinesischen Denken ein.[168] In der westlichen Tradition geht sie bis auf Xenophons Werk *Oeconomicus* zurück, das eine getreue Widerspiegelung der gängigen Auffassungen der Athener zu dieser Frage ist. Auch in der Neuzeit ist die Ansicht, der Bereich der Frauen sei das Haus, sehr weit verbreitet. Rousseau stützt sich darauf, wenn er darlegt, warum die Frauen nicht eine Erziehung zur Urteilsfähigkeit erhalten sollten, durch die die Männer für das öffentliche Leben vorbereitet werden. Und in jüngster Zeit hat sie eine sehr wichtige Rolle in den Sozialwissenschaften der Vereinigten Staaten gespielt – denken wir an Erik Eriksons Behauptung, daß der »innere Raum« der Frau dieser ein besonderes Tätigkeitsfeld zuweist, nämlich die Erfüllung häuslicher und betreuerischer Aufgaben; oder denken wir an Talcott Parsons' sehr einflußreiche Vorstellung von der Familie, der zufolge die Frau eine »expressive« (emotionale, fürsorgende) Rolle, der Mann eine »instrumentelle« (rationale, praktische, die Dinge nüchtern abwägende) Rolle spielt, was bedeutet, daß die Frau nur in besonderen Ausnahmefällen einer Vollzeitarbeit nachgehen kann.[169] Die Verfechter der Gleichstellung der Frau haben diesen Gegensatz zwischen Gefühl und bürgerlicher Rationalität häufig unkritisch übernommen und argumentiert, daß die Frauen, die ihre Tauglichkeit als vollwertige (Staats-)Bürgerinnen unter Beweis stellen möchten, den Stoikern folgen und sich von den Gefühlen befreien (oder sie zumindest sehr zügeln) sollten, um im vollen Sinne rational zu sein.[170]

Frauen in Entwicklungsländern werden von solchen »Argumenten« besonders getroffen: Sie befinden sich an der Schnittstelle der traditionellen geschlechtsbezogenen Verunglimpfung der Gefühle und einer kolonialen »Argumentation«, die besagt, daß die Menschen in den Entwicklungsländern generell extrem emotional und zur Selbstverwaltung ungeeignet sind. Die stereotypen Kennzeichnungen der Menschen in Indien oder Afrika als »intuitiv«, »irrational« und »emotional« sind so weit verbreitet, daß sie hier nicht weiter dargestellt werden müssen – und man kann hinzufügen, daß dieses einseitige Bild allzuoft sowohl von vermeintlichen Bewunderern dieser Gesellschaften als auch von ihren Kritikern gezeichnet wird.[171] Das Zusammentreffen von ethnischen wie geschlechtsbedingten Herabsetzungen zeigt sich manchmal explizit, wie beispielsweise in Havelock Ellis' verblüffender Feststellung, daß bei Frauen »wie bei Kindern, Wilden und nervösen Menschen« die Gefühle über den Verstand herrschen.[172]

Wollen wir eine universale Norm für das menschliche Leben und Handeln verteidigen, die Frauen als vollwertige und gleichberechtigte Teilnehmerinnen einschließt, müssen wir solchen Behauptungen entschieden entgegentreten. Dazu müssen wir zuerst den Gegensatz zwischen Gefühl und Verstand untersuchen, der von ihnen unreflektiert vorausgesetzt wird. Dementsprechend werde ich im folgenden zeigen, daß dieser häufig verwendete Gegensatz auf einem inadäquaten philosophischen Verständnis der Gefühle und ihres Verhältnisses zu Überzeugungen und Urteilen beruht; ein adäquateres Verständnis kann vielmehr beweisen, daß Gefühle kein Hindernis für die Ausarbeitung einer universalen Norm darstellen, die Frauen als gleichberechtigte und vollwertige Subjekte einschließt.

Ich werde 1. darlegen, daß das beste philosophische Verständnis der Gefühle diese nicht als rohe irrationale Kräfte begreift, sondern als intelligente und differenzierende Persönlichkeitselemente, die eng mit Wahrnehmung und Urteilsvermögen zusammenhängen; 2. daß man anderen gängigen Einwänden, die zu der Schlußfolgerung geführt haben, Gefühle seien (in einem normativen Sinn) irrational, ebenfalls effektiv entgegentreten kann; 3. daß es keinen einleuchtenden Grund zu der Annahme gibt, Frauen seien ihrer angeborenen »Natur« nach emotionaler als Männer; wenn sich solche Unterschiede dennoch zeigen, sollten sie am besten mit der Sozialisation und der Lebensweise und nicht mit der »Natur« erklärt werden; 4. daß wir vor diesem Hintergrund selbst zu entscheiden haben, welche Formen des Auslebens von Gefühlen im Rahmen einer gesamten Lebensweise fruchtbar und richtig sind, und daß wir allen Menschen ohne Ansehen des Geschlechts die Fähigkeit zu diesen Gefühlen vermitteln sollten.

2. Die Einwände gegen Gefühle

Um den Einwand zu entkräften, daß Gefühle irrational und daher für ein überlegtes Urteilen untauglich sind, muß ich zunächst näher auf diese Einwände eingehen. Denn gegen die Gefühle sind sehr unterschiedliche Einwände erhoben worden, die alle unter dem bequemen Oberbegriff »Irrationalität« zusammengefaßt werden können – und auch wurden. In Wirklichkeit handelt es sich jedoch um sehr unterschiedliche Argumente, die in manchen Fällen auf unvereinbaren Ansichten über Gefühle basieren. Daher muß jede Verteidigung damit beginnen, sie zu entwirren. Ich behaupte nicht, daß meine Aufzählung erschöpfend ist; aber die Einwände, mit denen ich mich hier befasse, gehören zu denjenigen, die meines Erachtens für eine Diskussion über die gesellschaftliche Rolle der Frau am wichtigsten sind.

Zunächst haben wir es mit dem weitverbreiteten Einwand zu tun, Gefühle seien blinde Kräfte, die nichts (oder nicht viel) mit dem Verstand zu tun haben. Sie seien irrationale, unreflektierte Energien, die die Menschen wie Windböen oder Meeresströmungen mit sich fortreißen. Sie drücken demnach weder Reflexion noch Urteilskraft aus und sind der Stimme der Vernunft kaum zugänglich. (Diese Auffassung artikuliert sich manchmal in der Beschreibung von Gefühlen als »animalisch« und als Elemente eines animalischen, nicht wirklich menschlichen Teils unseres Wesens. Häufig ist diese Ansicht mit der Vorstellung verknüpft, Gefühle seien irgendwie »weiblich« und der Verstand »männlich« – wohl deswegen, weil die Frau dem Animalischen und Instinkthaften angeblich näherstehe.) Man erkennt unschwer, daß diese Sicht der Gefühle dazu führt, die Frauen aus dem gesellschaftlichen Leben auszuschließen – ein gutes Urteilsvermögen wird ihnen nicht zugetraut. Denn die gefühlsmäßigen Kräfte scheinen eine Bedrohung für ein gutes Urteilsvermögen darzustellen; und wenn ein Mensch von ihnen beherrscht wird, scheint es äußerst fraglich zu sein, ob er für die Wahrnehmung gesellschaftlicher und politischer Aufgaben geeignet ist. Diese Vorstellung liegt vermutlich den negativen Urteilen von Autoren wie Ellis und anderen gegen die Emotionen argumentierenden Psychologen zugrunde. In der Tat war diese Auffassung eine Zeitlang in der Psychologie vorherrschend, doch meiner Ansicht nach nie in der Philosophie.[173]

Ganz anders wird in den wichtigsten Werken der westlichen philosophischen Tradition gegen die Emotionen argumentiert. Verschiedene Varianten dieser Argumentation finden sich bei Plato, Epikur, Lukrez, bei den griechischen und römischen Stoikern und bei Spinoza.[174] Sie ist auch in der chinesischen und indischen philosophischen Tradition weit verbreitet.[175] Diese Philosophen vertreten eine Auffassung von den Gefühlen, die mit der dem ersten Einwand zugrunde liegenden Interpretation unvereinbar ist. Sie meinen nämlich, daß Gefühle sehr eng mit Urteilen verbunden (oder in manchen Fällen identisch mit ihnen) sind. Folglich ist ein fehlendes Urteilsvermögen nicht ihr Problem. Sie sehen das Problem vielmehr darin, daß die Urteile falsch sind. Sie sind falsch, weil sie außenstehenden Personen und äußeren Ereignissen, die nicht vollständig durch die Tugend oder den rationalen Willen der Person kontrolliert werden können, einen zu großen Wert beimessen. Sie stellen also das Eingeständnis dar, daß der Mensch unvollkommen und verletzbar ist. Angst geht mit dem Gedanken einher, daß in Zukunft schlimme Dinge passieren können und daß man nicht in der Lage ist, sie zu verhindern. Trauer geht mit dem Gedanken einher, daß einem jemand oder etwas genommen wurde, das sehr wichtig war; Zorn mit dem Gedanken, daß jemand anderes etwas stark beschädigt hat, an dem man sehr hängt; Mitleid mit dem Gedanken, daß jemand anderes ohne eigenes Verschulden sehr zu leiden hat; Hoffnung mit dem Gedanken, daß das eigene Wohlergehen in wichtigen Bereichen nicht steuerbar ist.

In all diesen Fällen weisen die Gefühle das menschliche Leben als bedürftig und unvollkommen aus, als etwas, das dem Zufall ausgeliefert ist. Bindungen zu Kindern, Eltern, nahen Angehörigen, Mitbürgern, dem Land – das ist der von den Gefühlen bearbeitete Stoff; und da diese Bindungen jederzeit durch einen Zufall zerstört werden können, machen sie das menschliche Leben verletzbar, denn eine vollständige rationale Kontrolle ist weder möglich noch aufgrund des Wertes dieser Bindungen für die betreffenden Menschen (selbst von deren Standpunkt aus) wünschenswert. Die Gefühle sind also gewissermaßen Öffnungen in den Wänden unseres Ichs.[176] Dieses Verständnis scheint Okonkwos Abwehr von Gefühlen zugrunde zu liegen, seiner Auffassung nämlich, daß ein richtiger Mann hart und nicht sanft zu sein hat.

Aber den genannten Philosophen zufolge – und auch nach Meinung der Durchschnittsmenschen, die sie inspirieren und/oder ihre Anhänger sind – ist dieses Weltbild falsch. Wie Sokrates sagte: Einem guten Menschen kann kein Schaden widerfahren. Die eigene Tugend, das eigene Denken und der eigene Wille sind die einzigen Dinge, die wirklich zählen; und die Tugend und das Denken können durch den Zufall nicht beschädigt werden. Anders ausgedrückt: Der gute Mensch zeichnet sich durch völlige Selbstgenügsamkeit aus.

Diese Auffassung wird mitunter durch die Idee der Stabilität mit einer Variante der ersten Interpretation verbunden. Ein Mensch mit einem guten Urteilsvermögen ist nach Ansicht dieser Philosophen stabil, da er durch den zufälligen Gang der Ereignisse oder durch Veränderungen der Bräuche nicht aus dem Gleichgewicht gebracht werden kann. Menschen jedoch, die von Gefühlen beherrscht werden, verändern sich mit den Schwankungen des Zufalls und sind sowenig verläßlich wie die Welt selbst, weil wichtige Ursachen ihres Wohlergehens außerhalb ihrer Person liegen. Bald hoffnungsvoll, bald in Tränen aufgelöst, bald heiter-gelassen, bald in tiefen Kummer versunken, mangelt es ihnen an der Festigkeit und Unerschütterlichkeit des weisen Menschen, dem es fortwährend eine stille Freude bereitet, unbeirrbar den Weg der Tugend zu gehen. So kann diese zweite Vorstellung teilweise zu den gleichen Charakterisierungen wie die erste und teilweise sogar zur gleichen Assoziierung der Gefühle mit Frauen führen – da Frauen häufig Bindungen zu Kindern und nahen Angehörigen haben, die (dieser Auffassung zufolge aus kontingenten gesellschaftlichen Gründen) intensiver sind als die von Männern. Doch ist es wichtig, darauf hinzuweisen, wie unterschiedlich in beiden Fällen die Gründe für diese Schlußfolgerungen sind. Der ersten Auffassung zufolge sind Gefühle angeboren; der zweiten zufolge werden sie in Verbindung mit Wertvorstellungen erlernt. Gemäß der ersten können sie weder anerzogen noch gänzlich abgeschafft werden; der zweiten zufolge ist beides möglich. Der ersten zufolge sind Gefühle instabil, weil sie ihrer inneren Struktur nach unreflektiert sind; der zweiten zufolge sind sie instabil, weil sie Gedanken sind, die den instabilen äußeren Dingen Bedeutung beimessen.

Wie im folgenden deutlich wird, ziehe ich den Standpunkt des zweiten Kritikers dem des ersten vor, weil er meiner Meinung nach auf einer wesentlich tiefer gehenden und besser fundierten Auffassung von dem Verhältnis zwischen Gefühl und Überzeugung bzw. Urteil beruht. Andererseits sollte bereits klargeworden sein, daß man diese Analyse der Gefühle akzeptieren und dennoch die stoische Schlußfolgerung zurückweisen kann, daß die Gefühle (im normativen Sinn) irrational und daher gänzlich zu vermeiden sind, wenn wir nach rationalem Denken und Urteilen streben. Denn diese Schlußfolgerung beruht auf einer weitverbreiteten und höchst umstrittenen ethischen Auffassung, die besagt, daß der gute Mensch völlig selbstgenügsam sein sollte und daß Bindungen zu geliebten Menschen oder zum eigenen Land und zu anderen unzuverlässigen Dingen außerhalb des eigenen Ichs ohne wirklichen Wert sind. Wie viele Männer in vielen Kulturen vertritt Okonkwo wahrscheinlich einen solchen Standpunkt. Aber man kann ihn anfechten und den Wunsch haben, auf die mit den Gefühlen verbundenen (oder, wie die Stoiker meinten, mit ihnen identischen) Werturteile nicht zu verzichten, die praktische Vernunft auf sie zu gründen und so das wirklich Gute und Wertvolle in einem endlichen menschlichen Leben anzuerkennen.

Ein dritter Einwand ist zwar mit einer gewissen Achtung vor den Gefühlen in bestimmten Bereichen des Privatlebens vereinbar, greift aber ihre Rolle bei der Meinungsbildung im öffentlichen Leben an. (Er ist mit der Analyse der Gefühle des zweiten Kritikers vereinbar, der sie in einen engen Zusammenhang mit Urteilen über den Wert äußerer Gegenstände bringt, und wahrscheinlich nicht vereinbar mit der Behauptung des ersten Kritikers, daß sie bar jeden Gedankens sind.) Gefühle, so dieser dritte Kritiker, beziehen sich hauptsächlich auf die Beziehungen oder Bindungen des Menschen zu ihm nahestehenden konkreten Dingen oder Menschen. Sie betrachten ein Ding nicht abstrakt, als eines von vielen, sondern als etwas Besonderes – und etwas Besonderes ist es wegen seiner Bedeutung für das Leben des betreffenden Menschen. Sie bleiben immer eng an den häuslichen Bereich gebunden und enthalten sozusagen einen Bezug auf die erste Person. So mißt die Liebe einem Menschen großen Wert bei, zu dem man eine sehr enge Beziehung hat; und ihre

Intensität hängt gewöhnlich von dem Vorhandensein einer wirklichen Beziehung zwischen Subjekt und Objekt ab. Trauer entsteht gewöhnlich bei einem Verlust, der einem das Gefühl gibt, in den Grundfesten seines Lebens erschüttert zu werden. Angst ist entweder völlig auf die eigene Person bezogen oder wird um Freunde, die Familie, nahe Angehörige empfunden. Zorn wird durch Kränkungen oder Beschädigungen von etwas hervorgerufen, das einem gehört. In all diesen Fällen scheinen die Gefühle die moralische Vorstellungskraft an Dinge zu heften, die dem Ich nahe sind, in irgendeinem Verhältnis zu ihm stehen. Sie betrachten den Wert oder das Leiden eines Menschen nicht unparteiisch. Sie werden nicht durch ungesehene Leiden, durch Lebensschicksale aktiviert, die sich in großer Entfernung abspielen. Dies wäre vom Standpunkt vieler Moraltheorien aus – einschließlich Utilitarismus, Kantianismus und vergleichbarer Theorien in nicht-westlichen Traditionen[177] – ein guter Grund, sie von einer für das öffentliche Leben gültigen Rationalitätsnorm auszuschließen, auch wenn sie im häuslichen Bereich einen gewissen Wert haben mögen. Ich glaube, dieser Einwand, obwohl er selten klar von den ersten beiden abgegrenzt wird, liegt den Argumentationen zugrunde, die die häusliche Rolle der Frau von ihrer Emotionalität ableiten und behaupten, daß genau die Fähigkeiten, die es den Frauen ermöglichen, diese Rolle gut auszufüllen, verhindern, daß sie ihre Rolle als (Staats-)Bürgerinnen gut auszufüllen vermögen.

In engem Zusammenhang damit steht ein weiterer Einwand: Gefühle sind zu sehr auf einzelne Dinge und Menschen und nicht genügend auf größere gesellschaftliche Einheiten wie beispielsweise Klassen gerichtet. Aus diesem Grund glauben viele Marxisten und andere politische Denker, daß ein von Gefühlen geleitetes Denken völlig untauglich, wenn nicht sogar schädlich für die politische Reflexion ist. (Manchen Versionen zufolge ist dieses Denken zwar in einem gewissen Sinne politisch, aber so sehr dem bürgerlichen Individualismus verhaftet, daß es für das kritische politische Denken ungeeignet ist.) Liebe, so wird behauptet, lenkt die Aufmerksamkeit auf einen einzelnen Menschen und verhindert das unparteiische Nachdenken über kollektive Aktionen: Auch Trauer ist eine Form des Sich-Gehenlassens. In Doris Lessings Buch *Das Goldene Notizbuch* wird der Heldin, einer marxistischen Schriftstellerin, dieser Vorwurf von ihren politischen Verbündeten in der kommunistischen Partei gemacht: Sie behaupten, ihre emotionale Art, die Dinge zu sehen (die sie sowohl mit ihrem Frausein als auch mit ihrem literarischen Beruf in Verbindung bringen), verrate noch eine gewisse Bindung an die bürgerliche Welt und sei mit ihrer politischen Einstellung unvereinbar.[178] Eine Umkehrung dieses Einwands besagt, daß Gefühle im privaten ethischen Bereich nützlich sein mögen, solange sie auf diesen beschränkt bleiben. Der orthodoxen marxistischen Version zufolge, die keinen von der Politik losgelösten ethischen Bereich anerkennt, sind sie gänzlich wertlos.

Ein fünftes und letztes Gegenargument bezieht sich nicht auf die Gefühle insgesamt, sondern in erster Linie auf die erotische und romantische Liebe. Denn einige Moralauffassungen, die solchen Gefühlen wie Angst, Mitleid, Hoffnung, brüderliche Liebe und sogar Zorn eine positive Rolle zuschreiben und meinen, daß sie in den Überlegungen eines idealtypischen rationalen und verständnisvollen Richters durchaus ihren Platz haben, stehen der romantischen Liebe besonders skeptisch gegenüber. Während die anderen Gefühle ausbalanciert und gezügelt werden müssen, aber zu den moralischen Grundsätzen einer Gesellschaft gehören und sogar gepflegt werden sollten, wird die romantische Liebe und das mit ihr eng verbundene erotische Verlangen als etwas betrachtet, das den öffentlichen Bereich untergräbt. Dieser Einwand wird meines Erachtens sehr nachdrücklich in Adam Smith' Buch *The Theory of Moral Sentiments* vorgetragen – ein Werk, das die Gefühle insgesamt als wesentliche Bestandteile eines rationalen Denkens und Urteilens verteidigt.[179]

Smith' Einwand lautet, daß die Liebe etwas Verborgenes und Geheimnisvolles hat, etwas, das sich gesellschaftlich nicht ergründen läßt und den Liebenden davon abhält, am gesellschaftlichen Leben teilzunehmen. Liebe beruht weitgehend auf einer starken und nicht vollständig steuerbaren Reaktion auf moralisch irrelevante Besonderheiten; daher kann sie einem anderen gegenüber weder erklärt noch gerechtfertigt werden, kann nicht Teil des Austauschs von Gründen werden, der das Wesen der Rationalität im öffentlichen Raum ausmacht. Ein Mensch, dem unrecht geschehen ist, so bemerkt Adam Smith, kann einem Freund die Art des Unrechts erklären und vernünftigerweise erwarten, daß der Freund seinen Zorn sowohl versteht als auch teilt. Aber ein Mensch, der liebt, kann nicht vollständig erklären, warum er sich zu diesem Zeitpunkt und auf diese Art und Weise in diesen Menschen verliebt hat. Und er kann und würde einen Freund nicht bitten, dieses Gefühl zu teilen. Zugleich fordert die Liebe die Liebenden auf, den Blick vom größeren gesellschaftlichen Geschehen abzuwenden. Sie verlangt eine Ausschließlichkeit, die die Ansprüche des geliebten Menschen nicht gegen andere Ansprüche abwägt, und verhindert häufig die gebührende Berücksichtigung dieser anderen Ansprüche. Kurz: Die Welt der Liebe ist eine Welt des Geheimnisses und der Privatheit, in der die Liebenden nicht mit den Augen sehen und gesehen werden, mit denen normalerweise gesellschaftliche und politische Belange gesehen werden. Somit erweist sie sich für das gesellschaftliche Denken nicht nur als irrelevant, sondern als ausgesprochen schädlich. (Dieser Einwand ist unabhängig von der nicht-kognitiven Auffassung der Gefühle, die für den ersten Einwand kennzeichnend ist, denn Smith' Auffassung von den Leidenschaften ist stark kognitiv geprägt.)

Man kann sich fragen, warum der Einwand gegen die Liebe mit einer Kritik an der angeblichen Irrationalität der Frau verbunden wird, wie es häufig geschehen ist. Denn sicherlich verlieben sich nicht nur Frauen, und nicht nur Frauen empfinden erotisches Verlangen. Gleichwohl ist dieser Einwand sowohl in nicht-westlichen als auch in westlichen Traditionen stark geschlechtsbezogen, da Männer als vernünftige Wesen geschildert werden, die über alledem stehen sollten und gewöhnlich auch stehen; Frauen sind gefährliche Verführerinnen, die ihrer Natur nach in der Welt der Leidenschaft und Passivität zu Hause sind und die unglücklichen Männer – bzw. ihre Rationalität – ins Verderben locken.[180]

Sollte es uns gelingen, auf alle diese Einwände eine gute Antwort zu geben und so die Behauptung zu verteidigen, daß Gefühle ein wertvoller Bestandteil der »Fähigkeiten« des guten Menschen und (Staats-)Bürgers sind, werden wir einen weiteren Einwand zu hören bekommen, der sich auf die Notwendigkeit von Emotionen im öffentlichen Leben bezieht. Nehmen wir also an, daß das vollkommenste Denken sowohl im privaten als auch im gesellschaftlichen Bereich Emotionen beinhaltet. Da aber das Hervorbringen von emotional ausgeglichenen Menschen eine schwierige Aufgabe ist, die es erforderlich macht, die menschliche Entwicklung von Männern und Frauen von frühester Kindheit an radikal umzustrukturieren, stellt sich die Frage, welche Priorität die Politik dieser Aufgabe einräumen sollte. Das politische Desaster scheint vorprogrammiert, wenn man fordert, dieses Ziel müsse vor der Umgestaltung der politischen Institutionen erreicht sein. Die Politik kann nicht warten, bis sich die Menschen innerlich vervollkommnet haben: Sie muß die Institutionen so gestalten, daß sie vernünftige Ergebnisse hervorbringen, auch wenn die Menschen noch nicht zu einem guten Urteilen und Handeln fähig sind. Dazu befähigt uns die ökonomische Analyse, und darum ist sie so wichtig. Bei einem Entwicklungshilfeprojekt das Hauptgewicht auf die Emotionen zu legen bedeutet folglich, sich in müßigen utopischen Gedankenspielen zu verlieren, anstatt die drängendsten Probleme anzupacken.

Jeder dieser Einwände ist ernst zu nehmen. Wenn ich auf alle eine abschließende Antwort geben wollte, müßte ich eine umfassende Theorie der Gefühle formulieren und verteidigen. Dies ist hier nicht zu leisten – zumal ich dies an anderer Stelle unternommen habe.[181] Ich möchte statt dessen plausible Antworten auf die sechs Einwände umreißen, wobei ich häufig die griechischen und römischen philosophischen Traditionen heranziehen werde, in denen die kognitive Auffassung von den Gefühlen meiner Ansicht nach eine besondere Würdigung erfährt. Ich bin überzeugt, daß diese Theorien über die Gefühle starke Parallelen sowohl in den klassischen indischen als auch in den klassischen chinesischen Theorien sowie in zahlreichen nicht-theoretischen intuitiven Auffassungen von den Gefühlen in vielen Teilen der Welt haben. Dies ist nicht verwunderlich, wenn die Auffassung richtig ist.[182] Ich hoffe daher, man wird mir verzeihen, daß ich mich auf solches philosophische Material konzentriere, das ich am besten kenne, und mich dabei mit einigen Hinweisen auf die nicht-westlichen Parallelen begnüge.

3. Antworten auf die Einwände

3.1 Gefühle als blinde animalische Kräfte

Der erste Kritiker behauptet, Gefühle seien im normativen Sinne irrational, das heißt schlechte Entscheidungshilfen, weil sie auch nicht im weitesten deskriptiven Sinne etwas mit Vernunft und Verstand zu tun haben – sie stellen blinde Impulse dar, die weder eine Wahrnehmung ihres Gegenstandes beinhalten noch auf irgendwelchen Überzeugungen beruhen. Ich glaube, es lohnt kaum, sich mit dieser Position zu befassen, zumal sie nie von angesehenen Philosophen unterstützt wurde, die einen großen Teil ihrer wichtigsten Arbeiten den Gefühlen gewidmet haben – einschließlich vieler, die aus anderen Gründen eine intensive Abneigung gegen Gefühle haben. Und mittlerweile ist sie selbst dort diskreditiert, wo sie einmal populär war – z.B. in der kognitiven Psychologie und in der Anthropologie. Aber sie hat noch Einfluß auf das informelle Nachdenken und Sprechen über Gefühle, wobei die richtige Feststellung, daß Gefühle nicht in dem enthalten sind, was Mr. Gradgrind unter »Vernunft« versteht, nur allzuoft für die Schlußfolgerung herhalten muß, daß sie in keiner Weise etwas mit Urteils- oder Erkenntnisfähigkeit zu tun haben.[183] Daher sollte etwas darüber gesagt werden, wie es zu der weitverbreiteten Einsicht kam, daß dies ein unhaltbarer Standpunkt ist.

So unterschiedliche Philosophen wie Plato, Aristoteles, die griechischen und römischen Stoiker und Epikuräer, Spinoza und Adam Smith[184] erachteten es für sehr wichtig, Gefühle wie Trauer, Liebe, Angst, Mitleid, Zorn und Hoffnung von körperlichen Bedürfnissen und Trieben wie Hunger und Durst zu unterscheiden, und das aus zwei Gründen. Erstens sind die Gefühle auf einen Gegenstand gerichtet, und eine Gefühlsbewegung impliziert eine intentionale Betrachtung dieses Gegenstandes. Das heißt, er stellt sich dem Gefühl so dar, wie er der Person erscheint bzw. wie er von der Person wahrgenommen wird, die das Gefühl erlebt. Mein Zorn ist nicht einfach ein Impuls, der mein Blut in Wallung bringt: Er ist auf jemanden gerichtet, auf eine Person, die ich als jemanden sehe, der mir Unrecht getan hat. Die Art und Weise, wie ich diese Person sehe, ist ein intrinsischer Bestandteil meines Gefühls und der Art, wie es in Aktion tritt. (Warum bewegt mich die Aufwallung meines Blutes in dieser Weise und nicht in einer anderen?) Dankbarkeit beinhaltet eine entgegengesetzte Auffassung von dem Verhältnis einer anderen Person zu dem, was mir gehört; will man Zorn von Dankbarkeit unterscheiden, muß man diese beiden entgegengesetzten Wahrnehmungen beschreiben. Liebe ist in einem relevanten Sinne nicht blind: Sie nimmt ihren Gegenstand als mit einer besonderen Bedeutung und einem besonderen Zauber ausgestattet wahr. Es sei noch einmal gesagt: Diese Art der Wahrnehmung eines Gegenstandes ist wesentlich für die Art des Gefühls. Haß unterscheidet sich von Liebe durch nichts so sehr wie durch die entgegengesetzte Art seiner Wahrnehmungen. Die Gefühle sind einander entgegengesetzt, aber nicht blind: Sie unterscheiden sich voneinander durch die für sie zentrale Wahrnehmung – Angst kämpft mit Hoffnung, Zorn mit Dankbarkeit, Liebe gegen Panik. Kurz, was immer die Gefühle sonst noch sein mögen, sie sind zumindest teilweise eine Form der Wahrnehmung. Und wenn man diesen intentionalen Inhalt nicht berücksichtigt, kann man nicht verstehen, wie sie beim Handeln die Rolle spielen können, die sie eindeutig spielen.

Zweitens möchte ich darauf hinweisen, daß Gefühle auch eng mit bestimmten Überzeugungen in bezug auf ihren Gegenstand verbunden sind. Die von mir erwähnte philosophische Tradition hat keine einhellige Auffassung von dem genauen Verhältnis zwischen Gefühl und Überzeugung; manche vertreten die Meinung, daß die relevanten Überzeugungen notwendige Bedingungen für Gefühle sind, manche, daß sie sowohl notwendige als auch hinreichende Bedingungen sind, manche, daß sie konstitutive Bestandteile der Gefühle sind, manche, daß das Gefühl nur eine bestimmte Art von Überzeugung oder Urteil ist. Beginnen wir also mit der schwächsten Auffassung, über die sich alle einig sind: der Ansicht, daß Gefühle so sehr an bestimmte Überzeugungen gebunden sind, daß sie ohne diese gar nicht entstehen können. Was veranlaßt Philosophen, diese Auffassung zu akzeptieren? Nehmen wir noch einmal das Beispiel des Zorns.[185] Zorn, so sagen sie, scheint die Überzeugung vorauszusetzen, daß ich oder etwas oder jemand, der mir wichtig ist, durch das bewußte Handeln einer anderen Person geschädigt wurde. Wenn ein wesentlicher Aspekt dieser komplexen Überzeugung mir nicht mehr zutreffend erscheint – wenn ich meine Ansicht über die Person ändere, die das Unrecht begangen hat, oder darüber, ob es eine bewußte Handlung war, oder ob das, was geschehen ist, wirklich ein Unrecht war –, kann ich erwarten, daß sich mein Zorn legt oder daß er in eine andere Richtung gelenkt wird. Wenn ich zum Beispiel entdecke, daß B und nicht (wie ich geglaubt hatte) A der Mörder meines Kindes ist, werde ich meinen Zorn von A auf B übertragen. Wenn ich glaube, daß C mich hinter meinem Rücken beleidigt hat, und dann entdecke, daß es diese Beleidigung nie gegeben hat, kann ich erwarten, daß mein Zorn verraucht. Auch wenn noch ein Rest Aufregung und Irritation zurückbleibt, wäre es nicht richtig, dies Zorn zu nennen. Wenn ich auf D zornig bin, weil sie meinen Namen vergessen hat (dieses Beispiel führt Aristoteles tatsächlich in der *Rhetorik* an), und dann zu der (tiefen und aufrichtigen) Überzeugung gelange, daß das Vergessen eines Namens keine Kränkung darstellt, kann ich erwarten, daß sich mein Zorn legt. Zorn setzt mithin bestimmte Überzeugungen voraus, um überhaupt zu entstehen; und er kann verändert oder sogar ausgeräumt werden, wenn sich die Überzeugung ändert.

Das gleiche kann von anderen wichtigen Gefühlen wie Trauer, Angst, Mitleid, Liebe und Dankbarkeit gesagt werden. Angst setzt die Überzeugung voraus, daß mir in Zukunft große Schäden zugefügt werden können und daß es nicht in meiner Macht steht, dies zu verhindern. Ich habe keine Angst, wenn ich glaube, die Dinge unter Kontrolle zu haben: So habe ich keine Angst, plötzlich Lügen zu erzählen oder das Zimmer zu verwüsten, wenn ich glaube, nicht der Mensch zu sein, der sich in bezug auf solche Handlungen nicht unter Kontrolle hat. Auch habe ich vor Dingen keine Angst, die ich für banal halte: Ich habe keine Angst, eine Kaffeetasse zu verlieren.[186] Bin ich also überzeugt, daß kein wirklicher Schaden eintreten kann, habe ich keine Angst. Wenn ich noch etwas durcheinander bin, wäre es richtig, dies Aufregung oder Beunruhigung, aber nicht Angst zu nennen. Mitleid erfordert die Überzeugung, daß ein anderer Mensch ohne eigenes Verschulden zu leiden hat; es ist die auf einen anderen gerichtete Analogie zur Angst.[187] Und so weiter. Überzeugungen können sehr tief in der Psyche des Menschen verankert sein; man kann folglich nicht erwarten, daß sie schon durch ein einziges Argument aufgehoben werden können. Manche können sogar im Unterbewußtsein ruhen.[188] Daß es trotzdem Überzeugungen sind, können wir erkennen, wenn es uns gelingt, sie an die Oberfläche zu holen. Und ohne diese Überzeugungen können keine Gefühle entstehen.

Dies ist, wie schon gesagt, die schwächste Position. Die meisten antiken griechischen und römischen Denker gehen weiter. Der nächste einleuchtende Schritt besteht darin, die fraglichen Überzeugungen als konstitutive Bestandteile der Gefühle zu betrachten, als einen Teil dessen, was deren Wesen ausmacht und sie von anderen Gefühlen unterscheidet. Denn es erscheint wenig einleuchtend, daß wir so komplexe Gefühle wie Zorn,

Angst und Mitleid nur dadurch identifizieren können, daß wir uns auf die mit ihnen verbundene Befindlichkeit beziehen. Um festzustellen, ob ein bestimmter Schmerz Angst oder Trauer ist, müssen wir die mit dem Schmerz verbundenen Überzeugungen untersuchen. Um festzustellen, ob ein bestimmtes angenehmes Glücksgefühl Liebe oder Dankbarkeit genannt werden soll, müssen wir nicht nur die Färbung dieses Gefühls, sondern auch die mit ihm verbundenen Überzeugungen untersuchen. So sprechen die meisten antiken griechischen und römischen Definitionen der Gefühle (ebenso wie viele neuzeitliche westliche Definitionen – hier ist natürlich vor allem Spinoza zu nennen) sowohl von Befindlichkeiten als auch von Überzeugungen und betrachten sie nicht nur als Ursachen, sondern auch als konstitutive Merkmale der vielschichtigen Gemütsbewegungen.

Überdies nehmen viele Denker an, daß die von uns erwähnten Überzeugungen gewöhnlich ausreichen, um Gefühle entstehen zu lassen. Wenn es mir wirklich gelingen sollte, dich glauben zu machen, daß B dich hinter deinem Rücken beleidigt hat, wird dies ausreichen, um dich gegen B aufzubringen; ich brauche deine Empörung nicht anzustacheln. Welche Empörung auch immer vorhanden sein mag, sie bezieht sich auf die Beleidigung und wird durch das Wissen um die Beleidigung ausgelöst. Will ich die Athener gegen die Spartaner aufbringen, brauche ich sie nur davon zu überzeugen, daß sie von den Spartanern bewußt beleidigt, gekränkt, verlacht, verletzt wurden. Ein großer Teil der antiken Rhetoriklehre beruht auf dieser Beobachtung; und der modernen politischen Rede ist sie auch nicht fremd. Als George Bush der amerikanischen Öffentlichkeit angst vor einem Präsidenten Dukakis machen wollte, mußte er sie nicht massiv bearbeiten oder ihr Eiswasser in die Adern spritzen. Er mußte sie nur glauben machen, daß ein Präsident Dukakis große Gefahren für sie bedeuten würde, denen sie hilflos ausgeliefert wäre: Willie Hortons würden frei auf den Straßen einer jeden Stadt herumlaufen und Jagd auf ihre unschuldigen Familien machen. Okonkwos Überzeugung, daß das Nicht-Töten von Ikemefuna ein Beweis für seine weibische Weichheit sei, reicht aus, um ihn mit Angst zu erfüllen; sein Gefühl, daß sein eigenes Ansehen in der Gemeinschaft durch die Sanftheit seines Vaters beschädigt wird, reicht aus, um ihn mit Wut zu erfüllen, und so weiter. Diese Position ist durchaus mit der Auffassung vereinbar, daß die Gefühle noch andere, nicht-kognitive Komponenten haben (wie Stimmungen oder wechselnde körperliche Verfassungen): Aber sie behauptet, daß die relevanten Überzeugungen hinreichende Ursachen für diese anderen Komponenten sind.

Der größte stoische Denker, Chrysippos, ging noch einen Schritt weiter und vertrat den Standpunkt, Gefühle seien schlicht und einfach mit Überzeugungen oder Urteilen identisch. Sein Standpunkt ist nicht leicht zu verstehen, da sein Urteilsbegriff wesentlich dynamischer ist als die meisten neuzeitlichen Begriffe. Er meint, zwei Schritte seien erforderlich, um zu dem Urteil zu gelangen, daß p der Fall ist: Der erste besteht darin, sich die »Erscheinung« von p sozusagen vor Augen zu führen. Dann kann man drei Dinge tun: Man kann sie zurückweisen und sich sagen »so liegen die Dinge eigentlich nicht«. Man kann sich eines Urteils enthalten und sie weder akzeptieren noch zurückweisen. Und schließlich kann man sie akzeptieren oder ihr zustimmen, sie annehmen und davon ausgehen, daß die Dinge wirklich so liegen. Seiner Ansicht nach bedeutet dieser Akt der Zustimmung zu einer bestimmten Annahme über die Welt, ein Gefühl zu erleben. Trauer bedeutet beispielsweise nur, die Tatsache zu akzeptieren, daß etwa der wichtigste Mensch in meinem Leben tot ist und nie zurückkehren wird. Dieses Zustimmen oder Annehmen geschieht nicht auf eine ruhige und passive Weise: Der Verstand selbst drängt (widerwillig oder bereitwillig, besonnen oder unbesonnen) darauf, den relevanten Sachverhalt anzunehmen. Und diese Akte haben auch eine affektive Seite: die Tatsache zu akzeptieren, daß der von mir geliebte Mensch gestorben ist, ist etwas, das meine ganze Existenz erfaßt – es ist so, als würde das Messer der Welt in mein Inneres gestoßen. Nur eine solche Deutung kann Chrysippos zufolge der der Trauer innewohnenden Urteilskraft und ihrer objektgerichteten Intentionalität gerecht werden. Gefühle sind keine irrationalen Aufwallungen und Triebkräfte, sondern Weisen, die Welt zu sehen. Sie haben ihren Platz im Kern des eigenen Wesens und bilden den Teil, mit dem man sich die Welt begreiflich macht.

Dies ist meiner Ansicht nach eine überzeugende Analyse; und ich habe mich an anderer Stelle ausführlicher mit ihr befaßt. (Man könnte sagen, daß diese Position Okonkwos Angst am besten erklärt, denn sie wird als etwas geschildert, das »tief in ihm« sitzt und seinen Interpretationen der Welt zugrunde liegt.)

Man braucht diese Auffassung nicht zu akzeptieren, um den einfachen Gegensatz zwischen Gefühl und Verstand zurückzuweisen; jede der schwächeren Varianten dieser kognitiven Position ermöglicht dies ebenfalls. Aber es ist wahrscheinlich diese Position, die die stärksten philosophischen Argumente auf ihrer Seite hat; und sie nimmt in der Philosophiegeschichte des Westens sicher auch einen herausragenden Platz ein, wurde sie doch von Chrysippos, Seneca und – viel später – von Spinoza vertreten.[189]

Diese kognitiven Auffassungen lassen noch viel Raum für die Behauptung, daß manche (oder vielleicht alle) Gefühle im normativen Sinne irrational sind. Denn die Gefühle müssen bewertet werden, indem die relevanten Überzeugungen bzw. Urteile bewertet werden. Diese können entweder wahr oder falsch sein; und sie können entweder rational oder irrational sein. (Dies sind zwei unabhängige Bewertungsdimensionen: Eine Überzeugung kann falsch, aber rational sein, wenn ich sie auf der Grundlage guter Anhaltspunkte gebildet habe, die dennoch unrichtig waren; sie kann auch – und das ist häufiger der Fall – richtig, aber irrational sein, wenn ich sie übereilt und unkritisch gebildet habe, sie aber zufällig zutrifft.) Aber in keinem Fall sind Gefühle in dem Sinne irrational, daß sie völlig vom Erkennen und Urteilen abgeschnitten sind; und daher gibt es ebensowenig Grund, sie für ungeeignet zu halten, etwas zur Meinungsbildung beizutragen – nur weil sie falsch sein können –, wie es Grund gibt, alle Überzeugungen von der Meinungsbildung auszuschließen, nur weil sie falsch sein können.

3.2 Gefühle als Eingeständnis von Bedürftigkeit

Wir müssen uns jetzt dem zweiten Kritiker zuwenden. Denn bei meiner Antwort auf den ersten Kritiker habe ich mir dessen Auffassung von den Gefühlen zu eigen gemacht, indem ich ihnen sowohl eine objektgerichtete Intentionalität als auch eine enge Verknüpfung mit Überzeugungen unterstellt habe. Nach Meinung dieses Kritikers sind die Gefühle mit ganz bestimmten Überzeugungen verbunden: mit Überzeugungen nämlich, die Dingen und Menschen außerhalb des eigenen Ichs einen großen Wert bzw. eine große Bedeutung beimessen. Diese Bewertungen bedeuten, seine eigene Bedürftigkeit einzugestehen und die Tatsache anzuerkennen, daß man sich nicht selbst genügt. Und jetzt können wir Genaueres über die kognitive Dimension der Gefühle sagen: Sie befähigen den Menschen, eine bestimmte Art von Wert oder Wichtigkeit wahrzunehmen. Und daher sind Gefühle (für diejenigen, die solchen Dingen einen Wert beimessen) ein notwendiger Bestandteil einer umfassenden ethischen Sichtweise.

Aber ist diese Anerkennung von Bedürftigkeit und Unvollständigkeit gut? Der Kritiker hält die Überzeugung, daß man tiefgehende Bedürfnisse gegenüber der Welt hat, für generell falsch: Was man wirklich braucht, kommt aus dem eigenen Ich und der eigenen Tugend. Diese falsche Überzeugung sei zudem sozial schädlich, untergrabe das Vertrauen und beraube das Handeln seiner Wirksamkeit und Stabilität. Man könne sich ihrer entledigen: Ein Leben ohne sie sei ein befriedigenderes und stabileres ethisches Leben als eines, in dem sie eine Rolle spielt.

So haben die griechischen und römischen Stoiker eine radikal andere Weltsicht und Vorstellung von dem entwickelt, was in der Welt wichtig ist, wobei sie insbesondere ihren jungen Schülern andere kulturelle Inhalte vermitteln wollen. Denn sie sind (mit Plato) der Ansicht, daß der größte Teil der einflußreichen Literatur den Ereignissen, die endlichen und verwundbaren Menschen widerfahren, große Bedeutung beimißt und die Leser an deren Glück oder Unglück teilhaben läßt. Diese Literatur zeigt, daß ein Held wie Achilles sich um den Tod von Patroklos grämt, sich im Staub wälzt und laut schreit, anstatt zu erkennen, daß solche Dinge nicht wirklich wichtig sind.[190] Stattdessen sollten wir Paradigmen exemplarischer Selbstgenügsamkeit und Distanz haben: zum Beispiel die von Cicero erzählte Geschichte von einem Vater, der bei der Nachricht vom Tod seines Sohnes ruhig sagt: »Ich war mir bewußt, daß ich einen Sterblichen gezeugt hatte.«[191] Für diese Tradition steht beispielhaft Sokrates, der gleichsam das Gegenteil der Tragödie verkörpert. So schreibt Epiktet über das Ziel eines Menschen:

> »Denn der Endzweck deiner Reise sollte nichts anderes sein, als daß du darauf studierest, wie du dein Leben von Klage und Jammergeschrei, von Wehe mir! und Daß Gott erbarme, von Mißgeschick und Unglück befreien mögest; daß du lernest, was Tod, was Verbannung, was Kerker, was Krankheit, was Gift sei, auf daß du im Gefängnis sagen könntest: ›Wenn es so der Götter Wille ist, lieber Kriton, so geschehe es!‹ Daß man nicht von dir höre: ›Ich unglückseliger alter Mann! habe ich

darum müssen grau werden, damit ich ein solches Schicksal erlebe?‹ – Wer sagt so? – Meint ihr, ich werde euch einen gemeinen Mann von niedrigem Stand nennen? Sagt es nicht Priamus? Sagt es nicht Ödipus? Ja, wie viele Könige führen eine solche Sprache! Denn was sind Tragödien anders als versifizierte Leidenschaften von Leuten, die die Außendinge anstaunen.« (Unterredungen, I.4. 23-30)

Dies ist eine gewichtige Auffassung vom ethischen Leben: Erstens, weil sie auf einer tiefgehenden Vorstellung von den Gefühlen basiert, die ich für mehr oder weniger richtig halte und die in den Erfahrungen der Menschen in vielen verschiedenen Kulturen tief verankert ist. Gewichtig auch deswegen, weil sie tiefgreifende Fragen aufwirft: Wie sollte ein gutes menschliches Leben beschaffen sein, und welche Formen von Verwundbarkeit sind mit der Beständigkeit vereinbar, die das ethische und das politische Leben erfordern? Diese Fragen lassen sich kaum durch ein hastiges Überbordwerfen der Tradition oder durch den Vorwurf beantworten, daß es sich hier lediglich um die Institutionalisierung eines unreflektierten männlichen Vorurteils gegenüber Gefühlen handelt. Denn wenn man die römischen Stoiker liest, wird ganz deutlich, daß es ihnen um die Würde eines jeden Menschen ging: um die Fähigkeit der Frauen, vollständige Freiheit zu erlangen, und um das drängende Problem, die Männer von der zwanghaften Jagd nach Reichtum und Ehre abzubringen, die die Politik zu Neros Zeit [nach allen normativen Maßstäben] irrational machte.) Und schließlich ist diese Auffassung deswegen bedeutsam, weil sie, wie jedes tiefgründige und scharfsinnige philosophische Denken, dem Leser ihre eigene argumentative Struktur offenbart und ihm damit Anhaltspunkte für eine Auseinandersetzung mit ihr gibt. Sie zeigt insbesondere sowohl den Freunden als auch den Gegnern der Gefühle, daß die radikalen gegen die Gefühle gerichteten Schlußfolgerungen auf höchst umstrittenen normativen Prämissen von Selbstgenügsamkeit und Distanz beruhen. Beginnen wir zumindest, diese Prämissen in Frage zu stellen.

In dem Beitrag »Menschliche Fähigkeiten, weibliche Menschen« habe ich die zentralen Elemente eines menschlichen Lebens umrissen und – wie ich glaube, überzeugend – dargelegt, daß ich sie von Intuitionen ableite, die zahlreiche Menschen an vielen verschiedenen Orten und zu vielen verschiedenen Zeiten teilen. Die Liste enthielt Fähigkeiten und Bedürfnisse und zeigte, wie diese sich auf komplizierte Weise wechselseitig prägen. Jetzt können wir erkennen, worum es den Stoikern geht: Sie wollen das menschliche Leben neu entwerfen, indem sie sich ganz auf Fähigkeiten konzentrieren und Bedürfnisse weitgehend ausblenden. Meiner Ansicht nach wollen sie dem Menschen das Leben eines Gottes und nicht das Leben eines Menschen geben. Sie behaupten, dies ändere nichts am sozialen Zusammenhalt und an der ethischen Tugend. Aber hier sind Zweifel angebracht.

Nehmen wir das Mitgefühl (Mitleid).[192] Mitgefühl erfordert, wie Aristoteles vor langer Zeit dargelegt hat, die Überzeugung, daß ein anderer Mensch ohne eigenes Verschulden leidet. Die mitfühlende Person muß außerdem annehmen, daß dieses Leiden beträchtlich ist. Und schließlich muß sie an die Möglichkeit glauben, daß sie prinzipiell in die gleiche Lage wie der leidende Mensch kommen kann. Diese Anerkennung der eigenen Verletzbarkeit wird traditionell und durchaus einleuchtend mit der Wohltätigkeit und einer großmütigen Einstellung gegenüber dem Feind in Verbindung gebracht; die Verweigerung von Mitleid, wie bei Dickens' Bitzer oder wie bei Okonkwo, der sich anschickt, die Machete zu gebrauchen, verbindet man mit einer harten und überheblichen Gemütsverfassung.

Die Grundlage des Mitgefühls und seiner sozialen Rolle ist die Überzeugung, daß viele Formen von Unglück – der Verlust von Kindern und anderen nahen Angehörigen, das Elend des Krieges, der Verlust von politischen Rechten, Krankheit und körperliche Gebrechen, die Aussicht auf den eigenen Tod – sehr ernst zu nehmen sind. Um das Mitgefühl (und die anderen, eng mit ihm verbundenen Gefühle) aus dem menschlichen Leben zu verbannen, müssen die Stoiker diese fundamentale Überzeugung abschaffen. Aber dann müssen wir fragen, wie sie ihrem guten Menschen gegenüber begründen, daß er an den schlimmen Dingen Anteil nehmen soll, die anderen widerfahren; wie sie ihm gegenüber begründen, daß er sich für soziale Gerechtigkeit und Wohltätigkeit einsetzen und Risiken auf sich nehmen soll.

Philosophischen Positionen, die auf der Idee der Selbstgenügsamkeit basieren, ist es immer schwergefallen, zu erklären, warum Wohltätigkeit wichtig ist. Kein bedeutender Denker dieser Richtungen ist bereit, ihr Bedeutsamkeit abzusprechen: Und dennoch scheint es für Sokrates, die Stoiker, Spinoza und Kant schwierig zu sein, angesichts der angeblichen moralischen Irrelevanz der äußeren Güter die Selbstgenügsamkeit des tugendhaften Willens widerspruchsfrei zu begründen. Die Ablehnung des Mitleids, die für alle diese Philosophen kennzeichnend ist, läßt nur sehr wenige Motive für Handlungen übrig, die üblicherweise durch Mitleid hervorgerufen werden; und wenn sie aus sehr andersartigen Motiven resultieren, beispielsweise aus dem ergebenen Gehorsam gegenüber Zeus' Willen, ist nicht klar, ob sie denselben moralischen Stellenwert haben. Dieses Problem stellt sich besonders für die römischen Stoiker. Denn um den Mitgliedern der Gesellschaft ihre Auffassung plausibel zu machen, müssen sie zeigen, daß sie Raum für die Verteidigung der Familie und des Landes, für tugendhaftes Handeln und Risikobereitschaft zugunsten anderer und für Wohltätigkeit bei der Verteilung der materiellen Güter läßt. Diesen Erfordernissen versucht Seneca wiederholt gerecht zu werden – mit sehr gemischten Ergebnissen.

Die moralische Auffassung von den Gefühlen dagegen, die von der Idee der Verletzbarkeit des menschlichen Lebens und der Bedeutung bestimmter »äußerer Güter« ausgeht, ist frei von diesem Problem. Hier besteht die natürliche Reaktion auf die Not eines anderen Menschen, der einem selbst ähnlich ist, in der Beseitigung dieser Not; denn man ist vom Ernst der Notlage überzeugt und davon, daß die Welt von schwachen Geschöpfen bevölkert ist, die nur dann überleben und gedeihlich leben können, wenn sie einander helfen. Man ist überzeugt, selbst ein solches Geschöpf zu sein. Rousseau bemerkt sehr klug, daß das Fehlen dieser Überzeugung zu sozialer Gefühllosigkeit und Grausamkeit führt:

> »Warum sind die Könige meist ohne Mitleid für ihre Untertanen? Darum, weil sie damit rechnen, niemals einfache Menschen zu sein. Warum sind die Reichen hart gegen die Armen? Darum, weil sie nicht befürchten, arm zu werden. Warum hegt der Adel eine so große Verachtung für das Volk? Darum, weil ein Edelmann niemals ein Bürgerlicher sein wird. [...] Die Schwachheit des Menschen macht ihn gesellig; unser gemeinschaftliches Elend bewegt unsere Herzen zur Menschlichkeit; wir würden ihr nichts schuldig sein, wenn wir keine Menschen wären. Jede Zuneigung ist ein Zeichen dafür, daß wir uns nicht selbst genug sind [...]. So entspringt selbst aus unserer Schwachheit unser zerbrechliches Glück.« (*Emile*, Buch IV, S. 270 ff.)

Wie wir wissen, geht der Utilitarismus von der Existenz des gemeinsamen Leidens aus und wird in seiner besten Version durch den Wunsch motiviert, das Leiden zu mildern. Dies teilt er zum Beispiel mit der buddhistischen und hinduistischen Tradition, in der das Mitgefühl mit dem Leidenden eine zentrale soziale Motivation ist. Daher läßt sich eine sehr ernst zu nehmende interne Kritik am Utilitarismus üben, wenn man zeigen kann, daß die Denkweisen, die er als »rational« bezeichnet, der vollen Anerkennung des Leidens und der Entwicklung von Mitgefühl mit den Mitmenschen entgegenstehen.

Kurz, wenn wir die stoische Tradition in der Frage der Selbstgenügsamkeit zurückweisen, müssen wir konsequenterweise auch die Argumente zurückweisen, die sie gegen die Gefühle vorbringt – sie stehen und fallen miteinander. Die Auseinandersetzung mit den Stoikern ist noch nicht beendet; und dennoch haben wir gute Gründe, mit ihrer Position unzufrieden zu sein und sie nicht als Grundlage für die gesellschaftliche Moral zu akzeptieren. Wenn wir allerdings ihre Annahmen über den Wert äußerer Güter ablehnen, haben wir keinen guten Grund, die Gefühle abzulehnen: Wir müssen einräumen, daß sie in vielen wichtigen Fällen sowohl richtig als auch rational und eine gute Richtschnur für unsere Überlegungen sind.

Und noch mehr scheint daraus zu folgen. Stimmt man mit der stoischen Tradition darin überein, daß bestimmte Überzeugungen hinsichtlich der Bedeutung äußerer Güter nicht nur notwendige, sondern auch hinreichende Bedingungen für Gefühle sind – und dies scheint eine sehr einleuchtende Position zu sein –, dann wird man zugeben müssen, daß es ohne Gefühle auch keine Urteile (im vollen Sinne des Begriffs) geben kann. Demnach müßten diejenigen, die die Urteile über den Wert äußerer Güter akzeptieren, wie sie die von Aristoteles und Rousseau inspirierte Tradition (gegen die Stoiker) vorbringt, konsequenterweise einräumen, daß die Gefühle wesentliche Elemente einer guten Reflexion über diese Fragen sind. Dies aber hat Folgen für das ökonomische Denken. Die wirtschaftstheoretischen Auffassungen, daß die menschliche Motivation auf dem »rationalen Eigeninteresse« basiere, sind in letzter Zeit sowohl in der Philosophie als auch in der Wirtschaftstheorie selbst mit der Begründung kritisiert worden, sie ignorierten, daß ein gutes Urteilen Personen und den Beziehungen von Sympathie und Fürsorglichkeit, die die Menschen entgegen der eigennützigen Kalkulation miteinander verbinden, einen intrinsischen Wert beimißt. Ein Beispiel für eine solche Kritik ist der berühmte Beitrag von Amartya Sen, »Rational Fools«, der Empathie und Fürsorglichkeit in einer Art und Weise verteidigt, die meiner Argumentation in bezug auf Mitgefühl und Mitleid nahe kommt.[193] Die Reflexion über die Struktur der Gefühle zeigt indessen, daß man Sens komplexere normative Theorie über Denken und Urteilen nicht vollständig darlegen kann, ohne den Gefühlen einen wichtigen Platz einzuräumen, in denen sich Teile dieses Denkens und Urteilens verkörpern. Es scheint inkonsistent, eine antistoische Auffassung von dem, was Wert hat, zu akzeptieren und gleichzeitig Liebe, Trauer, Mitleid und Dankbarkeit als Richtschnur menschlichen Handelns abzulehnen – da solche Bewertungen hinreichende Bedingungen für diese Gefühle sind.

Die Welt, aus der die Gefühle verbannt werden, ist eine verarmte Welt, in der es keine obersten Ziele, sondern nur noch Ich-Zustände gibt. Dies ist nicht nur eine sehr fragwürdige Norm für eine Konzeption des guten Denkens, sondern auch ein leeres Universum, das die Interessen eines Menschen nicht lange an sich binden und seine Sinnsuche nicht zu befriedigen vermag. Denken wir an Dickens' Bitzer, mit dem wir begonnen haben: Wir verstehen kaum, wie Bitzer weiterleben kann oder wofür er lebt. Mit seinem »mechanischen Lachen« erscheint er dem Leser wie eine Maschine, die im Rücken einen Aufzugmechanismus hat, und nicht wie ein Mensch, der durch etwas Schönes oder Wunderbares zum Handeln bewogen wird.[194] Es kann nicht rational sein, uns in solche Wesen zu verwandeln – auch wenn wir uns mit Ökonomie befassen!

3.3 Gefühle und Unparteilichkeit

Der rechnende und abwägende Intellekt behauptet, unparteiisch und zu einer strikten numerischen Gerechtigkeit fähig zu sein, während die angeblich vorurteilsbeladenen Gefühle in besonders unzulässiger Weise für nahestehende Menschen Partei ergreifen. Jeder Mensch sollte als ein Mensch zählen und niemand als mehr als einer, heißt es. Aber bei den Gefühlen scheint die Liebe zur Familie und zu engen Freunden allumfassend zu sein und die gerechten Ansprüche der vielen anderen auszulöschen. Da der emotionale Denker sein Herz also an Einzelheiten hängt, anstatt an die ganze Welt zu denken, sind seine Überlegungen der Gerechtigkeit abträglich. Dies kann man bezweifeln. Die abstrakte Sichtweise des abwägenden Intellekts ist ein stumpfes und relativ beschränktes Instrument, wenn ihr nicht die lebhafte und emphatische Vorstellung zu Hilfe kommt, die sich ausmalt, was es wirklich bedeutet, ein bestimmtes Leben zu führen. Der Mensch, der sich einem anderen Leben mit Mitgefühl nähert und sich vorstellt, was es bedeutet, ein solches Leben zu führen, wird durch diese Tätigkeit seiner Phantasie in die Lage versetzt, weiter und tiefer zu schauen als ein Mensch, für den dieses Leben nur einer Zahl in einer mathematischen Funktion entspricht. Hier möchte ich noch einmal auf Dickens zu sprechen kommen; denn in seiner Beschreibung der Lektion in Sachen politische Ökonomie, die das Zirkusmädchen Cilchen Jupe erhält, zeigt er auf lebendige Weise die Rationalität und Reichweite einer von Gefühlen geleiteten Sichtweise und die relative Grobheit der mathematischen Berechnung.

Cilchen erfährt von ihrem utilitaristischen Lehrer, daß in einer riesengroßen Stadt mit einer Million Einwohnern nur fünfundzwanzig auf der Straße verhungert sind. Der Lehrer M'Choakumchild fragt sie, was sie davon hält – und erwartet offensichtlich eine Antwort, die Zufriedenheit darüber ausdrückt, daß die Zahl so niedrig ist. Cilchen antwortet dem Lehrer, »daß es für diejenigen Menschen, welche Hungers gestorben sind, ebenso hart war, ob es nun eine Million oder eine Million mal eine Million Menschen gewesen seien«. Und als ihr gesagt wird, daß in einem bestimmten Zeitraum hunderttausend Menschen eine Seereise unternommen haben und nur fünfhundert ertrunken seien, bemerkt Cilchen, daß dieser Prozentsatz »nichts für die Hinterbliebenen und für Freunde dieser Menschen besagt, die den Tod gefunden hatten«. In beiden Fällen tröstet die mit Zahlen operierende Analyse und schafft Distanz: So schön niedrig ist der Prozentsatz, sagt M'Choakumchild, daß eindeutig keine Maßnahmen ergriffen werden müssen. Ein Intellekt ohne Emotionen ist sozusagen wertblind; ihm fehlt der Sinn für die Bedeutung und den Wert von Menschen, der in den den Gefühlen innewohnenden Urteilen enthalten ist. Cilchens Antwort gibt dem Tod dagegen die Bedeutung, die er für jeden einzelnen Menschen hat. Indem sie nachempfindet, was Hunger für den Verhungernden und was Verlust für den Tiefbetrübten bedeutet, sagt sie ganz richtig, daß die relativ geringe Zahl diese Todesfälle nicht ungeschehen macht und daß Zufriedenheit über diese Zahl keine angemessene Reaktion ist. Keine Zahl ist niedrig genug. Da sie sich immer bewußt bleibt, daß ein toter Mensch nicht ersetzt werden kann – die zentrale Tatsache, um die sich die Gefühle drehen –, plädiert sie für Milderung des Leidens, für mehr Schutz, für weniger Selbstzufriedenheit. Wenn man es mit Zahlen zu tun hat, kann man immer sagen: »diese Zahl ist in Ordnung«, denn keine hat eine intrinsische Bedeutung. (Dabei sind 500 Tote bei 100 000 Reisenden eine unglaublich hohe Zahl für das Überqueren des Ozeans per Schiff oder per Flugzeug.) Hat man es mit vorgestellten und nachempfundenen Menschenleben zu tun, akzeptiert man keine Zahlen und keine angeblich niedrigen Statistiken über die Sicherheit von Reisenden. Man beurteile selbst, welcher Ansatz zu einer besseren Reaktion der Öffentlichkeit auf eine Hungersnot in einem fernen Land, auf die Situation der Obdachlosen, auf Produkttests und auf verbindliche Sicherheitsstandards führen wird.

Wir können dieser allgemeinen Argumentation noch eine entwicklungspsychologische These hinzufügen. Die engen Beziehungen von Liebe und Dankbarkeit zwischen einem Kind und seinen Eltern, die sich in der frühen Kindheit herausgebildet haben, scheinen der unverzichtbare Ausgangspunkt für die Fähigkeit eines erwachsenen Menschen zu sein, sich für soziale Belange einzusetzen. Diese anfängliche Fürsorge muß zweifellos weiterhin gepflegt werden; aber sie muß vorhanden sein, wenn etwas Gutes entstehen soll. Diese Auffassung ist zumindest in der westlichen Tradition sehr alt und findet sich schon in der Kritik des Aristoteles an Plato in der *Politik* II, wo er darauf hinweist, daß die Abschaffung der Familie – statt der unparteilichen und gleichen Fürsorge für alle Bürger – bewirken wird, daß sich niemand wirklich für irgend etwas verantwortlich fühlt. Sie wird hervorragend in Dickens' bedrückender Beschreibung der Erziehung der Kinder von Gradgrind entwickelt, denen zwar beigebracht wird, wie man zu rechnen und abzuwägen hat, die aber nie zum Lieben ermutigt werden.[195] Ihre Seelen und Herzen bleiben völlig teilnahmslos, und in bezug auf das menschlich Gute fehlen ihnen jegliche Motivation und jegliches Verständnis. Das gleiche begegnet uns in Achebes tragischer Beschreibung von Okonkwos Sohn Nwoye. Da er nicht nur aufgrund der Gefühlsarmut seines Vaters, sondern auch durch die Ermordung seines einzigen Gefährten aller Liebe beraubt ist, wird er träge und teilnahmslos – bis die jenseitigen Verheißungen des Christentums ihm einen Sinn eröffnen, der über das Leben hinausweist, das er kennengelernt hat. Es ist die Verheißung der unerschütterlichen Liebe Christi, die zu seiner Bekehrung führt.[196]

3.4 Gefühle und Klassen

Was den Einwand betrifft, daß Gefühle zu sehr an der einzelnen Person und zu wenig an größeren gesellschaftlichen Einheiten wie beispielsweise Klassen interessiert sind, müssen wir zugeben, daß die Gefühle in der Tat zu einer partikulären, speziellen Sicht der Welt tendieren. In diesem Sinne ist die sich in den Gefühlen ausdrückende Auffassung von der Gemeinschaft eine liberale Auffassung, für die jeder einzelne seinen eigenen Wert und seine besondere Geschichte zu erzählen hat.[197] Während die Gefühle die wechselseitige Abhängigkeit der Menschen betonen und die Welt als eine Welt zeigen, in der wir alle am Glück und Unglück des anderen teilhaben, verlangen sie auch, daß das Leben eines jeden Menschen respektiert wird und daß jeder Mensch als ein eigenes Zentrum von Erfahrungen – auch von emotionalen Erfahrungen – gesehen wird.

So ist es kein Zufall, daß Massenbewegungen in einer literarischen Form wie dem Roman, der das Gefühlsleben von Menschen ausleuchtet, häufig schlecht wegkommen – wie die kommunistischen Freunde von Doris Lessings literarischer Heldin sehr bald feststellen und wie Lukács bemerkte, als er die politischen Vorstellungen von Tagores *The Home and the World* als »kleinbürgerlich« verurteilte.[198] In dem Maße, wie sie die Individualität ihrer Mitglieder, deren persönliche Erfahrungen und unterschiedliche Wesensart mißachten, werden Massenbewegungen als einschränkend, wenn nicht sogar als repressiv betrachtet. Ob wir es mit Dickens' Coketown oder Tagores Westbengalen zu tun haben: wir werden wahrscheinlich der Feststellung zustimmen, daß abstrakte politische Grundsätze dem individuellen Leben Gewalt antun.

Diese politische Haltung birgt Gefahren in sich, denn manchmal kann der Argwohn gegenüber jeder Form kollektiven Handelns, der für ein von Gefühlen geleitetes Denken kennzeichnend ist, zu einer Fehleinschätzung führen – so beispielsweise, wenn Dickens in *Hard Times* anzunehmen scheint, daß Gewerkschaftsbewegungen ihre Mitglieder zwangsläufig bevormunden und unterdrücken. Aber weitaus häufiger ist diese Haltung mit einer radikalen sozioökonomischen Kritik vereinbar und kann diese sogar auslösen – wenn etwa bei der Unterrichtung von Cilchen Jupe die Gefühle die wirkliche Bedeutung von Hunger und Elend deutlich machen und dem kühl rechnenden Intellekt den Weg zu einer neuen und kritischen Interpretation der Zahlen weisen; oder wenn in Tagores eindringlicher Beschreibung des frühen indischen Nationalismus Sandip und Bimala in ihrem abstrakten nationalistischen Eifer das tatsächliche wirtschaftliche Elend der armen Händler übersehen, die nur dann ihren Lebensunterhalt verdienen können, wenn sie die billigeren ausländischen Waren verkaufen, während der mitfühlende Blick Nikhils auf das Einzelne und Besondere gerichtet ist und wirklich jedes menschliche Leben in seinem Eigenwert sieht.[199] Und es hat in der Tat den Anschein, als sollte sich jedes kollektive Handeln in Form und Inhalt von dem Ideal leiten lassen, den Bedürfnissen und besonderen Umständen eines jeden Individuums in der Weise Rechnung zu tragen, wie es eine so gefühlsintensive literarische Form wie der Roman nahelegt. Genau dies hat Sens Fähigkeiten-Ansatz für die Entwicklungsökonomie empfohlen: die Erkenntnis, daß jeder Mensch eine eigene Lebensgeschichte hat und daß eine gute Planung darauf abzielen sollte, diese Geschichten zu verstehen, so daß jedem einzelnen Menschen die volle Ausübung seiner Fähigkeiten ermöglicht wird. Eine Auffassung von Klassenaktionen, die die Geschichte der beteiligten Menschen nicht berücksichtigt, kann uns nicht die eigentliche Bedeutung von Klassenaktionen zeigen, die immer darin besteht, das individuelle Leben zu verbessern. Raymond Williams hat dies sehr gut ausgedrückt, als er die traditionelle realistische Erzählung mit ihren emotionalen Verwicklungen gegen diese Art von politischer Kritik verteidigte:

> »Wir sollten als Sozialisten nicht den riesigen Fehler machen, zu glauben, daß die meisten Menschen nur dann interessant werden, wenn sie anfangen, sich in politischen Aktionen und Arbeitskämpfen einer bestimmten Art zu engagieren. Dieser Irrtum verdiente Sartres höhnische Bemerkung, daß für viele Marxisten die Menschen erst dann geboren werden, wenn sie das erste kapitalistische Arbeitsverhältnis haben. Denn wenn wir das politische Leben ernst nehmen, müssen wir uns in die Welt begeben, in der die Menschen sie selbst sein können und

ein Leben führen, das von Arbeit, Liebe, Krankheit und natürlicher Schönheit ausgefüllt ist. Wenn wir ernsthafte Sozialisten sind, werden wir häufig in dieser und quer durch diese reale Substanz – in ihren so überraschenden und lebendigen Einzelheiten – die tiefen sozialen und historischen Bedingungen und Bewegungen finden, die uns in die Lage versetzen, mit einer gewissen Berechtigung von menschlicher Geschichte zu sprechen.«[200]

So verhält es sich meines Erachtens auch in den Romanen von Lessing und Tagore: Ihr Held und ihre Heldin sind wegen des rationalen Charakters ihrer Gefühle in der Lage, die menschliche Bedeutung politischer Bewegungen und Ereignisse in einer Art und Weise zu erfassen, wie es ihre dogmatischeren politischen Freunde nicht können.[201] Und so verhält es sich auch mit Sens Fähigkeiten-Ansatz: Gerade weil er sich mit der konkreten Lebensgeschichte eines jeden Menschen auseinandersetzen will, kann er radikale Ziele auf eine wirklich produktive Weise verfolgen.

3.5 Liebe und Blindheit gegenüber dem allgemeinen Guten

Der nächste Einwand steht in engem Zusammenhang mit unserem dritten, doch hat er einen eingeschränkteren Blickwinkel. Die Analyse von Adam Smith kommt zu dem Schluß, daß die meisten wichtigen Gefühle wie beispielsweise Zorn, Trauer, Mitleid, Angst und einige Formen der Liebe für einen guten Bürger und Richter angemessen sind und ihn befähigen, in moralisch richtiger Weise zu erkennen, was für andere Menschen das Gute ist. Insofern würde er das von mir vorgebrachte Argument akzeptieren: daß ein von Gefühlen geleitetes Denken sehr wohl erfassen kann, was für weit entfernt lebende Menschen das Gute ist, gerade weil die Gefühle den Gegenständen ihrer Vorstellung eine besondere Lebendigkeit und einen besonderen Wert verleihen. Smith ist allerdings der Ansicht, daß die romantische und die erotische Liebe Ausnahmen von dieser Regel sind, daß sie dem rationalen Denken grundsätzlich abträglich sind und starke Hindernisse für ein gutes staatsbürgerliches Verhalten und Urteilsvermögen darstellen. Er läßt den Leser kaum im Zweifel, daß die Frauen die Hauptursache dieses Problems sind: Selbst von ausgeprägter Irrationalität, führen sie die männliche Rationalität auf Abwege.

Es ist schwer, auf diesen Einwand kurz zu antworten, denn um die richtige Antwort zu geben, bedarf es einer umfassenden Theorie über die Entwicklung der moralischen Motivation beim Kind und über den Zusammenhang zwischen dieser Motivation und den erotischen Wünschen und Bindungen. Ich werde daher eine Antwort skizzieren, die sich aus meiner Analyse des *David Copperfield* von Dickens ergeben hat, den ich als eine implizite Antwort und als Kritik an der von Smith vertretenen Position gelesen habe.[202] *David Copperfield* stellt faszinierend dar, auf welch vielschichtige Weise erotisches Verlangen und das Lesen von Romanen einerseits und diese beiden Dinge und moralische Motivationen andererseits miteinander verwoben sind. Denn als sich David von den düster-steifen Murdstones in das Zimmer zurückzieht, in dem sein Vater eine Sammlung von Romanen hinterlassen hat, verbringt er viele Stunden mit leidenschaftlichem Lesen – und nicht nur mit Lesen, sondern auch mit dem Durchspielen der Handlungen seiner Lieblingsromane, von denen einige (*Tom Jones* zum Beispiel) einen ausgesprochen erotischen Inhalt haben. Sich selbst versetzt er dabei, wie er uns sagt, in die Rolle des Helden und Murdstone in die des Schurken; und obwohl er seine Mutter nicht nennt, ist völlig klar, daß sie die Rolle der Heldin spielt. Auf diese Weise gibt das Lesen der Romane seinen ohnehin schon leidenschaftlichen Gefühlen für seine Mutter Nahrung und Ausdruck, wobei er seine Mutter als verletzbar und hilfebedürftig wahrnimmt, ihr helfen möchte und eine verzehrende Eifersucht Murdstone gegenüber empfindet. Die romantischen Romanhandlungen regen seine Phantasie an und verleihen den Gefühlen, die er für die realen Menschen hat, welche er jetzt als Romanfiguren sieht, eine neue Intensität. Die Liebe speist die Phantasie, und die Phantasie verleiht der Liebe neue Stärke.[203]

Der Roman macht deutlich, daß Davids erotische Empfänglichkeit – wenngleich moralisch nicht ganz unproblematisch – nicht lediglich ein Hindernis für ein gutes Urteilsvermögen darstellt, wie Smith glaubt. Sie macht vielmehr einen wesentlichen Teil dessen aus, was ihn zu dem großzügigen, überschwenglichen, warmherzigen und sanften moralischen Wesen gemacht hat, das er ist. Damit soll gesagt sein, daß Menschen, die fähig sind, in einer Weise in einem anderen Menschen aufzugehen, die nicht auf einer überlegten moralischen Einschätzung beruht, auch im sozialen Leben großzügiger, weniger nachtragend und weniger beckmesserisch sind als Menschen, die die Dinge immer von einem moralischen Standpunkt aus betrachten. Aufgrund ihres leidenschaftlichen Lebensgefühls sind sie auch in bezug auf Wohltätigkeit tatkräftiger und großzügiger; und da Davids erotischer Phantasie von Anfang an Bilder vom Schutz der Schwachen und Bedürftigen vorschweben, fließen auch diese Bilder in sein soziales Verhalten ein. Diese romantische Vorstellung vom (Staats-)Bürger müßte weiter ausgearbeitet werden.[204] Aber ich hoffe, zumindest angedeutet zu haben, wie eine Antwort auf diesen Kritiker in etwa aussehen sollte. Eine solche Antwort würde zeigen, daß eine Lebenseinstellung, für die Frauen häufig kritisiert wurden, tatsächlich ein Bestandteil der besten Konzeption des (Staats-)Bürgers sein könnte.

3.6 Gefühle und Institutionen

Doch warum sollen wir die Betonung so sehr auf Gefühle legen? Und warum sollen wir die Entwicklungsökonomie, die so viele andere dringende Aufgaben zu erledigen hat, drängen, Gefühle so ernst zu nehmen? Denn auch wenn Gefühle für eine gedeihliche menschliche Entwicklung und sogar für den idealen (Staats-)Bürger von wesentlicher Bedeutung sind, sollten wir die Dinge so gestalten, daß sie zu guten Ergebnissen führen, auch wenn wir noch nicht die idealen Menschen haben. Dies ist ein ernstzunehmender Einwand, und ich werde auf ihn nicht umfassend erwidern können. Aber ich glaube, es lassen sich vier Argumente zur Verteidigung unserer Schwerpunktsetzung anführen.

Erstens: In einer wohlgeordneten Gesellschaft brauchen wir Idealvorstellungen vom (Staats-)Bürger und von Rationalität als Richtschnur – für die moralische und staatsbürgerliche Erziehung und als Normen sowohl für die Familie als auch für das politische Leben. Jede Gesellschaft hat solche Ideale. Auch wenn uns bewußt ist, daß es uns niemals gelingen wird, eine Nation von idealen Menschen hervorzubringen, auch wenn wir entschlossen sind, Institutionen zu schaffen, die Menschen vor dem nicht-idealen Verhalten ihrer Mitmenschen schützen, so erziehen wir die Menschen in einer bestimmten Art und Weise, die in Einklang mit einer oder mehreren öffentlich anerkannten Konzeptionen steht. Wenn diese Konzeptionen unzulänglich sind, sind auch die Menschen unzulänglich. Wenn wir sie zum

Beispiel nicht lehren, daß alle Bürger gleich sind, leisten wir dem Rassismus und anderen Vorurteilen Vorschub. In diesem Fall würde das von mir empfohlene Rationalitätsideal die Kindererziehung und die Familienstrukturen in vielerlei Hinsicht verändern; und ich behaupte, dies hätte einen Einfluß auf die Auffassungen von den Geschlechtern und den Beziehungen zwischen den Geschlechtern in unserer Gesellschaft, selbst wenn das Ideal nicht vollständig verwirklicht wird. Es sei noch darauf hingewiesen, daß Adam Smith sich nicht mit den Gefühlen beschäftigte, weil er glaubte, daß wir keine emotional perfekten Menschen hervorbringen können.[205] Er widmete sein halbes philosophisches Werk diesem Thema und damit wahrscheinlich einen größeren Teil als irgendein anderer bedeutender Philosoph, der sich mit dieser Thematik befaßt hat.

Zweitens: Wir sollten uns vergegenwärtigen, daß das oberste Ziel des Fähigkeiten-Ansatzes in der Entwicklungsökonomie darin besteht, für jeden einzelnen Menschen die Voraussetzungen zu schaffen, die es ihm ermöglichen, in allen wichtigen Lebensbereichen gedeihlich zu leben. Das bedeutet, daß wir verstehen müssen, was zu einem gedeihlichen Leben gehört, damit wir es angemessener fördern können. Ein Rationalitätsideal, das auch die Gefühle einschließt, ist ein Teil der Idealvorstellung von einem gedeihlichen Leben. Daher lassen sich aus meinen Schlußfolgerungen direkte Empfehlungen für die Politiker ableiten, indem diesen gesagt wird, was unterstützungs- und förderungswürdig ist. Dies wird vermutlich in vielerlei Hinsicht die Gestaltung der Institutionen (insbesondere im Bereich der Bildungs- und Familienpolitik) beeinflussen. Mit anderen Worten, wenn wir uns vom klassischen Liberalismus verabschieden und uns stärker für das Gute und die Selbstverwirklichung der Menschen interessieren, müssen wir sehr intensiv über die Bedingungen des Guten nachdenken, um Institutionen zu schaffen, die die Menschen so weit bringen, daß sie zumindest über die Voraussetzungen für ein gutes Leben verfügen.

Drittens: Obwohl es richtig ist, daß wir in vielen Bereichen des öffentlichen Lebens die Institutionen so gestalten können, daß sie Ergebnisse zeitigen, für die sich ein »idealer Mensch« entschieden hätte, auch wenn wir keine solche »idealen Menschen« haben, gibt es immer einige Bereiche des öffentlichen Lebens, in denen wir wirklich darauf angewiesen bleiben, daß die einzelnen Menschen in einem fast idealen Sinne rational sind. Im politischen Leben der Vereinigten Staaten gehört zum Beispiel das Rechtswesen zu diesen Bereichen. Die rechtlichen Institutionen lassen Spielraum für Flexibilität, individuelle Interpretation und normatives Denken. Es gibt gute Gründe, diesen Spielraum beizubehalten, denn kein Gesetzestext kann Richtlinien enthalten, die so genau und eindeutig sind, daß sie jedes Problem schon von vornherein lösen können, allein ein solcher Versuch würde zu einer verhängnisvollen Unbeweglichkeit führen.[206] Aber wenn es diesen Spielraum gibt, dann brauchen wir Richter, in denen die Rationalität beispielhaft verkörpert ist; und daher brauchen wir einen Rationalitätsbegriff, der ihnen als Richtschnur dienen kann. In diesem Bereich zeigt sich besonders deutlich, daß das Fehlen einer angemessenen Vorstellung von dem Verhältnis zwischen Gefühl und Verstand zu einigen sehr schlechten strafrechtlichen und verfassungsrechtlichen Urteilsbegründungen geführt hat. Wir können zwar keine Gesellschaft von »perfekten Menschen« hervorbringen, sollten uns aber nach besten Kräften um die Ausbildung unserer Richter bemühen, indem wir versuchen, ihnen einen philosophisch adäquateren Rationalitätsbegriff zu vermitteln.

Und schließlich ist da noch ein Punkt, der schon bei meinen Ausführungen über Adam Smith deutlich geworden sein dürfte. Er spricht in mancher Hinsicht am nachdrücklichsten für ein ideales Denken, denn er besagt, daß sich in der Gestaltung öffentlicher Einrichtungen eine ideale Konzeption von Rationalität niederschlägt. Wenn Adam Smith von dem »unparteilichen Beobachter« spricht, dann ist das nicht nur eine nette Darstellung der Art und Weise, wie nette Menschen denken. Es ist ein für seine Reflexion über wohlgeordnete soziale und ökonomische Institutionen wichtiger Kunstgriff. Die Vorstellung, was ein kluger Beobachter wohl fühlt, denkt und billigt, ist eine künstliche Konstruktion, durch die wir Erkenntnisse über Gerechtigkeit und über die gerechte Struktur von Institutionen gewinnen. Dies wird noch deutlicher, wenn wir John Rawls' *A Theory of Justice* (1971) betrachten, denn Smith neigt zu der Ansicht, daß die Dinge, so wie sie sind, gut sind, wohingegen Rawls sein Menschenbild in den Entwurf von Prinzipien und politischen Praktiken mit einbezieht. Rawls sagt ausdrücklich, ein Menschenbild, das eine umfassende normative Vorstellung von Rationalität enthält, sei ein grundlegendes Element seiner Konzeption von Gerechtigkeit. Nur wenn wir verstehen, wie diese »idealen Menschen« beschaffen sind, welche Informationen sie verwenden und wie sie denken, haben wir einen Anhaltspunkt für die richtige Gestaltung der Institutionen und die gerechte Verteilung der Ressourcen. Ich glaube, daß Rawls und Smith recht haben: Wir brauchen ein ideales Denken, um gerechte Institutionen zu konzipieren. Aber wenn dem so ist und wenn viele Konzeptionen von vernünftigem Denken (auch die von Rawls) fälschlicherweise die Gefühle vernachlässigen, dann müssen wir, um gerechte soziale Institutionen zu bekommen, mehr über Gefühle nachdenken.

Ich habe dargelegt, daß Gefühle nicht als blinde und rohe, sondern als intelligente Formen einer wertenden Wahrnehmung begriffen werden sollten, die entweder identisch mit Überzeugungen oder eng mit ihnen verknüpft sind; daß Spinoza und die Stoiker die Gefühle zu Recht mit der Überzeugung verknüpfen, daß wir uns nicht selbst genug sind, und daß es Gründe gibt, eine solche Überzeugung sowohl für richtig als auch für politisch wertvoll zu halten; daß die Gefühle sozusagen in der häuslichen Sphäre beginnen, daß die Liebe und Dankbarkeit, die dort empfunden werden, eine notwendige Voraussetzung für eine angemessene Wahrnehmung der Bedürfnisse von weit entfernt lebenden Menschen sind; daß sich die Gefühle auf einzelne Menschen und nicht auf Klassen richten, daß sie dadurch aber den Sinn und das oberste Ziel von Klassenaktionen aufzeigen; daß auch die Verbindung der Gefühle mit außermoralischen sexuellen Energien einen wertvollen Beitrag zum privaten und öffentlichen Leben leisten kann; daß es, auch wenn wir wissen, es im Rahmen bestimmter Institutionen mit unvollkommenen Menschen zu tun zu haben, gute Gründe dafür gibt, diesen Komponenten unserer Rationalität ernsthafteste Aufmerksamkeit zu widmen.

4. Gefühle und soziale Konstruktion, Gefühle und Geschlecht

Es dürfte mittlerweile deutlich geworden sein, daß meine Auffassung von den Gefühlen eng mit neueren (vor allem in der Anthropologie vertretenen) Interpretationen verbunden ist, die Gefühle als »soziale Konstruktion« begreifen. Damit ist gemeint, daß es ohne Überzeugungen keine emotionalen Erfahrungen gibt; Überzeugungen aber werden erlernt, und zwar in der Gesellschaft. Daher lassen sich sowohl die Tatsache, daß ein Mensch Gefühle hat (und nicht ein stoisches Leben führt), als auch das spezielle Repertoire von Gefühlen, über das er verfügt, am besten dadurch erklären, daß die Gesellschaft, in der der betreffende Mensch aufgewachsen ist, untersucht und befragt wird, was zu denken ihn diese Gesellschaft gelehrt hat.

Meine Sicht lehnt sich, wie gesagt, eng an diese Auffassungen an; und dennoch unterscheidet sie sich von ihnen in manchen Punkten.[207] Denn ich betone den Zusammenhang zwischen den emotionalen Erfahrungen und den Urteilen in bezug auf die Wichtigkeit von »äußeren Gütern« – von Menschen und Dingen, die außerhalb der eigenen Person liegen und von dieser nicht vollständig gelenkt und beherrscht werden können. In Anbetracht der allgemeinen Struktur des menschlichen Lebens, seiner Sterblichkeit, seiner Anfälligkeit für Krankheit und Erschöpfung und seiner Abhängigkeit von knappen Gütern sind solche Urteile in irgendeiner Form wahrscheinlich in jeder Gesellschaft anzutreffen. Die Gesellschaft gibt den Gefühlen eine bestimmte Bedeutung und Färbung: Die Ansichten der Römer darüber, was der Gegenstand von Liebe ist, was wert ist, Zorn zu erregen, oder wovor man sich wirklich fürchten sollte, unterscheiden sich in vielen Nuancen von den griechischen Ansichten über ähnliche Dinge – und so weiter. Aber es wäre tatsächlich überraschend, wenn es in bezug auf das allgemeine Repertoire von Gefühlen, die die Gesellschaften die Menschen lehren, nicht große Überschneidungen gäbe. Und wenn wir dem noch die frühen Kindheitserfahrungen hinzufügen, ist mit großer Wahrscheinlichkeit davon auszugehen, daß Gefühle von Angst, Liebe, Dankbarkeit, Neid und Zorn in der frühesten Kindheit entstanden sind, also lange bevor die Gesellschaft die Möglichkeit hatte, das Kind nach ihren Vorstellungen zu formen. Die Interaktionen zwischen dem Kind und seinen Eltern sind natürlich in mancherlei Hinsicht durch das geprägt, was gesellschaftlich erlernt wurde und was in verschiedenen Kulturen unterschiedliche Ausformungen erfährt; meiner Ansicht nach ist es aber dennoch möglich, eine allgemeine Darstellung der kindlichen Gefühlserfahrungen zu geben, die die gemeinsamen Erfahrungen vieler verschiedener Kulturen zusammenführen kann. Das bedeutet nicht nur, daß es höchst unwahrscheinlich ist, jemals eine vollkommen stoische Gesellschaft entwickeln zu können (selbst die Stoiker hielten dies nicht für eine reale Möglichkeit); es bedeutet auch, daß das emotionale Repertoire der verschiedenen Gesellschaften wahrscheinlich große Überschneidungen aufweist: Wir erkennen uns in ihren Beschreibungen von Angst, Liebe und Zorn wieder, und sie sich in unseren.

Wie steht es nun mit dem Geschlecht? Wie ich eingangs schon gesagt habe, wird fast generell, wenn auch sehr vage – selbst von denjenigen Philosophen, die ein kognitives Verständnis der Gefühle haben – die Ansicht vertreten, daß Frauen häufig emotionaler sind als Männer.[208] Wie soll jemand, der eine kognitive Auffassung von den Gefühlen hat, diese wirklichen oder angeblichen Phänomene erklären?

Ich meine, die Gefühle entspringen keineswegs irgendeiner »Natur«: Sie entspringen *a fortiori* nicht einer weiblichen Natur, die sich grundsätzlich von einer männlichen unterscheidet. So wie ich die Gefühle verstehe, gibt es keinen wesentlichen Grund, warum sie überhaupt in irgendeiner Weise geschlechtsspezifisch verteilt sein sollten. Und in der Tat sind sie es nicht. In manchen Gesellschaften gelten stark ausgeprägte Formen von Angst, Zorn und Trauer bei Männern und Frauen gleichermaßen als normal und gesellschaftlich angemessen. (Das antike Rom und Athen scheinen solche Gesellschaften gewesen zu sein – bevor sich die Philosophen dieser Fragen annahmen.) Andere betrachten Gefühle als für beide Geschlechter unangemessen.[209] In wieder anderen gelten – jeweils unterschiedliche – Gefühle für beide Geschlechter als angemessen.[210] Meiner Ansicht nach gibt es eine Erklärung dafür, daß Frauen stärker mit Emotionen assoziiert werden als Männer.

Gefühle, so habe ich gesagt, stellen das Eingeständnis von Bedürftigkeit und Abhängigkeit dar, das Eingeständnis, daß Dinge für den Menschen wichtig sind, die außerhalb seiner selbst liegen und von ihm nicht völlig gesteuert werden können. Bis zu einem gewissen Grad haben alle Menschen solche Bindungen an unzuverlässige äußere Dinge. (Selbst die auf Zeno und Kleanthes folgenden Stoiker behaupteten nicht mehr, daß es einen vollständig »weisen«, d.h. völlig unemotionalen Menschen geben könnte.) Doch läßt sich feststellen, daß kontingente gesellschaftliche Gegebenheiten beeinflussen können, in welche Richtung sich diese Bindungen entwickeln. Zwei Bereiche, in denen sich eine gesellschaftliche Differenz zwischen Frauen und Männern manifestiert, scheinen dabei von besonderer Bedeutung zu sein. Erstens werden in vielen Gesellschaften, von Okonkwos Umuofia bis zu den heutigen Vereinigten Staaten, die Frauen eher zu der Auffassung erzogen, daß es richtig ist, starke Bindungen zu anderen Menschen zu haben, und daß ihr eigenes Wohlergehen in hohem Maße von Beziehungen zu anderen abhängig ist; Männer werden eher zur Selbstgenügsamkeit und zur Zurückdrängung tiefgehender Bedürfnisse erzogen.[211] Dies ist kein universales kulturelles Phänomen; in der antiken griechisch-römischen Welt gab es in bezug auf diese Frage meiner Ansicht nach eine weniger ausgeprägte Trennung zwischen den Geschlechtern als in der modernen amerikanischen Gesellschaft. Es gibt überdies Gefühle, auf die das Postulat männlicher Zurückhaltung – auch in Amerika – weniger zutrifft: Zorn, Angst und Sorge in Verbindung mit Status, Geld und Ansehen sind in unserer Gesellschaft ebenso wie im antiken Rom und in Umuofia sehr wahrscheinlich mit der Sozialisation von Männern verbunden. Die Diagnose hat eine gewisse Erklärungskraft.

Ein zweiter Unterschied – ganz anderer Art – bringt uns weiter. Die Gefühle, so erinnern wir uns, sind mit Urteilen in bezug auf die Wichtigkeit äußerer Dinge verbunden, die man nicht völlig steuern kann. Nun gibt es offensichtlich einige wichtige Merkmale des menschlichen Lebens, die niemand jemals völlig zu steuern vermag. Man kann sich nicht unsterblich machen, man kann nicht erzwingen, daß die eigenen Kinder gesund und glücklich sind, man kann nicht Glück in der Liebe erzwingen. Aber die Gradunterschiede, die es hinsichtlich sozialer Autonomie und Gestaltungsmacht zwischen Männern und Frauen gibt, wirken sich auf das Maß aus, in dem das Gefühl der Machtlosigkeit den eigenen Lebensweg bestimmt. Die Heldinnen in Senecas Tragödien, die durch ihre Gefühle zum Wahnsinn getrieben werden, sind gewöhnlich Ehefrauen, die nur durch Heirat Aussicht auf Glück haben. Sie verfügen weder über die vollen staatsbürgerlichen Rechte noch über eine umfassende Bildung; sie haben außerhalb des Hauses keine Aussicht auf eine produktive Selbstverwirklichung. Folglich hängt für sie alles von dieser einen Bindung ab; und wenn diese zusammenbricht, geraten sie völlig außer sich, als hätten sie kein eigenes Selbst. Römische Männer haben so etwas nie erfahren, denn sie hatten viele Dinge, die ihnen lieb und teuer waren und die nicht von den

Launen eines einzigen Menschen abhingen (der durch seine Sozialisation nicht zur Zuverlässigkeit erzogen wurde).

Diese Situation ist nicht bloß Geschichte oder Fiktion: Sie ist in den meisten Teilen der Welt für die Frauen ein täglicher Bestandteil ihres Lebens. Wir erkennen sie im Leben von Saleha Begum, für die die Invalidität ihres Mannes – aufgrund der Gesetze gegen die Erwerbstätigkeit von Frauen – Hunger für sie und ihre Familie bedeutete; und noch deutlicher in der Geschichte von Metha Bai, deren einziger Halt im Leben ihr gesundheitlich geschwächter Vater ist. (Diese beiden Frauen kommen in dem Buch von Martha Chen *A Quiet Revolution* vor, Anm. d. Übers.) Solche Frauen sind in jeder Hinsicht – häufig sogar in bezug auf ihre tägliche Nahrung und ihre Gesundheitsversorgung – weitaus abhängiger vom Zufall als die meisten Männer derselben Gesellschaft. Ist es also verwunderlich, daß sie mehr Angst, Trauer und oftmals auch mehr Zorn empfinden?

Diese beiden gesellschaftlichen Sachverhalte weisen (in nicht unvereinbarer Weise) in entgegengesetzte Richtungen. Der erste legt die Idee nahe, daß man die moralische Erziehung von Männern wie Okonkwo verändern müßte, damit sie die Beziehungen zu anderen Menschen, die einen so großen Teil des Lebens von Frauen ausmachen, mehr zu schätzen lernen. Der zweite legt dagegen die Idee nahe, daß es einen Grad von Bedürftigkeit, Abhängigkeit und Machtlosigkeit gibt, der nichts mit irgendeinem intrinsisch Guten im Leben irgendeines Menschen zu tun hat – und daß es am besten wäre, Frauen und alle Menschen von diesem Zustand extremer Abhängigkeit zu befreien. Um in beiden Fällen Fortschritte zu erzielen, benötigen wir eine Vorstellung vom guten Leben und Handeln, die uns sagt, welche Bindungen an äußere Dinge wirklich wertvoll sind und welche nicht. In »Menschliche Fähigkeiten, weibliche Menschen« habe ich versucht, eine solche Vorstellung zu skizzieren, aber es sind noch große Anstrengungen nötig, um sie so weit zu konkretisieren, daß sie wirklich eine Orientierungshilfe darstellt, und zwar insbesondere dort, wo es um Familienstrukturen geht.

»Aber in allen Kulturen lieben und unterstützen die Frauen ihre Kinder.« Sowohl Anti-Feministinnen als auch manche (angebliche) Feministinnen haben das universale Phänomen mütterlicher Fürsorge als Beweis dafür herangezogen, daß es letztlich doch eine weibliche Natur gibt, die nicht kalkulierend und intellektuell, sondern intuitiv und emotional ist. Hinweise auf die mütterliche Fürsorge spielen bei vielen antifeministischen und »feministischen« Argumenten eine Rolle, die »erklären«, warum die Logik keine weibliche Domäne ist, warum das Denken der Frauen mehr intuitiv und assoziativ als logisch ist, warum Frauen für manche Arbeiten besser geeignet sind als Männer usw. Daher muß jede Analyse, die, wie die meinige, behauptet, daß Gefühle nur aus kontingenten gesellschaftlichen Gründen geschlechtsspezifisch ausgeprägt sind, diesen Sachverhalt berücksichtigen und dazu einen Standpunkt einnehmen.

Ich habe schon angedeutet, wo ich die Antwort suchen würde, indem ich bemerkte, daß mein Ansatz ein Interesse an gesellschaftlich erlernten Inhalten mit einem Interesse an einem früheren und weniger expliziten Lernen verbindet. Die Palette von Gefühlen, über die ein Mensch verfügt, wird sehr weitgehend in früher Kindheit geprägt. Aber die Kindheit ist nicht eine Zeit, in der sich einfach eine ungeformte »Natur« ausdrückt; sie ist eine Zeit komplexer Interaktionen und intensiver Erfahrungen. Es erscheint plausibel, so habe ich gesagt, daß diese Erfahrungen, obwohl sie in verschiedenen Gesellschaften unterschiedliche Ausformungen erleben, bestimmte gemeinsame Merkmale aufweisen, da allen Gesellschaften bestimmte menschliche Probleme gemeinsam sind. Jetzt kann ich hinzufügen, daß die meisten Gesellschaften in dieser entscheidenden frühen Entwicklungsphase höchstwahrscheinlich durch bestimmte geschlechtsspezifische Verhaltensmuster gekennzeichnet sind, so daß die mütterliche Fürsorge von Generation zu Generation von Frauen reproduziert wird. Die Arbeit von Nancy Chodorow belegt diese Schlußfolgerung meines Erachtens überzeugend. Denn Chodorows Arbeit ist sich dessen bewußt, daß diese Phänomene nicht einfach dadurch erklärt werden können, indem man auf die Verhaltensmuster verweist, die ein Kind in seiner erkennbaren Sozialisation erwirbt; sie liegen tiefer und sind ein Teil der Persönlichkeitsstruktur:

> »Diese Fähigkeiten und Einstellungen, die ich beschreibe, müssen in der Persönlichkeit der Frau verankert werden; es sind nicht einfach erworbene Verhaltensweisen. Die Fähigkeiten der Frau zum Muttern und auch ihre Fähigkeit, daraus eine Befriedigung zu erreichen, sind stark verinnerlicht und psychologisch verstärkt. Sie werdem im Lauf der Entwicklung in der weiblichen Psyche verankert. Frauen werden psy-

chologisch (durch die Situation, in der sie aufgewachsen sind und in der Frauen sie bemuttert haben) auf das Muttern vorbereitet.«

Selbst wenn man diese Orientierungen als der Persönlichkeit eingeschrieben begreift, sagt man damit nicht, daß sie einer angeborenen »Natur« entspringen: Denn auch die Persönlichkeitsstruktur selbst wird geformt, wenngleich zu einem früheren Zeitpunkt und auf einer Ebene, die der bewußten Analyse nicht ohne weiteres zugänglich ist.[212] Indem Chodorow den Blick vor allem auf diese frühesten Interaktionen und die durch sie vermittelten Strukturen richtet, kann sie die Geschlechterdifferenzierung als ein Ergebnis der gesellschaftlichen Tradition erklären, die hier auf einer sehr tief gelegenen Ebene wirkt: Zum einen prägt sie die Persönlichkeit der Mutter und ihre Fürsorge für die weiblichen und männlichen Kleinkinder, und zum anderen reproduziert sie die geschlechtsdifferenzierte Struktur im Leben der Kinder, die selbst wiederum in Gesellschaften leben und agieren, die geschlechtsdifferenziert strukturiert sind.

Chodorows Argumentation ist sehr komplex, und ich scheue mich, hier eine Zusammenfassung zu geben, die nur eine Abbreviatur ihrer subtilen und sorgfältigen Analyse sein kann. Aber ihre zentrale Schlußfolgerung lautet, daß die Interaktionen der Mütter mit ihren weiblichen Kleinkindern in hohem Maße, wenn auch nicht generell, eine mütterlich ausgerichtete Persönlichkeit formen und Menschen heranziehen, für die enge Beziehungen der Zuwendung und Fürsorge in ihrem Dasein als reife erwachsene Menschen dazugehören. Der Umgang mit dem männlichen Kleinkind hat dagegen die Tendenz, Menschen hervorzubringen, für die Reife und Unabhängigkeit gleichbedeutend ist mit der Leugnung von Bedürftigkeit und Abhängigkeit. So stimmt Chodorow mit der Gesellschaftsdiagnose der antiken Stoiker überein, obgleich sie bei der Erforschung der Ursachen bis in die frühe Kindheit zurückgeht, was die letzteren nicht taten (obwohl sie diesem Vorhaben wahrscheinlich sehr wohlwollend gegenübergestanden hätten). Chodorows normative Bewertung stimmt indessen mehr mit meiner Auffassung als mit der stoischen Argumentation überein. Sie meint, daß das Maß an Selbstgenügsamkeit, das Männer von sich selbst erwarten, diese auf verschiedene Weise stark beeinträchtigt, und zwar sowohl in ihrem Gefühlsleben allgemein als auch in ihrer Beziehung zu Frauen. Und auch die Einengung der Frauen auf die fürsorgliche Rolle hat negative Folgen für ihr Selbstverständnis und für ihre Einschätzung dessen, was sie in das Arbeitsleben, in das politisch-gesellschaftliche Leben und sogar in den zwischenmenschlichen Bereich einbringen können.

Die Diagnose endet mit einem Vorschlag. Die gegebenen Verhältnisse werden sich nach Chodorows Meinung nicht leicht ändern lassen, da die Ursachen tief liegen und weit verbreitet sind. Eine Änderung wird nur durch eine Umgestaltung der elterlichen Betreuungs- und Erziehungsaufgaben möglich sein. Und dies hält sie durchaus für vorstellbar:

> »Kinder könnten von Anfang an von Menschen beiderlei Geschlechts abhängig sein und ein individuelles Gefühl des Selbst in Beziehung zu beiden aufbauen. Auf diese Weise würde Männlichkeit nicht an die Verleugnung der Abhängigkeit und an die Abwertung der Frau gebunden werden. Die weibliche Persönlichkeit wäre weniger mit Problemen der Individuation beschäftigt, und die Kinder würden keine Angst vor *mütterlicher* Allmacht haben und keine Erwartungen einzigartiger Fähigkeiten zur Selbstaufgabe an *Frauen* richten. Männer müßten dann weniger um ihre Männlichkeit und die Kontrolle der sozialen und kulturellen Sphäre besorgt sein, durch die Frauen als sekundär und machtlos definiert und behandelt werden; Frauen könnten eher zu der Autonomie finden, die ihnen durch die übertriebene Einbettung in Beziehungen oft verunmöglicht wurde.

Wir leben in einer Zeit, in der die durch das System der Geschlechterdifferenz festgelegten Rollenanforderungen weitverbreitetes Unbehagen und Widerstand erzeugt haben. Einige Aspekte dieses Systems sind in eine Krise geraten und stehen im Widerspruch zu bestimmten Tendenzen im Wirtschaftsleben. Es wird sicherlich Veränderungen geben, aber das Ergebnis steht keineswegs fest. Die Abschaffung der gegenwärtigen Organisation der Betreuungs- und Erziehungsarbeit zugunsten eines Systems, in dem sowohl Männer als auch Frauen verantwortlich sind, wäre ein gewaltiger gesellschaftlicher Fortschritt. Dieses Ergebnis ist zwar historisch möglich, muß aber keineswegs eintreten. Solche Fortschritte stellen sich nicht einfach deswegen ein, weil sie für die ›Gesellschaft‹ besser sind, und sicherlich nicht, weil sie für einige (gewöhnlich machtlose) Menschen besser sind. Sie hängen von der bewußten Organisation und Aktivität aller Frauen

> und Männer ab, die erkennen, daß es in ihrem eigenen Interesse liegt, das gesellschaftliche System der Geschlechterbeziehungen umzugestalten und die Ungleichheit der Geschlechter abzuschaffen.«[213]

Dieser Schlußfolgerung stimme ich aus ganzem Herzen zu. Ich würde lediglich hinzufügen, daß Menschen, die sich fragen, was in ihrem Interesse liegt und die wirklich rational sind, nicht einen engen ökonomischen »Interessen«-Begriff verwenden und nicht nur nach eigener maximaler Bedürfnisbefriedigung streben sollten. Statt dessen sollten sie diese Frage unter dem Aspekt betrachten, daß ein wirklich rationales Wesen ein Interesse daran hat, ein reiches und erfülltes Leben zu führen, das alle menschlichen Tätigkeiten, die einen Wert an sich haben, zu einem mehr oder weniger einheitlichen Ganzen zusammenfügt.

5. Gefühle und Gerechtigkeit für jedes Geschlecht

So wird die Frage der Gefühle zu einem Teil der allgemeinen Frage nach den menschlichen Fähigkeiten und der menschlichen Lebensgestaltung. Denn wenn man fragt, welche Gefühle gut sind und welche Gefühle zu einem wirklich rationalen Urteil gehören, fragt man eigentlich, welche Formen der Abhängigkeit und der Bindung an unbeständige Dinge außerhalb unser selbst für ein menschliches Leben gut sind. Zur Frage steht also, mit wieviel Unsicherheit und Abhängigkeit ein Mensch leben und sich dennoch eine intakte Identität bewahren und Gebrauch von seiner praktischen Vernunft machen kann; inwieweit Vertrauen zu anderen Menschen gut ist und an welchem Punkt es zur Naivität wird; ob man am besten ein Leben führt, das Thrasymachos (im Zusammenhang mit der Gerechtigkeit) »eine sehr edle Form der Naivität« nannte, oder ein Leben, das in der wohlüberlegten Maximierung des eigenen Nutzens besteht; ob es gut ist, angesichts des großen Schmerzes, den die Liebe bringen kann, überhaupt jemanden zu lieben; ob es gut ist, eine Gesellschaft auf diesen Bedürfnissen, Liebesgefühlen und Bindungen aufzubauen, oder ob es besser ist, sie auf den Respekt vor der Selbstgenügsamkeit der Vernunft zu gründen. Kurzum, es wird nach dem menschlich Guten gefragt.

Es ist nicht verwunderlich, daß die Menschen untereinander und in sich selbst in bezug auf diese Fragen tief gespalten sind.

Denn es tut weh, verletzbar zu sein, und es ist schwer, in einer unwirtlichen und unsicheren Welt vertrauensvoll zu bleiben. Die Position, die für die Abwehr von Gefühlen plädiert, wird es in der Philosophie wie im Leben so lange geben, wie es Menschen gibt, die es nicht ertragen können, in einer Welt tiefer Bindungen zu leben, und nach einer anderen, reineren Welt streben. Daher wird es eine strittige Frage bleiben, ob die Gefühle als Eingeständnis von Unvollkommenheit etwas Gutes sind oder nicht, ob die mit ihnen verbundenen Überzeugungen richtig und rational oder falsch und schädlich sind. Es scheint passend, diesen Beitrag nicht mit einer dogmatischen Antwort auf diese Frage zu beenden – wenngleich meine Ausführungen wohl deutlich gemacht haben, wo meine Sympathien liegen –, sondern mit der Anerkennung ihrer Komplexität. Die folgenden Zeilen von Wallace Stevens scheinen mir eine wunderbare Metapher für das Gefühlsleben mit all seinen Geheimnissen, Wundern und Schmerzen zu sein:

»The body walks forth naked in the sun
And, out of tenderness or grief, the sun
Gives comfort, so that other bodies come,
Twinning our phantasy and our device,
And apt in versatile motion, touch and sound
To make the body covetous in desire
Of the still finder, more implacable chords.
So be it. Yet the spaciousness and light
In which the body walks and is deceived,
Falls from that fatal and that barer sky,
And this the spirit sees and is aggrieved.«[214]

Menschliche Fähigkeiten, weibliche Menschen

»Die Menschen sind von Natur aus weder Könige noch Vornehme, weder Hofleute noch Reiche. Alle sind nackt und arm geboren, alle dem Elend des Lebens, den Kümmernissen, den Übeln, den Bedürfnissen, den Schmerzen aller Art unterworfen; alle sind endlich zum Tode verdammt. Da sieht man, was der Mensch wahrhaftig ist; da sieht man, wovon kein Sterblicher befreit ist. Man fange also beim Studium der menschlichen Natur mit dem an, was am unzertrennlichsten von ihr ist, was das Menschliche am besten ausdrückt.«

Jean-Jacques Rousseau, *Emile*, Buch IV

»Den Frauen, die die Mehrheit der Weltbevölkerung bilden, kommt nur ein kleiner Teil der Entwicklungsmöglichkeiten zugute. Sie sind häufig von Bildung und Ausbildung, von besseren Arbeitsplätzen, vom politischen System oder von angemessener medizinischer Versorgung ausgeschlossen[...]. In den Ländern, für die relevante Daten vorliegen, beträgt der weibliche Entwicklungsindex nur 60% des männlichen.«

Human Development Report 1993,
Entwicklungsprogramm der UNO

»Auch wenn unser Staat eine reine Demokratie wäre, blieben die Frauen dennoch von unseren Beratungen ausgeschlossen. Denn um den Niedergang der Moral zu verhindern und um alle Zweideutigkeiten zu vermeiden, sollten sie nicht dort verkehren, wo Männer sich versammeln.«

Thomas Jefferson

»Eine Frau zu sein, bedeutet noch nicht, ein Mensch zu sein.«

Catharine MacKinnon

1. Der Feminismus und das gemeinsame Menschsein

Man fange mit dem Menschen an – mit den Fähigkeiten und Bedürfnissen, die allen Menschen jenseits der Schranken von Geschlecht und Klasse, von Rasse und Nation gemeinsam sind. Für jemanden, dem die Gleichheit und Würde der Frauen ein wichtiges Anliegen ist, scheint dieser Ansatz durchaus vielversprechend. Denn er lenkt unsere Aufmerksamkeit auf das, was alle Menschen teilen, und nicht auf die Privilegien und Errungenschaften einer herrschenden Gruppe, auf die Bedürfnisse und grundlegenden Fähigkeiten und nicht auf Macht oder Status. Frauen waren selten Könige oder Vornehme oder Hofleute oder Reiche. Sie waren dagegen oftmals arm, krank und tot.

Bei vielen Feministinnen wird dieser Ausgangspunkt auf Skepsis stoßen. Denn es ist allzu offensichtlich, daß solche vermeintlich neutralen allgemeinen Begriffe in der Geschichte des westlichen und nicht-westlichen politischen Denkens auf verschiedene Weise dazu gedient haben, männliche Privilegien aufrechtzuerhalten und Frauen auszugrenzen. Menschen werden weder als Könige noch als Vornehme noch als Hofleute geboren. Sie werden, so scheint es zumindest, als Männer und Frauen geboren.[215] Die Nacktheit, die Rousseau so hervorhebt, verweist auf einen Unterschied, der nach Rousseaus Überzeugung tiefgehende Differenzen in bezug auf Fähigkeiten und gesellschaftliche Bedeutung impliziert. Seine Bemerkungen über die menschliche Natur leiten seine Beschreibung von Emiles Erziehung ein. Von Sophie, Emiles Gefährtin, wird gesagt, sie habe eine andere »Natur« und daher bekomme sie eine andere Erziehung. Ob den Frauen – wie hier – nachgesagt wird, daß sich ihre »Natur« von der neutralen »menschlichen Natur« unterscheidet, oder ob sie einfach für degenerierte und minderwertige Exemplare ein und derselben »Natur« gehalten werden, läuft gewöhnlich auf dasselbe hinaus: auf die Feststellung der Unterlegenheit der Frau, die dazu dient, ihre Unterdrückung zu rechtfertigen und zu festigen.[216]

Gleichwohl meine ich, daß wir bei einer Konzeption des Menschen und des menschlichen Lebens ansetzen sollten, wenn wir über die Gleichheit der Frauen in Entwicklungsländern nachdenken. Dieser Ansatz kann mißbraucht werden. Er kann in einer Weise entwickelt werden, die ein Geschlecht benachteiligt. Er kann ungerecht und voreingenommen angewendet werden. Er kann so entwickelt werden, daß wichtige Unterschiede zwischen den Frauen verschiedener Nationalitäten, Klassen und Rassen außer acht gelassen werden. Ich halte ihn jedoch für den besten Ausgangspunkt für unsere Reflexion, sofern er in einer bestimmten Weise formuliert wird (und ich werde meinen Ansatz entschieden von anderen abgrenzen, die mit der »menschlichen Natur« operieren). Er ist der beste Weg, um zu erfassen, was falsch ist an der Situation, mit der Saleha Begum und Metha Bai konfrontiert sind[217], die beste Grundlage, um Gerechtigkeit für sie und die riesige Zahl von Frauen in der Welt einzufordern, die derzeit nicht die Möglichkeiten zu einer allseitigen »menschlichen Entwicklung« haben.

Der Begriff »Mensch« hat in den besten feministischen und internationalistischen Arbeiten bereits eine zentrale Rolle gespielt. Nehmen wir zum Beispiel J. St. Mills Bemerkungen über die »Vervollkommnung des Menschen« in *The Subjection of Women*; Amartya Sens Konzept der »menschlichen Fähigkeiten«, mit dessen Hilfe er die Geschlechterungleichheit bekämpfen möchte; das von Sen inspirierte Konzept der »menschlichen Entwicklung«, das im UNO-Bericht zur Beschreibung und Kritik der Ungleichheiten zwischen den Geschlechtern verwendet wird; Susan Moller Okins Plädoyer für eine »menschliche Gerechtigkeit« in ihrer jüngsten Arbeit auf dem Gebiet der femininistischen politischen Theorie; Catharine MacKinnons anschauliche Beschreibung der heutigen Situation der Frauen, die meiner Arbeit als ein Motto vorangestellt ist; und natürlich die Rolle, die diverse »Menschenrechts«-Kataloge oder auch »Die Menschenrechte« bei der Einforderung von Gerechtigkeit für Frauen gespielt haben.[218] Ähnliches läßt sich meiner Ansicht nach über das internationalistische Denken generell sagen.[219] So verstehe ich meine Thesen als das feministische Pendant zu den Thesen des ghanaischen Philosophen Kwame Anthony Appiah, der schrieb: »Wir werden unsere Probleme nur dann lösen können, wenn wir sie als menschliche Probleme sehen, die sich aus einer speziellen Situation ergeben, und wir werden sie nicht lösen können, wenn wir sie als afrikanische Probleme sehen, die dadurch entstehen, daß wir irgendwie anders sind als andere Menschen.«[220]

Ich vertrete eine offen universalistische und »essentialistische« Konzeption. Diese Konzeption fordert uns auf, unser Augenmerk auf die Gemeinsamkeiten und nicht auf die Unterschiede zu richten (wenngleich sie diese, wie wir sehen werden, nicht vernachlässigt) und einige Fähigkeiten und Tätigkeiten als wichtiger und zentraler für das menschliche Leben anzunehmen als andere. Die derzeitigen Hauptkontrahenten dieser Konzeption sind »Anti-Essentialisten« sowie Denker, die nicht von der Gleichheit, sondern von der Differenz – sowohl zwischen Frauen und Männern als auch zwischen Frauen – ausgehen und nach Normen suchen, die in bezug auf einen lokalen Kontext und lokale Überzeugungen definiert werden. Gegenpositionen begegnen uns in vielen Spielarten, und ich werde auf mehrere Einwände eingehen, die gegen meine universalistische Konzeption vorgebracht werden. Zur Begründung meines Projekts möchte ich zunächst jedoch von einigen Gesprächen berichten, die tatsächlich im WIDER stattgefunden haben und bei denen der Eindruck entstand, daß die relativistische Position besorgniserregende Auswirkungen auf das Leben von Frauen hat.[221] In einigen Fällen habe ich zwei Gespräche zu einem zusammengefaßt; ansonsten haben sich die Dinge so abgespielt, wie ich sie beschreibe.[222]

Auf einer Konferenz über »Werte und Technik« hält ein amerikanischer Ökonom, der lange ein linker Kritiker der neoklassischen Wirtschaftstheorie war, einen Vortrag, in dem er für die Erhaltung der traditionellen Lebensformen in einem ländlichen Gebiet in Indien eintritt, das durch westliche Entwicklungsprojekte verseucht zu werden droht. Als Beweis für die Vorzüge der ländlichen Lebensweise führt er an, daß hier eine – von ihm so genannte – »integrierte Lebensweise« bestehe, womit er eine Lebensweise meint, bei der gleiche Werte am Arbeitsplatz und im häuslichen Bereich gelten, während es im Westen eine scharfe Trennung zwischen diesen beiden Bereichen gebe. Sein Beispiel: Ebenso wie man von einer menstruierenden Frau zu Hause annimmt, sie würde die Küche verunreinigen, nimmt man von ihr am Arbeitsplatz an, sie würde den Webstuhl verunreinigen, so daß sie weder die Küche noch den Raum mit den Webstühlen betreten darf. Amartya Sen hält dem entgegen, dieses Beispiel sei eher abschreckend als nachahmenswert; denn solche Praktiken entwürdigen die Frauen und schränken ihre Freiheit ein. Die Mitarbeiterin des Ökonomen, eine elegante französische Anthropologin (die sich vermutlich vehement gegen eine Reinlichkeitsüberprüfung vor dem Seminarraum wehren würde), antwortet Sen, ob er denn nicht sehe, daß es in diesen Dingen keinen privilegierten Standpunkt gebe? Dies alles sei ja schließlich von Derrida und Foucault aufgezeigt worden. Ob er denn nicht wisse, daß er die Andersheit der indischen Auffassungen außer acht lasse, wenn er seine westlichen essentialistischen Werte ins Spiel bringt?[223]

Daraufhin hält die französische Anthropologin ihren Vortrag. Sie bringt ihr Bedauern darüber zum Ausdruck, daß die Einführung der Pockenschutzimpfung in Indien durch die Engländer den Kult der Sittala Devi ausgerottet hat, der Göttin, zu der man zuvor betete, um die Pockenkrankheit abzuwenden. Hier, so sagt sie, liege ein weiteres Beispiel für die Mißachtung der Differenz durch den Westen vor. Irgendein Teilnehmer (vielleicht war ich es) erhebt den Einwand, daß es doch sicherlich besser sei, gesund statt krank zu sein, zu leben, statt zu sterben. Die Antwort kommt prompt: Die westliche essentialistische Medizin betrachtet die Dinge als dualistische Gegensätze: das Leben als Gegensatz zum Tod, die Gesundheit als Gegensatz zur Krankheit.[224] Wenn wir uns von diesem Denken in Gegensätzen befreien, würden wir die Andersheit der indischen Traditionen begreifen können.

An diesem Punkt erhebt sich Eric Hobsbawm, der den Vorträgen und Diskussionen mit einem immer unbehaglicheren Schweigen zugehört hatte, und geht scharf mit dem in dieser Gruppe vorherrschenden Traditionalismus und Relativismus ins Gericht. Er führt historische Beispiele dafür an, daß Rückgriffe auf die Tradition zur Rechtfertigung von Gewalt und Unterdrückung herhalten mußten.[225] Sein letztes Beispiel ist der deutsche Nationalsozialismus. In dem darauffolgenden Durcheinander fordern die meisten relativistischen Sozialwissenschaftler – vor allem diejenigen aus dem Ausland, die nicht wissen, wer Hobsbawm ist –, dieser solle den Raum verlassen. Der radikale amerikanische Ökonom, verwirrt über das offenkundige Spannungsverhältnis zwischen seinem Relativismus und seiner Linksorientierung, erreicht mit Mühe und Not, daß Hobsbawm bleiben darf.

Wir gehen jetzt zu einer anderen Konferenz über, einer philosophischen Konferenz, die zwei Jahre später von Amartya Sen und mir organisiert wurde.[226] Sen legt dar, er vertrete die – vielleicht grobschlächtige – Auffassung, daß Leben und Tod auf eine sehr dualistische Weise entgegengesetzt seien und daß solche dualistischen Gegensätze bei der Untersuchung von Entwicklung eingebracht werden können und sollen. Sein Vortrag »Capability and Well-Being« enthält viele universalistische Vorstellungen von menschlichen Fähigkeiten und Tätigkeiten; er spricht über Entscheidungsfreiheit als ein elementares menschlichen Gut. An dieser Stelle wird er von dem radikalen Ökonomen meiner ersten Geschichte unterbrochen, der mit Entschiedenheit und unter Berufung auf die heutige Ethnologie darauf hinweist, daß nicht-westliche Menschen keinen besonderen Wert auf Entscheidungsfreiheit legen würden. Sein Beispiel: Ein neues Buch über Japan zeige, daß japanische Männer, wenn sie von der Arbeit nach Hause kommen, nicht entscheiden möchten, was sie zum Abendessen wollen, was sie anziehen usw. Sie möchten vielmehr, daß ihnen alle diese Entscheidungen von der Ehefrau abgenommen werden. Es folgt eine hitzige Diskussion über das, was dieses Beispiel wirklich deutlich macht. Ich überlasse es Ihrer Phantasie, sie zu rekonstruieren. Die Gewißheit des radikalen Ökonomen ist bis zuletzt nicht zu erschüttern: Sen und ich werden der schlechten universalistischen Denkweise bezichtigt, die keinen Respekt vor der »Differenz« hätte.[227]

Hier haben wir es mit jener relativistischen Position zu tun, deren Einfluß im Bereich der Entwicklungsforschung nicht zuletzt Sens Arbeiten und auch meine motivierte. Es handelt sich dabei um ein merkwürdiges Phänomen: Hochintelligente Menschen, die sich sehr für das Wohlergehen von Frauen und Männern in Entwicklungsländern engagieren, die sich selbst für progressiv, feministisch und antirassistisch halten, Menschen, die zu Recht sagen, daß das Entwicklungskonzept ein evaluatives Konzept ist, das eine normative Begründung erfordert, wollen in Wirklichkeit nichts von einer normativen Begründung wissen und nehmen Positionen ein, die sich – wie Hobsbawm richtig erkannte – mit Positionen der Reaktion, der Unterdrückung und des Sexismus decken. Unter der Flagge einer modischen Opposition gegen den »Essentialismus« versammeln sich alte religiöse Tabus, die Bequemlichkeit des verwöhnten Ehemannes, Unwissenheit, ungleiche medizinische Versorgung und vorzeitiger Tod. (Auf meine eigene universale, Aristoteles verpflichtete Weise sage ich, daß der Tod in der dualistischsten Weise dem Leben, die Sklaverei der Freiheit, der Hunger der angemessenen Ernährung, die Unwissenheit dem Wissen entgegengesetzt ist. Und ich glaube auch nicht, daß derartige Gegensätze nur oder vorwiegend im westlichen Denken wichtig sind und wichtig sein sollten.)

Die relativistische Infragestellung einer universalen Vorstellung vom Menschen und vom menschlichen Handeln ist nicht immer von klaren und expliziten philosophischen Argumenten begleitet. Dies gilt besonders für den Bereich der Entwicklungsforschung, auf den ich mich bezogen habe; hier wird keine philosophische Diskussion über den Relativismus in der Ethik und Wissenschaft geführt, der Universalismus dagegen schlicht als Vermächtnis westlicher »*Episteme*«-Konzeptionen[228] abgetan, die angeblich im Bunde mit Imperialismus und Unterdrückung stehen.[229] Es scheint mir sehr wichtig, Klarheit über die verschiedenen Stränge der philosophischen Debatte über diese Fragen zu gewinnen, um die Gleichstellung der Frauen weiter voranzubringen. Im folgenden werde ich kurz und schematisch mehrere Einwände gegen eine universale Konzeption des menschlichen Lebens und Handelns in der Entwicklungsforschung darstellen und später auf sie eingehen.

2. Der Angriff auf den Universalismus

Viele Kritiker des Universalismus im Bereich der Ethik sind in Wirklichkeit Kritiker des metaphysischen Realismus, die annehmen, daß der Realismus eine notwendige Basis des Universalismus ist. Ich meine, diese Annahme ist falsch. Unter metaphysischem Realismus verstehe ich die (sowohl in der westlichen als auch in der nicht-westlichen philosophischen Tradition übliche) Auffassung, daß es unabhängig von den interpretativen Anstrengungen der mit kognitiven Fähigkeiten ausgestatteten Menschen eine ganz bestimmte Art und Weise gibt, wie die Welt ist. Diese sehr natürliche Sichtweise, die eine sehr gängige Alltagsauffassung sowohl in westlichen als auch in nicht-westlichen Traditionen widerspiegelt, bedarf zu ihrer Artikulation keinerlei Metaphysik. Wir haben weder die Sterne noch die Erde noch die Bäume geschaffen: Sie sind das, was sie sind, außerhalb von uns und warten darauf, erkannt zu werden. Und unser Erkennen ändert nichts an dem, was sie sind.

Einer solchen Auffassung zufolge ist das, was der Mensch allgemein und seinem Wesen nach ist, Teil der Ausstattung des Universums, etwas, das prinzipiell unabhängig von jeder menschlichen Erfahrung und menschlichen Geschichte erkannt und untersucht werden kann. Häufig wird gesagt, daß ein Gott oder Götter diese Art von Wissen haben, und vielleicht auch einige weise Menschen. Diesem Wissen wird gewöhnlich eine normative Kraft zugesprochen. Diese Auffassung von dem, was wir sind, setzt dem Grenzen, was zu sein wir legitimerweise anstreben können.[230] Es ist diese Art der Erforschung der Natur des Menschen, die S.A. und F.A. Marglin in ihrer Kritik dessen angreifen, was sie westliche *episteme* nennen. Sie halten sie für einen notwendigen Bestandteil eines jeden ethischen Universalismus.

Der gängige Einwand gegen diese Art von Realismus lautet, daß uns solche außerhalb der Geschichte und der Erfahrung liegenden metaphysischen Wahrheiten nicht zugänglich sind. Manchmal wird dieser Einwand mit einer Einschränkung verbunden: Die unabhängige Struktur mag durchaus vorhanden sein, aber wir können sie nicht erfassen. Häufiger wird die Kohärenz der gesamten realistischen Idee in Zweifel gezogen, daß die Dinge unabhängig von jeder menschlichen Interpretation in einer ganz bestimmten Weise existieren. Diesen Einwand assoziieren Nicht-Philosophen gerne mit Jacques Derridas Angriff auf die »Präsenzmetaphysik« (J. Derrida), die die gesamte philosophische Tradition des Westens dominiert habe, sowie mit Richard Rortys Angriff auf die Idee, daß der erkennende Geist bestenfalls ein »Spiegel der Natur« sei.[231] In Wirklichkeit hat er jedoch eine viel längere und kompliziertere Geschichte – auch in der westlichen Philosophie –, die schon mit Kants Kritik an der Transzendentalmetaphysik und vielleicht schon mit Aristoteles' Kritik an Plato begonnen hat.[232] Eine ähnliche Debatte wurde lange in der klassischen indischen Philosophie geführt, und es hat sie zweifellos auch in anderen philosophischen Traditionen gegeben.[233] Derzeit gibt es viele komplexe Auseinandersetzungen über den Realismus, bei denen – in der Wissenschafts- und Sprachphilosophie – häufig technikbezogene Fragestellungen diskutiert werden.

Die Debatte über den Realismus scheint keineswegs beendet. Über die zentralen Themen wird weiterhin eine heftige und spitzfindige Diskussion geführt, und mittlerweile liegt ein breites Spektrum von Meinungen vor. Andererseits war der Angriff auf den Realismus so tiefgreifend und nachhaltig, daß es für eine ethische und politische Auffassung, die breite Unterstützung sucht, strategisch klug ist, sich nicht auf den metaphysischen Realismus zu stützen, sofern sie sich anders verteidigen kann. Es scheint in der Tat problematisch, daß alle universalistischen und humanistischen ethischen Konzeptionen den universalen Menschenbegriff als Teil einer unabhängigen Struktur der Welt betrachten sollen, die nicht durch die Selbstinterpretation und Geschichte der Menschen vermittelt ist; es gibt also gute Gründe, zu versuchen, ohne solche Konzeptionen auszukommen.

Der Universalismus bedarf einer solchen Unterstützung jedoch nicht.[234] Denn universale Menschenbegriffe ergeben sich aus der menschlichen Geschichte und Erfahrung und lassen sich durch die Erfahrung begründen. Wenn wir es, wie die Kritiker des Realismus behaupten, ständig mit unseren eigenen Interpretationen zu tun haben, dann müssen sie einräumen, daß universale Menschenbilder in diesen Interpretationen eine wichtige Rolle spielen und kaum zusammen mit so abstrusen philosophischen Wesenheiten wie Platos Erscheinungen auf den Müllhaufen der Geschichte der Metaphysik geworfen werden können. Wie Aristoteles es schlicht ausdrückt: »Man kann ja auch auf Reisen sehen, wie jeder Mensch dem anderen verwandt und freund ist.« (*Nikomachische Ethik* VIII.1 1155 a 21 f.) Auch Kwame Anthony Appiah erzählt eindrucksvoll die Geschichte seiner bikulturellen Kindheit: Ein Kind, das Großeltern in Ghana und im ländlichen England besucht, das einen libanesischen Onkel und später, als Erwachsener, Nichten und Neffen aus mehr als sieben verschiedenen Nationen hat, stellt fest, daß es nicht eine unüberbrückbare fremde »Andersheit«, sondern viele menschliche Gemeinsamkeiten gibt: Er sieht die Welt als ein »Netzwerk von Berührungspunkten«.[235] Auch wenn man sich an diesen Berührungspunkten orientiert, kann man durchaus die Schlußfolgerungen der Realismus-Kritiker akzeptieren und dennoch glauben, daß ein universaler Menschenbegriff ein zulässiger und guter Ausgangspunkt für die Ethik ist. Ich werde eine Variante eines solchen Menschenbegriffs entwickeln, indem ich versuche, eine Reihe von besonders zentralen und elementaren menschlichen Tätigkeiten zu identifizieren, die die Grundlage dieser Berührungspunkte sind.

Aber auch ein solcher in der menschlichen Erfahrung und Geschichte gründender Universalismus[236] ist nicht gegen einige Einwände immun, die gewöhnlich gegen den Universalismus geltend gemacht werden. Daher muß ich diese Einwände darlegen und sie später auf dem Wege der Selbstanwendung überprüfen.

2.1 *Mißachtung der historischen und kulturellen Differenzen*

Die Gegner behaupten, daß jeder Ansatz, der bestimmten Elementen des menschlichen Lebens ohne Rückgriff auf eine transhistorische Realität eine fundamentalere Bedeutung als anderen beimißt, den tatsächlichen historischen und kulturellen Differenzen nicht genügend Beachtung schenkt. Die Menschen, so das Argument, verstehen das menschliche Leben und das Menschsein auf sehr unterschiedliche Weisen; und jeder Versuch, eine Liste der fundamentalsten Eigenschaften und Tätigkeiten zu erstellen, verabsolutiert gewisse Auffassungen vom Menschsein, während er andere herabsetzt. Für gewöhnlich laufe dies darauf hinaus, die Auffassung einer dominanten Gruppe auf Kosten der Auffassung einer Minderheit zu verabsolutieren. Dieser Einwand wird häufig von Feministinnen vorgebracht und kann sich auf viele historische Beispiele stützen, bei denen das Menschsein in der Tat durch die kulturell geprägten Merkmale von Männern definiert wurde.

Es ist nicht klar, was dieser Einwand beweisen soll. Es ist vor allem nicht klar, warum er die Idee aufrechterhält, daß wir unsere ethischen Normen statt dessen auf die tatsächlichen Präferenzen und Selbstwahrnehmungen jener Menschen gründen sollten, die, wie die Kritiker selbst einräumen, ein Leben der Entbehrung und der Unterdrückung führen.[237] Aber er zeigt zumindest, daß das Vorhaben, einem Bild vom Menschen gegenüber einem anderen den Vorzug zu geben, sowohl mit politischen als auch mit philosophischen Schwierigkeiten verbunden ist.

2.2 *Mißachtung der Autonomie*

Ein anderer Einwand wird von liberalen Universalismus-Gegnern vorgebracht, wie von meinen relativistischen Kontrahenten, den Marglins. (Viele dieser Kritiker – wenn wohl auch nicht die Marglins – sind bereit, zumindest in mancher Hinsicht ein universales Menschenbild anzunehmen, indem sie der Entscheidungsfreiheit überall eine zentrale Bedeutung beimessen.) Der

Einwand lautet: Wenn das universalistische Programm im voraus festlegt, welche Elemente des menschlichen Lebens am wichtigsten sind, so respektiert es nicht das Recht der Menschen, einen Lebensplan nach eigenen Vorstellungen zu wählen und selbst zu bestimmen, was zentral ist und was nicht. Diese Vorgehensweise sei »imperialistisch«. Solche evaluativen Entscheidungen müssen allen Bürgern selbst überlassen sein. Aus diesem Grund muß sich die Politik einer spezifischen Theorie über den Menschen und das menschlich Gute verweigern.

2.3 Voreingenommene Anwendung

Gehen wir von einem bestimmten Begriff des Menschen aus, der eine gewisse moralische und politische Überzeugungskraft haben soll, müssen wir bei seiner praktischen Anwendung fragen, welche Lebewesen unserer Meinung nach unter diesen Begriff fallen. Und hier setzt die Kritik an: Auch wenn der Begriff weit gefaßt ist und auf ein Höchstmaß von Gleichheit abzielt, können die Machtlosen nur allzu leicht ausgeschlossen werden. Aristoteles selbst, so das Argument, war der Ansicht, daß Frauen und Sklaven keine vollwertigen Menschen seien; und da seine politischen Schlußfolgerungen auf seiner Auffassung von den menschlichen Fähigkeiten basierten, war das vermeintliche Unvermögen dieser Lebewesen, entsprechend den erwünschten Fähigkeiten zu handeln, ein Grund für ihre Unterdrückung und ihren Ausschluß vom politischen Leben.

Auch hier ist unklar, was dieser Einwand beweisen soll. Vor allem ist nicht einsichtig, wie er zeigen soll, daß wir besser ohne solche fest umrissenen universalen Konzeptionen auskommen. Denn plausiblerweise läßt sich auch argumentieren, daß es ohne eine solche Konzeption noch leichter gewesen wäre, Frauen und Sklaven willkürlich auszuschließen. Genau dies werde ich zeigen.[238] Andererseits verdeutlicht die Kritik, daß wir nicht nur über den angemessenen Begriff des Menschen, sondern auch darüber nachdenken müssen, welche Art Lebewesen legitimerweise darunter fällt.

Jeder dieser Einwände hat etwas für sich. Zahlreiche universale Konzeptionen des Menschen waren anmaßend und engstirnig und haben die Unterschiede zwischen den Kulturen und Lebensweisen mißachtet. Und viele sind in der Praxis voreingenommen angewendet worden. Aber keiner von ihnen beweist, daß alle derartigen Konzeptionen in dieser oder jener Weise zum Scheitern verurteilt sind. An diesem Punkt muß ich ein Beispiel für eine solche Konzeption anführen, um sowohl seine Vorzüge als auch die darin enthaltenen Gegenargumente deutlich zu machen.

3. Eine Konzeption des Menschen: Die zentralen menschlichen Fähigkeiten

Im folgenden skizziere ich die wichtigsten Fähigkeiten und Tätigkeiten des Menschen, durch die sich menschliches Leben definieren läßt. Die grundlegende Idee ist, zu fragen: Was sind die charakteristischen Tätigkeiten[239] des Menschen? Was tut der Mensch als solcher – und nicht als Mitglied einer bestimmten Gruppe oder einer bestimmten lokalen Gemeinschaft? Um es anders auszudrücken: Welche Formen des Tuns und Seins konstituieren die menschliche Lebensform und heben sie von anderen tatsächlichen oder vorstellbaren Lebensformen wie denen von Tieren und Pflanzen einerseits und von den unsterblichen Göttern der Mythen und Legenden andererseits ab (die häufig genau die Funktion haben, die Sphäre des Menschen einzugrenzen)?

Diesem Problem können wir uns besser über zwei konkrete Fragen nähern, die wir uns häufig stellen. Die erste Frage betrifft die personale Identität. Welche Veränderungen oder Übergänge sind mit der Weiterexistenz dieses Lebewesens als Mitglied der menschlichen Art vereinbar und welche nicht? (Da die fortbestehende Artzugehörigkeit für die fortbestehende personale Identität zumindest eine notwendige Bedingung zu sein scheint, ist dies auch eine Frage nach den notwendigen Bedingungen für die Weiterexistenz als ein und dasselbe Individuum.) Manche Fähigkeiten können ausfallen, wobei wir es immer noch mit einem menschlichen Wesen zu tun haben; das Fehlen anderer scheint dagegen das Ende eines menschlichen Lebens zu signalisieren. Diese Frage stellt sich regelmäßig, wenn wir versuchen, den Tod in einer Situation medizinisch zu definieren, in der es nur noch wenige Lebensäußerungen gibt, oder wenn wir für andere oder (vorausschauend) für uns selbst entscheiden wollen, ob ein bestimmter Grad von Krankheit oder Behinderung bedeutet, daß das Leben des betreffenden Lebewesens zu Ende geht.[240]

Die andere Frage betrifft die Zugehörigkeit zu unserer Art. Wir erkennen andere Menschen als Menschen trotz vieler Unterschiede in bezug auf Ort und Zeit, auf Brauchtum und äußere Erscheinung. Kwame Anthony Appiah beschreibt, wie er seinen verschiedenen Nichten und Neffen beim Spielen zusah, wobei ihm spontan der Ausdruck »die menschliche Zukunft« einfiel.[241] Wie sehr wir auch unsere Hunde und Katzen lieben mögen, wir erkennen, daß solche Szenen sich sehr von den Szenen unterscheiden, wo Kinder mit einem Hund oder mit einer Katze spielen. Worauf beruhen diese Erkenntnisse? Wir erzählen uns häufig Geschichten von anthropomorphen Wesen, die wir aufgrund irgendeines Merkmals ihrer Lebensform und ihres Handelns nicht als menschlich klassifizieren. Worauf beruhen diese ausschließenden Klassifikationen? Kurz gesagt, was muß unserer Ansicht nach vorhanden sein, damit wir ein gegebenes Leben als ein menschliches anerkennen?[242]

Zur Beantwortung dieser Frage untersuchen wir ein breites Spektrum von menschlichen Selbstinterpretationen zu vielen Zeiten und an vielen Orten. Besonders wertvoll sind Mythen und Geschichten, die dem Menschen einen Platz im Universum zwischen den »Tieren« einerseits und den »Göttern« andererseits zuweisen; Geschichten, die fragen, was es bedeutet, als ein Wesen zu leben, das einerseits bestimmte Fähigkeiten hat, die es von der übrigen Welt der Natur unterscheiden, und andererseits bestimmte Grenzen, die durch die Zugehörigkeit zur Welt der Natur bedingt sind. Diese Geschichten legen den Gedanken nahe, daß sich die Menschen in vielen verschiedenen Gesellschaften über die allgemeinen Umrisse einer solchen Konzeption einig sind. Das ist nicht überraschend, da sie sich gegenseitig als Mitglieder derselben Art erkennen[243], heiraten, Kinder miteinander haben und so weiter – und sich nicht zuletzt solche Geschichten ohne große Vermittlungsschwierigkeiten erzählen können. Diese Konvergenz gibt uns Grund zu der optimistischen Annahme, daß wir, wenn wir so verfahren und unsere Phantasie spielen lassen, am Ende eine Theorie haben werden, die nicht bloß die Projektion lokaler Präferenzen, sondern im vollen Sinne international ist und eine Grundlage für eine kulturübergreifende Verständigung darstellt. Mehrere wichtige methodologische Punkte sind hervorzuheben:

1. Die Verfahrensweise, die zu dieser Konzeption des Menschen führt, ist weder eine ahistorische noch eine apriorische Konstruktion. Sie stellt den Versuch dar, ein sehr allgemeines Bild von den Erfahrungen zu gewinnen, die die Menschen im Laufe ihrer Geschichte geteilt haben und teilen. Ähnliches gilt für die Ergebnisse der Untersuchung: Sie behaupten nicht, ahistorisch zu sein oder eine apriorische Wahrheit auszudrücken, sondern verstehen sich als eine besonders tiefe und konstante Wahrheit, die in menschlicher Erfahrung und Geschichte wurzelt.

2. Andererseits lenken die die Untersuchung leitenden Fragen den Blick über nationale und zeitliche Grenzen hinweg auf diejenigen Merkmale, an denen sich die Menschen über diese Grenzen hinweg als solche erkennen. Auf diese Weise können wir erwarten, daß ihre Ergebnisse mehr das Konstante als das sich Wandelnde, mehr das Internationale als das Lokale widerspiegeln.

3. Die Konzeption ist weder biologisch noch metaphysisch begründet. (Daher habe ich den Begriff »menschliche Natur« vermieden, der normalerweise mit Versuchen verbunden ist, den Menschen entweder vom Standpunkt einer angeblich wertfreien Wissenschaft oder vom Standpunkt einer normativen, oftmals teleologischen Metaphysik aus zu beschreiben.) Die Untersuchung schenkt der Biologie durchaus Beachtung, aber nur, sofern sie ein Teil der menschlichen Erfahrung ist und diese prägt. Es handelt sich um eine evaluative und im weiten Sinne ethische Untersuchung. Sie fordert uns auf, die Komponenten des menschlichen Lebens zu bewerten und zu fragen, welche so wichtig sind, daß wir ein Leben, dem sie fehlen, nicht als ein menschliches bezeichnen würden. Das Ergebnis dieser Untersuchung besteht also nicht in der Erstellung einer Liste wertneutraler Fakten, sondern in der Entwicklung einer normativen Konzeption.

4. Die Konzeption soll sowohl vorläufig als auch offen sein. Wir lassen ausdrücklich Raum für die Möglichkeit, aus unseren Begegnungen mit anderen menschlichen Gesellschaften Dinge über uns selbst zu erkennen, die wir vorher nicht erkannten, oder uns in einer bestimmten Weise zu verändern und Dingen mehr Bedeutung beizumessen, die wir für peripher hielten. (Wir können auch unsere gesamte Einstellung verändern und dadurch zu einem politischen Konsens gelangen.)

5. Die Konzeption leugnet nicht, daß die von ihr benannten Komponenten bis zu einem gewissen Grad von verschiedenen Gesellschaften unterschiedlich konstruiert werden. Sie behauptet jedoch, daß es in diesen Bereichen ein beträchtliches Maß an Kontinuität und Überschneidung gibt, das ausreicht, um einen tragfähigen politischen Konsens zu begründen.[244]

6. Obwohl die Konzeption auf Konsens ausgerichtet ist, sollte der Konsens selbstverständlich nur dann akzeptabel sein, wenn er durch vernünftige Verfahrensweisen erreicht wird, bei denen der Begriff »Vernünftigkeit« einen normativen Inhalt hat.[245] So gesehen, unterscheidet er sich von einem Konsens, der sich aus bloßer Überschneidung ergibt.[246]

7. Die Liste ist heterogen: Sie enthält sowohl Grenzen, gegen die wir andrängen, als auch Fähigkeiten, durch die wir nach Entfaltung streben. Das ist nicht überraschend, da wir von der intuitiven Vorstellung eines Lebewesens ausgegangen sind, das sowohl Fähigkeiten als auch Bedürfnisse hat.

8. Der Begriff »Mensch«, wie diese Konzeption ihn versteht, ist in einer Hinsicht dem Begriff »Person« vergleichbar, wie er gemeinhin in der Moralphilosophie verwendet wird: Er stellt einen normativen ethischen Begriff dar. Da er jedoch im Zusammenhang mit der empirischen Untersuchung einer artspezifischen Lebensform und der Frage verwendet wird, was die wesentlichsten Elemente einer solchen Lebensform ausmacht, kann es schwerer sein, seine Anwendung auf bestimmte Lebewesen in willkürlicher Weise zu verweigern (vgl. Abschnitt 7). Darin liegt auch seine feministische Relevanz. Die Bezeichnung »Person« wurde Frauen häufig ohne substantielle Begründung verweigert.[247] Hier also eine erste Annäherung an die Frage, was zu einem Leben zu gehören scheint, das uns als ein menschliches Leben gilt.

3.1 Ebene eins der Konzeption des Menschen: Die menschliche Lebensform in ihrer Grundstruktur

Sterblichkeit
Alle Menschen haben den Tod vor sich und wissen ab einem bestimmten Alter, daß sie ihn vor sich haben. Diese Tatsache prägt mehr oder weniger jeden anderen Aspekt des menschlichen Lebens. Außerdem haben alle Menschen eine Abneigung gegen

den Tod. Obwohl es viele Situationen gibt, in denen der Tod den möglichen Alternativen vorgezogen wird, löst der Tod eines geliebten Menschen oder die Aussicht auf den eigenen Tod Kummer und/oder Angst aus. Wenn wir einem unsterblichen anthropomorphen Wesen oder einem sterblichen Wesen begegnen würden, das keine Abneigung gegen den Tod und überhaupt keine Neigung zeigte, ihn zu vermeiden, würden wir in beiden Fällen zu dem Schluß kommen, daß diese Lebensform sich so sehr von unserer unterscheidet, daß wir dieses Wesen nicht als ein menschliches anerkennen könnten.

Der menschliche Körper

Wir leben in bestimmten Körpern, deren Möglichkeiten und Verletzbarkeiten als solche keiner menschlichen Gesellschaft mehr eignen als einer anderen. In diesen Körpern, die (trotz einer enormen Bandbreite) mehr Ähnlichkeiten als Unähnlichkeiten aufweisen, sind wir gewissermaßen beheimatet, und sie eröffnen und versagen uns bestimmte Optionen. Die Tatsache, daß jeder Mensch irgendwo gelebt und irgendeiner Kultur angehört hat, ist ein großer Teil dessen, was unser gegenseitiges Erkennen begründet; diese Tatsache hat wiederum sehr viel mit dem allgemeinmenschlichen Charakter des Körpers zu tun. Die Art und Weise, wie der Körper erfahren wird, ist sicherlich kulturell geprägt; die Bedeutung, die wir seinen verschiedenen Funktionen zuschreiben, verdankt sich ebenfalls kulturellen Interpretationen. Aber der Körper selbst, der in seinen Ernährungs- und anderen damit zusammenhängenden Erfordernissen nicht kulturbedingt ist, setzt den potentiellen Erfahrungen und Wertsetzungen Grenzen und sorgt für ein hohes Maß an Überschneidung.

Es gibt natürlich große Meinungsverschiedenheiten darüber, in welchem Maße menschliche Erfahrungen körpergebunden sind. Hier kommen die Religion und die Metaphysik in einer nicht unbeträchtlichen Weise ins Spiel. Daher beziehe ich – entsprechend dem nicht-metaphysischen Charakter der Liste – nur diejenigen Merkmale ein, die selbst von ausgemachten Dualisten als körperliche anerkannt würden. Die umstritteneren Merkmale, wie das Denken, Wahrnehmen und Fühlen, werde ich gesondert diskutieren und keinen Standpunkt zur Frage des Dualismus beziehen.

a) *Hunger und Durst: das Bedürfnis nach Essen und Trinken.*

Alle Menschen brauchen zum Leben Essen und Trinken; alle bedürfen einer vergleichbaren Ernährung, auch wenn diese unterschiedliche Formen hat. Zu einer bestimmten Kultur zu gehören bedeutet nicht, einen anderen Stoffwechsel zu haben. Außerdem haben alle Menschen Gelüste, die auf Bedürfnisse verweisen. Die Erfahrung von Begehren ist bis zu einem gewissen Grad kulturell geprägt; aber es überrascht uns nicht, wenn wir viele Ähnlichkeiten und Überschneidungen entdecken. Überdies wollen die Menschen im allgemeinen nicht hungrig oder durstig sein (wenngleich sie sich natürlich aus irgendeinem Grund zum Fasten entschließen können). Wenn wir einem Menschen begegnen würden, der wirklich weder Hunger noch Durst hätte oder keinen Wert darauf legen würde, seinen Hunger und Durst zu stillen, würden wir von diesem Wesen (mit Aristoteles' Worten) sagen, daß es »dem Menschsein überhaupt ferne« ist.

b) *Bedürfnis nach Schutz*. Ein in den Mythen stets wiederkehrendes Thema ist die Nacktheit des Menschen, seine relative Ungeschütztheit in der Welt der Tiere und Pflanzen, seine Anfälligkeit für Hitze, Kälte und das Wüten der Elemente. Geschichten, die den Unterschied zwischen unseren Bedürfnissen und denen von Pelz- oder Schalentieren oder anderweitig geschützten Geschöpfen ergründen, erinnern uns daran, wie sehr unser Leben durch das Bedürfnis bestimmt wird, uns durch Kleidung und Behausung zu schützen.

c) *Sexuelles Verlangen*. Obwohl das sexuelle Verlangen ein weniger dringendes Bedürfnis ist als das nach Essen, Trinken und Schutz (in dem Sinne, daß man leben kann, ohne es zu befriedigen), gehört es – zumindest ab einem gewissen Alter – mehr oder weniger zu jedem menschlichen Leben. Es war und ist eine sehr wichtige Voraussetzung dafür, daß wir Menschen, die sich von uns unterscheiden, als solche erkennen.

d) *Mobilität*. Die Menschen sind einer alten Definition zufolge federlose Zweibeiner – das heißt Geschöpfe, deren Lebensform teilweise durch die Fähigkeit konstituiert wird, sich auf eine bestimmte charakteristische Weise von einem Ort zu einem anderen zu bewegen, und zwar nicht nur mit Hilfe der von ihnen gefertigten Werkzeuge, sondern auch mit ihrem eigenen Körper. Die Menschen bewegen sich gerne fort und mögen es nicht, wenn sie ihrer Mobilität beraubt sind. Ein anthropomorphes Wesen, das sich von der Geburt bis zum Tod niemals fortbewegen würde, würde von uns kaum als ein menschliches Wesen betrachtet.

Die Fähigkeit, Freude und Schmerz zu empfinden
Erfahrungen von Schmerz und Freude gehören zu jedem menschlichen Leben (wenngleich sowohl ihre Ausdrucksformen als auch bis zu einem gewissen Grad die Erfahrungen selbst kulturell geprägt sind). Die Abneigung gegen Schmerz als ein Grundübel ist ein naturwüchsiger und – wie es scheint – nicht erlernter Teil eines menschlichen Wesens. Eine Gesellschaft, deren Mitgliedern diese Abneigung völlig fehlte, würde sicherlich als jenseits der Grenzen des Menschlichen liegend eingestuft.

Kognitive Fähigkeiten: Wahrnehmungs-, Vorstellungs-, Denkfähigkeit
Alle Menschen haben eine Sinneswahrnehmung, die Fähigkeit, sich etwas vorzustellen, zu denken, zu unterscheiden und »nach Wissen zu streben« (*Metaphysik* I.1). Diese Fähigkeiten gelten als zentral. Es ist eine offene Frage, welche Art von Unfällen oder Störungen, die Menschen in diesen Bereichen zustoßen können, uns zu dem Schluß gelangen lassen, daß das betreffende Leben kein wirklich menschliches Leben mehr ist. Aber wir können mit Sicherheit sagen, daß wir uns eine Gesellschaft, deren Mitglieder keinerlei Sinneswahrnehmung, Vorstellungskraft oder Denkfähigkeit hätten, nicht als eine menschliche Gesellschaft vorstellen würden, unabhängig davon, wie sie aussähe.

Frühkindliche Entwicklung
Alle Menschen beginnen ihr Leben als hungrige Säuglinge, die ihre eigene Hilflosigkeit empfinden und abwechselnd Nähe und Distanz denjenigen gegenüber erfahren, von denen sie abhängig sind. Diese Struktur des frühkindlichen Lebens – die in den verschiedenen Gesellschaften sehr unterschiedlich ausgeprägt ist – führt zu vielen sich überschneidenden Erfahrungen und Erlebnissen, die von zentraler Bedeutung für die Ausbildung von Bedürfnissen und von Gefühlen wie Kummer, Liebe und Zorn sind. Dies ist wiederum eine der Hauptursachen für unsere Fähigkeit, uns in den emotionalen Erlebnissen von Menschen wiederzuerkennen, die ansonsten ein Leben führen, das sich von dem unsrigen sehr unterscheidet. Wenn wir einer Gruppe von Wesen begegnen würden, die wir zunächst als Menschen

wahrnehmen, an denen wir dann aber entdecken, daß sie niemals Säuglinge waren und folglich niemals die Erfahrungen extremer Abhängigkeit, Bedürftigkeit und Zuwendung gemacht haben, würden wir wohl zu dem Schluß kommen, daß ihre Lebensform so sehr von der unsrigen abweicht, daß wir sie nicht als Angehörige unserer Art betrachten können.

Praktische Vernunft
Alle Menschen planen und organisieren ihr Leben (oder versuchen es zumindest), indem sie fragen und Antworten auf die Frage finden, was gut ist und wie man leben soll. Darüber hinaus möchten sie in ihrem Leben ihre Gedanken verwirklichen. Sie möchten fähig sein, zu wählen, zu urteilen und dementsprechend zu handeln. Diese allgemeine Fähigkeit hat viele konkrete Formen und ist auf komplexe Art und Weise mit den emotionalen, imaginativen und intellektuellen Fähigkeiten verbunden. Aber ein Wesen, dem dies völlig fehlte, würde wahrscheinlich in keiner Gesellschaft als ein im vollen Sinne menschliches Wesen betrachtet.

Verbundenheit mit anderen Menschen
Alle Menschen kennen und empfinden Verbundenheit mit und Anteilnahme für andere Menschen. Darüber hinaus schätzen wir die durch diese Erkenntnis und diese Verbundenheit konstituierte Lebensform. Wir leben mit anderen und bezogen auf andere und betrachten ein Leben, das diese Verbundenheit mit anderen nicht kennt, nicht als lebenswert. (In Übereinstimmung mit Aristoteles wünsche ich mir, daß dieser Sachverhalt näher beschrieben wird. Wir definieren uns durch mindestens zwei Arten von Verbundenheit: enge familiäre und/oder persönliche Beziehungen und Beziehungen sozialer bzw. politischer Art.)

Verbundenheit mit anderen Arten und mit der Natur
Die Menschen erkennen, daß sie nicht die einzigen Lebewesen auf der Welt sind: daß sie zusammen mit anderen Lebewesen und auch mit Pflanzen in einem Universum leben, das ein auf komplexe Weise vernetztes System ist, das sie sowohl trägt als auch begrenzt. Wir sind auf zahllose Weisen von diesem System abhängig, und wir spüren, daß wir ihm Respekt und eine pflegliche Behandlung schulden, wie sehr auch unsere Ansichten darüber auseinandergehen mögen, was genau wir wem und auf

welcher Basis schulden. Auch hier gilt: Ein Geschöpf, das Tiere wie Steine behandeln würde und nicht zu der Einsicht fähig wäre, daß es zwischen ihnen einen Unterschied gibt, wäre uns wahrscheinlich zu fremd, um wirklich als ein Mensch zu gelten. Gleiches würde auf ein Wesen zutreffen, das in keiner Weise für die Natur empfänglich wäre.

Humor und Spiel

Das menschliche Leben, wo immer es gelebt wird, läßt Raum für Erholung und Lachen. Die Formen, die das Spielen annimmt, sind ungeheuer vielfältig – und dennoch erkennen wir über die kulturellen Barrieren hinweg andere Menschen als Wesen, die lachen. Lachen und Spielen gehören häufig zu den tiefsten und auch ersten Momenten unseres gegenseitigen Erkennens. Entsprechend wird die Unfähigkeit, zu spielen oder zu lachen, bei einem Kind zu Recht als Zeichen für eine tiefe Störung gewertet; wenn sie bleibt, werden wir bezweifeln, ob das Kind fähig sein wird, ein im vollen Sinne menschliches Leben zu führen. Eine ganze Gesellschaft, der es an dieser Fähigkeit mangelte, würde auf uns fremd und erschreckend wirken.

Getrenntsein

Wie sehr wir auch mit anderen und für andere Menschen leben, jeder von uns ist »Eines«, wie Aristoteles in seinen Ausführungen über die Substanz sagt, und geht von der Geburt bis zum Tod seinen eigenen Weg durch die Welt. Jeder Mensch stirbt, ohne zwangsläufig den Tod von jemand anderem nach sich zu ziehen. Wenn ein Mensch durch den Raum geht, folgt ihm nicht automatisch ein anderer. Wenn wir die Menschen in einem Raum zählen, fällt es uns nicht schwer, festzustellen, wo der eine anfängt und der andere aufhört. Diese offenkundigen Tatsachen müssen noch einmal ausdrücklich erwähnt werden, da sie vielleicht einmal anders waren. Sie sollten uns gegenwärtig sein, wenn wir hören, daß es in manchen Gesellschaften keinen Individualismus gibt. Selbst die intimsten Formen menschlicher Interaktion, zum Beispiel sexuelle Erlebnisse, sind Erfahrungen des Aufeinandereingehens und nicht der Verschmelzung. Wenn die Verschmelzung das Ziel ist, muß das Ergebnis Enttäuschung sein.

Starkes Getrenntsein
Aufgrund des Getrenntseins hat jedes Leben gewissermaßen seinen eigenen Raum und seine eigene Umgebung – Gegenstände, Orte, die man aufsucht und an denen man lebt, eine Geschichte, bestimmte Freundschaften, sexuelle Beziehungen, die nicht genau dieselben wie die von jemand anderem sind und durch die sich der Mensch bis zu einem gewissen Grad selbst identifiziert. Obwohl sich die Gesellschaften sehr dadurch unterscheiden, in welchem Maße sie ein starkes Getrenntsein zulassen oder fördern, ist uns kein Leben bekannt, in dem es (wie es Plato vorschwebte) das Wort »mein« und »nicht mein« nicht gibt. Das, was ich benutze, worin ich lebe, worauf ich reagiere, ist an meine eigene gesonderte Existenz gebunden. Und die Menschen erkennen sich im großen und ganzen als Wesen, die zumindest einen gewissen eigenen Bereich haben möchten, einen kleinen Raum, in dem sie sich bewegen, einige spezielle Dinge, die sie benutzen oder lieben können.

Diese Liste ist eine Arbeitshypothese. Sie soll eine Diskussion in Gang setzen. Das hat sie getan, wird es weiterhin tun und wird dementsprechend überarbeitet werden. Wie schon gesagt, enthält sie sowohl Grenzen als auch Fähigkeiten. Fähigkeiten zu einem Teil des Menschseins zu erklären bedeutet, eine sehr grundlegende Wertung vorzunehmen. Denn damit wird gesagt, daß ein Leben ohne diese Fähigkeiten zu verarmt und verkümmert wäre, um überhaupt ein menschliches zu sein. Und natürlich könnte es kein gutes menschliches Leben sein. Die Fähigkeiten-Liste ist somit eine Basis- oder Minimalkonzeption des Guten. Sofern sie die Entscheidung für eine Lebensweise nicht bis ins einzelne vorschreibt, sondern lediglich die Parameter dessen angibt, wofür man sich entscheiden kann, spielt sie allerdings die Rolle, die in der liberalen politischen Theorie traditionell eine bestimmte Rechtsauffassung gespielt hat.

Bei den Grenzen liegen die Dinge komplizierter. Auch hier haben wir eine grundlegende Wertung vorgenommen, indem wir behaupteten, diese Dinge seien so wichtig, daß ein Leben ohne sie kein menschliches Leben wäre. Dies besagt, daß das menschliche Leben in seiner allgemeinen Form aus dem Wissen um diese Grenzen und aus dem Kampf gegen sie besteht. Die Menschen möchten nicht Hunger oder Schmerz leiden oder sterben. (Das Getrenntsein ist hochkomplex, es ist sowohl eine

Grenze als auch eine Fähigkeit. Gleiches gilt in hohem Maße für viele Grenzen, die durch die Gestalt und die Fähigkeiten des Körpers bedingt sind.) Dennoch sollten wir nicht annehmen, daraus sei die Schlußfolgerung zu ziehen, uns ganz von diesen Grenzen zu befreien. Es ist kennzeichnend für das menschliche Leben, wiederkehrenden Hunger und Essen einem Leben ohne Hunger und ohne Essen vorzuziehen, ebenso dem sexuellen Verlangen und seiner Befriedigung vor einem Leben ohne Verlangen und Befriedigung den Vorzug zu geben. Selbst in bezug auf den Tod ist der Wunsch nach Unsterblichkeit, den viele Menschen sicherlich haben, ein seltsamer Wunsch: Denn es ist nicht ausgemacht, daß es sinnvoll ist, für sich selbst oder für einen geliebten Menschen den Wunsch nach Aufhebung der Endlichkeit zu hegen. Es handelt sich eher um den Wunsch nach einem Übergang zu einer Lebensform, die in ihren Werten und Zielen so völlig andersartig ist, daß die Identität des betreffenden Menschen höchstwahrscheinlich nicht erhalten bleibt. Die wertende Schlußfolgerung in bezug auf eine Basiskonzeption des Guten (die besagt, welche Fähigkeiten und Tätigkeiten notwendig sind, damit ein Leben ein menschliches ist) wird daher sehr vorsichtig formulieren müssen, wie eine menschlich gute Weise der Überwindung der Grenzen aussehen würde.

4. Die zwei Schwellen

Jetzt verkompliziert sich der Sachverhalt, da wir zwei unterschiedliche Schwellen beschreiben möchten: eine Schwelle der Fähigkeit zur Ausübung von Tätigkeiten, unterhalb deren ein Leben so verarmt wäre, daß es überhaupt nicht mehr als menschliches Leben gelten könnte; und eine etwas höher anzusetzende Schwelle, unterhalb deren die für den Menschen charakteristischen Tätigkeiten so reduziert ausgeübt werden, daß wir das entsprechende Leben zwar als ein menschliches, nicht aber als ein *gutes* menschliches Leben bezeichnen würden. Es ist die letztgenannte Schwelle, die uns interessiert, wenn wir uns der Politik zuwenden: Denn wir wollen nicht, daß die Gesellschaften ihren Bürgern nur eine minimale Ausübung von Tätigkeiten ermöglichen. Ich glaube mit Aristoteles, daß ein politisches System dann gut ist, wenn es jedem einzelnen »die Ausübung tugendhafter Handlungen ermöglicht« (*Politik* VII.1).

In vielen Bereichen gibt es diese beiden Schwellen, die Ressourcen und Chancen in unterschiedlichem Umfang erfordern. Man kann leben, ohne gut ernährt zu sein. Wie Marx feststellte, kann man seine Sinne gebrauchen, ohne fähig zu sein, sie in einer wirklich menschlichen Weise zu gebrauchen. Gleichwohl ist hier Vorsicht angebracht. Denn in vielen Fällen wird der Schritt von einem menschlichen Leben zu einem guten menschlichen Leben durch den entscheidungsfähigen und sich selbst definierenden Bürger vollzogen, was bedeutet, daß das Überschreiten der zweiten Schwelle mehr oder weniger dem Bürger selbst überlassen bleibt, nachdem die Gesellschaft ihm das Überschreiten der ersten Schwelle ermöglicht hat. Dies trifft wahrscheinlich besonders auf solche Bereiche wie menschliche Beziehungen und praktische Vernunft zu, in denen die gesellschaftlichen Institutionen es einem Kind ermöglichen, die erste Schwelle zu überschreiten, während es von seinen eigenen Entscheidungen abhängt, ob es auch die zweite überschreitet. (Dies ist allerdings nicht immer der Fall, denn bestimmte gesellschaftliche Bedingungen wie etwa monotone Arbeitsformen oder traditionelle hierarchische Geschlechterbeziehungen verhindern gute menschliche Beziehungen und die Entfaltung der praktischen Vernunft, wenn sie sie auch nicht ganz zerstören.) Andererseits ist klar, daß es beispielsweise in bezug auf körperliche Gesundheit und Ernährung einen beträchtlichen Unterschied zwischen den beiden Schwellen gibt, der gewöhnlich durch Ressourcen bedingt ist, über die die Menschen nicht nach eigenem Ermessen verfügen können. Daher müßte eine Bewertung der Lebensqualität fragen, ob alle Bürger in diesen Bereichen nicht nur über ein Minimum, sondern über so viel verfügen, daß sie ein *gutes Leben* führen können. Natürlich gibt es hier fließende Übergänge. Und es wird in der Praxis nicht leicht sein, zu sagen, wo – insbesondere – die höhere Schwelle anzusetzen ist.

Ich werde nicht viel über die erste Schwelle sagen, sondern anhand einiger Beispiele aufzeigen, was es mit ihr auf sich hat. Welches Leben ist so verarmt, daß es nicht zu Recht ein menschliches Leben genannt werden kann? Hierzu sollten wir meiner Ansicht nach viele Lebensformen zählen, die am Ende eines Menschenlebens eintreten – all jene, in denen das überlebende Wesen sein Empfindungsvermögen und sein Bewußtsein unwiederbringlich verloren hat, sozusagen in einem »permanenten

Dämmerzustand« lebt; ich würde auch einige Formen dazu zählen, wo dieser Zustand zwar noch nicht ganz erreicht ist, wo aber die Fähigkeit, geliebte Menschen zu erkennen, zu denken und zu urteilen, unwiderruflich über einen bestimmten Punkt hinaus verfallen ist. Auch die äußerste Unfähigkeit zu praktischem Denken, die häufig das Ergebnis einer Lobotomie des Frontalhirns ist, würde ich mit einbeziehen. Und ich würde ebenfalls das Fehlen von Mobilität dazurechnen – vor allem wenn sowohl das Sprechen als auch die Fortbewegung von einem Ort zu einem anderen unmöglich sind.

Daraus folgt, daß bestimmte schwerstbehinderte Kinder keine menschlichen Wesen sind, auch wenn sie von menschlichen Eltern abstammen – also diejenigen mit einem umfassenden und totalen Ausfall sensorischer Fähigkeiten und/oder dem völligen Fehlen von Bewußtsein oder Denkvermögen; und diejenigen, die absolut unfähig sind, andere Menschen zu erkennen oder mit ihnen in Kontakt zu treten. Dies sagt selbstverständlich nichts darüber aus, was wir ihnen moralisch schuldig sind, es trennt lediglich unsere Frage von den moralischen Fragen nach den Menschen.[248]

Auch hier zeigt sich der evaluative Charakter solcher Urteile. Die Tatsache, daß ein Mensch, der einen Arm verloren hat, nicht Klavier spielen kann, läßt uns nicht zu dem Schluß gelangen, daß er kein menschliches Leben mehr führt; hätte er sein Denk- oder Erinnerungsvermögen oder die Fähigkeit zur Bildung emotionaler Beziehungen verloren, sähe die Sache anders aus. Viele solche Schicksalsschläge können nicht den gesellschaftlichen Strukturen angelastet werden, und in diesen Fällen hat die erste Schwelle keine politischen Implikationen. Viele Fälle sind jedoch durch schlechte Ernährung und mangelhafte Gesundheitsfürsorge bedingt. Die Rolle der Gesellschaft wird noch deutlicher, wenn wir im Zusammenhang mit der ersten Schwelle an eine umstrittenere Gruppe denken, bei der das nichtmenschliche Endergebnis durch äußere Umstände verursacht wurde: die seltenen Fälle von Kindern, die außerhalb der menschlichen Gesellschaft oder in einem zutiefst gestörten Zuhause aufgewachsen sind, so daß es ihnen völlig an Sprach- und Denkvermögen fehlt oder ihre sozialen Fähigkeiten auf eine extreme und irreparable Weise unterentwickelt sind. Wir können das politische Problem jedoch gewinnbringender angehen, wenn wir uns von der Frage des bloßen Überlebens der Frage des guten Lebens zuwenden, also der Stufe, die unserer Ansicht nach jeder Mensch erreichen sollte.

Ich werde jetzt – und damit komme ich zur nächsten Stufe der Konzeption des Menschen – einige Grundfähigkeiten beschreiben, die jede Gesellschaft für ihre Bürger anstreben sollte und die bei Messungen der Lebensqualität eine Rolle spielen sollten. Es geht also um eine Beschreibung der zweiten Schwelle – wenngleich diese in manchen Bereichen aus den genannten Gründen mit der ersten zusammenfallen kann: Ist man auf der ersten Ebene zu einer wahrhaft menschlichen Ausübung bestimmter Tätigkeiten fähig, so ist man – entsprechende Anstrengungen und Förderungen vorausgesetzt – auch zu einem guten menschlichen Leben befähigt. Ich verstehe diese Liste als eine Liste von Fähigkeiten und nicht von tatsächlichen Handlungsweisen, da ich meine, daß Fähigkeiten und nicht tatsächliche Handlungsweisen das Ziel der Politik sein sollten.

4.1. Zweite Stufe der Konzeption des Menschen: Die menschlichen Grundfähigkeiten

1. Die Fähigkeit, ein menschliches Leben von normaler Länge[249] zu leben, nicht vorzeitig zu sterben oder zu sterben, bevor das Leben so reduziert ist, daß es nicht mehr lebenswert ist.

2. Die Fähigkeit, sich guter Gesundheit zu erfreuen, sich angemessen zu ernähren[250], eine angemessene Unterkunft[251] und Möglichkeiten zu sexueller Befriedigung zu haben, sich in Fragen der Reproduktion frei entscheiden[252] und sich von einem Ort zu einem anderen bewegen zu können.

3. Die Fähigkeit, unnötigen Schmerz zu vermeiden und freudvolle Erlebnisse zu haben.

4. Die Fähigkeit, seine Sinne und seine Phantasie zu gebrauchen, zu denken und zu urteilen – und diese Dinge in einer Art und Weise zu tun, die durch eine angemessene Erziehung geleitet ist, zu der auch (aber nicht nur) Lesen und Schreiben sowie mathematische Grundkenntnisse und eine wissenschaftliche Grundausbildung gehören.[253] Die Fähigkeit, seine Phantasie und sein Denkvermögen zum Erleben und Hervorbringen von geistig bereichernden Werken und Ereignissen der eigenen Wahl

auf den Gebieten der Religion, Literatur, Musik usw. einzusetzen. Der Schutz dieser Fähigkeit, so glaube ich, erfordert nicht nur die Bereitstellung von Bildungsmöglichkeiten, sondern auch gesetzliche Garantien für politische und künstlerische Meinungsfreiheit sowie für Religionsfreiheit.

5. Die Fähigkeit, Beziehungen zu Dingen und Menschen außerhalb unser selbst einzugehen, diejenigen zu lieben, die uns lieben und für uns sorgen, traurig über ihre Abwesenheit zu sein, allgemein Liebe, Kummer, Sehnsucht und Dankbarkeit zu empfinden.[254] Diese Fähigkeit zu unterstützen bedeutet, Formen des menschlichen Miteinanders zu unterstützen, die nachweisbar eine große Bedeutung für die menschliche Entwicklung haben.[255]

6. Die Fähigkeit, eine Vorstellung des Guten zu entwickeln und kritische Überlegungen zur eigenen Lebensplanung anzustellen. Dies schließt heutzutage die Fähigkeit ein, einer beruflichen Tätigkeit außer Haus nachzugehen und am politischen Leben teilzunehmen.

7. Die Fähigkeit, mit anderen und für andere zu leben, andere Menschen zu verstehen und Anteil an ihrem Leben zu nehmen, verschiedene soziale Kontakte zu pflegen; die Fähigkeit, sich die Situation eines anderen Menschen vorzustellen und Mitleid zu empfinden; die Fähigkeit, Gerechtigkeit zu üben und Freundschaften zu pflegen. Diese Fähigkeit zu schützen bedeutet abermals, Institutionen zu schützen, die solche Formen des Miteinanders darstellen, und die Versammlungs- und politische Redefreiheit zu schützen.

8. Die Fähigkeit, in Verbundenheit mit Tieren, Pflanzen und der ganzen Natur zu leben und sie pfleglich zu behandeln.

9. Die Fähigkeit, zu lachen, zu spielen, sich an erholsamen Tätigkeiten zu erfreuen.

10. Die Fähigkeit, sein eigenes Leben und nicht das eines anderen zu leben. Das bedeutet, gewisse Garantien zu haben, daß keine Eingriffe in besonders persönlichkeitsbestimmende Entscheidungen wie Heiraten, Gebären, sexuelle Präferenzen, Sprache und Arbeit stattfinden.

10 a. Die Fähigkeit, sein Leben in seiner eigenen Umgebung und seinem eigenen Kontext zu führen. Dies heißt Garantien für Versammlungsfreiheit und gegen ungerechtfertigte Durchsuchungen und Festnahmen; es bedeutet auch eine gewisse Garantie für die Unantastbarkeit des persönlichen Eigentums,

wenngleich diese Garantie durch die Erfordernisse sozialer Gerechtigkeit auf verschiedene Weise eingeschränkt werden kann und im Zusammenhang mit der Interpretation der anderen Fähigkeiten immer verhandelbar ist, da das persönliche Eigentum im Gegensatz zur persönlichen Freiheit ein Mittel und kein Selbstzweck ist.

Ich meine, daß ein Leben, dem eine dieser Fähigkeiten fehlt, kein gutes menschliches Leben ist, unabhängig davon, was es sonst noch aufweisen mag. Daher wäre es vernünftig, den Blick auf diese Dinge zu richten, wenn es darum geht, die Lebensqualität eines Landes zu ermitteln und nach der Rolle zu fragen, die der Politik bei der Befriedigung menschlicher Bedürfnisse zukommt. Die Liste wurde bewußt allgemein gehalten, um Raum für eine plurale Spezifikation und für weitere Diskussionen zu lassen. Ich bin jedoch überzeugt, daß sie im historischen Prozeß der weiteren Ausarbeitung einen zuverlässigeren Wegweiser darstellt als eine Reihe verfassungsmäßiger Garantien und daß sie eine weitaus bessere Richtschnur ist als die Fokussierung auf Nützlichkeit oder Ressourcen.

Ich möchte noch etwas über die Fassung dieser Liste gegenüber anderen Versionen sagen, die ich früher veröffentlicht habe. Erstens hat sie Lehren aus dem *Human Development Report* gezogen und enthält genauere Angaben zu solchen Bereichen wie Erziehung und Arbeit, um den Entwicklungstheoretikern konkrete Anhaltspunkte für das zu geben, was sie zu messen haben. Zweitens betont sie viel ausdrücklicher die Garantien für die Freiheit der persönlichen Selbstverwirklichung, die Entscheidungsfreiheit in reproduktiven Fragen und die Religionsfreiheit. Damit wollte ich nicht nur ein allgemeines Anliegen formulieren, sondern auch die spezifischen Erfordernisse zu beschreiben versuchen, die erfüllt sein müssen, damit auch Frauen mit den gleichen Fähigkeiten ausgestattet werden. Da sie drittens Wert darauf legt, zwischen Zielen und Mitteln zu unterscheiden, setzt sie »Eigentumsrechte« in ein instrumentelles Verhältnis zu anderen menschlichen Fähigkeiten und betrachtet sie daher als eine Größe, die bei der allgemeinen gesellschaftlichen Planung immer wieder neu auszuhandeln ist.

Darüber hinaus stellt diese Liste eine Reihe von Komponenten dar, die voneinander unabhängig sind. Wir können das Bedürfnis nach einer von ihnen nicht befriedigen, indem wir mehr von einer anderen geben. Alle sind von zentraler Bedeutung, und alle haben ihre eigene Qualität. Dies begrenzt die Kompromisse, die vernünftigerweise gemacht werden können, und damit die Anwendbarkeit von quantitativen Kosten-Nutzen-Analysen. Zugleich sind die Elemente der Liste auf vielerlei und komplexe Weise miteinander verbunden. Die spezifische Art, uns zu ernähren, erfordert – zum Beispiel im Gegensatz zu der von Pilzen –, daß wir uns fortbewegen. Und alles, was wir tun, tun wir als einzelne Wesen, die ihren eigenen Weg durch Raum und Zeit gehen. Die Entscheidungen im Reproduktionsbereich beinhalten sowohl die Fähigkeit zu sexueller Betätigung als auch Fragen des Getrenntseins und verbinden die beiden auf eine tiefe und komplexe Weise.

Es sollte noch etwas über das Verhältnis dieser zweiten Liste zu einer Konzeption von menschlicher Gleichheit gesagt werden. Wenn man dafür eintritt, daß alle Menschen befähigt werden, eine bestimmte Stufe der Entscheidungsfreiheit zu erreichen, tritt man damit zugleich für Gleichheit ein: Denn diese Auffassung behandelt alle Menschen als gleichberechtigte Träger von menschlichen Ansprüchen, unabhängig von ihrer Ausgangssituation in bezug auf Lebensumstände, besondere Begabungen, Reichtum, Geschlecht oder Rasse. Andererseits habe ich bislang nichts darüber gesagt, wie man sich zu den Ungleichheiten stellen sollte, die weiterbestehen, wenn alle Menschen diese Stufe erreicht haben. Ich halte dies insofern für verfrüht, als diese Stufe für alle Fähigkeiten so selten erreicht worden ist. Allerdings kann man sich durchaus eine Situation vorstellen – es könnte in den USA oder Japan sein –, in der große Veränderungen im Gesundheitswesen (USA) oder in der Verteilung von Bildung und Ausbildung (Japan) dazu führen, daß die Bedingungen für das Erreichen dieser Stufe erfüllt sind, während die Ungleichheiten zwischen den Geschlechtern oder Rassen weiterbestehen. Hier haben wir folgende Alternative: Wir können entweder sagen, daß diese Situation letztlich doch das Fehlen einer Fähigkeit ausdrückt, oder wir können einräumen, daß das Fähigkeiten-Konzept durch eine unabhängige Theorie der Gleichheit ergänzt werden muß. Ich bin mir über meine Haltung dazu noch nicht sicher, aber ich neige zum ersteren, da ich glaube, daß die Art von Geschlechterungleichheit, die man in einer wohlhabenden Nation antrifft, die benachteiligte Rasse oder das benachteiligte Geschlecht unter eine akzeptable Schwelle von Autonomie, Würde und emotionalem Wohlergehen drückt. Das Benachteiligtsein kommt einer fehlenden Fähigkeit gleich – man hat nicht die Fähigkeit, sich zu einer vollen Persönlichkeit zu entwickeln. Daher tendiere ich zu der Annahme, daß die zweite Schwelle, sofern richtig konzipiert, unvereinbar mit der systematischen Benachteiligung einer Gruppe durch eine andere ist.

5. Die Rolle der Konzeption in der Entwicklungshilfepolitik

Nach meinem Dafürhalten benötigen wir in der Politik dringend eine Konzeption des Menschen und des ihm angemessenen Lebens. Wenn wir versuchen, die Frage nach der wünschenswerten Verteilung von Gütern, Ressourcen und Chancen ohne eine solche Richtschnur zu beantworten, verzichten wir auf einen Orientierungsrahmen, der meiner Ansicht nach denjenigen überlegen ist, mit denen derzeit operiert wird.

Im folgenden möchte ich mich auf die Bewertung der Lebensqualität in einem Entwicklungsland konzentrieren, mit besonderer Berücksichtigung des Lebens von Frauen. Ich nehme vorläufig den Nationalstaat als Grundeinheit und stelle die im *Human Development Report* der UNO aufgeworfene Frage: »Wie steht die Nation in bezug auf die Lebensqualität ihrer Bürger da?« Ich formuliere keine allgemeine Theorie, die Auskunft darüber gibt, wie die durch eine solche Bewertung zutage geförderten Bedürfnisse befriedigt werden sollen: ob beispielsweise durch eine zentrale staatliche Planung oder durch ein System von Anreizen, ob durch direkte Subventionen oder durch die Schaffung von Arbeitsplätzen. Ich frage auch nicht, ob die reicheren Nationen gegenüber den ärmeren verpflichtet sind, dafür zu sorgen, daß die Bedürfnisse aller Menschen auf der ganzen Welt befriedigt werden. Dies ist ein drängendes Problem, mit dem wir uns noch befassen müssen. Vorerst lege ich den Schwerpunkt auf das richtige Verstehen des Ziels, so wie es sich für jede einzelne Nation stellt.

In Übereinstimmung mit Amartya Sen denke ich, das zentrale Ziel politischer Planung sollte die Fähigkeit der Bürger sein, verschiedene wichtige Tätigkeiten auszuüben. Wenn es darum geht, die Lebensqualität eines Landes (und damit natürlich auch die Qualität seines politischen Systems) zu bewerten, sollten die folgenden Fragen gestellt werden: »Wie gut wurden die Menschen dieses Landes befähigt, die zentralen menschlichen Tätigkeiten auszuüben?« und »Wurden sie lediglich in die Lage versetzt, diese Tätigkeiten auf einer minimalen Ebene auszuüben, oder wurden sie zu einem guten Leben befähigt?« Wir fragen, mit anderen Worten, welchen Status die Menschen im Hinblick auf die zweite Liste erreicht haben, wobei es unser Ziel ist, so viele Menschen wie möglich zu befähigen, die zweite Schwelle zu überschreiten und die in dieser Liste angegebenen, auf komplexe Weise miteinander verbundenen Fähigkeiten zu erwerben.[256] Ob bestimmte Menschen und Gruppen die Schwelle überschritten haben, läßt sich natürlich nur in dem Maße genau feststellen, wie die Schwelle genau festgelegt wird; und ich habe die Dinge entsprechend dem *Human Development Report* an diesem Punkt bewußt etwas offengelassen. Die beste Art und Weise, zu einer genaueren Festlegung zu gelangen, besteht wohl darin, daß die Gemeinschaft der Nationen sie nach einer gründlichen vergleichenden Untersuchung, wie sie durch den Bericht ermöglicht wird, ausarbeitet. Auch hier sind verschiedene Fragen nach den Kosten zu beantworten, die zu zahlen wir bereit sind, um alle Bürger über diese Schwelle zu bringen, anstatt eine kleine Zahl von ihnen unterhalb dieser Schwelle zu belassen und dem Rest eine Lebensqualität zu ermöglichen, die erheblich über dieser Schwelle liegt. Die Ausstattung mit den gleichen Fähigkeiten in dem Sinne, daß alle Bürger über diese Schwelle hinausgelangen können, sollte das zentrale Ziel sein. Hier verhält es sich wie mit Rawls' Differenzprinzip: Die ungleiche Verteilung oberhalb dieser Schwelle sollte nur dann geduldet werden, wenn sie es mehr Menschen ermöglicht, diese Schwelle zu überschreiten[257]; ist dies erreicht, steht es den Gesellschaften weitgehend frei, andere Ziele zu verfolgen.

Der Fähigkeiten-Ansatz geht von der grundlegenden Intuition aus, daß das Vorhandensein der menschlichen Fähigkeiten den moralischen Anspruch auf Entfaltung begründet. Die Menschen sind so beschaffen, bei entsprechender pädagogischer und materieller Unterstützung befähigt zu werden, die wichtigsten menschlichen Tätigkeiten auszuüben, die erste und die zweite Schwelle zu überschreiten. Das heißt, sie sind Wesen, die über die Fähigkeiten verfügen, die betreffenden Tätigkeiten auf einer niedrigen Stufe auszuüben. Diese habe ich in meinem Aufsatz »Die Natur des Menschen, seine Fähigkeiten und Tätigkeiten« mit Bezug auf Aristoteles die »Grundfähigkeiten« genannt. Wenn diese Fähigkeiten nicht so gefördert werden, daß aus ihnen die auf meiner Liste genannten höher entwickelten Fähigkeiten resultieren, sind sie nutzlos, abgeschnitten, ein Schatten ihrer selbst. Sie sind wie Schauspieler, die niemals auf der Bühne stehen, oder wie ein niemals aufgeführtes Musikstück. Schon ihre bloße Existenz verlangt nach Betätigung. Wenn es niemals dazu kommt, sind sie kaum noch das, was sie eigentlich sind. Dieser Gedanke mag metaphysisch klingen und ist es in gewissem Sinne auch (er wird etwa in der *Metaphysik* des Aristoteles erörtert). Aber das bedeutet nicht, daß es sich nicht um einen grundlegenden und weitverbreiteten empirischen Gedanken handelt, der an vielen Orten und zu vielen Zeiten unseren täglichen Praktiken und Urteilen zugrunde liegt. So wie wir der Meinung sind, daß ein Kind, das vor Erlangung der Reife stirbt, einen besonders tragischen Tod erleidet – weil seine Entwicklung und seine Vorbereitung auf das Erwachsenendasein jetzt ihren Sinn verloren haben –, glauben wir, daß es sich mit den Fähigkeiten und Tätigkeiten generell ähnlich verhält. Bestimmte grundlegende und entscheidende menschliche Anlagen haben einen Anspruch darauf, gefördert zu werden, und dieser Anspruch richtet sich an andere Menschen und insbesondere, wie Aristoteles es sah, an die Regierung. Wir werden sehen, welchen Beitrag diese Überlegung zu einer auf die Gleichstellung der Frau gerichteten Argumentation leisten kann. Sie liegt meines Erachtens vielen Menschenrechtskonzepten der westlichen philosophischen Tradition zugrunde. Daher schlage ich vor, bei der politischen Planung von dieser These auszugehen: Die Grundfähigkeiten der Menschen verlangen nach Betätigung, und daraus ergeben sich die entsprechenden politischen Verpflichtungen.

Es gibt also eine empirische Grundlage für die Feststellung, daß ein bestimmter Mensch zu denjenigen Menschen gehört, für die unsere normative Konzeption und die aus ihr resultierenden Verpflichtungen gelten. Es ist die Kluft zwischen den potentiellen menschlichen Fähigkeiten und ihrer vollen Entfaltung, die einen moralischen Anspruch begründet. Wäre der von Marx in den *Pariser Manuskripten 1844* beschriebene Arbeiter, der nicht fähig ist, seine Sinne in einer wahrhaft menschlichen

Weise zu benutzen, in Wirklichkeit ein nicht-menschliches Wesen, so wäre es nicht tragisch, daß seine Form des Lebens jener eines Tieres ähnelt. Wenn Frauen in Wirklichkeit Schildkröten wären, könnte es uns nicht empören, daß das Frausein nicht gleichbedeutend mit Menschsein ist. Es gibt natürlich enorme Mißbrauchsmöglichkeiten, wenn es darum geht, festzustellen, wer diese Grundfähigkeiten hat. Die Geschichte des IQ-Tests ist nur ein Kapitel in der unrühmlichen Geschichte von voreingenommener Fähigkeiten-Messung, die mindestens auf Platos *Republik* zurückgeht. Daher sollten wir meiner Ansicht nach so verfahren, als hätte jeder Abkömmling von menschlichen Eltern die Grundfähigkeiten, es sei denn, lange Erfahrungen mit einem Menschen hätten uns davon überzeugt, daß dieser Mensch so schwer geschädigt ist, daß er nie und nimmer die höhere Fähigkeitsstufe erreichen kann.

Dieser Ansatz läßt sich in Politik und Wirtschaft auf vielfältige Weise anwenden. Amartya Sen hat eine Reihe von konkreten Anwendungsmöglichkeiten auf dem Gebiet der Wohlfahrts- und Entwicklungsökonomie ausgearbeitet und dabei besonderes Gewicht auf die Bewertung der Lebensqualität von Frauen gelegt.[258] Seinen Empfehlungen folgend, haben die *Human Development Reports* der UNO begonnen, Informationen zu sammeln und die einzelnen Nationen nach den von diesem Ansatz vorgeschlagenen Maßstäben einzustufen, die unter Berücksichtigung pluraler Wertvorstellungen auf die Fähigkeiten ausgerichtet sind. Iftekhar Hossein hat in einer Untersuchung zur gleichen Thematik mit diesem Ansatz gearbeitet und Armut als das Fehlen von Fähigkeiten definiert.[259] Unabhängig davon wurde ein sehr ähnlicher Ansatz von finnischen und schwedischen Sozialwissenschaftlern entwickelt, von denen vor allem Erik Allardt und Robert Erikson zu nennen sind.[260] Da sie Informationen über das Wohlergehen ihrer Bevölkerung einholen wollten, die sensitiver und vollständiger waren als die auf Nützlichkeitsvorstellungen basierenden Umfragen, arbeiteten sie zuerst Kataloge von menschlichen Grundfähigkeiten aus und untersuchten dann, wie es im Hinblick auf diese Fähigkeiten um verschiedene Bevölkerungsgruppen – vor allem um Frauen und Minderheiten – bestellt war; sie nahmen damit die Verfahrensweise des *Human Development Report* vorweg, der den Geschlechterdifferenzen, dem Unterschied von Stadt und Land usw. große Aufmerksamkeit widmet.

Der »Fähigkeiten-Ansatz« hat gegenüber den derzeit angewendeten Methoden zur Messung der Lebensqualität eindeutige Vorteile. Messungen, die nur mit dem Bruttosozialprodukt pro Kopf der Bevölkerung operieren, befassen sich nicht mit der Verteilung der Ressourcen und können so Länder mit gewaltigen Ungleichheiten sehr hoch einstufen. Auch läßt ein solches Vorgehen andere menschliche Werte unberücksichtigt, die nicht unbedingt mit den vorhandenen Ressourcen korrelieren: z.B. die Säuglingssterblichkeit oder den Zugang zu Bildungsmöglichkeiten, die Qualität der Rassen- und Geschlechterbeziehungen oder das Vorhandensein bzw. Fehlen von politischen Freiheiten. Der *Human Development Report* für 1993 besagt beispielsweise, daß die Vereinigten Arabischen Emirate ein reales Bruttosozialprodukt pro Kopf der Bevölkerung von 16 753 Dollar haben – das zehnthöchste der Welt, höher als etwa jenes von Norwegen oder Australien –, während sie bei Berücksichtigung aller Lebensqualität-Indikatoren nur den siebenundsechzigsten Platz (von 173 untersuchten Nationen) einnehmen. Von den Erwachsenen können 55% lesen und schreiben, ein Prozentsatz, der weit unter dem der 66 Länder liegt, die vor ihnen rangieren, und auch unter dem von vielen Ländern, die im allgemeinen nach ihnen rangieren. (Sowohl Norwegen als auch Australien haben eine Alphabetismusquote von 90%.) Die Müttersterblichkeitsrate von 130 auf 100 000 Lebendgeburten ist vergleichsweise hoch. Der Anteil der Frauen, die eine Hochschulbildung haben, ist sehr niedrig, und nur 6% der arbeitenden Bevölkerung sind Frauen (im Gegensatz etwa zu 42% auf den Seychellen, 35% in Brasilien, 43% in China, 47% in Vietnam, 26 % in Indien und 20% in Nigeria). In der ganzen Welt hat nur Algerien (4%) einen niedrigeren Anteil von Frauenerwerbstätigkeit, der Irak weist den gleichen Anteil auf (6%), dann folgen Qatar (7%), Saudi-Arabien (7%), Libyen (9%), Jordanien (10%), Bangladesch (7%) und Afghanistan (8%). Diese Daten belegen einen starken Zusammenhang zwischen der Erwerbstätigkeit von Frauen und der Gesundheitsversorgung und Lebenserwartung von Frauen. Tatsächlich beträgt das Verhältnis von Frauen zu Männern in den Vereinigten Arabischen Emiraten erstaunlicherweise 48:100 und ist somit das niedrigste in der Welt. Wenn jemand bestreitet, daß dies mit der Erwerbstätigkeit zusammenhängt, können wir auf die anderen Länder verweisen, in denen die Erwerbstätigkeit von Frauen ebenfalls niedrig ist. Das Verhältnis von Frauen zu Männern in den Nationen, in denen kein Grund zu der Annahme besteht, daß die Frauen in den Bereichen Ernährung und Gesundheitsversorgung diskriminiert werden, beträgt Sen zufolge in Europa und in Nordamerika 106:100 – oder, wenn wir den Blick auf die Entwicklungsländer richten und Schwarzafrika als Norm nehmen, 102:100. In Qatar beträgt es 60:100, in Saudiarabien 84, in Libyen 91, in Jordanien 95, in Pakistan 92, in Bangladesch 94, in Afghanistan 94.

Dies sind einige Zahlen, die uns auffallen, wenn wir das Augenmerk auf die Fähigkeiten und Tätigkeiten und nicht nur auf das Bruttosozialprodukt richten. Sie sagen viel darüber aus, wie es den Frauen geht. Es sind die Zahlen, aus denen sich Sens Statistik über die »fehlenden Frauen« ergibt. (Die Zahl der »fehlenden Frauen« ist die Zahl von Frauen, die es in einem Land zusätzlich geben würde, wenn dieses Land das gleiche Verhältnis zwischen den Geschlechtern hätte wie Schwarzafrika.) Sie sprechen sehr für Martha Chens Argument, daß das Recht auf Arbeit ein Recht ist, das nicht nur für die Lebensfähigkeit der Frauen, sondern auch für ihre anderen Fähigkeiten und Tätigkeiten wichtig ist.

Hätten andere Ansätze ebensoviel geleistet? Die gängige Methode, die zur Messung der Lebensqualität das Kriterium der Nützlichkeit zugrunde legt – die Menschen werden nach der Erfüllung ihrer Präferenzen befragt –, geht an der offenkundigen Tatsache vorbei, daß die subjektiven Wünsche und Präferenzen nicht immer zuverlässige Indikatoren dafür sind, was ein Mensch wirklich braucht. Präferenzen, darauf hat Amartya Sens Arbeit wiederholt hingewiesen, sind äußerst dehnbar.[261] Die Reichen und Verwöhnten gewöhnen sich schnell an ihren Luxus und empfinden ein Leben als unangenehm und beschränkt, in dem sie keine Vorzugsbehandlung genießen. Männer sind dafür nur ein besonderes Beispiel: Wir müssen nicht ins Ausland schauen, um zu sehen, daß Männer nur sehr selten den gleichen Anteil an Kinderbetreuung und häuslichen Pflichten übernehmen wie Frauen.[262] Die Armen und Notleidenden passen ihre Erwartungen und Wünsche dem niedrigen Lebensstandard an, an den sie gewöhnt sind. So wünschen sie sich möglicherweise weder bessere Bildungsmöglichkeiten noch eine bessere Gesundheitsversorgung. Wie die Frauen, die Sen in seiner Untersuchung über indische Gesundheitsstatistiken beschreibt, wissen sie vielleicht gar nicht, was es bedeutet, gesund zu sein.[263] Wie die Frauen im ländlichen Bangladesch, die so eindrucksvoll in Martha Chens *A Quiet Revolution* beschrieben werden,[264] wissen sie vielleicht nicht einmal, was es bedeutet, die Vorteile einer Ausbildung zu genießen. Wir können uns vorstellen, daß viele Frauen in den von mir erwähnten Ländern nicht für die Teilnahme am Arbeitsleben kämpfen würden; sie wären sich auch nicht des starken Zusammenhangs zwischen einer Arbeit außer Haus und anderen Vorteilen bewußt. Wie Sen meint, haben sie die der traditionellen Diskriminierung zugrunde liegenden Ideen möglicherweise völlig verinnerlicht und betrachten ihre Benachteiligung als »natürlich«. Nehmen wir also die Nützlichkeit zum Maßstab für Lebensqualität, werden wir häufig Ergebnisse bekommen, die den Status quo aufrechterhalten und einer radikalen Veränderung entgegenstehen.[265]

Wenn diese Kritik auf diejenigen Ansätze zutrifft, die das Hauptgewicht auf die Nützlichkeit legen, so trifft sie noch mehr auf den von S.A. und F.A. Marglin vertretenen Lokal- und Traditionsrelativismus zu, der die Lebensqualität daran mißt, in welchem Maße die – traditionalen – Präferenzen einer gegebenen Kultur erfüllt werden. Es ist aufschlußreich, wie sehr dieser Ansatz mit seinem Verzicht auf eine kritisch-normative Argumentation den vorherrschenden wirtschaftstheoretischen Ansätzen ähnelt, als deren radikale Kritik er sich versteht. Ein Ansatz, der den Präferenzen einer traditionalen Kultur Priorität einräumt, richtet sich besonders stark gegen die Lebensqualität von Frauen, da diese insgesamt durch die vorherrschenden überkommenen Normen benachteiligt werden. Dies zeigt sich ganz deutlich an den eigenen, von den Marglins angeführten Beispielen. Denn Menstruationstabus stellen eine starke Beeinträchtigung der Fähigkeit der Frauen dar, einen Lebensplan zu entwickeln und zu verwirklichen. Sie gehören genau zu den traditionalen Einstellungen gegenüber den Frauen und der Frauenarbeit, die es Frauen in Entwicklungsländern so schwer machen, sich und ihre Familie zu ernähren, und die es vielen unmöglich machen, auch nur die grundlegenden Lebenstätigkeiten aufrechtzuerhalten. Und der japanische Ehemann, der angeblich auf seine Entscheidungsfreiheit verzichtet, vergrößert sie in Wirklichkeit in den entscheidenden Bereichen, indem er von der Frau fordert, sich um die langweiligen Alltagsdinge zu kümmern. Man kann vielen Zielen, für die S.A. und F.A. Marglin eintreten, positiv gegenüberstehen – Achtung vor der Vielfalt, dem Wunsch nach Bewahrung derjenigen Elemente eines traditionalen Lebens, die einen großen spirituellen und künstlerischen Wert haben –, ohne ihnen darin beizupflichten, daß der von ihnen vertretene extreme Relativismus diesen Zielen am besten dient.

Was die liberalen Ansätze betrifft, die Wert auf die Gleichverteilung bestimmter Grundgüter legen, so zeigen sich hier ähnliche Probleme, da auch sie sich weigern, einen Standpunkt zu den Zielen einzunehmen, für die die Güter Mittel zum Zweck sind.[266] Reichtum und Einkommen sind keine Werte an sich; sie sind nur insofern gut, als sie zu einem guten menschlichen Leben beitragen. Zweitens haben die Menschen sehr unterschiedliche Bedürfnisse nach bestimmten Gütern, und jede angemessene Definition einer »besseren« oder »schlechteren Lebenslage« muß diese Tatsache reflektieren.[267] Frauen etwa, die aufgrund ihrer Traditionen keine Ausbildung erhalten haben, brauchen vielleicht mehr von den relevanten Gütern, um die gleiche Fähigkeitsstufe zu erreichen. Aus diesem Grund konzipierte in dem von Martha Chen beschriebenen Fall das *Bangladesh Rural Advancement Committee* ein spezielles Alphabetisierungsprogramm für Frauen und nicht ein Programm, das darauf abzielte, allen die gleichen Ressourcen zur Verfügung zu stellen. Indem der Liberale drittens die »gute Lebenslage« allein durch Besitz definiert, führt er sich nicht genügend die Hindernisse vor Augen, die im Leben vieler Menschen der Ausübung wichtiger Tätigkeiten entgegenstehen – in Form bestimmter Arbeitsbedingungen, des Ausschlusses von der Arbeit, der häufig ungleichen Verteilung von häuslichen Pflichten, der Verhinderung von Selbstverwirklichung durch traditionale Normen und Werte.[268] Die in Chens Buch geschilderten Lebensgeschichten von Frauen sind lebendige Beispiele für solche aus der Ungleichheit resultierenden Hindernisse. Um Männer zu befähigen, in Bangladesch auf den Feldern zu arbeiten, war es nicht notwendig, für die Durchsetzung des Rechts auf Arbeit zu kämpfen und Ressourcen zu verteilen. Kein Mann aus Metha Bais Kaste (Metha Bai ist eines von Chens Fallbeispielen, Anm. d. Hg.) hätte sich über die Androhung körperlicher Gewalt hinwegsetzen müssen, um außerhalb des Hauses für seinen Lebensunterhalt zu arbeiten.

6. Erwiderung auf die Einwände: Menschliche Fähigkeiten und Pluralismus

Dem Fähigkeiten-Ansatz habe ich im Bereich der Entwicklungspolitik den Vorrang vor konkurrierenden Ansätzen gegeben. Nun bleibt zu zeigen, wie er die von mir beschriebenen Einwände entkräften kann. In bezug auf die Mißachtung von historischen und kulturellen Differenzen kann ich zunächst darauf hinweisen, daß meine normative Konzeption der menschlichen Fähigkeiten und Tätigkeiten aus eben diesem Grund allgemein und vage gehalten ist. Die Liste erhebt den Anspruch, in einer sehr allgemeinen Art und Weise die für jedes menschliche Leben grundlegenden Komponenten zu erfassen. Aber sie ist so angelegt, daß sie die Möglichkeit für vielfältige Spezifikationen eines jeden Elements offenläßt: Erstens erfahren die für ein menschliches Leben konstitutiven Umstände, wiewohl sie weitgehend geteilt werden, in den verschiedenen Gesellschaften unterschiedliche Ausformungen. Die Angst vor dem Tod, die Liebe zum Spiel, Freundschaften und Beziehungen zu anderen Menschen und sogar die Erfahrung von körperlicher Lust treten niemals in der unbestimmten und allgemeinen Form auf, in der wir sie hier dargestellt haben, sondern immer in einer spezifischen historisch-kulturellen Ausformung, die nicht nur die von den Bürgern in diesen Bereichen entwickelten Vorstellungen, sondern auch ihre Erfahrungen selbst zutiefst prägen kann. Gleichwohl haben wir in diesen Bereichen unseres gemeinsamen Menschseins genügend Überschneidungen, um ein allgemeines Gespräch über unsere gemeinsamen Probleme und Möglichkeiten führen zu können. Und manchmal erlaubt uns dieses gemeinsame Gespräch, gewisse Vorstellungen von den Grunderfahrungen zu kritisieren, die im Widerspruch zu anderen Dingen stehen, die die Menschen tun und sein wollen.

Wenn wir eine Konzeption des guten Lebens im Hinblick auf diese verschiedenen Lebensumstände wählen, können wir damit rechnen, daß sich ein noch größeres Maß an Pluralität ergibt. Hier möchte unser Ansatz die Pluralität auf zwei sehr unterschiedliche Weisen gewährleistet sehen, die ich die plurale Spezifikation und die lokale Spezifikation nenne.

Die plurale Spezifikation bedeutet das, was der Name sagt. Während die Politik mit einer bestimmten Konzeption des

Guten arbeitet, die einen hohen Allgemeinheitsgrad aufweist, haben die Bürger einen beträchtlichen Spielraum für die konkrete und vielfältige Spezifikation einer jeden Komponente entsprechend den lokalen Traditionen oder den individuellen Vorlieben. Viele konkrete Lebensformen an vielen verschiedenen Orten und unter vielen verschiedenen Umständen umfassen Tätigkeiten, die allen wichtigen Fähigkeiten entsprechen.

Zur lokalen Spezifikation: Zu einer guten öffentlichen Meinungsbildung gehört meiner Ansicht nach eine große Sensitivität gegenüber dem konkreten Kontext, dem Charakter der handelnden Subjekte und ihrer sozialen Situation. Dies bedeutet, daß die Aristotelikerin außer dem soeben beschriebenen Pluralismus noch eine weitere Form der pluralen Spezifikation des Guten beachten muß. Denn was in einem Teil der Welt ein gutes pädagogisches Konzept darstellt, ist in einem anderen Teil völlig ineffektiv. Soziale Beziehungen, die in der einen Gemeinschaft gut funktionieren, können in einer anderen zum Scheitern verurteilt sein. In solchen Fällen muß die Aristotelikerin eine konkrete Spezifikation der Liste vornehmen, die den lokalen Bedingungen entspricht und aus ihnen heraus entwickelt wird. Dies geschieht am besten durch einen partizipatorischen Dialog[269] mit denjenigen, die unter diesen Bedingungen leben. Obwohl die Aristotelikerin nicht zögert, die Tradition zu kritisieren, wenn sie zu Ungerechtigkeit und Unterdrückung führt, glaubt sie nicht, daß irgend etwas Wesentliches gesagt wird, wenn nicht umfassende Informationen vorliegen, die aus den Aussagen der Betroffenen gewonnen sind. Martha Chens Arbeit und ihr Buch bieten ein ausgezeichnetes Beispiel dafür, wie eine solche Sensitivität gegenüber den lokalen Bedingungen mit der Überzeugung einhergehen kann, daß die zentralen Werte der Liste auch dann erstrebenswert sind, wenn die lokale Tradition ihnen keine Bedeutung beimißt.

Der Liberale wirft dem Fähigkeiten-Ansatz *Mißachtung der Autonomie* vor und begründet dies damit, daß eine inhaltlich festgelegte Konzeption den Bürgern die Möglichkeit nimmt, eigene Vorstellungen vom guten Leben zu entwickeln. Dies ist ein kompliziertes Problem. Drei Punkte können hervorgehoben werden. Erstens: Die Liste ist genau deswegen eine Liste von Fähigkeiten und nicht von tatsächlich ausgeübten Tätigkeiten, weil die Konzeption Raum für Entscheidungsfreiheit lassen soll. Die Regierung hat nicht die Aufgabe, die Bürger zu Handlungsweisen zu drängen, die als wertvoll erachtet werden; statt dessen soll sie sicherstellen, daß alle Menschen die notwendigen Ressourcen und Bedingungen haben, um in dieser Weise zu handeln. Sie überläßt ihnen die Entscheidung. Ein Mensch mit genügend Nahrungsmitteln kann sich jederzeit zum Fasten entschließen. Ein Mensch, der die Möglichkeit zu sexueller Betätigung hat, kann sich jederzeit für Enthaltsamkeit entscheiden. Der Mensch, der Zugang zu dem mit öffentlichen Geldern finanzierten Bildungswesen hat, kann jederzeit beschließen, statt dessen etwas anderes zu tun. Indem die Regierung Möglichkeiten schafft, schränkt sie den Entscheidungsspielraum nicht ein, sondern vergrößert ihn. Es ist nicht immer leicht, zu sagen, wann jemand wirklich fähig ist, eine Entscheidung zu treffen, und zwar vor allem in den Bereichen, in denen es traditionell gravierende Hindernisse für die Ausübung bestimmter Tätigkeiten gibt. Manchmal kann unsere beste Strategie darin bestehen, die tatsächlich ausgeübten Tätigkeiten anzuschauen und von dem Fehlen einer Tätigkeit (versuchsweise) auf das Fehlen der entsprechenden Fähigkeit zu schließen.[270] Aber die begriffliche Unterscheidung bleibt sehr wichtig.

Zweitens ist diese Achtung vor der Entscheidungsfreiheit insofern in die Liste eingebaut, als sie der praktischen Vernunft eine gleichsam architektonische Rolle zuschreibt. Eine der zentralsten Fähigkeiten, die durch die Konzeption gefördert wird, ist die Entscheidungsfähigkeit. Wir sollten darauf aufmerksam machen, daß die wichtigste liberale Auffassung zu dieser Frage (die von John Rawls) gerade hier mit unserem Ansatz übereinstimmt. Denn Rawls betont, daß Wunscherfüllungen, die nicht das Ergebnis der eigenen Entscheidungen sind, keinen moralischen Wert haben; und er nimmt an, daß die zwei moralischen Fähigkeiten (die unserer praktischen Vernunft entsprechen) und die Soziabilität (die unseren sozialen Beziehungen entspricht) in die Definition der Parteien im Urzustand eingebaut sind und somit allen Ergebnissen, für die sie sich entscheiden, notwendigerweise Beschränkungen auferlegen.

Schließlich besagt der Fähigkeiten-Ansatz, daß Entscheidungsfreiheit nicht reine Spontaneität ist, die sich unabhängig von materiellen und sozialen Bedingungen entfaltet. Wenn man Wert auf Autonomie legt, muß man seinen Blick auch auf die übrigen Aspekte der Lebensform richten, die der Autonomie förderlich ist, sowie auf die materiellen Bedingungen, die einem diese Lebensform ermöglichen. Folglich erhebt dieser Ansatz den Anspruch, daß sein umfassendes Interesse an einer gedeihlichen Entwicklung in allen Lebensbereichen besser geeignet sei, die Entscheidungsfreiheit zu fördern, als das auf die Spontaneität eingeengte Interesse des Liberalen, das sich mitunter mit Situationen abfindet, in denen die Menschen auf andere Weise am wahrhaft menschlichen Gebrauch ihrer Fähigkeiten gehindert werden. Im folgenden komme ich zu dem Einwand, der sich auf die praktische Anwendung dieses Ansatzes bezieht; er wirft besonders schwierige Fragen in bezug auf die Situation von Frauen auf.

7. Wer gilt als Mensch? Die Frauen als Menschen

Eine mittlerweile bekannte Äußerung der feministischen Rechtstheoretikerin Catharine MacKinnon lautet, daß »eine Frau zu sein nicht immer bedeutet, ein Mensch zu sein«.[271] Dies besagt, daß die meisten traditionellen Klassifizierungen und Bewertungen die Frauen nicht als vollwertige Mitglieder der menschlichen Gattung betrachtet haben, so wie diese im allgemeinen definiert wird. MacKinnon denkt dabei zweifellos daran, daß den Frauen häufig die Rationalität abgesprochen wurde, die gemeinhin als ein zentrales Wesensmerkmal des Menschen gilt. Es ist ernüchternd, daß einige führende Philosophen, darunter Aristoteles und Rousseau, die »Väter« (und sicherlich nicht die »Mütter«) meiner Konzeption, den Frauen nicht die vollen Fähigkeiten zur Ausübung wichtiger menschlicher Tätigkeiten zuerkannten. Wenn dem so ist, könnte man fragen, welchen Sinn es hat, einen Katalog zentraler menschlicher Fähigkeiten aufzustellen. Denn den Frauen kann jederzeit die (Grund-)Fähigkeit zur Entwicklung dieser zentralen Fähigkeiten sogar durch diejenigen abgesprochen werden, die ihnen sonst eine große Bedeutung beimessen.

Zeigt dieses Problem, daß die Vorstellung von den spezifischen menschlichen Fähigkeiten und Tätigkeiten entweder hoffnungslos mit dem Patriarchat verbündet oder bestenfalls ein untaugliches Instrument zur Herstellung von Gerechtigkeit ist? Ich glaube nicht. Denn wenn wir uns die Geschichte der Herabsetzung der Frauen anschauen, zeigt sich meines Erachtens, daß dieser Menschenbegriff hervorragend geeignet ist, moralische

Ansprüche zu begründen. Die Anerkennung des anderen als Mitglied derselben Art erzeugt ein Gefühl der Verbundenheit und führt zu einer Reihe von moralischen und pädagogischen Verpflichtungen. Ebendeshalb ist es für diejenigen, denen es vor allem um ihren eigenen Machterhalt geht, so wichtig und so verlockend, den anderen nicht zur eigenen Art zu zählen. Denjenigen jedoch, mit denen man spricht und lebt, das Menschsein abzusprechen ist eine sehr brüchige und auf Selbsttäuschung basierende Strategie, die weder einer gründlichen und konsequenten Reflexion noch Erfahrungen standhält, die die der Selbsttäuschung dienende Rationalisierung durchbrechen.[272] Jeder Konzeption der Moral kann aus Ehrgeiz, Haß oder Scham die Zustimmung versagt werden. Aber der Konzeption des Menschen, die auf eine bestimmte, aber vage Art nach den Lebensumständen und nach den unter diesen Umständen ausgeübten Tätigkeiten fragt, kann die Zustimmung anscheinend viel schwerer verweigert werden als anderen Konzeptionen, die zur Grundlage der Ethik gemacht wurden – beispielsweise das »vernunftbegabte Wesen« oder (wie ich dargelegt habe) die »Person«.

Um diesen Punkt zu veranschaulichen, möchte ich die früheste mir bekannte Argumentation darstellen, die in der westlichen philosophischen Tradition eine bestimmte Konzeption des Menschen für feministische Zwecke verwendet. Es ist nicht die erste feministische Argumentation in der westlichen Tradition, denn Platos *Republik* geht ihr voraus (und beeinflußt sie).[273] Platos Eintreten für die gleiche Erziehung der Frauen wird jedoch durch seine elitäre Einstellung zu allen Tätigkeiten bei allen Menschen stark eingeschränkt; folglich kann sie nur zu elitären Schlußfolgerungen für Frauen und Männer gleichermaßen führen. Die platonische Gerechtigkeit ist nicht die »menschliche Gerechtigkeit«, um den starken Ausdruck von Susan Okin aufzugreifen. Die Argumentation, an die ich denke, findet sich bei dem römischen Stoiker Musonius Rufus in seiner kurzen Abhandlung mit dem Titel »Auch Frauen sollten Philosopie betreiben«, die im ersten Jahrhundert vor Christus verfaßt wurde.[274] Diese Argumentation ist um so interessanter, als sie aristotelische Vorstellungen benutzt, um Aristoteles' Fehler in bezug auf Frauen zu korrigieren – was meines Erachtens zeigt, daß sich ein Aristoteliker, der stringent argumentiert und sich den Fakten ehrlich stellt, nicht der egalitären normativen Schlußfolgerung verschließen kann, daß Frauen ebenso wie Männer eine höhere Bildung erhalten sollten (denn das ist gemeint, wenn gesagt wird, daß sie Philosophie betreiben sollten.)[275]

Diese Argumentation hat eine implizite Prämisse, nämlich die, daß ein Mensch – zumindest im Hinblick auf bestimmte zentrale menschliche Tätigkeiten – eine (noch nicht voll entwickelte) Grundfähigkeit hat, die betreffenden Tätigkeiten auszuüben, sofern er die geeignete Unterstützung und Ausbildung erhält. Das Vorhandensein dieser Fähigkeit konfrontiert die Gesellschaft mit dem moralischen Anspruch, diese Fähigkeiten so weit zu entwickeln, daß der Mensch im umfassenden Sinne befähigt wird, sich für die Ausübung der betreffenden Tätigkeiten zu entscheiden. Diese Prämisse bedurfte in der philosophischen Kultur der griechisch-römischen Antike keiner Begründung, da angenommen wurde, daß dieser moralische Anspruch dem Fähigkeitsbegriff mehr oder weniger implizit zugrunde liegt. Im vorliegenden Beitrag habe ich versucht, ihn von der intuitiven Seite her zu untermauern.

Die folgende Argumentation ist von wirklich radikaler Einfachheit. Ihre zweite Prämisse besteht in einem Appell an die Erfahrungen des imaginären widerstrebenden männlichen Gesprächspartners. Frauen, so soll er ausgehend von seinen eigenen Erfahrungen einräumen, haben die Grundfähigkeit zur Ausübung einer Vielzahl von wichtigen menschlichen Tätigkeiten. Sie haben die fünf Sinne. Sie haben die gleiche Anzahl von Körperteilen, die für gleichartige Funktionen geeignet sind. Sie haben die gleiche Fähigkeit zum Denken und Urteilen wie Männer. Und schließlich sind sie empfänglich für ethische Unterscheidungen, indem sie (gut oder schlecht) zwischen Gut und Böse unterscheiden. Sodann wird eine dritte Prämisse aufgestellt: daß die »höhere Bildung« in der Form, wie das stoische Ideal einer liberalen Erziehung sie vorsieht, für die umfassende Entwicklung der moralischen, geistigen und Wahrnehmungsfähigkeiten notwendig ist. Schlußfolgerung: Sowohl Frauen als auch Männer sollten diese Erziehung erhalten.

Für uns ist die zweite Prämisse verblüffend: Warum akzeptiert der Gesprächspartner sie? Wir entnehmen dem Gesamtzusammenhang, daß der Gesprächspartner ein Ehemann ist, der mit seiner Frau in einigen ausdrücklich genannten Lebensbereichen kooperiert: der Planung und Führung des Haushalts (in dem sie diejenige ist, die die meisten Alltagsprobleme regelt);

der Aufzucht der Kinder (wobei er sich vorstellt, wie sie sich für die Familie abmüht, viele unangenehme Dinge in Kauf nimmt und später für die Erziehung sorgt); ihrer sexuellen Beziehung und der Weigerung seiner Frau, eine sexuelle Beziehung zu anderen zu haben; ihrem wahrhaft freundschaftlichen Verhältnis, das auf gemeinsamen Vorstellungen von einem »gemeinsamen Leben« beruht[276]; ihre Entscheidungen in bezug auf die Behandlung der sie umgebenden Menschen; der fairen Behandlung etwa der Dienstboten; und schließlich der Bewältigung der Gefahren und der moralischen Verunsicherung, die von der im ersten Jahrhundert vor Christus in Rom betriebenen Politik ausgingen – der Weigerung, so sagt er, vor den ungerechten Forderungen eines Tyrannen zu kapitulieren. Die Argumentation läuft darauf hinaus, daß er in all diesen Dingen die Fähigkeit seiner Frau zum praktischen, vernünftigen Denken und zur ethischen Unterscheidung nicht nur anerkennt, sondern sich sogar auf sie verläßt. Ja, er wird als jemand geschildert, der möchte, daß diese Dinge *gut* getan werden – denn er möchte nicht, daß seine Frau das Falsche denkt, wenn das politische Leben härter wird, daß sie die Dienstboten grausam behandelt oder daß sie die Kinder schlecht erzieht. Folglich erkennt er in seinem Alltagsleben ihr Menschsein und ihre Grundfähigkeit zur Ausübung wichtiger menschlicher Tätigkeiten an. Wieso kann er ihr dann, fragt Musonius vernünftigerweise, das versagen, was notwendig wäre, um dieses Menschsein zur vollen Entfaltung zu bringen?

Dies ist meiner Ansicht nach eine erstaunlich radikale Argumentation. Und sie führte zu einer (bzw. war Ausdruck einer) gesellschaftlichen Situation, die in der jahrtausendealten westlichen Tradition einen Höhepunkt in bezug auf die Stellung der Frau darstellte.[277] Wir brauchen nicht zu zeigen, daß die Auffassung, die Musonius von den Frauen hatte, in jeder Hinsicht perfekt war; in vielerlei Hinsicht war sie es nicht. Seine Argumentation zeigt jedoch, wie sehr ein universaler Menschenbegriff die Forderung nach Gerechtigkeit für Frauen zu begründen vermag. Denn der Gesprächspartner hätte nicht anerkennen müssen, daß seine Frau eine »Person« war: Es war in gewisser Weise ihm überlassen, diesen recht komplexen und schwer faßbaren Begriff zu definieren. Er kam nicht umhin anzuerkennen, daß sie ein Mensch und mit der Grundfähigkeit ausgestattet war, die fraglichen Tätigkeiten auszuüben. Denn dies hatte er bereits in seinem Alltagsleben anerkannt.

8. Frauen und Männer: Zwei Normen oder eine Norm?

Aber sollte es wirklich eine einzige Norm für das menschliche Tun geben? Sowohl in der nicht-westlichen als auch in der westlichen Tradition ist oft gesagt worden, daß es, entsprechend der unterschiedlichen »Natur« von Mann und Frau, zwei verschiedene Standards für menschliche Fähigkeiten und Tätigkeiten geben sollte. In den Bereichen körperliche Gesundheit, Mobilität und Wahrnehmung überschneiden sie sich gewöhnlich, unterscheiden sich aber stark in den Bereichen praktische Vernunft und soziale Beziehungen. Zumeist werden die Ausübung staatsbürgerlicher Funktionen, Aktivitäten im öffentlichen Raum und die volle praktische Autonomie den Männern zugeschrieben, die Fürsorge für Heim und Familie den Frauen. Wir müssen uns jetzt mit dieser Position auseinandersetzen.

Bei denjenigen, die von getrennten Tätigkeitsbereichen für Männer und Frauen ausgehen, lassen sich zwei Positionen erkennen, die sich in wichtigen Punkten voneinander unterscheiden und die wir sorgfältig auseinanderhalten müssen. Die erste, die ich die Position A nenne, nimmt an, daß derselbe allgemeine normative Katalog von Tätigkeiten sowohl für Männer als auch für Frauen gilt, daß Männer und Frauen diese Tätigkeiten aber in unterschiedlichen Lebensbereichen ausüben sollten. Die zweite, die ich die Position B nenne, fordert, daß für Männer und Frauen auch auf einer sehr allgemeinen Ebene verschiedene Tätigkeits-Kataloge gelten sollten. (Die Behauptung, Männer und Frauen hätten eine unterschiedliche »Natur«, ist gewöhnlich mit der Position B assoziiert.)

Die Position A ist durchaus mit einem ernsthaften Interesse an der Geschlechtergleichheit und -gerechtigkeit vereinbar. Denn sie besagt letztlich, daß Männer und Frauen dasselbe Grundbedürfnis nach der Entwicklung ihrer Fähigkeiten haben und das bekommen sollten, was sie brauchen. Sie möchte sicherstellen, daß beide die höhere (entwickelte) Fähigkeitsstufe im Hinblick auf die Ausübung aller zentralen Tätigkeiten erreichen. Sie meint lediglich, dies könne (und sollte vielleicht) in getrennten Bereichen geschehen. Hier haben wir es mit einer Art geschlechtsspezifischer lokaler Spezifikation zu tun. A ist im Grunde genommen die Position des Musonius, der den Standpunkt vertritt, daß die Tätigkeiten, die mit der praktischen Vernunft und den sozialen Beziehungen zusammenhängen, von der Frau bei der Führung des Haushalts und vom Mann im öffentlichen Leben ausgeübt werden sollten.[278] Da die Frau diejenige ist, die Kinder bekommt, findet er es offensichtlich zweckmäßig, an der herkömmlichen Verteilung der Pflichten festzuhalten, und er glaubt, daß alle wichtigen Fähigkeiten in jeder Sphäre voll zur Geltung kommen können. Ist diese Auffassung problematischer als diejenige, die besagt, daß die menschlichen Tätigkeiten in Indien eine andere konkrete Form annehmen können – und sogar sollten – als in England?

An diesem Punkt ergibt sich eine Schwierigkeit: Wenn wir erkannt haben, in welchem Maße die Unterschiede zwischen den Geschlechtern auf eine moralisch willkürliche und schädliche Weise gesellschaftlich konstruiert wurden, und wenn wir darauf bestehen, statt dessen das gemeinsame Menschsein zur Grundlage unserer moralischen und politischen Anschauungen zu machen, ist schwerlich einzusehen, welche guten Argumente für die Position A sprechen, die gerade die Trennungslinien aufrechterhält, die für Frauen oft Unterdrückung bedeutet haben. Wie könnten solche Argumente lauten?

Ich habe die biologischen Unterschiede erwähnt. Aber in welchem Maße ist die Trennung der Tätigkeitsbereiche tatsächlich durch die Gebärfähigkeit von Frauen – vor allem heutzutage – bedingt? Selbst im vierten Jahrhundert vor Christus konnte Plato erkennen, daß sich die Situation der Frauen und Männer nicht sehr von der Situation weiblicher und männlicher Jagdhunde unterscheidet: Die Frau braucht eine gewisse Zeit, um den Nachwuchs zu gebären und zu versorgen, aber dies bedeutet keineswegs, daß eine lebenslange Trennung der Tätigkeiten erforderlich oder auch nur naheliegend ist. Fortschritte bei der Familienplanung lassen dies immer weniger plausibel erscheinen. Und es sollte für jedermann offenkundig sein, daß die Ursache für das durch eine Schwangerschaft bedingte Ausscheiden aus dem Arbeitsprozeß weitgehend darin liegt, daß sowohl die öffentliche Hand als auch die Arbeitgeber zu wenig für die Kinderbetreuung tun. Andere körperliche Unterschiede, die gewöhnlich herangezogen werden – zum Beispiel unterschiedliche körperliche Stärke, von der die Befähigung zu unterschiedlichen Tätigkeiten abgeleitet wird –, beruhen, wie zunehmend festgestellt wird, auf schlechten wissenschaftlichen Argumenten und geben immer weniger plausible Gründe für die Differenzierung von Tätigkeiten ab. Tätigkeiten im militärischen Bereich hängen beispielsweise immer weniger von körperlicher Stärke und immer mehr von der Ausbildung ab. Die Anerkennung dieser Tatsache durch den US-Kongreß, der kürzlich Männer und Frauen im Militärdienst gleichgestellt hat, bestätigt nur das, was schon längst hätte klar sein müssen.

Man kann auch auf kontingente soziale Umstände verweisen. Die Gesellschaften sind bereits geschlechtsspezifisch gespalten. Wollen wir also eine Situation herbeiführen, in der die Frauen fähig sind, alle wichtigen Tätigkeiten auszuüben, ist es ratsam, die Potentiale dieser durch Geschlechterungleichheit gekennzeichneten Struktur zu entwickeln und mehr Unabhängigkeit und Entfaltungsmöglichkeiten für die Frauen innerhalb dieser Struktur anzustreben, anstatt die Struktur selbst aufzubrechen. Genau dies geschieht meines Erachtens bei Musonius. Als ein griechischsprachiger Philosoph in Neros Rom hat er nicht die geringste Chance, die institutionellen Veränderungen durchzuführen, die den stoischen Vorstellungen vom idealen Staat entsprechen – einem Staat, in dem Männer und Frauen völlig gleichberechtigte Bürger und Bürgerinnen sind, die sich weder durch getrennte Tätigkeitsbereiche noch durch unterschiedliche Kleidung voneinander unterscheiden![279] Musonius hofft allerdings, einzelne Ehemänner dahingend zu beeinflussen, ihren Frauen den Zugang zur Bildung zu ermöglichen, also tut er, was er kann. Weitgehend das gleiche geschieht in Martha Chens *A Quiet Revolution*. Weder Chen noch ihre Kolleginnen und Kollegen schlugen vor, im Dorf alle Ungleichheiten zwischen den Geschlechtern zu beseitigen. Statt dessen entdeckten sie »weibliche Arbeiten«, die menschenwürdiger und wichtiger waren als die früher von Frauen verrichteten Arbeiten, die an die traditionellen weiblichen Arbeiten anknüpften, aber außerhalb des Hauses stattfanden und entlohnt wurden.

Dies ist häufig eine kluge Strategie zur Herbeiführung realer gesellschaftlicher Veränderungen. Wie Martha Chen zeigt, konnte es die »Revolution« in der Lebensqualität der Frauen nur wegen des umsichtigen Verhaltens der Frauen geben, die den Männern des Dorfes in jedem Stadium das Gefühl gaben, daß die Veränderungen nicht übermäßig bedrohlich und gut für die gesamte Gruppe waren. Andererseits sagen uns solche pragmatischen Entscheidungen, die angesichts abweisender Realitäten getroffen werden, nicht, wie die Dinge wirklich sein sollten. Die Auffassung, daß zwei nach Geschlechtern getrennte Bereiche eine annehmbare Konkretisierung der Norm sind, scheint äußerst problematisch. Denn sehr oft genießt die traditionell weibliche Norm ein geringes gesellschaftliches Ansehen, während die traditionell männlichen Tätigkeiten mit großen Vorteilen verbunden sind. Im Rom des Musonius konnte ein Ehemann sowohl ein Staatsbürger sein als auch einen Haushalt führen; eine Ehefrau hatte nicht die Möglichkeit, eine Staatsbürgerin zu sein. Im Indien der Metha Bai haben die Frauen aufgrund ihrer Beschränkung auf den häuslichen Bereich keine Möglichkeit, Geld zu verdienen, was sehr wichtig für die umfassende Entwicklung von Fähigkeiten ist. Kurz gesagt, die Zuweisung von »getrennten, aber gleichen« Tätigkeitsbereichen dient gewöhnlich den Zielen einer dominanten Gruppe und zementiert die Unterdrückung der Machtlosen.[280]

Dieser Punkt muß besonders beachtet werden, wenn man über die Arbeitsteilung in der Familie nachdenkt. Es ist völlig vernünftig, daß es in jedem Haushalt eine – auch über einen längeren Zeitraum bestehende – Arbeitsteilung gibt, da die Familienmitglieder ein unterschiedliches Geschick für verschiedene Aufgaben haben. Es wäre gegenüber dem aktuellen Zustand in allen bekannten Ländern schon ein großer Fortschritt, wenn die häuslichen Pflichten vom Zeit- und Arbeitsaufwand her gleich verteilt wären. Aber selbst in dieser utopischen Situation kann die Zuweisung von Aufgaben gemäß der traditionalen Rollenverteilung fragwürdig sein, da sie möglicherweise mit einem Mangel an Achtung und Selbstachtung verbunden ist. Wenn zum Beispiel nur alle Mädchen kochen lernen, ist dies nicht ein moralisch neutraler Fall von Spezialisierung (so wie das eine Kind Klavier, das andere Klarinette lernt); denn dadurch werden die Stereotype verstärkt, die historisch mit der Tatsache assoziiert sind, daß den Frauen weder der Status von Staatsbürgerinnen noch Autonomie zuerkannt wurde. Daher komme ich zu dem Schluß, daß es keine guten Argumente für die Position A gibt und daß selbst der kluge Gebrauch von A zur schrittweisen Durchsetzung von gesellschaftlichen Veränderungen mit Vorsicht sowie mit dem Bewußtsein zu betrachten ist, daß es Normen gibt, die genuinere Gleichheit ermöglichen.

Ich wende mich jetzt der Position B zu, die von vielen Philosophen – darunter Rousseau und einige seiner zeitgenössischen

Nachfolger – maßgeblich beeinflußt wurde.[281] Diese Position kann in verschiedener Hinsicht kritisiert werden. Sofern sie auf der These basiert, daß es zwei unterschiedliche Arten von Grundfähigkeiten gibt, kann man darauf hinweisen, daß diese These durch keine ernstzunehmenden wissenschaftlichen Fakten bestätigt worden ist. Wie Anne Fausto-Sterlings *Myths of Gender* zeigt, enthalten Experimente, die angeblich beweisen, daß es in bezug auf die (unausgebildeten) Grundfähigkeiten starke Unterschiede zwischen den Geschlechtern gibt, zahlreiche wissenschaftliche Fehler; werden diese Fehler ausgeräumt, gibt es keine schlüssigen Anhaltspunkte mehr für solche Unterschiede.

Zweitens sollten wir darauf aufmerksam machen, daß sich selbst das, was in diesem wissenschaftlichen Material ohne überzeugende Begründung behauptet wird, nicht auf einen Unterschied in den zentralen Grundfähigkeiten bezieht. Hier geht es gewöhnlich um eine differentielle statistische Verteilung einer spezifischen Fähigkeit zum Erreichen einer hohen Leistung und nicht zum Überschreiten der Schwelle, und die hohe Leistung bezieht sich auf eine sehr eng definierte Fähigkeit (etwa auf dem Gebiet der Geometrie) und nicht auf eine unserer weitgefaßten Fähigkeiten, wie beispielsweise die Fähigkeit zur Betätigung der praktischen Vernunft (die entsprechend den jeweiligen Vorlieben und Fähigkeiten des einzelnen auf vielfältige Weise betätigt werden kann). Also gilt: Auch wenn die These richtig wäre, würde sie sich nicht auf die Fähigkeiten in dem weiten Sinne beziehen, in dem wir sie verstehen; und da es sich um eine statistische Aussage handelt, hätte sie keinerlei Implikationen für die Art und Weise, wie Menschen behandelt werden sollten. Folglich wären die politischen Konsequenzen dieser Unterschiede zwischen den Geschlechtern, wenn sie denn formuliert worden wären, gleich Null.

Schließlich müssen wir auch darauf hinweisen, daß es im Prinzip so gut wie unmöglich ist, die Art von Forschung durchzuführen, die erforderlich wäre, um solche Unterschiede jemals überzeugend nachzuweisen. Denn es ist gezeigt worden, daß Säuglinge beiderlei Geschlechts von Geburt an von den Eltern und anderen Erwachsenen entsprechend ihren äußeren Geschlechtsmerkmalen unterschiedlich behandelt werden. Man geht anders mit ihnen um, man spricht anders mit ihnen, man gibt ihnen unterschiedliches Spielzeug. Ihre Gefühle werden unterschiedlich interpretiert – so wird ein schreiendes Kind zumeist als »zornig« bezeichnet, wenn der Beobachter glaubt, daß es sich um einen Jungen handelt, und als »ängstlich«, wenn er glaubt, es handelte sich um ein Mädchen.[282] Folglich können wir beim gegenwärtigen – durch Geschlechterungleichheit gekennzeichneten – Stand der Dinge die Kultur nicht verläßlich genug ausklammern, um die notwendigen Informationen über die Grundfähigkeiten zu erhalten. Dies erhärtet meiner Ansicht nach die von mir schon früher vorgebrachte Annahme: Das Fehler- und Mißbrauchspotential, das in den Fähigkeitstests steckt, ist so groß, daß wir so verfahren sollten, als hätte jeder Mensch die Grundfähigkeiten.

Wir können die Position B jedoch auch in anderer Weise kritisieren. Denn ich glaube, es kann gezeigt werden, daß die von B vertretene Auffassung, Männer und Frauen hätten unterschiedliche Fähigkeiten, in sich nicht schlüssig ist und uns keine tragfähigen Normen für ein gedeihliches menschliches Leben gibt.[283] Wie sehen gewöhnlich die Varianten von B aus, die uns unsere philosophische Tradition hinterlassen hat? (Rousseaus Auffassung ist ein aufschlußreiches Beispiel.) Auf der einen Seite haben wir Männer, die »autonom«, fähig zum praktischen Denken und unabhängig sind, die sich selbst genügen und angeblich gut für die Wahrnehmung politischer Aufgaben geeignet sind. Diese Männer werden dazu erzogen, keine starken Empfindungen von Liebe und Gefühle von Bedürftigkeit zu entwickeln, die mit dem Wissen verbunden sind, daß man sich selbst nicht genügt. Aus diesem Grund sind sie nicht geeignet, sich um die Bedürfnisse ihrer Familienmitglieder zu kümmern oder diese überhaupt wahrzunehmen. Auf der anderen Seite haben wir Frauen wie Rousseaus Sophie, denen es aufgrund ihrer Erziehung an Autonomie und Selbstachtung fehlt, die nicht die Voraussetzungen zum Gebrauch ihrer praktischen Vernunft entwickelt haben, die von Männern abhängig sind, deren ganzes Sinnen und Trachten darauf gerichtet ist, es anderen recht zu machen, und die sich gut darauf verstehen, für andere zu sorgen. Ist eine dieser Lebensformen für ein vielseitiges und erfülltes menschliches Leben ausreichend?

Wohl kaum. Die innere Widersprüchlichkeit der Rousseauschen Auffassung, die gut von Susan Okin und Jane Roland Martin beschrieben worden ist, bietet gute Anhaltspunkte für diese Feststellung. In seinem Buch *Emile* hebt Rousseau nachdrücklich hervor, daß Mitleid eine grundlegende Motivation sozialen Handelns ist. Für ihn setzt Mitleid ein Gefühl der Zusammengehörigkeit und eine starke Empfänglichkeit für das Leiden anderer voraus. Und dennoch stattet er Emile, der auf seinen Status als autonomer Staatsbürger vorbereitet wird, am Ende mit zu wenigen emotionalen Fähigkeiten aus und ordnet Fürsorge und Empfänglichkeit für andere allein der weiblichen Sphäre zu. Es scheint, daß aus Emile nicht nur ein unvollständiger Mensch, sondern auch ein unzulänglicher Staatsbürger wird – und dies sogar nach Rousseaus eigenen staatsbürgerlichen Maßstäben.

Auch für Sophie entwickeln sich die Dinge schlecht. Da sie gelehrt wurde, für andere zu sorgen, nicht aber, ihr Leben selbst in die Hand zu nehmen, wird sie von äußeren Einflüssen beherrscht und hat keine Kontrolle über ihr eigenes Leben. Wie Rousseau in seiner faszinierenden Beschreibung ihres Lebensendes zeigt, scheitert sie an ihrem Mangel an Urteilsvermögen. Zudem stellt sich heraus, daß sie eine schlechte, zur Liebe unfähige Partnerin ist. Denn Liebe, so erkennen wir, erfordert Urteilsvermögen und Beständigkeit, wenn sie wahrhaft tief und wahrhaft einfühlsam sein soll. So gelingt es beiden nicht, ein erfülltes menschliches Leben zu führen; und beide erweisen sich als unfähig, auf eine umfassende und gute Weise die Tätigkeiten auszuüben, auf die sie vorbereitet wurden, da diese Tätigkeiten der Unterstützung durch andere Tätigkeiten bedürfen, die ihnen nicht vermittelt wurden. Der Text läßt den nachdenklichen Leser zu dem Schluß gelangen, daß die Fähigkeiten, die traditionell für den männlichen und den weiblichen Bereich kennzeichnend waren, nicht voneinander getrennt werden können, ohne schwerwiegende Defizite hervorzurufen. Sie unterstützen und fördern sich wechselseitig. Mithin kann die Gesellschaft den Menschen nicht zu einem erfüllten Leben verhelfen, wenn sie die Bereiche einfach trennt. Sie muß danach streben, in jedem einzelnen Menschen die volle Bandbreite menschlicher Fähigkeiten zu entwickeln.

Bei dieser umfassenderen Vorstellung von den menschlichen Fähigkeiten und Tätigkeiten sind tragische Konflikte nicht ausgeschlossen. Denn sie betont den eigenständigen Wert und die unersetzliche Bedeutung einer großen Vielfalt von Tätigkeiten. Und die Welt bietet nicht immer die Gewähr, daß die Menschen nicht schmerzhafte Entscheidungen in bezug auf diese Tätigkeiten treffen müssen, was bedeutet, daß sie, um eine von ihnen gut auszuüben, andere vernachlässigen müssen (was sich in vielen Fällen auch negativ auf erstere auswirken kann). Dies zeigt meiner Ansicht nach abermals, wie wichtig es ist, uns an einen Katalog der zentralen Tätigkeiten zu halten, wenn wir die Lebensqualität in den Ländern dieser Welt bewerten und ihre Verbesserung anstreben. Denn viele Tragödien – und viele Fälle, in denen es schlicht um das Fehlen von Fähigkeiten geht – resultieren aus ungerechten und unhinterfragten gesellschaftlichen Strukturen. Man kann eine Gesellschaft konzipieren und zu schaffen versuchen, in der die tragischen Entscheidungen, die Emile und Sophie zu treffen hatten, nicht notwendig wären, in der sowohl Männer als auch Frauen beides lernen könnten: zu lieben und rational zu denken.

Eine Frau zu sein bedeutet tatsächlich noch nicht, ein Mensch zu sein. In vielen Teilen der Welt bekommen Frauen keinerlei Unterstützung, um die wichtigsten menschlichen Tätigkeiten auszuüben, und diese Verweigerung von Unterstützung ist häufig dadurch bedingt, daß sie Frauen sind. Aber Frauen sind im Gegensatz zu Felsen und Pflanzen, Hunden und Pferden menschliche Wesen, die die Fähigkeiten zur Ausübung dieser Tätigkeiten besitzen, wenn sie genügend Nahrung, Ausbildung und anderweitige Unterstützung erhalten. Aus diesem Grund ist ihr durch Ungleichbehandlung verursachter Mangel an Fähigkeiten ein Gerechtigkeitsproblem. Es ist an uns, dieses Problem zu lösen. Ich meine, daß eine Konzeption des guten menschlichen Lebens uns bei der Bewältigung dieser Aufgabe wertvolle Hilfe leistet.[284]

Nicht-relative Tugenden: Ein aristotelischer Ansatz

»Gingen doch damals die Griechen immer in Waffen einher.«

Thukydides, *Geschichte des Peleponnesischen Krieges*

»[...] die Gesetze der Urzeit seien allzu einfach und barbarisch. Gingen doch damals die Griechen immer in Waffen einher und kauften ihre Weiber voneinander; und was noch irgendwo von solchen uralten Einrichtungen übrig ist, zeigt den Charakter äußerster Beschränktheit, wie z.B. in Kyme noch jetzt das Gesetz über den Totschlag gilt, daß, wenn der Ankläger eine bestimmte Anzahl von Zeugen aus dem Kreis seiner eigenen Verwandtschaft stellt, der Angeklagte des Mordes schuldig sein soll. Überhaupt aber trachtet alle Welt nicht nach dem Hergebrachten, sondern nach dem Guten.«

Aristoteles, *Politik*, 1269 a 39ff.

»Man kann ja auch auf Reisen sehen, wie jeder Mensch dem anderen verwandt und freund ist.«

Aristoteles, *Nikomachische Ethik*, 1155 a 21-22

I

In der zeitgenössischen philosophischen Debatte richtet sich das Interesse zunehmend auf die Tugenden. Von vielen verschiedenen Seiten werden diejenigen ethischen Theorien kritisiert, die nur noch wenig mit den konkreten menschlichen Erfahrungen zu tun haben. Ob diese Praxisferne aus dem utilitaristischen Interesse an einem universalen Kalkül von Präferenzerfüllungen oder aus dem kantischen Anliegen resultiert, allgemeingültige Prinzipien aufzustellen, bei denen Bezugnahmen auf bestimmte Kontexte, Geschichtskonstellationen und Personen ausgespart bleiben, mag dahingestellt sein; doch wird sie gegenwärtig von einer wachsenden Zahl von Moralphilosophen als ein Defizit bei der Auseinandersetzung mit ethischen Fragen empfunden. Bei der Suche nach einem alternativen Zugang zu dieser Thematik spielt der Begriff der Tugend eine wichtige Rolle. Dies gilt auch für das Werk des Aristoteles, des größten Befürworters eines ethischen Ansatzes, der auf dem Begriff der Tugend basiert. Denn was am Werk des Aristoteles so besticht, das ist die Verbindung von Exaktheit und Konkretheit, von theoretischer Stärke und Sensibilität für die realen Bedingungen menschlichen Lebens und Entscheidens in ihrer ganzen Mannigfaltigkeit und Veränderbarkeit.

In einem zentralen Punkt gibt es jedoch eine auffallende Divergenz zwischen Aristoteles und der zeitgenössischen Theorie der Tugenden. Für viele heutige Verfechter eines tugendethischen Ansatzes ist die Wiederentdeckung der Tugenden mit einer Hinwendung zum Relativismus verbunden – zu der Auffassung nämlich, daß sich die angemessenen Kriterien für das ethisch Gute einzig und allein aus den jeweiligen lokalen Bedingungen ableiten lassen, daß sie an die Traditionen und Praktiken einer jeden Gesellschaft oder Gruppe gebunden sind, die sich die Frage nach dem Guten stellt. Die Zurückweisung allgemeiner Algorithmen und abstrakter Regeln für eine an spezifischen Formen tugendhaften Handelns orientierte Auffassung des guten Lebens ist für sonst so unterschiedliche Autoren wie Alasdair MacIntyre, Bernard Williams und Philippa Foot[285] mit der Preisgabe des Projekts verbunden, eine einzige Norm eines gedeihlichen Lebens für alle Menschen rational zu begründen; statt dessen plädieren sie für Normen, die hinsichtlich ihres Ursprungs und Geltungsbereichs lokal gebunden sind. Alle diese Autoren haben dem Relativismus gegenüber eine komplexe Einstellung; niemand von ihnen vertritt eindeutig eine relativistische Auffassung. Aber alle verbinden die Tugendethik mit der relativistischen Negierung der Annahme, eine richtig verstandene Ethik stelle irgendwelche transkulturellen Normen bereit, die sich durch allgemeinmenschliche und allgemeingültige Gründe rechtfertigen ließen und es uns erlauben würden, andersartige und lokal gebundene Auffassungen des Guten angemessen zu kritisieren. Alle sind außerdem der Ansicht, daß die Erkenntnisse, die wir gewinnen, wenn wir uns auf der Basis der aristotelischen Tugendkonzeption mit ethischen Fragen befassen, für den Relativismus sprechen.

Aus diesem Grund können diejenigen, denen es um die Unterstützung einer rationalen Kritik an lokalen Traditionen und um die Formulierung einer Idee des ethischen Fortschritts geht, leicht den Eindruck gewinnen, daß die Tugendethik ihnen dabei wenig Hilfestellung gibt. Wenn die Stellung der Frau, so wie sie aufgrund lokaler Traditionen in vielen Teilen der Welt besteht, verbessert werden soll, wenn die Traditionen der Sklaverei, der rassischen Ungleichheit, der religiösen Intoleranz, der aggressiven und kriegerischen Vorstellungen von Männlichkeit und die ungleichen Verteilungsnormen in bezug auf materielle Güter im Namen der praktischen Vernunft kritisiert werden sollen, dann müßte diese Kritik (zu diesem Schluß könnte man leicht gelangen) von einem kantianischen oder utilitaristischen Standpunkt aus und nicht auf der Basis des aristotelischen Ansatzes erfolgen.

Dies ist, was Aristoteles betrifft, eine merkwürdige Folgerung. Denn er hat nicht nur eine auf den Tugenden basierende ethische Theorie entwickelt, sondern auch den Standpunkt vertreten, daß es vom menschlich Guten respektive von einer gedeihlichen menschlichen Entwicklung nur *eine* objektive Auffassung geben könne. Diese Auffassung sollte in dem Sinne objektiv sein, daß sie sich durch Gründe rechtfertigen läßt, die sich nicht nur aus lokalen Traditionen und Praktiken ergeben, sondern aus menschlichen Wesensmerkmalen, die unter der Oberfläche aller lokalen Traditionen vorhanden sind und wahrgenommen werden müssen – ob sie nun von den lokalen Traditionen tatsächlich wahrgenommen und anerkannt werden oder nicht. Und eines von Aristoteles' offenkundigsten Anliegen bestand darin, die in seiner eigenen Stadt und in anderen Städten geltenden moralischen Traditionen als ungerecht und repressiv, also als mit dem menschlichen Wohlergehen unvereinbar zu kritisieren. Das geschieht insbesondere im zweiten Buch der *Politik*, wo er sich häufig gegen die bestehenden sozialen Verhältnisse ausspricht, indem er darlegt, inwiefern sie die Entwicklung hin zu einer wichtigen menschlichen Tugend vernachlässigen oder behindern. Aristoteles hielt es offensichtlich nicht für unvereinbar, die Tugenden zur Grundlage einer ethischen Theorie zu machen und die Annahme zu verteidigen, daß es nur *ein* mit objektiven Maßstäben zu erfassendes menschlich Gutes gibt. Er scheint im Gegenteil geglaubt zu haben, daß sich diese beiden Ziele wechselseitig verstärken.

Nun bedeutet die Tatsache, daß Aristoteles an etwas glaubte, nicht, daß es auch wahr ist (obwohl man mir manchmal vorgeworfen hat, diesen Standpunkt zu vertreten!). Plausible Gründe, denen wir sehr ernsthaft nachgehen sollten, sprechen jedoch dafür, daß es wahr sein *könnte*. Es wäre schon recht merkwürdig, wenn Aristoteles in seinem ethischen Denken zwei Elemente miteinander verbunden hätte, die selbstverständlich unvereinbar sind oder über deren Verbundenheit und Vereinbarkeit nichts Interessantes gesagt werden kann. Dieser Beitrag soll zeigen, auf wie interessante Weise Aristoteles die Tugenden mit der Suche nach ethischer Objektivität und mit der Kritik an bestehenden lokalen Normen verknüpft hat. Bei unserer Beschäftigung mit diesen Fragen sollten wir dieser Art der Verknüpfung Beachtung schenken. Nach dieser allgemeinen Skizze des aristotelischen Ansatzes können wir uns nunmehr mit einigen Einwänden befassen, die gegen eine nicht-relativistische Auffassung von den Tugenden vorgebracht werden; versuchen wir uns vorzustellen, wie der Aristoteliker diesen Einwänden begegnen könnte.

2

Der Relativist, der verschiedene Gesellschaften betrachtet, ist von der Vielfalt und der scheinbaren Nicht-Vergleichbarkeit ihrer Tugendkataloge beeindruckt. Schaut er sich die unterschiedlichen Kataloge an und untersucht er die komplexen Verbindungen zwischen jedem Katalog, einer konkreten Lebensform und einer konkreten Geschichte, so mag er durchaus den Eindruck gewinnen, daß jeder Tugendkatalog schlicht eine Widerspiegelung der lokalen Traditionen und Werte sein muß und daß es, da die Tugenden (im Gegensatz zu kantianischen Prinzipien oder utilitaristischen Algorithmen) konkret und eng an bestimmte Lebensformen gebunden sind, keinen Tugendkatalog geben kann, der einen normativen Maßstab für all diese unterschiedlichen Gesellschaften gibt. Die im Hinblick auf die Tugenden erwünschten spezifischen Verhaltensformen sind nicht nur nach Zeit und Ort sehr verschieden; auch die als tugendrelevant betrachteten Bereiche und die Art und Weise ihrer Abgrenzung von anderen Bereichen weisen große Unterschiede auf. Jemand, der so denkt, kann leicht zu der Überzeugung gelangen, daß Aristoteles' Tugendkatalog trotz seines Anspruchs auf Universalität und Objektivität ähnliche Beschränkungen aufweisen muß und daß sich in ihm lediglich widerspiegelt, was eine Gesellschaft für wichtig erachtet, welche Akzente sie setzt und welche Differenzierungen sie vornimmt. An diesem Punkt zitieren relativistisch eingestellte Autorinnen und Autoren gerne Aristoteles' Beschreibung des Menschen, der »Seelengröße« besitzt, des *megalopsychos*, die sicherlich viele konkrete lokale Merkmale enthält und sehr der Schilderung einer bestimmten Kategorie von vornehmen Griechen ähnelt, um zu zeigen, daß die Liste des Aristoteles genauso kulturgebunden ist wie jede andere auch.[286]

Untersuchen wir jedoch eingehender, wie Aristoteles die Tugenden aufzählt und voneinander unterscheidet, dann entdecken wir Dinge, die Zweifel aufkommen lassen an der Annahme, er habe lediglich das beschrieben, was er an seiner eigenen Gesellschaft bewunderte. Zuerst stellen wir fest, daß eine ziemlich große Zahl von Tugenden und Lastern (vor allem diese) keinen Namen haben und daß unter denjenigen, die benannt werden, Aristoteles' eigener Darstellung zufolge recht viele sind, deren Bezeichnungen ein wenig willkürlich gewählt wurden und die das Verhalten, das er zu beschreiben versucht, nicht vollständig wiedergeben.[287] Über solche Verhaltensweisen schreibt er: »Auch hiervon ist die Mehrheit ohne Namen, es sei aber versucht, wie beim anderen, ihnen Namen zu geben, der Klarheit wegen und damit man gut folgen kann« (1108 a 6-19; alle Zitate aus der *Nikomachischen Ethik* sind der dtv-Ausgabe von 1995 entnommen, Anm. d. Übers.). Dies klingt nicht nach dem Vorgehen von jemandem, der nur lokale Traditionen untersucht und Namen für Tugenden auswählt, die in diesem Traditionsgefüge eine wichtige Rolle spielen.

Worum es wirklich geht, wird deutlicher, wenn wir uns näher anschauen, auf welche Art und Weise Aristoteles seinen Tugendkatalog einführt. Denn er tut dies in der *Nikomachischen Ethik* auf eine Weise, die so direkt und einfach ist, daß es der Aufmerksamkeit der meisten Autoren, die über dieses Thema geschrieben haben, entgangen ist.[288] Er greift einen menschlichen Erfahrungsbereich heraus, der mehr oder weniger zu jedem menschlichen Leben gehört und in dem jeder Mensch mehr oder weniger *irgendwelche* Entscheidungen treffen und sich in *irgendeiner* Weise verhalten muß. Das Anfangskapitel, in dem die Tugenden und Laster aufgezählt werden, beginnt mit einer Auflistung dieser Bereiche (*NE* II.7), und jedes Kapitel über eine Tugend beginnt in der dann folgenden detaillierteren Darstellung mit »bei«, »in bezug auf« oder ähnlichen Worten, die einen Lebensbereich benennen, mit dem es alle Menschen regelmäßig und mehr oder weniger zwangsläufig zu tun haben.[289] Dann fragt Aristoteles, was es bedeutet, in diesem Bereich richtig zu entscheiden und zu handeln; und was es bedeutet, falsch zu handeln. Die »schwache Darstellung« einer jeden Tugend besagt, daß sie die ständige Bereitschaft ist, in diesem Bereich richtig zu handeln, worin dies auch immer bestehen mag. Es kann konkurrierende Spezifikationen dessen geben, was das gute Handeln jeweils ausmacht, und gewöhnlich gibt es diese auch. Aristoteles spricht sich in jedem einzelnen Fall für eine konkrete Spezifikation aus und gelangt zum Schluß zu einer umfassenden oder »starken« Definition der Tugend.

Hier die wichtigsten von Aristoteles untersuchten Erfahrungsbereichen und die Namen der ihnen entsprechenden Tugenden:[290]

Bereich	*Tugend*
1. Furcht vor großen Schäden, insbesondere vor dem Tod	Tapferkeit
2. Körperliche Begierden und damit verbundene Freuden	Mäßigung
3. Verteilung der begrenzten Ressourcen	Gerechtigkeit
4. Umgang mit dem eigenen Besitz, sofern es um andere geht	Freigebigkeit
5. Umgang mit dem eigenen Besitz, sofern es um Gastfreundschaft geht	Großzügige Gastfreundschaft
6. Einstellungen und Handlungen im Hinblick auf den eigenen Wert	Seelengröße
7. Einstellung gegenüber Kränkungen und Schäden	Sanftmut

8. »Geselliger Verkehr in Worten und Handlungen«	Wahrhaftigkeit
a. Wahrheit in der Rede	
b. Verkehr mit anderen in spielerischer Weise	Gefälliges Verhalten (im Gegensatz zu Grobheit, Tölpelhaftigkeit, Unempfindlichkeit)
c. Verkehr mit anderen in allgemeinerer Weise	Ohne Namen, aber eine Art Freundlichkeit (im Gegensatz zu Reizbarkeit und Streitsucht)
9. Einstellung gegenüber Freud und Leid von anderen	Echtes Verständnis (im Gegensatz zu Neid, Schadenfreude usw.)
10. Geistiges Leben	Die verschiedenen verstandesmäßigen Tugenden wie Verständigkeit, Klugheit usw.
11. Die eigene Lebensplanung und -gestaltung	Praktische Vernunft

Über diese Aufzählung, ihre einzelnen Punkte und die Bezeichnungen, die Aristoteles für die jeweilige Tugend wählt und von denen einige in der Tat kulturgebunden sind, wäre natürlich noch viel mehr zu sagen. Worauf ich besonders hinweisen möchte, ist die Sorgfalt, mit der Aristoteles seine allgemeine Methode darlegt: Er beginnt mit der Charakterisierung eines universellen Erfahrungs- und Entscheidungsbereichs und führt den Namen der Tugend als die (noch nicht definierte) Bezeichnung für das richtige Handeln in diesem Erfahrungsbereich ein, worin dieses auch bestehen mag. Geht man von diesem Ansatz aus, kann man wohl nicht sagen – wie der Relativist es gerne täte –, daß eine faktisch gegebene Gesellschaft nicht irgend etwas enthielte, das einer Tugend entspricht. Auch scheint es für ein handelndes Subjekt keine offene Frage zu sein, ob eine bestimmte Tugend zu seinem oder ihrem Leben gehören sollte oder nicht – außer in dem Sinne, daß es sich statt dessen stets für die entsprechende falsche Handlungsweise entscheiden kann. Entscheidend ist, daß jeder Mensch in diesen Bereichen irgendwelche Entscheidungen trifft und in einer bestimmten Weise handelt: wenn nicht richtig, dann falsch. Jeder hat *irgendeine* Einstellung und dementsprechend ein bestimmtes Verhalten gegenüber dem eigenen Tod, den eigenen körperlichen Begierden und dem Umgang mit ihnen, dem eigenen Besitz und seiner Verwendung, der Verteilung sozialer Güter, dem Sagen der Wahrheit, dem freundlichen Umgang mit anderen Menschen, dem Sinn für Spiel und Genuß usw. Wo immer man auch lebt, man kann sich diesen Fragen nicht entziehen, solange man ein lebendiges menschliches Wesen ist. Dies bedeutet jedoch, daß das eigene Verhalten in jedem Fall nolens volens in den Bereich der aristotelischen Tugend fällt. Wenn es nicht angemessen ist, so ist es unangemessen; ausgelöscht werden kann es nicht. Natürlich werden die Menschen unterschiedlicher Ansicht darüber sein, wie die richtige Form des Agierens und Reagierens auszusehen hat. Aber in diesem Fall verhandeln sie der aristotelischen Konzeption zufolge über ein und dieselbe Sache und schlagen konkurrierende Spezifikationen ein und derselben Tugend vor. Die jeweilige Tugend bezieht sich in jedem Fall auf einen bestimmten Erfahrungsbereich – auf das, was wir fortan die »Grunderfahrungen« nennen werden. Die schwache oder »nominale« Definition der Tugend wird in jedem Fall die folgende sein: die Bereitschaft, in diesem Bereich richtig zu entscheiden und zu handeln, worin dies auch bestehen mag. Die Aufgabe der ethischen Theorie besteht darin, nach der besten weitergehenden Spezifikation dieser nominalen Definition zu suchen und dadurch zu einer umfassenden Definition zu gelangen.

3

Wir haben in unsere Erörterung sprachphilosophische Überlegungen einfließen lassen. Jetzt können wir Aristoteles' Vorgehensweise klarer herausarbeiten, indem wir uns anhand seines Verständnisses von Referenz und Definition genauer anschauen, wie er zur Benennung (zum Verweis auf) und zur Definition wissenschaftlicher und ethischer Begriffe gelangt und wie seiner Ansicht nach der Fortschritt auf beiden Gebieten zustande kommt.[291]

Aristoteles beschreibt folgende allgemeine Situation. Zuerst machen wir bestimmte Erfahrungen – nicht unbedingt unsere eigenen, sondern die von Mitgliedern unserer Sprachgemeinschaft im weiteren Sinne. Ausgehend von diesen Erfahrungen, findet ein Wort Eingang in die Sprache der Gruppe, das den Inhalt dieser Erfahrungen benennt (auf ihn verweist). Aristoteles führt als Beispiel das Wort »Donner« an.[292] Die Menschen hören ein lautes Geräusch in den Wolken und bezeichnen dieses dann mit dem Wort »Donner«. In diesem Stadium ist es durchaus möglich, daß niemand eine konkrete Vorstellung oder irgendeine Ahnung von dem hat, was sich da wirklich abspielt. Aber die Erfahrung löst weiteres Nachforschen aus. Fortan können wir auf den Donner verweisen, können fragen: »Was ist ein Donner?« und konkurrierende Theorien vorbringen und bewerten. Die schwache oder »nominale« Definition des Donners lautet: »dieses laute Geräusch in den Wolken, was immer es sein mag«. Die verschiedenen explanatorischen Theorien konkurrieren um die Formulierung einer umfassenden oder starken Definition. So ist die Erklärung, daß Zeus die Wolken in Bewegung setzt, eine falsche Darstellung des Sachverhalts, der durch die wissenschaftliche Erklärung richtig erfaßt wird. Es gibt hier nur einen einzigen Diskussionsgegenstand.

Ebenso verhält es sich laut Aristoteles mit unseren ethischen Begriffen. Schon lange vor ihm hatte Heraklit das Wesentliche erfaßt, als er sagte: »Man hätte das Wort ›Gerechtigkeit‹ nicht gekannt, wenn es diese Dinge nicht gegeben hätte.«[293] Diese »Dinge«, das entnehmen wir unserer Quelle, sind Erfahrungen von Ungerechtigkeit – wahrscheinlich das Erleiden von Schaden, von schmerzhaften Verlusten, von ungleicher Behandlung. Auf diese Erfahrungen bezieht sich der entsprechende Tugendbegriff. Aristoteles geht ähnlich vor. In der *Politik* betont er, daß nur menschliche Wesen und nicht Tiere oder Götter unsere grundlegenden ethischen Begriffe und Konzepte (wie »gerecht« und »ungerecht«, »edel« und »gemein«, »gut« und »schlecht«) besitzen, weil die Tiere unfähig sind, Konzepte zu entwickeln, und weil die Götter nicht die Erfahrung von Endlichkeit und Begrenztheit haben, die einem Begriff wie Gerechtigkeit erst seinen Sinn gibt.[294] Bei der Aufzählung der Tugenden in der *Nikomachischen Ethik* führt er diesen Gedankengang weiter, indem er darauf hinweist, daß sich die Tugendbegriffe auf Erfahrungs- und Entscheidungsbereiche beziehen, die häufig mit unserer Endlichkeit und Begrenztheit zusammenhängen und uns tangieren, weil wir alle den gleichen menschlichen Existenzbedingungen unterworfen sind.[295] Die Frage der Tugendhaftigkeit stellt sich gewöhnlich in den Bereichen, in denen die menschliche Entscheidungsfreiheit eingeschränkt und jede Entscheidung irgendwie problematisch ist. (Folglich, so betont er, ist Tugend nicht gefordert, wenn es darum geht, schöne Klänge zu hören oder etwas Erfreuliches anzuschauen.) Jede die Tugend und das Laster respektive das Fehlverhalten bezeichnende Wortfamilie bezieht sich auf einen solchen Bereich. Und wir können den Fortschritt in der Ethik – wie den Fortschritt in der wissenschaftlichen Erkenntnis – als Fortschritt bei der Suche nach der richtigen, umfassenderen Spezifikation einer Tugend verstehen, die durch ihre schwache oder nominale Definition eingegrenzt wurde. Dieser Fortschritt wird befördert, wenn der Bereich der Grunderfahrungen klar und deutlich umrissen wird. Erkennen wir genauer, mit welchen Problemen die Menschen in ihrem Zusammenleben konfrontiert sind und welche Lebenssituationen bestimmte Entscheidungen von ihnen verlangen, werden wir imstande sein, konkurrierende Lösungsvorschläge für diese Probleme zu bewerten, und zunehmend begreifen, was es bedeuten könnte, angesichts dieser Probleme gut zu handeln.

Die ethischen und politischen Schriften des Aristoteles liefern viele Beispiele dafür, wie ein solcher Fortschritt (oder, allgemeiner ausgedrückt, eine solche rationale Diskussion) aussehen könnte. Wir erfahren, daß er die platonische Askese ablehnt, weil er sie nicht für die richtige Spezifikation der Mäßigung (der angemessenen Entscheidung und Reaktion in bezug auf die körperlichen Gelüste) hält, und sich für einen größeren Stellenwert der körperlichen Bedürfnisbefriedigung im menschlichen Leben ausspricht. Wir erfahren, daß er die große Besorgtheit um die Stellung und das Ansehen in der Öffentlichkeit – und die damit verbundene Neigung, wegen Nichtigkeiten in Zorn zu geraten –, die im griechischen Männlichkeitsideal und im Verhalten der Griechen eine wichtige Rolle spielte, ablehnt und sich für eine zurückhaltendere und beherrschtere Äußerung von Zorn ausspricht, weil er sie für die richtige Spezifikation der Tugend hält, die er »Sanftmut« nennt. (Hier gibt Aristoteles zu verstehen, daß er mit dem von ihm gewählten Terminus für diese Tugend nicht zufrieden ist, und dies zu Recht, da dieser zweifellos seine spezifische Interpretation und nicht die traditionelle Spezifikation stützt.[296]) Und so werden alle Tugenden der Reihe nach abgehandelt.

In einem wichtigen Abschnitt in der *Politik* II (ein Teil wurde diesem Beitrag als Motto vorangestellt) heißt es, Gesetze sollten veränderbar und nicht für alle Zeiten festgelegt sein, da es Fortschritte in unseren ethischen Auffassungen und im Bereich der Künste und Wissenschaften gebe. Die Griechen dachten in der Vergangenheit, es sei mutig, ständig mit dem Schwert zu hantieren; jetzt haben sie (so erfahren wir aus der *Ethik*) ein mehr nach innen gerichtetes, mehr staatsbürgerlich geprägtes und auf die Gemeinschaft bezogenes Verständnis vom richtigen Verhalten gegenüber der Möglichkeit des Todes. Frauen pflegten als Besitz betrachtet zu werden, der zu kaufen und zu verkaufen war; jetzt wird dies für barbarisch gehalten. Und auch im Fall der Gerechtigkeit haben wir uns, so wird in diesem Abschnitt aus der *Politik* gesagt, einem adäquateren Verständnis dessen angenähert, was gerecht und angemessen ist. Aristoteles führt das Beispiel eines Gesetzes an, dem zufolge ein Mensch, der einen anderen Menschen getötet hat, automatisch verurteilt wird, wenn der Ankläger Zeugen aus dem Kreis seiner eigenen Verwandtschaft stellt (offenbar unabhängig davon, ob diese tatsächlich Zeugen waren oder nicht). Dies, so Aristoteles, sei zweifellos ein dummes und ungerechtes Gesetz; und dennoch war es anscheinend einmal angemessen – und muß für eine traditionsgebundene Gemeinschaft immer noch angemessen sein. Am Hergebrachten festzuhalten bedeutet somit, den ethischen Fortschritt zu verhindern. Die Menschen trachten nicht nach Übereinstimmung mit der Vergangenheit, sondern nach dem Guten. Folglich sollten unsere Rechtssysteme ihnen die Möglichkeit geben, über die Vergangenheit hinauszugehen, wenn sie übereinstimmend der Ansicht sind, daß eine Veränderung gut wäre. (Sie sollten eine Veränderung jedoch nicht zu leicht ermöglichen, da es nicht einfach ist, den Weg zum Guten zu erkennen, und da die Tradition häufig ein besserer Wegweiser ist als eine aktuelle Mode.)

Entsprechend diesen Vorstellungen stellt die *Politik* die Auffassungen der vielen verschiedenen Gesellschaften, die sie untersucht, nicht als unverbundene, nur lokal geltende Normen dar, sondern als konkurrierende Antworten auf die Frage nach Gerechtigkeit und Mut usw., die alle Gesellschaften – da sie menschliche sind – beschäftigen und durch deren Beantwortung alle herauszufinden versuchen, was denn das Gute sei. Die Untersuchung der Tugenden gibt Aristoteles einen geeigneten

Bezugsrahmen für diese Vergleiche an die Hand, die in hervorragender Weise Aufschluß darüber zu geben scheinen, wie verschiedene Gesellschaften allgemeinmenschliche Probleme gelöst haben.

Der aristotelische Ansatz legt offensichtlich größten Wert darauf, zwei Stadien der Untersuchung zu unterscheiden: die Eingrenzung des Entscheidungsbereiches, der »Grunderfahrungen«, auf die sich die jeweilige Bezeichnung einer Tugend bezieht, und die konkretere Untersuchung dessen, worin die richtige Entscheidung in diesem Bereich tatsächlich besteht. Aristoteles tut dies nicht immer sorgfältig, und die Sprache, mit der er arbeiten muß, ist oftmals wenig hilfreich. Wir haben keine besonderen Schwierigkeiten mit Begriffen wie »Mäßigung«, »Gerechtigkeit« und sogar »Mut«, die als vage normativ, aber relativ leer erscheinen, was ihren konkreten moralischen Inhalt betrifft. Sie können als Bezeichnungen dienen, die den extensionalen Bereich abstecken, in dem sich viele konkurrierende Ausformulierungen entwickeln lassen. Wir haben jedoch bereits auf das Problem mit dem Begriff »Sanftmut« hingewiesen, der von vornherein einen aussichtsreichen Konkurrenten um die richtige Einstellung gegenüber dem Zorn auszuschließen scheint. Das gleiche trifft sicherlich auch weitgehend auf den Begriff *megalopsychia* zu, den die Relativisten besonders gerne ins Visier nehmen und der schon dem Namen nach auf eine Einstellung gegenüber dem eigenen Wert verweist, die mehr griechisch als universell geprägt ist. (Ein Christ wird beispielsweise der Auffassung sein, daß die richtige Einstellung gegenüber dem eigenen Wert erfordern würde, seine Niedrigkeit, Schwäche und Sündhaftigkeit zu begreifen. Die Tugend der Demut erfordert, sich als klein, nicht als groß zu betrachten.) An diesem Punkt der Untersuchung sollten wir unter den konkurrierenden Konkretisierungen eine passende Bezeichnung für die richtige Einstellung gegenüber Zorn und Kränkung und gegenüber dem eigenen Wert gefunden haben, die neutraler ist und sich nur auf den Erfahrungsbereich bezieht, für den wir bestimmen möchten, was richtig ist. Dann könnten wir die verschiedenen Konzeptionen als konkurrierende Auffassungen von ein und derselben Sache betrachten, so daß beispielsweise die christliche Demut eine andere Spezifikation eben der Tugend wäre, deren griechische Ausformulierung ihren Ausdruck in der aristotelischen Darstellung der *megalopsychia* findet, nämlich der richtigen Einstellung zur Frage des eigenen Wertes.

Untersucht man, wie sich die Verwendung dieses Wortes von Aristoteles über die Stoiker bis hin zu den Kirchenvätern entwickelt hat, erkennt man seltsamerweise, daß mehr oder weniger ebendies geschehen ist: Der Begriff »Seelengröße« wurde zuerst mit der stoischen Betonung des Vorrangs der Tugend und der Wertlosigkeit äußerer Dinge, einschließlich des Körpers, und dann mit der christlichen Abwertung des Körpers und des irdischen Lebens assoziiert. So zeigt die Geschichte auch in diesem scheinbar wenig vielversprechenden Fall, daß der aristotelische Ansatz nicht nur den Stoff für eine einzige Debatte geliefert hat, sondern daß es ihm gelungen ist, eine solche Debatte über riesige Orts- und Zeitunterschiede hinweg maßgeblich mitzugestalten.

Hiermit wäre also eine objektive menschliche Moral skizziert, die auf der Idee des tugendhaften Handelns basiert – das heißt des richtigen Tuns in jedem menschlichen Bereich. Der Aristoteliker behauptet, daß bei einer Weiterentwicklung dieses Ansatzes einerseits die reale menschliche Erfahrung als Ausgangsbasis erhalten bleibt, was die Stärke der Tugendethik ausmacht, während es andererseits möglich wird, lokale und traditionale Moralvorstellungen anhand einer umfassenderen Auffassung von den menschlichen Lebensumständen und dem durch die Umstände geforderten menschlichen Handeln zu kritisieren.

4

Meine These wird viele Einwände provozieren. Im folgenden werden die drei gewichtigsten Gegenargumente dargestellt und die Grundzüge einer möglichen Erwiderung der Aristotelikerin skizziert. Aristoteles selbst hat sich diese Einwände weder in nennenswerter Weise vorgestellt noch sich mit ihnen auseinandergesetzt, aber die von ihm vertretene Position erscheint durchaus geeignet, diese Auseinandersetzung zu bestehen.

Der erste Einwand betrifft das Verhältnis zwischen der Einzigartigkeit eines Problems und der Einzigartigkeit einer Lösung. Nehmen wir an, daß es dem aristotelischen Ansatz gelungen ist, diejenigen menschlichen Erfahrungs- und Entscheidungsbereiche einzugrenzen und zu beschreiben, die sozusagen das *Terrain* der Tugenden bilden, und schwache Definitionen von jeder dieser Tugenden zu geben, das heißt zu sagen, was es bedeutet, in diesem Bereich richtig zu entscheiden und zu handeln. Gehen wir des weiteren davon aus, daß es dem Ansatz gelingt, viele Zeiten und Orte zu erfassen und unterschiedliche Kulturen zu *einer* Debatte über den guten Menschen und das gute menschliche Leben zusammenzuführen. Die verschiedenen kulturellen Vorstellungen von einer guten Entscheidung in dem fraglichen Bereich werden jetzt nicht als unüberbrückbar, sondern als konkurrierende Antworten auf eine einzige allgemeine Frage nach gemeinsamen menschlichen Erfahrungen betrachtet. Dies jedoch, so könnte der Einwand lauten, führt bestenfalls zu einem einzelnen Diskurs oder einer einzelnen Debatte über die Tugenden. Es wurde nicht gezeigt, daß am Ende dieser Debatte, wie Aristoteles glaubt, eine *einzige* Antwort steht. In der Tat wurde nicht einmal gezeigt, daß der Diskurs, in den wir eingetreten sind, überhaupt die Form einer *Debatte* annimmt – oder ob es sich nicht vielmehr um eine Vielzahl von kulturspezifischen Erzählungen handelt, von denen jede eine starke Definition einer Tugend gibt, die den Erfahrungen und Traditionen einer bestimmten Gruppe entspricht. Hier existiert ein wichtiger Unterschied zum Beispiel des Donners, mit dem der Aristoteliker seine Auffassung untermauert, daß es auf unsere Fragen nur eine Antwort gibt. Denn im Fall des Donners ist das zu Definierende selbst in der Erfahrung gegeben, so daß durch die Erfahrung der ungefähre Raum abgesteckt wird, dem jede gute Definition entsprechen muß. Im Fall der Tugenden ist der Zusammenhang indirekter. Was in der Erfahrung gruppenübergreifend gegeben ist, das ist nur das *Terrain* tugendhaften Handelns, also die Lebensumstände, auf die das tugendhafte Handeln eine angemessene Antwort ist. Selbst wenn diese Grunderfahrungen allen Menschen gemeinsam sind, ist damit nicht gesagt, daß es auch ein Handeln gibt, das von allen als angemessen betrachtet wird.

Im Fall des Donners werden die widerstreitenden Theorien eindeutig als konkurrierende Versionen der Wahrheit verstanden; das Verhalten der am Diskurs über die Tugend Beteiligten deutet darauf hin, daß sie tatsächlich, wie Aristoteles sagt, nicht nach dem Hergebrachten, sondern nach dem Guten trachten. Und in diesem Fall scheint es vernünftig, dies zu tun. Wenn es um die Tugenden geht (fährt der Kritiker fort), ist weitaus weniger klar, ob die Beteiligten wirklich nach einer einzigen praktischen Lösung suchen oder sie überhaupt für wünschenswert halten. Die von Aristoteles vertretene Auffassung macht es möglich, sich vorzustellen, auf welche Weise die Tugenden nicht-relativ sein könnten. Sie stellt per se keine Antwort auf die Frage des Relativismus dar.

Der zweite Einwand geht tiefer. Denn er stellt die Annahme von gemeinsamen menschlichen Erfahrungsbereichen in Frage, die im Mittelpunkt des aristotelischen Ansatzes steht. Der Ansatz, so sagt dieser Kritiker, scheint die Erfahrungen, welche die Grundlage für die Tugenden bilden, als etwas ursprünglich Gegebenes zu behandeln, das nicht den kulturellen Unterschieden unterworfen ist, die wir in den vielfältigen normativen Tugendvorstellungen vorfinden. Es mag unterschiedliche Vorstellungen von echtem Mut geben, aber die Todesfurcht wird von allen menschlichen Wesen geteilt. Es mag verschiedene Vorstellungen von Mäßigung geben, aber die Erfahrungen von Hunger, Durst und sexuellem Verlangen sind (so der Aristoteliker) invariant. Normative Vorstellungen enthalten ein Element kultureller Interpretation, das in den Grunderfahrungen nicht vorhanden ist, und genau deswegen bilden diese den Ausgangspunkt des Aristotelikers.

Doch der Kritiker findet derartige Annahmen naiv. Seiner Ansicht nach halten sie weder unserer besten Erklärung der Erfahrung noch einer genauen Untersuchung der Art und Weise stand, in der diese sogenannten Grunderfahrungen von verschiedenen Kulturen konstruiert werden. Unsere beste Erklärung des Wesens der Erfahrung, auch der Wahrnehmungserfahrung, lehre uns, daß es so etwas wie ein »unschuldiges Auge«, das ein nicht-interpretiertes »Gegebenes« empfängt, nicht gibt. Sogar die Sinneswahrnehmung sei interpretativer Natur – stark durch Glauben, Erlerntes, Sprache und generell durch soziale und strukturelle Kontexte beeinflußt. Die Mitglieder verschiedener Gesellschaften, so der Einwand, sehen in einem sehr realen Sinn nicht dieselbe Sonne und dieselben Sterne, begegnen nicht denselben Pflanzen und Tieren, hören nicht denselben Donner.

Wenn dies für die menschliche Naturerfahrung gilt, die den angeblich unproblematischen Ausgangspunkt für Aristoteles' Darstellung der Namensfindung bildete, gilt es allemal, so behauptet der Kritiker, für den Bereich des menschlich Guten. Nur ein sehr naiver und historisch insensibler Moralphilosoph würde sagen, daß die Erfahrung von Todesfurcht oder von körperlichen Bedürfnissen eine menschliche Konstante sei. Neuere anthropologische Arbeiten über die soziale Konstruktion von Gefühlen[297] haben beispielsweise gezeigt, in welchem Maße die Erfahrung von Angst erlernte und kulturell variante Elemente enthält. Wenn wir hinzufügen, daß der Gegenstand der Angst, für den sich der Aristoteliker interessiert, der Tod ist, der von den Menschen zu verschiedenen Zeiten und an verschiedenen Orten so unterschiedlich interpretiert und begriffen worden ist, wird der Schluß noch zwingender, daß die »Grunderfahrung« eine irreduzible Pluralität von Erfahrungen ist, die große Unterschiede aufweisen und in jedem Fall von einer kulturspezifischen Interpretation durchdrungen sind.

Im Fall der scheinbar weniger komplizierten Erfahrung körperlicher Bedürfnisse liegen die Dinge nicht anders. Die meisten Philosophen, die über die Bedürfnisse schreiben, haben Hunger, Durst und sexuelles Verlangen als universelle menschliche Merkmale behandelt, die in unserer animalischen Natur begründet sind. Aristoteles selbst hatte bereits ein subtileres Verständnis, da er der Ansicht war, daß der Gegenstand des Begehrens das Gute ist und das Begehren daher etwas Interpretatives und Selektives, eine Art intentionales Bewußtsein darstellt.[298] Er scheint jedoch nicht viel über die Art und Weise reflektiert zu haben, in der historische und kulturelle Differenzen dieses Bewußtsein prägen können. Die unmittelbar auf ihn folgenden hellenistischen Philosophen dachten über diese Frage in dieser Form nach und vertraten die Auffassung, daß die Erfahrung des sexuellen Verlangens und die vieler Formen des Verlangens nach Essen und Trinken zumindest teilweise soziale Konstrukte seien, die im Laufe der Zeit auf der Basis des sozialen Erlernens von Werten entstanden; als etwas zunächst dem Menschen Äußerliches geht es dann so sehr in seine Wahrnehmungen ein, daß es die Erfahrung des Verlangens prägt und verändert. Nehmen wir zwei von den Epikuräern angeführte Beispiele. Den Menschen wird beigebracht, daß zu einer guten Ernährung die Luxusgüter Fisch und Fleisch gehören, daß eine einfache vegetarische Kost also nicht ausreicht. Mit der Zeit erzeugt die Kombination von Erlerntem und Gewohnheit ein Verlangen nach Fleisch und prägt die Wahrnehmungen des Menschen von den ihn umgebenden Dingen. Zweites Beispiel: Bei sexuellen Beziehungen, so wird den Menschen vermittelt, gehe es um eine romantische Vereinigung oder Verschmelzung mit einem Partner, der verklärt oder sogar für perfekt gehalten wird. Mit der Zeit prägt dieser Lernprozeß das sexuelle Verhalten und die Erfahrung des Verlangens, so daß die sexuelle Erregung selbst dem kulturell erlernten Szenario entspricht.[299]

Dieser gesellschaftskritische Ansatz wurde von Michel Foucault in seiner Arbeit *Histoire de la sexualité* (1984) weitergeführt. Als eine Geschichte des griechischen Denkens zu diesem Thema weist diese Arbeit zwar einige Lücken auf, sie zeigt jedoch, daß die Griechen das Problem der körperlichen Bedürfnisse und des Umgangs mit ihnen völlig anders handhabten als die Menschen des Westens im 20. Jahrhundert. Hier die zwei wichtigsten Schlußfolgerungen seiner vielschichtigen Argumentation: Erstens wiesen die Griechen dem sexuellen Verlangen keine Sonderrolle zu, sondern behandelten es wie Hunger und Durst, also als einen Trieb, der beherrscht und gezügelt werden müsse. Ihr zentrales Anliegen war die Selbstbeherrschung, und sie betrachteten die Bedürfnisse im Lichte dieses Anliegens. Zudem war das Geschlecht des Partners für sie kein besonders wichtiges Moment bei der moralischen Bewertung des Geschlechtsaktes. Ebensowenig war eine stabile Präferenz bei der Partnerwahl von moralischer Bedeutung. Statt dessen richteten sie ihr Augenmerk auf die allgemeine Frage von Aktivität und Passivität und verknüpften sie auf komplexe Weise mit der Frage der Selbstbeherrschung.

Arbeiten wie die von Foucault – und es gibt auf verschiedenen Gebieten etliche, darunter einige sehr gute – erhellen, inwiefern die Erfahrung des körperlichen Verlangens und des Körpers selbst kulturell und historisch variable Elemente enthält. Die Namen, die die Menschen ihren Begierden und sich selbst als Subjekten der Begierde geben, das System von Überzeugungen und Diskursen, in das sie ihre Vorstellungen vom Begehren einordnen: all dies beeinflußt nicht nur ihre Reflexionen über das Begehren, sondern auch ihre Erfahrung des Begehrens selbst. So ist es beispielsweise naiv, unsere heutige Debatte über Homosexualität als eine Fortsetzung der Debatte über sexuelle Aktivitäten zu betrachten, die damals in der griechischen Welt geführt wurde.[300] In einem sehr realen Sinne gab es keine »homosexuelle Erfahrung« in einer Kultur, die weder unsere Betonung des

Geschlechts des Sexualpartners, der individuellen Zuneigung und der Dauerhaftigkeit der Triebrichtung noch unsere besondere Art der Problematisierung bestimmter Verhaltensweisen kannte.

Selbst wenn wir glauben, dieser Vielfältigkeit und konstruktiven Kraft des gesellschaftlichen Diskurses wenigstens in einem Fall entkommen zu können – daß nämlich körperlicher Schmerz allgemein als etwas Schlechtes erfahren wird –, stellen wir fest, daß auch hier spitzfindige Argumente gegen uns ins Feld geführt werden. Denn die Erfahrung von Schmerz scheint ebenso sicher in einen kulturellen Diskurs eingebettet zu sein wie die sehr ähnlichen Erfahrungen von körperlichen Begierden, und auch hier lassen sich erhebliche Unterschiede ausmachen. Schon die Stoiker hatten dieses Argument gegen Aristoteles' Tugenden ins Feld geführt. Um zu belegen, daß körperlicher Schmerz nicht an sich etwas Schlechtes sei, sondern nur aufgrund kultureller Traditionen, mußten die Stoiker eine Erklärung für die allgemein verbreitete Überzeugung finden, daß Schmerz schlecht sei und die Menschen dazu neigen, ihn zu vermeiden. Diese Erklärung müßte zeigen, daß die Abwehrreaktion erlernt und nicht naturgegeben ist, und sie müßte die Gründe dafür angeben, warum sie in einem so großen Umfang erlernt wird. Die Stoiker taten dies, indem sie auf einige Verhaltensweisen gegenüber Neugeborenen hinwiesen. Sobald das Kind geboren ist, schreit es. Die Erwachsenen, die annehmen, das Schreien sei eine Reaktion auf die ungewohnte Kälte und Unwirtlichkeit seiner Umgebung, trösten es sofort. Wird dieses Verhalten häufig wiederholt, so lernt das Kind, seinen Schmerz als etwas Schlimmes zu empfinden – oder, besser gesagt, es lernt einen Begriff von Schmerz, der die Vorstellung von etwas Schlechtem beinhaltet, und es begreift, welche Lebensformen in seiner Gesellschaft mit Schmerz verknüpft sind. Nach Ansicht der Stoiker wird alles sozial erlernt, wenngleich diese Tatsache gewöhnlich unserer Aufmerksamkeit entgehen würde, da dieses Lernen früh beginne und einen nonverbalen Charakter habe.[301] Diese und ähnliche Argumente zeigen, so schlußfolgert der Kritiker, daß die aristotelische Idee, es könnte einen nicht-relativen Diskurs über menschliche Erfahrungen wie Sterblichkeit oder Verlangen geben, naiv ist. Statt dessen gebe es keinen solchen Fundus von gemeinsamen Erfahrungen und keinen Entscheidungsbereich, in dem die Tugend in der Neigung zum richtigen

Handeln besteht. Damit wäre das aristotelische Projekt schon von seinem Ansatz her gescheitert.

An diesem Punkt muß sich die Aristotelikerin einer dritten Kritik stellen, die aus einer etwas anderen Richtung kommt. Wie der zweite Einwand besagt auch sie, daß der Aristoteliker eine Erfahrung für ein universales und notwendiges Merkmal des menschlichen Lebens ausgibt, die in Wirklichkeit von bestimmten, nicht-notwendigen Bedingungen abhängt. Ähnlich dem ersten Gegenargument heißt es, daß die menschliche Erfahrung viel stärker durch nicht-notwendige soziale Merkmale geprägt sei als von Aristoteles angenommen. Im Gegensatz zum zweiten Einwand will diese Kritik jedoch nicht nur deutlich machen, daß die den Tugenden entsprechenden »Grunderfahrungen« von den Menschen auf sehr vielfältige Weise begriffen und erlebt werden. Sie ist noch radikaler. Sie will zeigen, daß wir uns eine Form des menschlichen Lebens vorstellen könnten, die diese Erfahrungen – oder einige von ihnen – überhaupt nicht, also in keiner Form enthält. Die Tugend, die darin besteht, in diesem Bereich richtig zu handeln, müßte folglich gar nicht in eine Konzeption des menschlich Guten eingehen. In manchen Fällen könnte die Erfahrung sogar ein Zeichen für ein *schlechtes* menschliches Leben und die entsprechende Tugend daher nicht mehr als eine Form der nicht-idealen Anpassung an einen schlechten Zustand sein. Das wirklich gute menschliche Leben würde in einem solchen Fall weder die grundlegende Unzulänglichkeit noch die diese überwindende Tugend beinhalten. Diesem Einwand wird durch einige Bemerkungen des Aristoteles über die Tugend der Großzügigkeit kräftig Vorschub geleistet. Eines seiner Argumente gegen Gesellschaften, die das Privateigentum abschaffen, ist, daß sie den Menschen die Möglichkeit nehmen, großzügig zu sein, da dies voraussetzt, daß man selbst etwas besitzen muß, um anderen davon geben zu können (*Politik* 1263 b 11 ff.). Ein solches Argument scheint dem Kritiker geradezu auf den Leib geschnitten, der sofort sagen wird, es sei sehr fraglich, ob die Großzügigkeit, wenn sie wirklich auf der Erfahrung des Privateigentums basiert, geeignet ist, in eine nicht-relative Auffassung von den menschlichen Tugenden Eingang zu finden. Denn wenn sie auf einer nicht-notwendigen Grunderfahrung basiert und somit unterschiedlich bewertet werden kann und aufgrund dieser Bewertung entweder in den Bereich der Tugend einbezogen oder davon ausgeschlossen wird, dann ist sie nicht so universell, wie Aristoteles behauptet hat.

Manche Kritiker der dritten Kategorie werden hier innehalten oder solche Feststellungen heranziehen, um den Relativismus des zweiten Kritikers zu unterstützen. Aber in einer anderen Form kann dieses Argument in eine nicht-relativistische Richtung gewendet werden. Es fordert uns auf, die Grunderfahrungen im Hinblick auf eine Vorstellung von gedeihlicher menschlicher Entwicklung zu bewerten, die auf eine unabhängige Art und Weise zustande gekommen ist. Wenn wir dies tun, so der Kritiker, werden wir entdecken, daß einige der Erfahrungen behebbare Unzulänglichkeiten sind. Der Einwand gegen die aristotelische Tugendethik wird dann lauten, daß sie unsere sozialen Bestrebungen einschränkt und uns ermutigt, als einen notwendigen Dauerzustand zu betrachten, was wir in Wirklichkeit zum Nutzen aller Menschen verbessern könnten. In dieser Weise wurde der dritte Einwand gegen die Tugenden von Karl Marx, seinem berühmtesten Verfechter, geltend gemacht.[302] Marx' Argumentation zufolge sind einige der wichtigsten bürgerlichen Tugenden Reaktionen auf unzulängliche Produktionsverhältnisse. Bürgerliche Gerechtigkeit und Großzügigkeit setzen demnach nicht-ideale Bedingungen und Strukturen voraus, die wegfallen, wenn der Kommunismus verwirklicht würde. Und mit der Beseitigung dieser Unzulänglichkeiten würden nicht nur die *spezifischen Ausformungen* dieser Tugenden verschwinden, sondern die Tugenden selbst. In diesem Sinne bedeutet der Kommunismus eine Überwindung der Ethik. Die Aristotelikerin ist somit aufgefordert, die Grundstrukturen des menschlichen Lebens mit kühner und radikaler politischer Phantasie zu untersuchen. Tut sie dies, so wird behauptet, dann wird sie feststellen, daß das menschliche Leben mehr Möglichkeiten enthält, als sich ihr Tugendkatalog träumen läßt.

5

Jeder dieser Einwände ist wohlbegründet. Eine angemessene Antwort auf jeden einzelnen würde ein ganzes Buch erfordern. Aber wir können eine aristotelische Antwort auf alle drei Kritikpunkte umreißen, indem wir die Zielrichtung einer umfassenderen Erwiderung aufzeigen.

Der erste Kritiker verweist zu Recht auf den Unterschied zwischen einem einzigen Bezugsrahmen und einer einzigen Antwort und hebt auch zu Recht hervor, daß wir mit dem Eintritt in eine Debatte über die Tugenden, die auf der Eingrenzung bestimmter Erfahrungsbereiche basiert, noch keine der »Was-ist-X«-Fragen beantwortet haben, mit denen die Debatte uns konfrontiert. Wir haben noch nicht einmal viel darüber gesagt, welche Struktur die Debatte, abgesehen von ihrem Anfang, haben soll: wie sie tradierte Überzeugungen sowohl verwendet als auch kritisiert, wie sie mit widerstreitenden Überzeugungen umgeht, wie sie von der Denkweise der Vorfahren zum »Guten« fortschreitet, kurzum, wessen Urteilen sie vertraut. Ich habe einige dieser Fragen, abermals mit Bezugnahme auf Aristoteles, in zwei anderen Beiträgen behandelt[303], aber es bleibt noch wesentlich mehr zu tun. An dieser Stelle können wir jedoch anhand von vier Punkten zeigen, wie die Aristotelikerin auf einige Einwände des Kritikers reagieren würde.

Erstens: Die aristotelische Position, die ich verteidigen möchte, muß nicht in jedem Fall darauf bestehen, daß bei der Suche nach einer Spezifikation einer Tugend nur eine einzige Antwort möglich ist. Die Antwort kann sich durchaus als Disjunktion erweisen. Im Laufe einer vergleichenden und kritischen Diskussion werden meiner Ansicht nach zahlreiche Positionen ausgeschlossen – zum Beispiel die Vorstellung von Gerechtigkeit, die in Kyme vorherrschend war. Doch das, was bleibt, könnte eine (wahrscheinlich kleine) Anzahl von akzeptablen Auffassungen sein. Diese Auffassungen können unter eine einzige allgemeinere Konzeption subsumierbar sein oder nicht. Ein erfolgreiches Ausschließungsverfahren ist keine geringe Leistung. Sollte es uns beispielsweise gelingen, Auffassungen von der richtigen Einstellung zum eigenen menschlichen Wert auszuschließen, die auf der Vorstellung von der Erbsünde basieren, wäre dies moralisch von enormer Bedeutung, auch wenn wir bei der Suche nach einer positiven Spezifikation hier stehenblieben.

Zweitens: Die allgemeine Antwort auf die Frage »Was ist X?« kann in jedem Bereich in Verbindung mit lokalen Praktiken und lokalen Bedingungen durchaus mehrere oder sogar viele konkrete Präzisierungen erfahren. Wenn es beispielsweise um Freundschaft und Gastfreundschaft geht, wird die normative Auffassung wahrscheinlich äußerst allgemein sein und viele konkrete inhaltliche Ausfüllungen zulassen. Freunde in England werden, soweit es um regelmäßige Besuche geht, andere Gepflogenheiten haben als Freunde im alten Athen. Gleichwohl können beide Arten von Gepflogenheiten als weitergehende Spezifikationen einer allgemeinen Vorstellung von Freundschaft gelten, die den aristotelischen Kriterien entspricht: füreinander dasein, sich Gutes wünschen, einander Freude bereiten, Rücksicht aufeinander nehmen, eine gemeinsame Vorstellung vom Guten haben und in einer gewissen Weise »zusammen leben«. Manchmal möchten wir solche konkreten Auffassungen als optionale alternative Deutungen betrachten, die von einer Gesellschaft aus Gründen der Bequemlichkeit gewählt werden. Dann wiederum hätten wir es gerne, daß eine bestimmte Auffassung die einzige legitime Spezifikation der betreffenden Tugend in diesem konkreten Kontext ist; in diesem Fall könnte die konkrete Auffassung als Teil einer umfassenderen oder stärkeren Variante der einen normativen Vorstellung betrachtet werden. Die Entscheidung zwischen diesen beiden Sichtweisen wird davon abhängen, wie wir – gemessen am jeweiligen (materiellen wie auch historischen) Kontext – den Grad ihrer Nicht-Willkürlichkeit und ihr Verhältnis zu anderen nicht-willkürlichen Merkmalen der moralischen Sicht dieses Kontextes beurteilen.

Drittens: Ob wir eine oder mehrere allgemeine Auffassungen von einer Tugend haben und ob diese konkretere Ausformulierungen in bezug auf den jeweiligen kulturellen Kontext zuläßt (zulassen) oder nicht, die Entscheidungen, welche die – dieser Konzeption zufolge – tugendhafte Person trifft, sind immer an den lokalen Besonderheiten ihres konkreten Kontextes ausgerichtet. Auch in dieser Hinsicht werden also die Empfehlungen, die der Aristoteliker dem tugendhaften Menschen gibt, zum Teil nicht von dem abweichen, was ein Relativist empfehlen würde. Die aristotelischen Tugenden bedeuten ein ausgewogenes Verhältnis zwischen allgemeinen Regeln und einem ausgeprägten Sinn für Besonderheiten, wobei, wie Aristoteles betont, der Wahrnehmung des Besonderen Priorität zukommt. Sie hat insofern Priorität, als eine gute Regel eine gute Zusammenfassung von klugen Einzelentscheidungen und kein von außen aufgezwungenes, unumstößliches Diktat ist. Wie Regeln in der Medizin und Navigation, sollten ethische Regeln immer offen für Veränderungen sein und damit auf neue Umstände reagieren. Der Mensch, der gut handeln will, muß daher die Fähigkeit pflegen, seine oder ihre Situation richtig zu erkennen und zu beschreiben, und dazu gehört, auch die Situationsmerkmale wahrzunehmen, die von der herrschenden Regel nicht erfaßt sind.

Diese Idee von der »Priorität des Besonderen« habe ich an anderer Stelle ausführlich behandelt und dargestellt, was sie genau impliziert und was nicht, in welcher Weise die Wahrnehmung des Besonderen der allgemeinen Regel vorgeschaltet bzw. nicht vorgeschaltet ist. Diejenigen, die nähere Erläuterungen zu diesem zentralen Thema wünschen, werden sich mit diesen Schriften befassen müssen.[304] Mir geht es hier vor allem um den Hinweis, daß sich der aristotelische Partikularismus ganz und gar mit der aristotelischen Objektivität vereinbaren läßt. Wenn eine gute und tugendhafte Entscheidung je nach dem gegebenen Kontext anders ausfällt, bedeutet das nicht, daß sie nur *in bezug auf* oder *innerhalb* eines begrenzten Kontextes richtig ist; ebensowenig bedeutet die Tatsache, daß ein gutes Urteil in Navigationsfragen je nach den besonderen Witterungsumständen anders ausfällt, daß es nur in einem lokalen oder relationalen Sinne richtig ist. Es ist absolut und objektiv überall in der menschlichen Welt richtig, sich an den besonderen Merkmalen des Kontextes, in dem man lebt, auszurichten; und der Mensch, der dies tut und dementsprechend seine Entscheidungen trifft, trifft Aristoteles zufolge schlicht die menschlich richtige Entscheidung. Sollte sich jemals eine andere Situation mit den gleichen ethisch relevanten – auch kontextuellen – Merkmalen ergeben, wäre die gleiche Entscheidung wieder absolut richtig.[305]

Der Wert der Sensibilität gegenüber dem Kontext und der Wert der richtigen Entscheidung, so glaubt die Aristotelikerin, stehen in keinem Spannungsverhältnis, sondern unterstützen sich wechselseitig. Denn nur wenn wir in gebührender Weise auf die Komplexitäten des Kontextes reagieren und ihn als die historische Situation sehen, die er ist, können wir hoffen, die richtige Entscheidung zu treffen. Sonst ist es durchaus möglich, daß der Appell an plausible allgemeine Werte, wie gut gemeint er auch sein mag, nichts Gutes bewirkt und die Dinge noch verschlimmert. Wir haben auch dann dem Kontext nicht genügend Beachtung geschenkt, so der Aristoteliker, wenn wir nicht das Allgemeinmenschliche in ihm erkennen: das heißt, wenn wir nicht auf die menschlichen Bedürfnisse, das Streben nach dem Guten, das Brachliegen menschlicher Fähigkeiten reagieren, die diese Situation dem Menschen vor Augen führt, der über sie nachdenkt. Sie mit einem abgehobenen wissenschaftlichen Interesse als einen interessanten Komplex von lokalen Traditionen zu untersuchen bedeutet, nicht ausreichend auf die konkrete Situation einzugehen; denn wie sie auch beschaffen sein mag, sie ist eine konkrete menschliche Situation.

Ein Beispiel aus der Entwicklungshilfearbeit soll diese wechselseitige Unterstützung verdeutlichen. In dem Buch *A Quiet Revolution*, einer aufschlußreichen Untersuchung über die Ausbildung von Frauen in den ländlichen Gebieten von Bangladesch, beschreibt Martha Chen die Bemühungen einer von der Regierung eingesetzten Gruppe von Entwicklungshelfern, des »Bangladesh Rural Advancement Committee«, die Alphabetisierungsquote der Frauen in bestimmten ländlichen Gebieten zu erhöhen.[306] Dem Projekt lag die Überzeugung zugrunde, daß Lesen und Schreiben wichtig sind, wenn diese Frauen in die Lage versetzt werden sollen, ihr Leben zu verbessern. Sie wurden in engem Zusammenhang mit anderen wesentlichen Werten wie wirtschaftliche Entwicklung, Selbständigkeit und Selbstachtung gesehen. Die Überzeugung stammte nicht aus den lokalen Traditionen der Dörfer, in denen die Frauen wenig Selbständigkeit besaßen und nie eine Ausbildung erhielten; sie ergab sich aus den Erfahrungen und Überlegungen der Entwicklungshelfer, die selbst aus vielen verschiedenen Milieus und aus zwei Nationen kamen (Chen war eine Amerikanerin, die in Sanskrit promoviert hatte). Die Gruppe war nicht mit den Lebensbedingungen der Frauen auf dem Land vertraut und hatte daher, wie Chen sagt, für die Arbeit mit ihnen »keine speziellen Konzepte oder Strategien«.[307] In der ersten Phase des Programms gingen die Entwicklungshelfer also mit ihrer Überzeugung von der Wichtigkeit des Lesens und Schreibens direkt in die Dörfer, boten Unterrichtsmaterial aus einem anderen Entwicklungsprogramm an und versuchten, die Frauen zu motivieren, sich mit diesem Material zu befassen.

Da die Entwicklungshelfer jedoch nicht mit dem Kontext vertraut waren, in dem die Frauen lebten, war es in dieser ersten Phase für sie unmöglich, Erfolge zu erzielen. Die Frauen fanden das Unterrichtsmaterial langweilig und für ihr Leben unwichtig. Sie sahen nicht ein, daß Lesen und Schreiben ihnen helfen würden; sie wehrten sich auch gegen die begleitende berufliche Ausbildung, da diese das Hauptgewicht auf Fertigkeiten legte, die in diesem Gebiet nur wenig gefragt waren. Also mußte die Gruppe ihre Vorgehensweise überdenken. Einerseits hatten die Mitglieder der Gruppe nie ihre Grundüberzeugung aufgegeben, daß es für diese Frauen wichtig sei, lesen und schreiben zu können; diese Auffassung, die auf vielen Erfahrungen und auf der Vorstellung beruhte, wie das Leben der Frauen aussehen könnte, schien immer noch richtig zu sein. Andererseits erkannten sie, daß sie den Lebensumständen und Gedanken der beteiligten Frauen viel mehr Aufmerksamkeit würden schenken müssen, wenn diese begreifen sollten, was es für sie bedeuten konnte, lesen und schreiben zu können. Sie ersetzten die alte Methode durch eine Methode, die stärker auf Partizipation ausgerichtet war: Örtliche Gruppen, mit denen man zusammenarbeitete, brachten die Entwicklungshelfer mit den Frauen zusammen, deren Erfahrungen und Lebensgefühl als aufschlußreich betrachtet wurden. Dieses Konzept führte insofern zu einem komplexeren Verständnis der Situation, als die Entwicklungshelfer die Verhältnisse, in denen die Frauen leben und arbeiten mußten, sowie die spezifischen Dimensionen ihrer Armut und Zwänge verstanden und die Frauen die alternativen Möglichkeiten erkannten und anfingen, sich bestimmte Veränderungen vorzustellen. Das Ergebnis war eine langsame und vielschichtige Veränderung der Rolle der Frauen in den Dörfern, die noch nicht abgeschlossen ist. Eine Journalistin, die die Dörfer besuchte, schrieb einige Jahre später:

> »Ich sah die Keime einer lautlosen Revolution, die im Leben der Frauen in den Dörfern begonnen hatte. In dem Begegnungszentrum, das BRAC gebaut hat, lernen die Ehefrauen, die Jungen und die Alten lesen und schreiben. Da sie selbst keine Geschäfte führen dürfen, können sie jetzt wenigstens die Buchführung machen [...] In einem Fischerdorf betreiben die Frauen sogar eine Art Bank: Sie haben über 2000 Dollar gespart und sie ihren Männern für den Kauf besserer Geräte geliehen. Es fing denkbar einfach an – sie haben bei jeder Familie eine Handvoll Reis gesammelt, ihn gehortet und dann auf dem Markt verkauft. Etwa 50 Dörfer eines jeden Gebietes haben aufstrebende Frauengenossenschaften, die in neue Pumpen oder Saatgut investieren und ihren Mitgliedern Respekt verschaffen.«[308]

So arbeitet der aristotelische Ansatz: Er ist einem allgemeinen (und offenen) Bild vom menschlichen Leben, seinen Bedürfnissen und Möglichkeiten verpflichtet, läßt sich aber in jeder Phase auf die konkreten historischen und kulturellen Bedingungen ein. Chens detaillierte Schilderung – deren Stil bereits ein aristotelisches Engagement für das menschlich Gute und eine aristotelische Sensibilität gegenüber dem Kontext erkennen läßt – zeigt, daß die beiden Elemente zusammengehören und zusammengehören müssen. Wären die Entwicklungshelfer diesen Frauen so begegnet, als hätten sie es mit fremdartigen Wesen zu tun, deren Lebens- und Denkweise nicht mit anderen verglichen und nicht unter dem Aspekt des menschlich Guten gesehen werden kann, hätte es keine Veränderung gegeben. Der Bericht überzeugt den Leser davon, daß diese Veränderungen gut waren. Andererseits bewirkte das allgemeine Reden von Ausbildung und Selbstachtung so lange nichts, wie es sich nicht aus einer konkreten historischen Realität heraus entwickelte. Das Eintauchen in die fremde Kultur ermöglichte die menschlich richtige Entscheidung.

Auf diese Weise kann die aristotelische, auf den Tugenden basierende Moral einen großen Teil dessen abdecken, worauf es dem Relativisten ankommt, und gleichwohl einen Anspruch auf Objektivität in dem von uns beschriebenen Sinn erheben. Man kann sogar sagen, daß die aristotelischen Tugenden besser als die relativistischen Tugenden zu erklären vermögen, was Menschen tatsächlich tun, wenn sie ihre Lebensverhältnisse sorgfältig untersuchen und sowohl die gemeinsamen als auch die nicht gemeinsamen Merkmale unter dem Aspekt betrachten, was denn das beste sei. Denn Menschen, die dies tun, so sagt Aristoteles, trachten gewöhnlich nach dem Guten und nicht nur nach der Lebens- und Denkweise ihrer Vorfahren. Sie sind bereit, ihre Entscheidungen als gut oder richtig zu verteidigen, und sie sind zugleich bereit, diejenigen, die einen anderen Weg einschlagen wollen, für Menschen zu halten, die nicht nur von einer anderen Tradition sprechen, sondern eine andere Meinung von dem haben, was richtig ist.

Schließlich sollten wir noch darauf hinweisen, daß die aristotelischen Tugenden und die Überlegungen, denen sie zugrunde liegen, im Gegensatz zu manchen Moralsystemen immer offen für Veränderung bleiben und neuen Umständen und Tatsachen Rechnung tragen. Auf diese Weise, das sei noch einmal betont, beweisen sie genau die Flexibilität gegenüber den lokalen Bedingungen, die sich der Relativist wünscht – aber, auch das sei noch einmal gesagt, ohne dafür die Objektivität zu opfern. Manchmal führen die neuen Umstände vielleicht schlicht zu einer neuen konkreten Spezifikation der Tugend in dem zuvor beschriebenen Sinne; in manchen Fällen führen sie vielleicht dazu, daß wir unsere Auffassung von der Tugend selbst ändern. Alle allgemeinen Auffassungen sind vorläufiger Natur, sind Zusammenfassungen von richtigen und Wegweiser zu neuen Entscheidungen. Diese Flexibilität, die in die aristotelische Vorgehensweise gewissermaßen eingebaut ist, wird es der aristotelischen Konzeption erlauben, die Fragen des Relativisten zu beantworten – ohne Relativismus.

6

Wenden wir uns nunmehr dem zweiten Einwand zu. Von ihm geht meines Erachtens eine wirklich ernsthafte Bedrohung für die aristotelische Position aus. Die Philosophen, die sich in der Vergangenheit mit den Tugenden befaßten, auch Aristoteles selbst, hatten wenig Sinn für die Art und Weise, in der unterschiedliche Diskurstraditionen und unterschiedliche Begriffssysteme das Weltverständnis prägen, sowie für die Tatsache, daß ein starker Zusammenhang zwischen der Struktur des Diskurses und der Struktur der Erfahrung selbst besteht. Wer heute die aristotelische Position verteidigt, muß für diese Fragen aufgeschlossen sein und auf die Fakten eingehen, die der relativistische Historiker oder Anthropologe vorlegt.

Mir scheint, der Aristoteliker sollte zunächst einräumen, daß es bei jeder komplexen Frage von tiefer menschlicher Bedeutung nicht ein »unvoreingenommenes Auge« oder eine Weltsicht geben kann, die völlig neutral und frei von kultureller Prägung wäre. Die Arbeiten von Philosophen wie Putnam, Goodman und Davidson[309] – die der Philosophie Kants und, wie ich glaube, auch der des Aristoteles verpflichtet sind – haben in überzeugender Weise gezeigt, daß selbst dort, wo es um eine Sinneswahrnehmung geht, das menschliche Bewußtsein aktiv und interpretativ vorgeht und daß seine Interpretationen eine Funktion seiner Geschichte, seiner Begriffe und seiner internen Struktur sind. Der Aristoteliker sollte auch zugeben, daß die Menschen die Welt auf eine holistische Weise interpretieren, wobei die Kritik an diesen Interpretationen ebenfalls holistisch sein muß. Begriffssysteme sind ebenso wie Sprachen Gesamtstrukturen, so daß eine Veränderung eines einzigen Elements aller Wahrscheinlichkeit nach Auswirkungen auf das System als Ganzes hat.

Aber diese beiden Tatsachen bedeuten nicht, wie einige relativistische Literaturtheoretiker und Anthropologen meinen, daß alle Weltinterpretationen die gleiche Gültigkeit haben und in keiner Weise vergleichbar sind, es also im Sinne des »anything goes« keine guten Bewertungsmaßstäbe gibt. Nur weil man verneint, daß die ethische Wahrheit einer ganz und gar uninterpretierten Realität korrespondiert, muß jedoch die Idee der Wahrheitssuche kein altmodischer Irrtum sein. Bestimmte Weltanschauungen können immer noch so kritisiert werden, wie Aristoteles sie kritisiert hat: als dumm, schädlich und falsch. Die bei einer solchen Kritik verwendeten Maßstäbe müssen aus dem menschlichen Leben selbst kommen. (Häufig entstammen sie gerade den rationalistischen und kritischen Traditionen der auf dem Prüfstand befindlichen Gesellschaft.) Und derjenige, der die Gesellschaft untersucht, muß versuchen, vor jeder Kritik ein umfassenderes Verständnis des kritisierten Begriffssystems zu entwickeln und zu erkennen, was jedem seiner Teile zugrunde liegt und wie sie zusammenhängen. Es gibt jedoch keinen Grund zu der Annahme, daß der Kritiker nicht fähig sein wird, die Einrichtung der Sklaverei oder die in Kyme geltenden Gesetze als etwas abzulehnen, was nicht in Übereinstimmung mit der Tugendauffassung steht, die sich aus der Reflexion über die vielfältigen und verschiedenartigen Weisen ergibt, in denen die menschlichen Kulturen die den Tugenden zugrunde liegenden Erfahrungen gemacht haben.

Die Grunderfahrungen sind nicht – so viel sollte der Aristoteliker einräumen – ein sprachneutraler Fundus, auf den sich umstandslos und unproblematisch eine bestimmte Tugendauffassung gründen ließe. Die Beschreibung und Beurteilung der Art und Weise, in der verschiedene Kulturen diese Erfahrungen konstruiert haben, ist eine der zentralen Aufgaben einer aristotelischen philosophischen Kritik. Aber der Relativist hat bis zu diesem Punkt keinen Grund angegeben, weshalb wir schlußendlich nicht sagen könnten, daß bestimmte Todesvorstellungen mehr in Einklang mit unserem gesamten Wissen und unseren Wünschen nach einem gedeihlichen Leben stehen als andere; daß bestimmte Formen des Erlebens von körperlichen

Begierden aus ähnlichen Gründen vielversprechender sind als andere.

Die Relativisten haben darüber hinaus die Neigung, das Ausmaß zu unterschätzen, in dem es – insbesondere im Bereich der Grunderfahrungen – tatsächlich kulturübergreifende Berührungspunkte, Verständigungsmöglichkeiten und Übereinstimmungen gibt. Bei der Entwicklung ihrer die jeweilige Kultur berücksichtigenden Konzeption sollte die Aristotelikerin, wie Aristoteles selbst, auf dem Vorhandensein solcher Berührungspunkte und Verständigungsmöglichkeiten beharren. Obwohl die Grunderfahrungen offenkundig durch unterschiedliche kulturelle Kontexte jeweils spezifisch geprägt werden, können wir feststellen, daß die Erfahrungen von Menschen in anderen Kulturen den unsrigen ähneln. Wir sprechen mit ihnen über bedeutsame Dinge, verstehen sie, sind von ihnen innerlich bewegt. Wenn wir die *Antigone* von Sophokles lesen, kommt uns vieles fremd vor; und wir haben dieses Stück nicht richtig gelesen, wenn wir nicht erkennen, wie weit seine Vorstellungen vom Tod, von der Stellung der Frau usw. von unseren eigenen abweichen. Aber es ist uns immer noch möglich, von dem Drama berührt zu sein, Anteil am Schicksal seiner Protagonisten zu nehmen, ihre Debatten als Reflexionen über die Tugend zu betrachten, die zu unserer eigenen Erfahrung sprechen, und ihre Entscheidungen als Entscheidungen in Lebensbereichen zu sehen, in denen auch wir uns entscheiden müssen. Wenn man mit Menschen aus anderen Teilen der Welt an einem Tisch sitzt und mit ihnen über Hunger oder über Verteilungsfragen oder ganz allgemein über die Qualität des menschlichen Lebens spricht, stellt man fest, daß es trotz offenkundiger unterschiedlicher Vorstellungen möglich ist, so miteinander zu kommunizieren, als würden wir alle über dasselbe menschliche Problem sprechen; und gewöhnlich läßt sich dieser Diskurs nur dann nicht mehr aufrechterhalten, wenn eine oder mehrere Parteien geistig einer relativistischen Position verpflichtet sind. Dieses Gefühl von Gemeinschaft und Gemeinsamkeit scheint im Bereich der sogenannten Grunderfahrungen besonders stark ausgeprägt zu sein. Und dies scheint die aristotelische These zu bestätigen, daß die Grunderfahrungen einen guten Ausgangspunkt für eine ethische Debatte darstellen.

Des weiteren muß betont werden, daß heute kaum eine kulturelle Gruppe so sehr auf ihre eigenen Traditionen festgelegt und so sehr von anderen Kulturen getrennt ist, wie es der Relativist unterstellt. Eine kulturübergreifende Kommunikation und Diskussion gehört heutzutage überall zum Leben, und unsere Erfahrungen mit kultureller Interaktion deuten darauf hin, daß die Menschen, auch wenn sie unterschiedliche begriffliche Vorstellungen haben, dazu neigen, ihre Interaktion in der aristotelischen und nicht in der relativistischen Weise zu sehen. Eine traditionale Gesellschaft, die mit moderner Technik und Wissenschaft und mit den damit einhergehenden Sichtweisen konfrontiert wird, ist nicht einfach unfähig, sie zu verstehen, und betrachtet sie auch nicht als völlig fremdartige Einbrüche in eine hermetisch abgeschlossene Lebensweise. Statt dessen schätzt sie das Neue als einen möglichen Beitrag zu einem besseren Leben ein, macht es sich verständlich und eignet sich diejenigen Elemente an, die die mit einer gedeihlichen Lebensgestaltung zusammenhängenden Probleme zu lösen versprechen. Die Beispiele für eine solche Aneignung und die damit verbundene Debatte zeigen, daß die Menschen gemeinsame Probleme erkennen können und daß die traditionale Gesellschaft sehr wohl in der Lage ist, die von außen kommende Innovation als ein Mittel zur Lösung eines Problems zu begreifen, das sie mit der Gesellschaft teilt, von der die Innovation ausgeht. Die Frauen in dem Dorf, von dem Chen berichtet, beharrten zum Beispiel nicht darauf, Analphabetinnen zu bleiben, weil sie es immer gewesen waren. Statt dessen traten sie bereitwillig in einen Dialog mit der internationalen Gruppe ein und betrachteten die Kooperation und Auseinandersetzung mit dieser Gruppe als eine Möglichkeit, ihr Leben zu verbessern. Die Menschen trachten in der Tat nach dem Guten und nicht nach der absoluten Bewahrung des Hergebrachten.

Dies gilt auch, wenn der kulturübergreifende Diskurs unterschiedliche Weisen der Konzeptualisierung der Grunderfahrungen erkennen läßt. Häufig besteht die Wirkung von Arbeiten wie jenen Foucaults, die uns an den nicht-notwendigen und nicht-universalen Charakter unserer eigenen Sicht auf einige dieser Erfahrungen erinnern, genau darin, eine kritische Debatte über die Suche nach dem menschlich Guten auszulösen. Es ist beispielsweise schwierig, Foucaults Ausführungen über die Geschichte unserer sexuellen Vorstellungen zu lesen, ohne den Eindruck zu gewinnen, daß bestimmte Formen, in denen die moderne westliche Debatte über diese Fragen geführt wurde

– nämlich als Ergebnis einer Kombination von christlichen Moralvorstellungen und pseudowissenschaftlichen Ansichten des 19. Jahrhunderts –, besonders dumm, willkürlich, einschränkend und dem menschlichen Streben nach einem guten Leben abträglich sind. Foucaults bewegende Darstellung der griechischen Kultur ist, wie er im Vorwort betont hat, nicht nur ein Hinweis darauf, daß jemand einmal anders gedacht hat, sondern auch ein Beleg dafür, daß es auch für *uns* möglich ist, anders zu denken. Dies ist in der Tat auch der Zweck der Genealogie, wie Nietzsche, in diesem Punkt Foucaults Vorläufer, sie eingeführt hat: einst als notwendig erachtete Idole zu zerstören und den Weg für neue kreative Möglichkeiten frei zu machen. Nach Foucaults eigener Aussage sollte sein Buch »das Denken befreien«, damit es anders vorgehen, sich neue und fruchtbarere Möglichkeiten vorstellen könne. Und eine eingehende Analyse der Dimensionen des kulturellen Diskurses, die die kulturellen Differenzen im Bereich der Grunderfahrungen betont, wird in den derzeitigen Diskussionen über Sexualität und damit zusammenhängende Fragen zunehmend mit einer Kritik an den bestehenden gesellschaftlichen Regeln und Einstellungen und einer Ausarbeitung neuer Normen menschlichen Wohlergehens verbunden. Es gibt keinen Grund zu der Annahme, daß das eine das andere ausschließt.[310]

Wenn wir diese Möglichkeiten verfolgen, werden die durch den aristotelischen Ansatz eingegrenzten Grunderfahrungen nicht mehr als Bereiche einer *uninterpretierten* Realität betrachtet. Wir haben aber auch darauf hingewiesen, daß es zwischen den verschiedenen Gesellschaften viele Gemeinsamkeiten und Überschneidungen gibt. Und hier lassen sich Bereiche von einer relativ größeren Universalität ausmachen, die wir im Auge behalten sollten, wenn wir uns mit den Gebieten befassen, die in ihren kulturellen Ausformungen eine größere Vielfalt aufweisen. Auch wenn wir uns sehr wohl bewußt sind, von etwas zu sprechen, das in verschiedenen gesellschaftlichen Kontexten jeweils unterschiedlich erfahren wird, können wir nichtsdestoweniger bestimmte Merkmale erkennen, die uns als Menschen gemeinsam sind und sehr stark der Liste des Aristoteles ähneln; sie können als Ausgangspunkt unserer Debatte dienen.

1. *Sterblichkeit.* Wie der Tod auch immer verstanden werden mag, alle Menschen haben ihn vor sich und wissen (ab einem bestimmten Alter), daß sie ihn vor sich haben. Diese Tatsache

prägt mehr oder weniger jeden Aspekt des menschlichen Lebens.

2. *Der Körper.* Vor jeder konkreten kulturellen Prägung werden wir mit einem menschlichen Körper geboren, dessen Möglichkeiten und Verletzbarkeiten als solche keiner Kultur mehr eignen als einer anderen. Jeder Mensch kann für sich betrachtet zu einer beliebigen Kultur gehören. Die Körpererfahrung unterliegt kulturellen Einflüssen; aber der Körper selbst hat vor jeder Erfahrung Grenzen und Parameter, die für viele Überschneidungen sorgen, wenn es um die Erfahrung von Hunger, Durst, sexuellem Verlangen und die fünf Sinne geht. Es ist gut und schön, auf die kulturelle Komponente dieser Erfahrungen zu verweisen. Aber wenn man sich mit den Fragen von Hunger und Mangel und generell mit der Not des Menschen beschäftigt, erscheinen solche Differenzen als relativ gering und weit hergeholt, und man kommt nicht umhin anzuerkennen, daß »keine ethnischen Differenzen in der menschlichen Physiologie bekannt sind, soweit es um den Stoffwechsel geht. Afrikaner und Asiaten verbrennen ihre Kalorien nicht anders und verarbeiten ihr Protein nicht anders als die Europäer und Amerikaner. Daraus folgt, daß die Ernährungserfordernisse der verschiedenen Rassen nicht sehr weit auseinanderliegen können«.[311] Diese und ähnliche Tatsachen sollten im Mittelpunkt einer Debatte über das richtige menschliche Verhalten in diesem Bereich stehen. Und wenn wir vom Körper selbst und nicht von der subjektiven Erfahrung seiner Bedürfnisse ausgehen, werden wir überdies in die Lage versetzt, die Situation von Menschen zu kritisieren, die so durchgängig des Nötigsten beraubt sind, daß schon ihr Wunsch nach guten Dingen beträchtlich reduziert wurde. Dies ist ein weiterer Vorteil des aristotelischen Ansatzes im Vergleich zu anderen Ansätzen, die bei den subjektiven Ausdrucksformen von Präferenzen stehenbleiben.

3. *Freude und Schmerz.* In jeder Kultur gibt es eine bestimmte Auffassung von Schmerz; und man kann plausiblerweise davon ausgehen, daß diese Auffassungen, die sich weitgehend decken, in einer universalen und prä-kulturellen Erfahrung begründet sind. Die Auffassung der Stoiker von der frühkindlichen Entwicklung ist höchst unplausibel; die negative Reaktion auf körperlichen Schmerz ist mit Gewißheit eher etwas Elementares und Universales als etwas Erlerntes und Optionales, wie sehr ihre spezifische ›Grammatik‹ auch durch späteres Lernen ge-

prägt werden mag.

4. *Kognitive Fähigkeiten.* Die berühmte Behauptung des Aristoteles, daß alle menschlichen Wesen von Natur aus nach Erkenntnis streben (*Metaphysik* I.1), scheint mit der subtilsten anthropologischen Analyse übereinzustimmen. Damit ist wiederum ein Element unseres gemeinsamen Menschseins angesprochen, von dem man annehmen kann, daß es unabhängig von einer bestimmten Akkulturation besteht, wie sehr es später auch durch die Akkulturation überformt werden mag.

5. *Praktische Vernunft.* Alle Menschen, welcher Kultur sie auch angehören mögen, planen und gestalten ihr Leben (bzw. versuchen es), indem sie die Frage stellen und beantworten, wie man leben und handeln soll. Diese Fähigkeit drückt sich in verschiedenen Gesellschaften unterschiedlich aus, aber ein Wesen, dem sie völlig fehlen würde, würde aller Wahrscheinlichkeit nach in keiner Kultur als ein menschliches Wesen anerkannt werden.[312]

6. *Frühkindliche Entwicklung.* Unabhängig vom Großteil spezifisch kultureller Prägung – wenn auch vielleicht nicht frei von jeglicher Prägung – gibt es bestimmte Bereiche menschlicher Erfahrung und Entwicklung, die von sehr vielen Menschen geteilt werden und von großer Bedeutung für die aristotelischen Tugenden sind: die Erfahrung von körperlichen Bedürfnissen, von Freude und Verlust, von der eigenen Endlichkeit, vielleicht auch von Neid, Kummer und Dankbarkeit. Man kann sich über die eine oder andere psychoanalytische Auffassung von der frühen Kindheit streiten. Aber es läßt sich schwerlich leugnen, daß die Arbeiten von Freud über frühkindliche Bedürfnisse und die von Klein über Kummer, Verlust und andere komplexere emotionale Erlebnisse menschliche Erfahrungsbereiche benennen, die in hohem Maße allen Menschen, unabhängig von ihrer je spezifischen Gesellschaft, gemeinsam sind. Alle Menschen beginnen ihr Leben als hungrige Säuglinge, die ihre eigene Hilflosigkeit empfinden und eine wechselnde Nähe und Distanz zu denjenigen erleben, von denen sie abhängig sind. Melanie Klein berichtet von einem Gespräch mit einem Anthropologen, in dem ein (für westliche Augen) zunächst unverständliches Verhalten von Klein als Ausdruck eines universalen Trauerverhaltens gedeutet wurde. Der Anthropologe akzeptierte ihre Interpretation.[313]

7. *Verbundenheit mit anderen.* Die Behauptung des Aristote-

les, daß die Menschen als solche ein Gefühl der Zugehörigkeit zu anderen Menschen haben und von Natur aus soziale Wesen sind, stellt eine empirische Behauptung dar, die allerdings vernünftig und richtig zu sein scheint. Wie unterschiedlich unsere Vorstellungen von Freundschaft und Liebe auch sein mögen, es gibt sehr gute Gründe, sie als Ausdrucksformen derselben menschlichen Bedürfnisse und Wünsche zu sehen.

8. *Humor*. Kaum etwas ist kulturell so unterschiedlich akzentuiert wie der Humor; und dennoch scheinen Humor und Spiel, wie Aristoteles meint, Bedürfnisse zu sein, die in jedem menschlichen Leben eine gewisse Rolle spielen. Der Mensch wird nicht umsonst das »lachende Tier« genannt; der Humor ist sicherlich eines der hervorstechendsten Merkmale, das uns von fast allen anderen Lebewesen unterscheidet, und – so möchte ich behaupten – (in der einen oder anderen Form) Teil eines jeden Lebens, das als ein im vollen Sinne menschliches gelten kann.

Dies ist nur eine Liste von Vorschlägen, die sich eng an die Liste der gemeinsamen Erfahrungen des Aristoteles anlehnt. Man könnte manche Punkte weglassen und/oder andere hinzufügen.[313] Aber es läßt sich wohl mit Fug und Recht sagen, daß diese Bereiche eine Basis für weitere Bemühungen um die Bestimmung des menschlich Guten darstellen. Wir haben keinen Fundus von völlig uninterpretierten »gegebenen« Daten, sondern wir haben Erfahrungskerne, von denen die Konstruktionen der verschiedenen Gesellschaften ausgehen. Es gibt keinen Archimedischen Punkt, keinen reinen Zugang zu einer gleichsam jungfräulichen – auch menschlichen – »Natur« an sich. Es gibt nur ein menschliches Leben in seiner gelebten Form. Aber in dem gelebten Leben stoßen wir auf Erfahrungen, die um bestimmte Schwerpunkte zentriert sind, welche vernünftige Ausgangspunkte für eine kulturübergreifende Reflexion abgeben.

Dieser Beitrag ist Teil eines größeren Projekts. Welche Rolle die obige Liste dabei spielt, läßt sich besser verstehen, wenn ich sie kurz in den Kontext dieses umfassenderen Projekts stelle und den Zusammenhang mit anderen Thesen aufzeige. In meinem Aufsatz »Die Natur des Menschen, seine Fähigkeiten und Tätigkeiten: Aristoteles über die distributive Aufgabe des Staates« (in diesem Band S. 86-130) befasse ich mich mit der aristotelischen Vorstellung von der richtigen Regierung: Ihre Aufgabe besteht darin, jedem Mitglied der Gemeinschaft zu ermöglichen, ein im vollen Sinne gutes menschliches Leben zu wählen und zu führen, zu dem die Ausübung aller wesentlichen Tätigkeiten gehört, die ein gutes menschliches Leben zu beinhalten hat. Ich prüfe dabei wohlwollend Aristoteles' Behauptung, daß die Aufgabe der Regierung ohne ein angemessenes Verständnis dieser Fähigkeiten und Tätigkeiten nicht gut erfüllt und ihre Ziele nicht gut begriffen werden können. In engem Zusammenhang damit steht die Untersuchung »Der aristotelische Sozialdemokratismus« (in diesem Band S. 24-85), die zeigt, wie sich der Übergang von einem allgemeinen Verständnis der Lebensumstände und Fähigkeiten von Menschen (wie in der Liste aufgeführt) zu einer Vorstellung von den wichtigsten menschlichen Fähigkeiten und Tätigkeiten, die eine Regierung ermöglichen sollte, vollziehen läßt. Diese Sicht des Menschen und der zentralen Aufgabe führt zu einer Konzeption von sozialer Demokratie, die eine überzeugende Alternative zu liberalen Vorstellungen darstellt.

In einem dritten Aufsatz[315] befasse ich mich mit der speziellen Rolle von zwei menschlichen Fähigkeiten, die in dieser Liste enthalten sind: Verbundenheit mit anderen Menschen (bzw. Soziabilität) und praktische Vernunft. Diese beiden Fähigkeiten verleihen dem menschlichen Leben gleichsam seine Architektur, da sie alle anderen Fähigkeiten strukturieren und durchdringen – die nur insoweit als wahrhaft menschliche gelten, wie sie in einem bestimmten Maße durch diese beiden geleitet werden. Der größte Teil des Aufsatzes ist der Untersuchung der aristotelischen These gewidmet, daß diese beiden Elemente zur »Natur des Menschen« gehören. Aristoteles versucht nicht, die menschliche Ethik auf ein neutrales Fundament wissenschaftlicher Fakten zu gründen, die außerhalb der menschlichen Erfahrung und Interpretation liegen. Vielmehr geht es ihm darum, in den Erfahrungen von Menschen zu vielen Zeiten und an vielen Orten bestimmte Elemente auszumachen, die besonders weitgehend und tiefgehend geteilt werden. Darüber hinaus vertrete ich den Standpunkt, daß die Argumente, welche diese Behauptung rechtfertigen, eine sich selbst begründende Struktur haben: Jeder, der sich überhaupt auf die Untersuchung zur Bestätigung dieser Argumente einläßt, erkennt damit bereits deren Bedeutung an. Dies ist eine wichtige Fortsetzung des vorliegenden Beitrags, da gezeigt wird, daß die aristotelische »Grundlegung« einer Ethik innerhalb der menschlichen Geschichte und Selbstinterpretation verbleiben und dennoch den Anspruch erheben kann, eine Grundlegung zu biete

7

Der dritte Einwand wirft im Grunde genommen eine tiefgreifende begriffliche Frage auf: Was bedeutet es, nach dem *menschlich* Guten zu fragen? Welche Lebensumstände definieren, was es bedeutet, das Leben eines *Menschen* und nicht irgendein anderes Leben zu führen? Aristoteles weist gern darauf hin, daß die Frage nach dem menschlich Guten bei Strafe der Inkohärenz nicht damit enden kann, das Gute irgendeines anderen Wesens, beispielsweise eines Gottes, zu beschreiben – ein Gutes, das wir in Anbetracht unserer Lebensumstände nie erreichen können.[316] Um welche Lebensumstände handelt es sich also? Die Tugenden werden im Hinblick auf bestimmte Probleme und Grenzen und auch auf bestimmte Fähigkeiten definiert. Welche sind nun so zentral, daß ihr Fehlen uns zu anderen Wesen machen und eine ganz neue und andersartige Debatte über das Gute eröffnen würde? Diese Frage ist selbst ein Bestandteil der ethischen Debatte, die wir vorschlagen. Denn es gibt keine andere Möglichkeit, darauf zu antworten, als uns selbst zu fragen, welche Erfahrungen uns so wichtig erscheinen, daß sie für uns einen Teil dessen ausmachen, was wir sind. Ich werde die Haltung des Aristoteles zu dieser Frage hier nur kurz zusammenfassen. Zunächst scheint klar zu sein, daß unsere Sterblichkeit ein wesentliches Merkmal unserer *Conditio humana* ist. Ein unsterbliches Wesen hätte eine so andersartige Lebensform, so andersartige Werte und Tugenden, daß es nicht sinnvoll erscheint, dieses Wesen als Teil ein und derselben Suche nach dem Guten zu betrachten. Ebenfalls von entscheidender Bedeutung ist unsere Abhängigkeit von der Außenwelt: das Bedürfnis nach Essen, Trinken und der Hilfe anderer Menschen. Auf der Seite der Fähigkeiten sollten unseres Erachtens die kognitiven Fähigkeiten und die Tätigkeit der praktischen Vernunft als Elemente eines Lebens gelten, das wir als ein menschliches betrachten würden. Aristoteles stellt überzeugend dar, daß auch die Soziabilität dazugehört, also eine gewisse Offenheit und Sensibilität für die Bedürfnisse von anderen uns ähnlichen Wesen, und die Freude am Zusammensein mit ihnen.

Gleichwohl meine ich, daß die marxistische Fragestellung als eine tiefgehende Frage nach den menschlichen Lebensformen und der Suche nach dem menschlich Guten bleibt. Denn man kann sich zweifellos menschliche Lebensformen vorstellen, die nicht die Institution des Privateigentums kennen – und folglich auch nicht die Tugenden, die etwas mit der richtigen Handhabung dieses Eigentums zu tun haben. Es bleibt also eine offene Frage, ob diese Tugenden als Tugenden betrachtet und Teil unserer Liste sein sollten. Marx ging noch weiter, indem er meinte, im Kommunismus seien Gerechtigkeit, Mut und die meisten bürgerlichen Tugenden nicht mehr notwendig. Ich denke, hier ist Skepsis angebracht. In bezug auf so weitgehende Veränderungen der menschlichen Lebensverhältnisse ist Aristoteles generell der Auffassung, daß ihnen gewöhnlich etwas Tragisches anhaftet. Wenn wir uns eines Problems entledigen – indem wir beispielsweise das Privateigentum abschaffen –, handeln wir uns häufig ein anderes ein, etwa das Fehlen einer gewissen Entscheidungsfreiheit, der Freiheit, die es uns ermöglicht, sich anderen gegenüber gut und großzügig zu verhalten. Wenn die Dinge schon bei der Großzügigkeit kompliziert sind, wo wir uns leicht die Veränderung vorstellen können, welche diese Tugend überflüssig macht, so gilt dies sicherlich in weitaus höherem Maße für die Gerechtigkeit und den Mut. Wir würden eine viel genauere Beschreibung der kommunistischen Lebensform brauchen, als Marx sie uns gibt, bevor wir auch nur ansatzweise erkennen könnten, ob sich die Dinge in puncto Tugenden wirklich ändern und ob statt dessen nicht neue Probleme und Einschränkungen entstehen würden.

Generell sieht es so aus, als enthielten alle Lebensformen, auch die Existenz eines Gottes, Grenzen und Einschränkungen. Alle Strukturen, selbst die einer vermeintlichen Unbegrenztheit, sind für manche Dinge nicht offen, bleiben von manchen Dingen abgeschnitten – in diesem Fall von dem besonderen Wert und der besonderen Schönheit, die im Kampf gegen die Begrenztheit liegen. Es hat also den Anschein, als könnten wir die Tugenden nicht so leicht hinter uns lassen. Auch scheint es dem menschlichen Leben nicht unbedingt zuträglich zu sein, wenn wir es täten.

Der beste Schluß für diese knappe Darstellung einer aristotelischen Tugendethik wurde von Aristoteles selbst am Ende seiner Ausführungen über die menschliche Natur in der *Nikomachischen Ethik* I geschrieben:

> »Dies möge als Umriß des gesuchten Guten gelten; denn man muß wohl zuerst die Grundlinien ziehen und dann nachher das Bild ausführen. Sind die Grundlinien richtig gezeichnet, sollte wohl jeder selbst weiterkommen und die Sache ausarbeiten. Auch ist die Zeit Entdecker solcher Dinge oder doch ein guter Helfer, wie denn auch der Fortschritt der Wissenschaften auf diese Weise zustande gekommen ist. Denn das Fehlende ergänzen kann jeder.« (*NE* 1098 a 20-26)

Den Anstoß zu diesem Beitrag gaben Fragen, die auf der WIDER-Konferenz über Werte und Technik im Sommer 1986 in Helsinki diskutiert wurden. Ich möchte Steve und Frédérique Marglin danken, daß sie einige dieser Argumente provoziert haben, denen sie kaum zustimmen werden. Dank schulde ich auch Dan Brock für seine hilfreichen Kommentare, Amartya Sen für viele Gespräche über diese Thematik und den Teilnehmern der WIDER-Konferenz für ihre sehr nützlichen Fragen und Kommentare. Eine frühere Fassung wurde 1988 in *Midwest Studies in Philosophy* veröffentlicht.

Anmerkungen

1 Vgl. u. a. Charles R. Beitz, *Political Theory and International Relations*, Princeton 1979; Stephen Shute und Susan Hurley (Hg.), *On Human Rights. The Oxford Amnesty Lectures 1993*, New York 1993; Joel Rosenthal (Hg.), *Ethics and International Affairs*, Washington, D.C. 1995.

2 Vgl. die beiden Tagungsbände: Martha C. Nussbaum und Amartya Sen (Hg.), *The Quality of Life*, Oxford: 1993, und Martha C. Nussbaum und Jonathan Glover (Hg.), *Women, Culture, and Development. A Study of Human Capabilities*, Oxford 1995.

3 Vgl. Martha C. Nussbaum, »Recoiling from Reason«, in: *The New York Review of Books* 19, XXXVI, 1989, S. 36-41.

4 Nussbaum argumentiert, daß die berühmte Stelle am Beginn der *Nikomachischen Ethik* (Aristoteles räsoniert dort über die Funktion des Menschen), die meist als Beleg für den Vorwurf einer metaphysischen Naturteleologie dient, eine unverfängliche Lesart zuläßt. Demnach besagt sie nur, daß ein guter Mensch eben die Handlungen vollzieht, die einem guten Menschen entsprechen. Eine ganz ähnliche Interpretation hat Ernst Tugendhat in seinen *Vorlesungen über Ethik* entwickelt. Tugendhat meint – in bewußtem Gegensatz zu MacIntyre, den auch Nussbaum kritisiert –, daß sich Aristoteles' »metaphysische Annahmen« als harmlos entpuppen: Aristoteles formuliere nur das Menschsein als das vortreffliche So-Sein. Vgl. Ernst Tugendhat, *Vorlesungen über Ethik*, Frankfurt/M. 1993, S. 241 ff.

5 »Aristotle on Human Nature and the Foundations of Ethiks«, in: J. Altham und R. Harrison (Hg.): World, Mind, and Ethics, Cambridge 1995, S. 121.

6 Ebd.

7 Vgl. Martha C. Nussbaum, »Perceptive Equilibrium: Literary Theory and Ethical Theory«, in: *Love's Knowledge*, New York und Oxford 1990, S. 168-194.

8 Es ist kein Zufall, daß Rawls in seinem Versuch, dem kantischen Ansatz eine stärker empiristische denn metaphysische Wendung zu geben, auf Hume und dessen Ausführungen über die »natürlichen Bedingungen« der Gerechtigkeit zurückgreift. Vgl. John Rawls, *Eine Theorie der Gerechtigkeit*, Frankfurt/M. 1975, S. 148 f.

9 Martha C. Nussbaum, »Tragische Konflikte und wohlgeordnete Gesellschaft«, in: *Deutsche Zeitschrift für Philosophie* 44, 1, 1996, S. 136. Nussbaum reiht sich ein in jene Kritiker, die eines der Defizite der Kantischen Moralphilosophie in der Ausklammerung der Gefühle orten.

10 Siehe Thomas Nagel, »Rawls on Justice«, in: *Philosophical Review*

LXXXII, 2, 1973; wiederabgedruckt in: Norman Daniels (Hg.), *Reading Rawls*, New York 1975, S. 1-16.

11 Beispielsweise wendet Bernard Williams gegen Sens Fähigkeiten-Ansatz etwas provokant ein, daß sich auch durch die Einführung eines neuen Waschpulvers eine Reihe neuer Entscheidungsmöglichkeiten ergeben. Siehe Bernard Williams, »Freer than others (Review of Amartya Sen: Inequality Reexamined)«, in: *London Review of Books* 15, 22, 18. November 1993, S. 8.

12 Zum Problem der Bedürfnisnormierung bei Nussbaum vgl. Hilal Sezgin, *Zur Kritik der Bedürfnisse – eine feministische Diskussion*, Diplomarbeit, Frankfurt/M. 1995.

13 John Rawls, »Social Unity and Primary Goods«, in: Amartya Sen und Bernard Williams (Hg.), *Utilitarianism and Beyond*, Cambridge 1982, S. 159-185, und ders., *Political Liberalism*, New York 1993, S. 178 ff.

14 Vgl. Susan Wolfs Kommentar zu Martha C. Nussbaums »Menschliche Fähigkeiten, weibliche Menschen«, in: Nussbaum und Glover, *Women, Culture, and Development*, S. 111.

15 Für einen Ansatz in diese Richtung vgl. Elizabeth Anderson, *Value in Ethics and Economics*, Cambridge, MA und London 1993.

16 Vgl. Martha C. Nussbaum, »The Feminist Critique of Liberalism«, in: M. Forey und J. Gardner (Hg.), *Women's Voices, Women's Lives. The Amnesty Lectures 1996*, Oxford (im Erscheinen).

17 Die *Politik* des Aristoteles wird im vorliegenden Band nach der Rowohlt-Ausgabe von 1994 zitiert. (Anm. d. Übers.)

18 Zur Unterscheidung zwischen Eigentum und Gebrauch vgl. *Politik* II.5; eine ausgezeichnete Darstellung der Geschichte dieser Unterscheidung im griechischen Denken gibt W. Newman, *Aristotle's Politics: Text and Commentary*, Oxford 1887, in seinem Kommentar zu II.5.

19 *Politik* 1332 b 25-27; vgl. außerdem 1325 b 7, 1334 a 27-29.

20 Es ist nicht möglich, bei der Auseinandersetzung mit der Auffassung des Aristoteles eine strenge Unterscheidung zwischen dem Ethischen und dem Politischen zu treffen, da für ihn die Aufgabe der Politik darin besteht, allen Bürgern die Bedingungen für ein gutes menschliches Leben im umfassenden Sinne zur Verfügung zu stellen, und ein wesentliches Moment dieses guten Lebens ist die politische Tätigkeit. Folglich versteht Aristoteles seine ethischen Schriften explizit als einen Teil seiner politischen Untersuchungen. Dies ist ein wichtiger Unterschied zwischen seinen Auffassungen und den verschiedenen Formen des Liberalismus; seine Implikationen werden wir weiter unten erörtern.

21 Vgl. Martha C. Nussbaum, »Nature, Function, and Capability: Aristotle on Political Distribution«, in: *Oxford Studies in Ancient Phi-*

losophy, Erg.-Band 1988, S. 145-183 (dt. in diesem Band S. 86-130); dies., »Non-Relative Virtues: An Aristotelian Approach«, in: M. Nussbaum und A. Sen (Hg.), *The Quality of Life*, Oxford 1993 (dt. in diesem Band S. 227-264); dies., »Aristotle on Human Nature and the Foundation of Ethics«, in: J. Altham und R. Harrison (Hg.), World, Mind and Ethics, Cambridge 1995.

22 Bei dem Institut handelt es sich um das World Institute for Development Economics Research (WIDER) in Helsinki, einen Zweig der United Nations University. Die Arbeit, die bisher geleistet wurde, um eine Definition von Lebensqualität zu entwickeln, wird bei Nussbaum und Sen, *The Quality of Life*, beschrieben.

23 So beschränkt sich Rawls ausdrücklich auf die Konzeptionen »einer modernen konstitutionellen Demokratie« (»Justice as Fairness: Political Not Metaphysical«, in: *Philosophy and Public Affairs* 14, 1985, S. 224), und seine Beschäftigung mit den historisch relevanten Themen konzentriert sich auf die Aufklärung und die Diskussionen über Toleranz – wobei es vor allem um die englischen und amerikanischen Varianten dieser Diskussionen und nicht um die recht andersartige Geschichte europäischer Demokratien, beispielsweise der skandinavischen, geht. Dworkins Argumentation ist noch deutlicher auf Amerika ausgerichtet; in seinem Beitrag »Liberalism« (in: *A Matter of Principle*, Cambridge, MA 1985) bezieht er sich auf viele konkrete Beispiele aus der neueren amerikanischen Diskussion, und seine vorläufige Definition des Liberalismus basiert auf Stellungnahmen zu diesen Fragen.

24 Rawls beschränkt sich auf die Prinzipien, nach denen die Grundstruktur einer Gesellschaft gestaltet werden sollte; er spricht sich gegen die Anwendung der in der Ausgangssituation gewählten Prinzipien auf Fragen der Gerechtigkeit zwischen den Nationen aus (vgl. *A Theory of Justice*, Cambridge, MA 1971, S. 8 ff.). In »Justice as Fairness: Political Not Metaphysical« hat sich der Blickwinkel noch weiter verengt, denn dort heißt es, die Ergebnisse hätten nur für die gesellschaftliche Grundstruktur von Nationen Geltung, die eine bestimmte Geschichte und bestimmte Traditionen teilen: »Ob Gerechtigkeit als Fairneß zu einer allgemeinen politischen Konzeption für verschiedene Gesellschaftstypen mit unterschiedlichen historischen und sozialen Bedingungen ausgeweitet werden kann oder ob sie zu einer allgemeinen moralischen Konzeption bzw. zu einem wichtigen Teil einer solchen Konzeption ausgeweitet werden kann, sind völlig gesonderte Fragen. Ich möchte in bezug auf diese größeren Fragen kein vorschnelles Urteil fällen.« (S. 225)

25 Eine lebhafte Auseinandersetzung mit dieser Frage findet sich bei G. H. Brundtland, *Our Common Future*. Bericht der World Commission on Environment and Development 1987; zum Thema Hun-

ger vgl. J. Dreze und A. Sen, *Hunger and Public Action*, Oxford 1990; zu Frauenfragen und zur allgemeinen Frage von Gerechtigkeit in bezug auf nationale Grenzen vgl. Onora O'Neill, »Justice, Gender, and International Boundaries«, in: Nussbaum und Sen, *The Quality of Life*.

26 Vgl. Aristoteles, *Nikomachische Ethik* (*NE*), 1103 b 26-31, 1179 a 18-20, 1179 a 33-34. Über Rawls' Äußerungen zu dieser Frage vgl. insbes. Rawls, »Kantian Constructivism in Moral Theory: The Dewey Lectures 1980«, in: *The Journal of Philosophy* 77, S. 516-519, 544 ff., sowie *A Theory of Justice*, S. 46-53.

27 Vgl. insbes. *Politik* 1323 a 17-19, 1324 a 23-25, 1325 a 7, *NE* 1103 b 2-6.

28 Rawls, *A Theory of Justice*, S. 396. Für eine ausführlichere Darstellung der Grundgüterkonzeption vgl. Rawls, »Social Unity and Primary Goods«, in: A. Sen und B. Williams (Hg.), *Utilitarianism and Beyond*, Cambridge 1982, und ders., »The Priority of Right and Ideas of the Good«, in: *Philosophy and Public Affairs* 17, 1988.

29 Vgl. insbes. *Politik* I.8, VII.1. Zur übermäßigen Bedeutung, die dem Reichtum in Sparta beigemessen wird, vgl. *Politik* 1270 a 11 ff., wo auch die großen Einkommensunterschiede kritisiert werden, die das System in Sparta hervorbringt. Ein typisches Beispiel für Aristoteles' Einstellung zum Geld findet sich in *Politik* 1266 b 24-26: Geld ist notwendig, damit der Mensch nicht zu einem kärglichen Leben genötigt ist, in zu großer Menge führt es jedoch zu exzessivem Luxus. Es ist bemerkenswert, daß *isotes*, das griechische Wort für »Gleichheit«, auch einen »mittleren« Umfang bedeutet; wenn Aristoteles sagt, es sollte *isotes* des Besitzes geben, spielt er auf diese Doppelbedeutung an (1266 b 24), indem er die »Gleichheit« dem Mangel sowie dem Überfluß entgegensetzt. Eine neuere Erörterung dieser Fragen findet sich bei Nussbaum und Sen, *The Quality of Life*, insbes. in den Beiträgen von Sen und Cohen.

30 Vgl. *Politik* 1266 a 39 ff.

31 R. Dworkin, »What is Equality? Part 2: Equality of Resources«, in: *Philosophy and Public Affairs* 10, 1981, und ders., »Liberalism« (1985).

32 Rawls, *A Theory of Justice*, S. 434. In seinen Arbeiten von 1982 und 1988 erweitert und differenziert Rawls die Liste, macht sie heterogener und legt das Hauptgewicht weniger auf Wohlstand. Die letzte Fassung der Liste (»The Priority of Right and Ideas of the Good«, 1988) unterteilt die Grundgüter in fünf Kategorien: 1. Grundrechte und -freiheiten; 2. Bewegungsfreiheit und freie Berufswahl vor dem Hintergrund verschiedener Möglichkeiten; 3. »die Fähigkeit und das Recht, Ämter und Stellungen in den politischen und wirtschaftlichen Institutionen der Grundstruktur einzunehmen«; 4. Einkom-

men und Wohlstand; 5. die sozialen Grundlagen der Selbstachtung. Weitere Güter können hinzukommen, »zum Beispiel Freizeit und sogar gewisse psychische Befindlichkeiten wie die Abwesenheit von körperlichem Schmerz«. Einerseits greift die veränderte Liste Kritikpunkte des Aristotelikers auf, da sie jetzt eine Reihe von menschlichen Fähigkeiten umfaßt, die auch der Aristoteliker als grundlegende menschliche Güter betrachtet. Insofern die neue Liste dies tut, scheint sie jedoch von dem ursprünglichen Begriff »Grundgüter« abzuweichen, womit vielseitig verwendbare, im Hinblick auf Konzeptionen des Guten neutrale Mittel gemeint sind. Rawls zeigt, daß er immer noch die ursprüngliche Konzeption gegen das von Sen vertretene, mehr aristotelisch ausgerichtete Konzept aufrechterhalten möchte; daher scheint diese Position durch eine beträchtliche innere Spannung und Ambivalenz gekennzeichnet zu sein. In »Die Natur des Menschen, seine Fähigkeiten und Tätigkeiten« (in diesem Band S. 86-130) befasse ich mich mit der ursprünglichen Liste (1971) und kritisiere sie von einer aristotelischen Position aus.

33 Vgl. *Politik* VII.1. Hier besteht eine explizite und vollständige Übereinstimmung zwischen der aristotelischen Konzeption und Aristoteles selbst.

34 Vgl. A. Sen, »Equality of What?«, in: *Tanner Lectures on Human Values I*, hg. von S. McMurrin, Cambridge 1980, und ders., *The Standard of Living. Tanner Lectures on Human Values 1985*, hg. von G. Hawthorne, Cambridge 1987.

35 Vgl. *Politik* VII.1 und Anm. 29.

36 Vgl. insbes. Aristoteles, *Rhetorik* II.15-17, von Nussbaum erörtert in *The Fragility of Goodness: Luck and Ethics in Greek Tragedy and Philosophy*, Cambridge: 1986, S. 339 f.; zu den negativen Folgen des Reichtums gehören Überheblichkeit, Anmaßung und die Vorstellung, alle Dinge seien käuflich.

37 Über Milo vgl. *NE* 1106 b 3 sowie meine Ausführungen in »The Discernment of Perception« (in: *Love's Knowledge: Essays on Philosophy and Literature*, New York und Oxford 1990). Vgl. Äußerungen zu ähnlichen Punkten bei Sen, »Equality of What?«, und ders., *Resources, Value and Development*, Oxford 1984, sowie *The Standard of Living*. Aristoteles spricht in der *Politik* 1335 b 12 ff. über die für schwangere Frauen notwendige Ernährung und körperliche Ertüchtigung.

38 Über die Fähigkeiten von Frauen und die Unterstützung, die sie brauchen, siehe Sen, *Resources, Value and Development*, und ders., *Commodities and Capabilities*, North-Holland 1985. Aristoteles gesteht Frauen nicht die Fähigkeit zu, unter irgendwelchen Umständen ein im vollen Sinne gutes menschliches Leben zu führen; er sagt jedoch, sie sollten das bekommen, was notwendig ist, um dieje-

nige Art von gutem Leben zu führen, die ihnen offensteht; und in seinem Werk *Politik* zeigt er sein Interesse für ihre Ernährung und Entwicklung. In bezug auf Kinder tritt er ausdrücklich dafür ein, daß jedes Kind das bekommt, was es für eine gedeihliche Entwicklung braucht (vgl. *NE* 1180 b 7 ff., wo in diesem Zusammenhang die Rolle der Familie bei der Erziehung verteidigt wird).

39 Rawls, »The Priority of Right and Ideas of the Good« sowie das Manuskript »Reply to Sen«, jetzt Bestandteil der überarbeiteten Dewey Lectures (1980).

40 Rawls, »Kantian Constructivism in Moral Theory«.

41 Rawls, »Reply to Sen«; Dworkin, »What is Equality?«.

42 Im zweiten Buch der *Politik* weist Aristoteles wiederholt darauf hin, daß Regierungen, ob sie eine Theorie des Guten haben oder nicht, durch ihre praktische Politik zu erkennen geben, inwiefern sie sich einer bestimmten Konzeption des Guten verpflichtet fühlen.

43 Hier entwickelt die aristotelische Auffassung einen Punkt, der sich ganz natürlich aus Aristoteles' eigener Betonung des pluralen und nicht-kommensurablen Charakters der Komponenten des guten Lebens ergibt; und bis zu einem gewissen Grad erkennt Aristoteles selbst die Möglichkeit solcher Konflikte an – vgl. Nussbaum, *The Fragility of Goodness*, Kap. 11, und dies., »The Discernment of Perception«. Aber er geht auf diesen Punkt nicht weiter ein und neigt insgesamt zu der Annahme, daß die Ansprüche der verschiedenen Komponenten miteinander harmonieren werden.

44 Für antike Analogien zu verschiedenen Aspekten der utilitaristischen Position vgl. Nussbaum, »Consequences and Character in Sophocles' *Philoctetes*«, in: *Philosophy and Literature* 1, 1976, und dies., *The Fragility of Goodness*, Kap. 4. Aristoteles schreibt den Protagoräern die Auffassung zu, daß alle Erscheinungen wahr seien (*Metaphysik* IV) – eine Auffassung, die auf dem Gebiet der Ethik ähnliche Implikationen hätte.

45 Vgl. Rawls, *A Theory of Justice*, S. 128: »Das Ergebnis dieser Betrachtungen ist, daß die Gerechtigkeit als Fairneß den bestehenden Bedürfnissen und Interessen sozusagen nicht ausgeliefert ist [...]. Sowohl die Gerechtigkeit als Fairneß als auch der Perfektionismus stellen eine unabhängige Idealvorstellung vom Menschen und der Grundstruktur auf, so daß nicht nur gewissen Bedürfnissen und Neigungen notwendigerweise entgegengewirkt wird, sondern auch die Wirkung der Anfangsbedingungen schließlich aufhört.«

46 Dies wird sehr häufig als Kritik an der These ausgedrückt, daß Lust identisch mit dem Guten sei (vgl. *NE* VII.11-14, X.1-4 sowie die Ausführungen über »tierische Roheit« und über Begierden, die durch schlechte Erfahrungen deformiert werden, *NE* VII.5, 1148 b 15 ff.).

47 Vgl. Sen, *Resources, Value and Development* (1984), *Commodities and Capabilities* (1985), *The Standard of Living* (1987), sowie O'Neill, »Justice, Gender, and International Boundaries«, und E. Allardt, »Having, Loving, Being: An alternative to the Swedish Model of Welfare Research«, in: Nussbaum und Sen, *The Quality of Life*. Im Zusammenhang mit dem finnischen Modell der Ermittlung von wohlfahrtsstaatlichen Maßstäben schreibt Allardt: »Die Kriterien für Wohlergehen vollständig von den subjektiven Meinungen der Menschen selbst abzuleiten führt daher wahrscheinlich zu einem unfruchtbaren Konservatismus.«

48 Diese Frage ist vom Wunsch nicht unabhängig; denn es geht darum zu fragen, was sie sich wünschen *würden*, wenn ihre Erziehung und ihr Wissen um Alternativen die Stufe erreicht hätten, auf der sie gemäß der praktischen Vernunft und in freier Entscheidung handeln könnten. Daher ist Dworkins Behauptung in »Liberalism« irreführend, daß ein derartiges Verfahren danach fragt, was irgendein weiser Mann *für* die anderen beschließen würde, als wäre dieser Standpunkt ihnen selbst unerreichbar. Aristoteles zufolge wird das gute menschliche Leben aber im Prinzip »für viele in gleicher Weise erreichbar sein. Denn durch irgendwelche Belehrung und Fürsorge wird sie allen zugänglich sein können, die nicht mit Bezug auf die Tugend verstümmelt sind« (*NE* 1099 b 18-20). Es ist Aufgabe der Politik, die Bedingungen zu schaffen, unter denen diese Belehrung stattfinden kann.

49 Dies bedeutet nicht, daß es leicht ist, eine Grenze zwischen Fähigkeiten und Tätigkeiten zu ziehen oder zu sagen, wann eine unterlassene Tätigkeit auf freier Entscheidung oder auf mangelnder Fähigkeit beruht. Zu diesem Punkt vgl. B. Williams, »Comments on Sen«, in: Sen, *The Standard of Living*.

50 Marx, zit. nach R. C. Tucker (Hg.), *The Marx-Engels Reader*, New York 1978, S. 88 f. (dt. Marx, *Texte zu Methode und Praxis II. Pariser Manuskripte 1844*, Hamburg: Rowohlt 1966, S. 55); vgl. G.E.M. de Sainte Croix, *The Class Struggle in the Ancient Greek World*, London 1981, insbes. S. 69 ff., wo der Einfluß von Aristoteles auf Marx in dieser Zeit dargestellt wird.

51 Vgl. dazu die Darstellung von S. Marglin, »What Do Bosses Do? The Origins and Functions of Hierarchy in Capitalist Production. Part 1«, in: *Review of Radical Political Economics* 6, 1974.

52 Vgl. Rawls, *A Theory of Justice*, sowie Dworkin, »What is Equality?« und »Liberalism«. Eine vieldiskutierte Einschränkung des Rawlsschen Verteilungskonzepts ist seine Annahme, daß die Subjekte der Verteilung »Haushaltsvorstände« seien, die im Interesse ihrer Familie handeln. Zu den Grenzen dieser Position in bezug auf die Angelegenheiten von Frauen vgl. S. M. Okin, »Justice and Gen-

der«, in: *Philosophy and Public Affairs* 16, 1987. Anders als Rawls nimmt Dworkin ausdrücklich an, daß die Ressourcen Privateigentum seien (»What is Equality?«, S. 283 und S. 290). Er scheint darüber hinaus – wiederum im Gegensatz zu Rawls – von gegebenen und unhinterfragten Präferenzen auszugehen und es den Marktmechanismen zu überlassen, die Rahmenbedingungen zu setzen. Infolgedessen neigt seine Auffassung weniger als die von Rawls zu bestimmten kritischen Fragen.

53 M. Chen, *A Quiet Revolution: Women in Transition in Rural Bangladesh*, Dhaka 1986.

54 Dieses Beispiel zeigt, wie sensibel der aristotelische Ansatz für Kontext und Geschichte ist, da er in seinen Urteilen alle besonderen Merkmale des Falls berücksichtigt und ein durchgehendes Interesse an der allgemeinen Konzeption mit dem Interesse an konkreten Vorstellungen verbindet.

55 Dworkin grenzt sich von der sowohl im Marxismus als auch in verschiedenen Formen des Konservatismus wirksamen Ansicht ab, daß »der Inhalt der Gleichbehandlung nicht unabhängig von einer Theorie des Guten für den Menschen oder des guten Lebens sein kann, denn einen Menschen gleich zu behandeln bedeutet, ihn so zu behandeln, wie der gute oder weise Mensch behandelt werden möchte« (»Liberalism«, S. 191 f.). Obwohl er Aristoteles hier nicht ausdrücklich nennt, deckt sich seine Beschreibung mit einigen Interpretationen des Aristoteles, die vor allem durch die katholische Tradition Verbreitung gefunden haben. Rawls äußert sich deutlicher, indem er seine Auffassung von der »perfektionistischen« Auffassung Platos und Aristoteles' absetzt (»The Priority of Right and Ideas of the Good«, S. 254, 272 f.); vgl. auch *A Theory of Justice*, S. 25 und S. 325. Zugegebenermaßen tragen Aristoteles-Anhänger häufig zu dieser Situation bei, da sie seine Konzeption des Guten als metaphysisch beschreiben: Dies geschieht bei MacIntyre, *After Virtue*, South Bend 1981, wenngleich sich die dort geäußerte Auffassung von der in *Whose Justice? Which Rationality?* (South Bend 1987) dargestellten unterscheidet, und bei Williams, *Ethics and the Limits of Philosophy*, Cambridge, MA 1985. Williams' sehr interessante Darstellung der aristotelischen Auffassung von der menschlichen Natur erörtere ich in »Aristotle on Human Nature and the Foundation of Ethics«. Ein Beispiel für den katholischen Versuch, mit Aristoteles eine religiös-metaphysische Theorie des Guten zu begründen, gibt Jacques Maritain, *The Rights of Man and Natural Law*, New York 1943.

56 Zu dieser Terminologie siehe Charles Taylor, *Sources of the Self: The Making of Modern Identity*, Cambridge, MA 1989, und ders., »Explanation and Practical Reason«, in: Nussbaum und Sen, *The Qua-*

lity of Life; man vergleiche damit Putnams Idee eines »vorbildlichen Menschen« in: *The Many Faces of Realism*, La Salle 1987. Es wird sich herausstellen, daß die aristotelische Konzeption des Menschen, so wie ich sie verstehe, dem näher kommt, was Rawls einen Begriff der Person nennt, als dem, was er eine Theorie der menschlichen Natur nennt, weil sie eine evaluative Konzeption ist, die aus der menschlichen Gesellschaft heraus entwickelt wurde. Aber es ist die Konzeption eines Wesens, das in der Welt der Natur handelt und lebt – in diesem wichtigen Punkt unterscheidet sie sich von Kants Konzeption des moralischen Subjekts.

57 Vgl. MacIntyre, *After Virtue*, und Williams, *Ethics and the Limits of Philosophy*; beide stehen Aristoteles grundsätzlich wohlwollend gegenüber, begegnen diesen Punkten jedoch mit Widerstand.

58 Zur Rolle der Reflexion über Tiere und Götter bei der Entwicklung einer Konzeption des Menschen vgl. u. a. meinen Essay »Transcending Humanity« in *Love's Knowledge* (1990).

59 Über die Art und Weise, wie das Zugehörigkeitsgefühl zur selben Art dem Streben und Wünschen Grenzen setzt, vgl. *NE* 1159 a 8-12, 1166 a 19-23.

60 Ein offenkundiges Problem besteht darin, daß manche Menschen, die diese Frage stellen, bestimmte Menschen willkürlich vom Menschsein ausschließen; und Aristoteles selbst ist aufgrund seiner Reflexion über Frauen und Sklaven daran nicht unschuldig. *Love's Knowledge* und »Aristotle on Human Nature and the Foundations of Ethics« zeigen, wie der aristotelische Ansatz dieses Problem bewältigen kann.

61 Dies gilt für viele Listen, die manchmal für geschlossen und normativ gehalten wurden: z.B. die Liste der »vier Ursachen« in der *Physik*; gewöhnlich läßt Aristoteles ausdrücklich offen, zu welchem Ergebnis seine Auffassung geführt hat.

62 In »Aristotle on Human Nature and the Foundations of Ethics« konzentriere ich mich auf die beiden architektonischen Fähigkeiten und beschreibe kurz die Grenzen; in »Nicht-relative Tugenden: Ein aristotelischer Ansatz« konzentriere ich mich auf die Grenzen, die die Debatte über die Tugend vereinheitlichen. Ich versuche hier, die beiden Aspekte zusammenzuführen.

63 Lucretius, *De Rerum Natura* V, S. 989; vgl. Nussbaum, »Mortal Immortals: Lucretius on Death and the Voice of Nature«, in: *Philosophy and Phenomenological Research*, Dezember 1989.

64 In *De Anima* II.4 und in seinen Ausführungen über den Mut in den ethischen Schriften behandelt Aristoteles die Frage der Sterblichkeit. Vgl. auch Nussbaum, »Mortal Immortals«, und dies., »Transcending Humanity«, 1990.

65 Über Aristoteles' Auffassung von der Einheit von Seele und Körper

vgl. Nussbaum und Putnam, »Changing Aristotle's Mind«, in: Essays über Aristoteles *De Anima*, hg. von M. Nussbaum und A. Rorty, Oxford 1990.

66 Das Bedürfnis nach Schutz ist in den griechischen Mythen über die »conditio humana« ein zentrales Thema; vgl. beispielsweise, was Protagoras in Platos *Protagoras* vorträgt, und *Der gefesselte Prometheus* von Aischylos. Aristoteles hebt dieses Merkmal nicht besonders hervor, nimmt aber selbstverständlich dessen Wichtigkeit an. Seine bevorzugte Definition eines Hauses ist, Schutz vor Regen, Wind und Hitze zu bieten (*De Anima* 403 b 3-4 – er ist nicht glücklich über den Versuch, es als Steine, Ziegel und Holz zu definieren). In *Politik* VII.11 spricht er darüber, daß die Lage der Stadt im Hinblick auf die Gesundheit der Bürger zu wählen sei; er fragt, welche Winde gesund sind usw., und befaßt sich mit der Frage der Versorgung der Bürger mit gesundem Wasser.

67 In »Nicht-relative Tugenden« setze ich mich mit dem stoischen Argument auseinander, daß die Überzeugung, Schmerz sei etwas Schlechtes, ein kulturelles Artefakt ist; diese Ansicht ist kaum einleuchtend, wenngleich man einräumen sollte, daß Vorstellungen von Schmerz und Lust kulturell erlernt werden. Rawls ist mittlerweile bereit, das Fehlen von Schmerz in die Liste der Grundgüter aufzunehmen, vgl. Anm. 32.

68 Zu einer ähnlichen Darstellung der Geschichte eines menschlichen Lebens vgl. Wollheim, *The Thread of Life*, Cambridge, MA 1986. In »Nicht-relative Tugenden« stelle ich die Ansichten von Melanie Klein (*Envy, Gratitude, and Other Works 1946-63*, London 1984) über die Emotionen von Kleinkindern dar. Alle wichtigen antiken Philosophen, Aristoteles eingeschlossen, waren übereinstimmend der Meinung, daß die Emotionen eng an Überzeugungen gebunden sind und durch eine Veränderung der Überzeugung verändert werden können; Aristoteles zufolge werden sie teilweise durch Überzeugungen konstituiert. Wenn dies der Fall ist, bleibt viel Raum für die kulturelle Prägung von Emotionen, worauf die Epikuräer und Stoiker rasch hingewiesen haben. Aber angesichts der Tatsache, daß es in allen Kulturen bestimmte Überzeugungen in bezug auf die große Bedeutung von Dingen gibt, die außerhalb des Menschen liegen und schwer zu kontrollieren sind (d.h., es hat nie eine Kultur gegeben, die gänzlich durch die stoischen Auffassungen geprägt war), kennt jede Kultur solche Emotionen wie Kummer, Zorn, Liebe und Angst. Vgl. dazu auch C. Lutz, *Unnatural Emotions*, Chicago 1988.

69 Zu diesem Aspekt des menschlichen Lebens vgl. Allardt, »Having, Loving, Being« (1990), der mich davon überzeugte, daß mein Aufsatz »Nicht-relative Tugenden« ein Defizit aufwies, weil dieser

Aspekt auf der Liste gefehlt hatte. In einer Hinsicht ist dieses Element sehr aristotelisch, da Aristoteles den Menschen vor allem als ein natürliches Wesen unter anderen betrachtet und betont, daß alle natürlichen Geschöpfe schön und interessant seien (vgl. *Über die Teile der Tiere* I.5). Andererseits muß gesehen werden, daß sich die ethischen Arbeiten nicht für die ethischen Fragen interessieren, die sich aus diesen Tatsachen ergeben; und in der *Politik* werden Tiere und Pflanzen nur insofern als wertvoll behandelt, als sie den Zielen der Menschen dienen. Hier scheint eine eigentümliche Spannung vorzuliegen, die sich vielleicht dadurch erklären läßt, daß einige Teile der *Politik* verfaßt wurden, bevor sich Aristoteles mit biologischen Studien befaßte. Vgl. jedoch *Politik* I.5, wo er kurz auf die Tiere selbst eingeht.

70 Es ist auffallend, daß Aristoteles dieses Element betont (vgl. *NE* IV.6-8). Nur wenige Moralphilosophen heben es dermaßen hervor. Rawls ist mittlerweile bereit, die Freizeit in die Liste der Grundgüter aufzunehmen; dazu würde der Aristoteliker zweifellos sagen, daß die Zeit selbst als Raum für eine bestimmte Art menschlicher Tätigkeit wertvoll ist, nämlich für das, was Aristoteles *diagoge meta paidis* und *homilia emmeles* nennt (die Zeit mit Spiel und schicklicher Geselligkeit verbringen, *NE* 1127 b 33 ff.).

71 *Gesetze*, 739 St.; dies basiert auf der allgemeinen aristotelischen Forderung, daß die Substanzen »Eines« und von anderen »getrennt« sind (vgl. *Metaphysik* V.7, VII.1 usw.). Eine hervorragende Darstellung dieser Position und ihrer intuitiven Annahmen gibt D. Wiggins, *Sameness and Substance*, Oxford 1980.

72 Das »starke Getrenntsein« wird von Aristoteles in seiner Kritik an Plato im zweiten Buch der Politik verteidigt; vgl. Nussbaum, »Shame, Separateness, and Political Unity: Aristotle's Criticism of Plato«, in: A. Rorty (Hg.), *Essays on Aristotle's Ethics*, Berkeley und Los Angeles 1980. Das Getrenntsein der Menschen ist ein wesentlicher Bestandteil von Rawls' Kritik am Utilitarismus (vgl. Rawls, *A Theory of Justice*, S. 554 ff.).

73 Hier stelle ich das sehr schwierige Problem zurück, das mit Aristoteles' Verteidigung des kontemplativen Lebens in *NE* X.6-8 zusammenhängt; in *The Fragility of Goodness*, Anhang zu Kap. 12, stelle ich dar, daß dieser Abschnitt in einer Reihe von wichtigen Punkten zur gesamten Argumentation in der *Nikomachischen Ethik* im Widerspruch steht. Er widerspricht meines Erachtens besonders den Abschnitten, die das Streben und Wünschen durch Überlegungen über die Zugehörigkeit zur selben Art begrenzen und den Übergang zum Göttlichen ausdrücklich ausschließen.

74 Vgl. Nussbaum, *The Fragility of Goodness*, Kap. 2-3, und dies., »Reply on Onora O'Neill«, in: *The Quality of Life*.

75 Marx, zit. nach Tucker, *The Marx-Engels Reader*, S. 88 f. (dt. *Pariser Manuskripte*, S. 80 f.).

76 Vgl. Rawls, »Kantian Constructivism in Moral Theory« (1980), »Justice as Fairness« (1985), »The Priority of Right and Ideas of the Good« (1988).

77 Obwohl Rawls die Liste der Grundgüter erweitert hat, ist er nach wie vor gegen diese Idee; vgl. insbes. die Ausführungen über den »civic humanism« (»The Priority of Right and Ideas of the Good«, S. 272 f.).

78 Es gibt sicherlich noch andere Motivationen: vor allem den Wunsch, eine Konzeption zu entwickeln, die die Zustimmung von Bürgern mit einem unterschiedlichen religiösen und ideologischen Hintergrund finden kann (vgl. ebd., S. 256).

79 Auf eine ziemlich offenkundige Weise werden die moralischen Fähigkeiten durch die Grundrechte und -freiheiten unterstützt; aber dieses Element auf der Liste der Grundgüter ist logischerweise nicht z.B. dem Einkommen und dem Wohlstand gleichgestellt, denn es ist selbst ein Komplex von menschlichen Fähigkeiten und nicht ein Werkzeug, das nur in Verbindung mit den Fähigkeiten sinnvoll eingesetzt werden kann. Rawls untersucht meiner Ansicht nach nicht, inwiefern Güter wie Einkommen und Wohlstand die Entwicklung eines Menschen ermöglichen, der die Fähigkeit haben wird, sich für eine Konzeption des Guten zu entscheiden.

80 Die Vorstellung, daß es um ein ganzes Leben geht, ist für Aristoteles' *Eudaimonia*-Konzeption und für seine Reflexion über das Wesen des Menschen von zentraler Bedeutung. Ihre politische Dimension läßt sich an dem Anspruch ablesen, daß die Menschen in bestimmten Lebensphasen bestimmte Tätigkeiten ausüben können sollten (vgl. *Politik* VII.14). Man denke in diesem Zusammenhang an Rawls' Formulierung, daß die Bürger ein ganzes Leben lang normale und zu voller Kooperation fähige Mitglieder der Gesellschaft sein sollen (»The Priority of Right and Ideas of the Good«, S. 280).

81 Die Trennungslinie zwischen intern und extern ist schwer zu ziehen, zumal auch schwer zu sagen ist, wann ein Unvermögen durch äußere Umstände bedingt ist, wann durch das Fehlen einer internen Fähigkeit und wann durch die Entscheidung des einzelnen. (Zu diesem Problem vgl. Williams, »Comments on Sen«).

82 Rawls, *A Theory of Justice*, S. 195 ff.

83 Aristoteles befaßt sich ausführlich mit Bevölkerungspolitik und kritisiert frühere Gesetzgeber, ihr nicht genug Zeit gewidmet zu haben (vgl. *Politik* 1266 b 8 ff.). Seine Beschäftigung mit den Fragen, vor denen heute die Entwicklungsökonomen stehen, ist in der Literatur im allgemeinen zu wenig beschrieben worden. Dies liegt teilweise am Desinteresse der Philosophen für diese Fragen, teilweise an der

immer noch vorherrschendenTendenz, das antike Griechenland als den Vorläufer des modernen Europa und nicht eines Entwicklungslandes zu betrachten.

84 Daß Marx die Bedeutung der Freizeit für die Arbeiter betonte, war sicherlich weitgehend Aristoteles geschuldet. Aristoteles war der Meinung, daß weder eine landwirtschaftliche Tätigkeit noch irgendeine Form von Handarbeit mit den Tätigkeiten der Bürger vereinbar sei. Die aristotelische Konzeption sollte sich in diesem Punkt von Aristoteles abgrenzen, aber gleichzeitig die aristotelische Frage sehr ernst nehmen, welches Verhältnis zwischen den Arbeitsformen und der allseitigen Entfaltung des Menschen besteht. Die politischen Ideale des älteren Athen beinhalten eine komplexere Auffassung von den Handarbeitern: Insbesondere die Stücke des Aristophanes spiegeln eine Tradition wider, die der Art von praktischer Intelligenz, die für die Tätigkeit des Bauern und des Handwerkers erforderlich ist, einen politischen Wert beimißt. In unserer eigenen politischen Tradition sind die Gedichte von Walt Whitman hilfreiche Vorbilder: Whitmans Verhältnis zu den demokratischen Traditionen des antiken Griechenland stelle ich in »The Discernment of Perception« (1990) dar.

85 Vgl. Nussbaum, *The Fragility of Goodness*, Kap. 11-12.

86 Vgl. insbes. *Politik* II.9-10, VII.10.

87 Über Athens Traditionen in diesem Bereich (mit besonderer Bezugnahme auf die Beschreibung der Perikleischen Ideale durch Thukydides) vgl. Nussbaum, »The Discernment of Perception« (1990). Besonders auffallend ist, daß die Athener großen Wert auf eine eigene körperliche Sphäre und auf die Unversehrtheit des Körpers gelegt haben (vgl. Halperin, *One Hundred Years of Homosexuality*).

88 Es könnte hilfreich sein, dies mit der Wohnungspolitik zu vergleichen, die manche sozialistische und sozialdemokratische Länder betrieben haben, indem sie den Obdachlosen gewisse Rechte gegenüber unbewohntem und luxuriösem Wohnraum eingeräumt haben.

89 Vgl. *Politik* 1275 a 22-23, 1275 b 18-20, 1276 a 4-5.

90 Vgl. Nussbaum, *The Fragility of Goodness*, Kap. 12; *Politik* III.5, VII.9-10.

91 Über die Vorstellung von Freiheit und freien Staatsbürgern, die sich im alten Athen entwickelt hat, vgl. K. Raaflaub, *Die Entdeckung der Freiheit* (1985).

92 Vgl. *NE* II.1, *Politik* VIII.1; Rawls billigt dem Staat ein begrenztes Interesse an der Erziehung zu, sofern die Kinder als zukünftige Staatsbürger gesehen werden (»The Priority of Right and Ideas of the Good«, S. 268). Seine Auffassung vom Staatsbürger ist jedoch begrenzter als die des Aristoteles, und dementsprechend ist auch das Interesse des Staates an der Erziehung begrenzter. (Der Staat kann

sich vermutlich nicht um die Frage kümmern, welche Rolle das Lesen und Schreiben und andere Dinge bei der Förderung nicht-politischer Fähigkeiten spielen – obwohl Rawls ihm zubilligt, dafür zu sorgen, daß die Bürger »ein ganzes Leben lang wirtschaftlich unabhängige und sich selbst versorgende Mitglieder der Gesellschaft sind [...] all dies von einem politischen Standpunkt aus«.)

93 In »Die Natur des Menschen, seine Fähigkeiten und Tätigkeiten« behandele ich die Art und Weise, wie P. Buck in *General Education in a Free Society: Report of the Harvard Committee*, Cambridge, MA 1945, mit dem Thema Erziehung umgegangen ist.

94 Vgl. Foucault, *The History of Sexuality*, Vol. 2, New York 1984, und Halperin, *One Hundred Years of Homosexuality*.

95 Plurale Spezifikationen können entweder individuell oder gemeinschaftlich erfolgen: Auch Gesellschaften können für die Ausübung einer bestimmten Tätigkeit von den vorhandenen Optionen eine auswählen. Aufgrund der Geschichte, der Traditionen, der äußeren Umstände und der anderen Ziele sind die Möglichkeiten, die richtige Wahl zu treffen, indessen eher begrenzt. Der Unterschied zwischen der »lokalen Spezifikation« und der »pluralen Spezifikation« ist folgender: Bei der pluralen Spezifikation wird aus einer Vielzahl von vorhandenen Optionen entsprechend den Vorlieben ausgewählt; bei der lokalen Spezifikation wird unter Berücksichtigung der Traditionen, der äußeren Umstände usw. der angemessene Weg gesucht, um eine bestimmte Tätigkeit auszuüben. Offensichtlich beeinflussen und überschneiden sich die beiden auf komplexe Weise.

96 Da heutzutage großer Wert auf individuelle Selbstentdeckung und Selbstverwirklichung gelegt wird, weicht der zeitgenössische Aristoteliker hier ein wenig von Aristoteles ab – aber weniger, als man annehmen könnte, da auch Aristoteles den Beitrag unterschiedlicher Lebenserfahrungen zu schätzen weiß (vgl. *Politik* III.15 über die Analogie zwischen einer Beratung und einem öffentlichen Fest); und auch Aristoteles sieht das gute menschliche Leben als eine Entwicklung und volle Entfaltung von Fähigkeiten. Zu den verschiedenen Bestandteilen des modernen Identitätsgefühls in dieser Hinsicht vgl. Taylor, *Sources of the Self*.

97 Die Pietät ist bezeichnenderweise eine der fünf Haupttugenden – neben Mut, Mäßigung, Gerechtigkeit und Weisheit. Vgl. beispielsweise Platos Protagoras. Aber Moral und Religion waren in Griechenland weniger getrennt als bei uns, so daß es wenig sinnvoll ist, das Religiöse als eine eigene Sphäre spiritueller Erfahrung zu betrachten. Die Götter schützen wertvolle Bereiche, und die Verehrung des Göttlichen bedeutet vor allem, dem Wertvollen Respekt zu zollen.

98 Zur Kritik an einer monolithischen Lehrplangestaltung vgl. Nuss-

baum, »›Undemocratic Vistas«, (Rezension von Allan Bloom, *The Closing of the American Mind*«), in: *The New York Review of Books*, 5. November 1987.

99 Vgl. die Aufsätze in S. R. Graubard, *Norden: The Passion for Equality*, Oslo 1986.

100 Vgl. Nussbaum, *The Fragility of Goodness*, Kap. 9.

101 Es ist besonders darauf hinzuweisen, daß Aristoteles es für möglich hält, rationale Überlegungen nicht nur über die instrumentellen Mittel zur Erreichung bestimmter Ziele, sondern auch über die einzelnen Komponenten dieser Ziele selbst, sogar über die Komponenten von *eudaimonia*, dem obersten Ziel, anzustellen. Dazu vgl. D. Wiggins, »Deliberation and Practical Reason« (1975), in: ders., *Needs, Values, and Truth*, Oxford 1987, und H. Richardson, *Rational Deliberation of Ends*, Diss., Harvard 1986.

102 Dworkin (»Liberalism«) hat jedoch ein instrumentelles Verständnis von den Rechten, das diesem Aspekt der aristotelischen Position näher kommt.

103 Vgl. den Vortrag von J. Barnes, gehalten auf dem 9. Symposium Aristotelicum über die *Politik*, im Protokoll des Symposiums, hg. von G. Patzig 1989.

104 Vgl. etwa *Politik* VII.16 über die Regelungen in bezug auf Heirat und Schwangerschaft sowie VII.17 und VIII über die Regelungen in bezug auf körperliche und kulturelle Erziehung. Diese Frage wird gründlich von Barnes erörtert (a.a.O.), der auch weitere Quellenangaben macht.

105 In diesem Zusammenhang könnte man an den Gedankenaustausch von Margaret Thatcher und Neil Kinnock über Freiheit denken: Sie behauptete, die Politik der Labour Party würde die Freiheit der Bürger einschränken, und er antwortete, daß er und andere nur aufgrund dieser Politik die Freiheit gehabt hätten, sich für ein Universitätsstudium zu entscheiden.

106 R. Erikson, »Descriptions of Inequality. The Swedish Approach to Welfare Research«, in: Nussbaum und Sen, *The Quality of Life*.

107 Vgl. Allardt, »Dimensions of Welfare in a Comparative Scandinavian Study«, in: *Acta Sociologica* 19, 1976, und ders. »Having, Loving, Being«, in: Nussbaum und Sen, *The Quality of Life*. Der finnische Ansatz legt größeren Wert auf die Beschreibung von wertvollen persönlichen Beziehungsformen als der schwedische und berücksichtigt auch das Verhältnis des einzelnen zu Tieren sowie zur Natur. Er verwendet sowohl objektive als auch subjektive Indikatoren, obwohl er sich, wie der schwedische Ansatz, auf erstere konzentriert und vor allem fragt, was die Menschen wirklich tun. Ein weiterer wichtiger Beitrag dieses Ansatzes ist seine (sehr aristotelische) Verwendung des Konzepts einer Stufe des guten Le-

bens in jedem der verschiedenen Bereiche, unterhalb deren kein Mensch leben sollte.

108 Erikson weist in »Description of Inequality« darauf hin, daß in einer früheren Untersuchung auch Fragen nach der Ernährungsweise gestellt wurden; aber die Schweden kritisierten solche Fragen als Verletzung ihrer Privatsphäre.

109 Vgl. Allardt, »Having, Loving, Being«.

110 Schon die Tatsache ist bedeutsam, daß der Grundbegriff die »Person« und nicht der »Mensch« ist. Zu diesem Unterschied vgl. Wiggins, *Sameness and Substance*. Zumindest für Kant war die Vernunft ein Genus, von dem der Mensch (das »vernunftbegabte Tier«) nur eine besondere Spezies war: Und die Moralität sollte auf der Vernunft und nicht auf unserem spezifischen Menschsein, noch weniger auf unserer animalischen Natur gründen.

111 Vgl. z.B. *Politik* 1328 a 37-38.

112 Ich bin besonders Henry Richardson zu Dank verpflichtet, der mich ermutigte, diese Ideen auszuarbeiten, und der sich kritisch mit meiner Arbeit auseinandergesetzt hat. Ich danke auch Gerald Mara für seine hilfreichen Kommentare. Mein Dank gilt Amartya Sen, mit dem ich die Fragen diskutiert habe. Ein großer Teil dieser Arbeit wurde am World Institute for Development Economics Research (WIDER) in Helsinki durchgeführt. Die Hilfe, die mir während dieser Arbeit durch das Institut zuteil wurde, erkenne ich dankbar an.

113 Obwohl Übersetzungen von Nussbaum-Texten und Kommentare zu Nussbaum ihren Begriff »function(s)« gern mit »Funktion(en)« wiedergeben, halte ich die Begriffe »Tätigkeit(en)«, »Tun« und »Handeln« für angemessener. Dabei ist zu berücksichtigen, daß Nussbaum unter Tätigkeiten ausdrücklich nicht nur ein aktives Tun versteht, sondern auch solche Dinge wie Gesundsein, sich ernähren, Freude empfinden usw. (Anm. d. Übers.)

114 Es wurde gelegentlich behauptet, *makarios* bedeute etwas anderes als *eudaimonos*. In *Fragility of Goodness* (im folgenden *Fragility*), Cambridge 1986, Kap. 11, zeige ich anhand aller verfügbaren Belege, daß diese beiden und mit ihnen verwandte Worte von Aristoteles synonym verwendet werden.

115 Da hier ein Name für eine Gattung gesucht wird, von der die Konzeptionen von Aristoteles und Rawls zwei besondere Arten sind, können wir keinen Namen wählen, der die Konzeption zu eng mit Aristoteles' Vorstellung von *eudaimonia* in Verbindung bringt. Daher scheint »distributiv« das beste Wort zu sein. Aber es ist gewiß nicht ideal; es kann u.a. dahingehend aufgefaßt werden, daß die zu verteilenden Güter der Regierung oder – zuvor – dem Gesetzgeber gehören und daß er oder sie dann die Rolle des wohltätigen Spen-

ders spielt. Es könnte auch so verstanden werden, daß das Endergebnis eine Art Privateigentum an den betreffenden Gütern ist. Beide Auffassungen wären in bezug auf die von Aristoteles vertretene Theorie irreführend. Es ist äußerst unklar, wie er sich die Ausgangssituation vorstellt, aber er nimmt sicherlich nicht an, daß die Güter dem »Staat« gehören; und er untersucht viele Staatsformen, die zumindest ein gewisses Maß an Gemeineigentum und/oder gemeinsamem Gebrauch beinhalten.

116 Es könnte allerdings auch ein Hinweis auf die Einschränkungen sein, die die natürlichen Umstände der Verwirklichung der besten Konzeption manchmal auferlegen.

117 In Abgrenzung zu anderen Übersetzungen, die aus dem Vorhandensein einer bestmöglichen Verfassung auch das gute Leben der Bürger ableiten, legt Nussbaum an dieser Stelle (in einer Anmerkung) den entsprechenden Satz bei Aristoteles dahingehend aus, daß umgekehrt das gute Leben das maßgebliche Kriterium für die ›Bestheit‹ der Verfassung sein müsse: »Was wir hier brauchen, ist ein Grund, weshalb derjenige, der die beste Regierung beschreibt, sich Gedanken über das beste Leben machen sollte. Meiner Interpretation zufolge haben wir auf diese Fragen eine gute Antwort: weil eine notwendige (vielleicht eine hinreichende?) Bedingung des Besten darin besteht, den Bürgern das unter den gegebenen Umständen beste Leben zu ermöglichen.« (Anm. d. Red.)

118 John Rawls, *Eine Theorie der Gerechtigkeit*, Frankfurt/M. 1979, S. 434. Eine weitergehende Ausarbeitung der Grundgüter-Konzeption findet sich in »Social Unity and Primary Goods«, in: A. Sen und B. Williams (Hg.), *Utilitarianism and Beyond*, Cambridge 1982, S. 159-186.

119 *Politik* 1323 a 34 ff.; zur Erläuterung ähnlicher Abschnitte an anderer Stelle vgl. *Fragility*, Kap. 11.

120 Vgl. *Politik* VII.1. Als eine offenkundige Ausnahme könnten die Bemerkungen in *NE* VIII aufgefaßt werden, wo Aristoteles die Ansicht äußert, es sei wünschenswert, die Zahl seiner Freundschaften zu begrenzen. Aber wir sollten dies vielleicht nicht so sehr als eine Begrenzung der Beziehungen verstehen, die einen Wert an sich haben, sondern als eine Maßnahme, durch die ihr intrinsischer Wert geschützt werden soll; denn eine zu flache Freundschaft hat überhaupt nicht den Wert einer Freundschaft. Eine ähnliche Diskussion findet sich bei Sen u.a., *The Standard of Living Tanner Lectures on Human Values 1985*, hg. von G. Hawthorne, Cambridge 1987.

121 Vgl. auch die Kritik an Phaleas in *Politik* II.7. 1266 b 24 ff. und IV.2. 1295 b 5 ff., wo er über die negativen Auswirkungen von übermäßigem Reichtum oder übermäßiger Armut auf die Tugend

spricht. Zu allgemeinen Ausführungen über die »Glücksgüter« vgl. *NE* 1124 a 20 ff. und *Rhetorica* II.15-17, erörtert in *Fragility*, Kap. 11, S. 339 f. In *Politik* 1265 a 28 ff. weist Aristoteles auf den wichtigen Punkt hin, daß das Kriterium für das richtige Maß durch Berücksichtigung sämtlicher Tätigkeiten eines Lebens gewonnen wird: Denn ein Maß, das in einem Kontext akzeptabel sein kann, kann sich als zu gering erweisen, wenn wir andere wichtige Tätigkeiten in Betracht ziehen. Was Aristoteles' Einstellung zum Maß der »äußeren Güter« betrifft, so gibt es eine hervorstechende Ausnahme, und das ist die Freundschaft. Denn Freunde werden das »wichtigste der äußeren Güter« genannt, und dennoch ist Aristoteles eindeutig der Meinung, daß die Freunde und die Beziehung zu ihnen einen Wert an sich haben. (Vgl. *Fragility*, Kap. 12.)

122 Vgl. Anm. 121 und insbes. I.8-9, wo er wiederholt sagt, das Geld würde *richtig* verstanden, wenn man sagt, daß es ein *peras* oder *telos* hat, das durch die Erfordernisse eines guten Lebens bestimmt wird; falsch wäre es demgegenüber, Geld als ein grenzenlos zu vermehrendes Gut zu betrachten. Zur Kritik an den *politeiai* von Sparta und Karthago, weil sie diese falsche Sichtweise fördern, siehe *Politik* II.9 1271 b 69-70, 16-17; II.11 1273 a 37-39.

123 Rawls' Theorie der Gerechtigkeit hat einen »archimedischen Punkt« im Ideal des Menschen gefunden, der rationale Entscheidungen trifft; sie lehnt es im Gegensatz zum Utilitarismus ab, die Gerechtigkeit den bestehenden Interessen und Bedürfnissen auszuliefern. Vgl. auch *Eine Theorie der Gerechtigkeit*, S. 362 ff.: »Wie wir sahen, ist ein bestimmtes Ideal in die Gerechtigkeitsgrundsätze eingebaut, und der Erfüllung von Wünschen, die mit diesen Grundsätzen unvereinbar sind, kommt überhaupt kein Wert zu [...] Die Vertragstheorie ähnelt also dem Perfektionismus, indem sie neben der Nutzensumme und ihrer Verteilung noch anderes berücksichtigt.« Zur weiteren Entwicklung dieser Aspekte von Rawls' Auffassung siehe seine Dewey Lectures, »Kantian Constructivism in Moral Theory«, in: *Journal of Philosophy* LXXVII, 1980, S. 515-572.

124 Dieser Ansatz wird in einer Reihe von Sens Arbeiten entfaltet: »Equality of What?«, in: S. McMurrin (Hg.), *Tanner Lectures on Human Values* 1, Cambridge 1980, abgedruckt in *Choice, Welfare, and Measurement*, Oxford 1982, S. 353-372; in den Aufsätzen in den Abschnitten IV-V von *Resources, Values and Development*, Cambridge, MA, 1984; in seinen Dewey Lectures, »Well-Being, Agency and Freedom«, in: *Journal of Philosophy* LXXXII, 1985, S. 169-220; in *Commodities and Capabilities*, North-Holland 1985; und in seiner Arbeit *The Standard of Living*. Die weiter unten zitierte Kritik von Rawls findet sich in »Equality of What?«.

125 In *Commodities and Capabilities* (S. 69 ff.) weist Sen auf diesen Punkt hin; er wird ausführlicher erörtert in *Freedom of Choice: Concept and Content*, Alfred Marshall Lecture vor der European Economic Association am 22. August 1987.

126 Zu Sens Kritik am Utilitarismus vgl. insbes. »Equality of What?«, *The Standard of Living* und *Commodities and Capabilities*; zu Mangel und Bedürfnis vgl. die Aufsätze in *Resources, Values, and Development*.

127 Zur Unterscheidung zwischen den »Teilen« eines Staates und allen Dingen, die wie Bauern und Handwerker »unentbehrlich für die Staaten sind«, vgl. 1329 a 34 ff. sowie III.5. 1278 a 2 ff.

128 B. Williams, »The City and the Soul in Plato's *Republic*«, in: E. N. Lee u.a. (Hg.), »Exegesis and Argument«, in: *Phronesis*, Erg.-Bd. 1, Assen 1973.

129 Vgl. HK mit *Republik* 435 b (Aristoteles verendet *morphe* anstatt *eidos*, *phronesis* anstatt *sophia* – ansonsten handelt es sich mehr oder weniger um ein Zitat); zu TGK vgl. insbes. 435 e und Williams.

130 Diese Abschnitte und die in ihnen aufgeworfenen Fragen erörtere ich in »Shame, Separateness, and Political Unity: Aristotle's Criticism of Plato«, in: A. Rorty (Hg.), *Essays on Aristotle's Ethics*, Berkeley 1980, S. 395-436.

131 So neige ich eher zu einer Deutung, die in mancher Hinsicht, wenn auch aus anderen Gründen, der von Jaeger ähnelt. Jaeger meinte, VII-VIII seien früher entstanden, und begründete dies damit, daß die »ideale Theorie« eine platonische Form der politischen Theorie war, die von Aristoteles aufgegeben wurde, als er anfing, die Verfassungen empirisch zu untersuchen. Er ordnet II-III den Büchern VII-VIII zu und meint, IV-VI seien die späten Bücher, in denen sich die Untersuchung der verschiedenen Verfassungen niedergeschlagen habe: »In einer unmißverständlichen Sprache gibt er hier die rein konstruktivistische Methode auf, die Plato und er vorher angewendet hatten, und stützt sich auf eine sachliche empirische Untersuchung.« Ich finde dieses Argument nicht sonderlich überzeugend – insbesondere die angestrengte Interpretation von *NE* 1181 b 13 ff., wo Jaeger einen Hinweis auf die Verfassung findet. Ich habe den Eindruck, daß Jaeger generell nicht genug über das Verhältnis zwischen der idealen Theorie und der »empirischen« Beschreibung nachgedacht hat und darüber, ob sie vielleicht als verschiedene Teile ein und desselben Vorhabens fungieren könnten. Bemerkenswert ist auch seine Behauptung, Aristoteles hätte keine Vorstellung von den distributiven Aufgaben des Staates haben können; er setzt ein distributives Konzept mit einem utilitaristischen, Güter akzentuierenden Konzept gleich und behauptet, daß es sich

hier um eine rein moderne Idee handeln muß: »Aristoteles ordnet den Staat keineswegs dem Wohlergehen des einzelnen unter, wie es der Liberale tut [...] Zu sagen, daß das ›beste Leben‹ des Staates und des einzelnen ein und dasselbe sind, bedeutet für ihn nicht, daß es um den Staat gut bestellt ist, wenn sich jeder gut ernährt und sich wohl fühlt.«

132 Man wird feststellen, daß diese Definition das Wort »kann« enthält; sie erhebt also nicht den Anspruch, vollständig zu klären, worin die *Idee* von der Fähigkeit zur Ausübung einer Tätigkeit besteht, und harrt einer detaillierteren Erläuterung dieser Idee.

133 Diese Fähigkeiten – so *NE* II.1 – bedürfen im Gegensatz zu Fertigkeiten der Gewöhnung, damit sie sich entfalten können.

134 Vgl. *Fragility*, Kap. 12, S. 346 ff., wo relevante Texte erörtert werden, und insbes. *NE* 1180 a 1-4.

135 Anhand dieser Beispiele betont Aristoteles, daß er die Nicht-Ausübung der Tugend der Mäßigung und der Freigebigkeit kritisiert; aber vermutlich behindert dieselbe Verfassung auch die Ausbildung der relevanten I-Fähigkeiten und/oder ihre Aufrechterhaltung bei Erwachsenen.

136 Der Text läßt in der Tat offen, ob es sich um eine Konjunktion oder eine Disjunktion handelt. In der entscheidenden Zusammenfassung in 1275 b 19 heißt es in den Manuskripten »oder«, aber die Herausgeber wählen das »und« des Aretinus, um eine Harmonie mit dem Vorausgehenden herzustellen.

137 Manchmal scheint Aristoteles eher das meritokratische als das bedürfnisorientierte Verteilungskonzept zu vertreten, und zwar besonders dann, wenn es um die Verteilung der politischen Ämter geht. Meines Wissens äußert er eine solche Ansicht jedoch nie im Zusammenhang mit der Ausbildung der ethischen und geistigen I-Fähigkeiten; er sagt nie, es sei besser, ein Kind zu vernachlässigen, das sich nur langsam entwickelt. Diese Einstellung hat er auch nicht in bezug auf die körperliche Gesundheit und die dafür erforderliche medizinische Versorgung. Er ist eindeutig der Meinung, daß eine gute Gesundheitsfürsorge den Kranken das gibt, was sie brauchen, um wieder gesund zu werden – vermutlich auch dann, wenn ihre Behandlung mehr Ressourcen erfordert, als die Gesunden benötigen. Er würde den Vorschlag absurd finden, die Gesunden für ihre Gesundheit dadurch zu belohnen, daß sie mehr medizinische Fürsorge erhalten als die Kranken. Wir sollten daraus schließen, daß Aristoteles alle Fähigkeiten in dieser Weise betrachtet, nämlich als Voraussetzungen, die so weit gefördert werden sollten, daß sie in gedeihliche Tätigkeiten umgesetzt werden können. Dort, wo er sich meritokratisch äußert, geht es um politische Ämter, denn hier ist er der Meinung, daß Gerechtigkeit bedeutet,

Gleichgestellten Gleiches zu geben. Bei näherem Hinsehen erweisen sich solche Äußerungen jedoch nicht wirklich als meritokratisch. Denn er sagt, daß alle erwachsenen Männer als »Freie und Gleichgestellte« betrachtet werden und so das »Regieren und Regiertwerden miteinander abwechseln« sollten. Eine strikte Trennung zwischen Regieren und Regiertwerden könnte seiner Meinung nach nur dann gerechtfertigt sein, wenn es in der Natur derjenigen, die regieren, und derjenigen, die regiert werden, einen Unterschied gäbe, der einem Artunterschied gleichkäme – nicht lediglich ein »Mehr oder Minder« bedeuten würde (*Politik* I.13 1259 b 34 ff., 12; vgl. VII.3 1325 b 3-5). Ein solcher Unterschied besteht (angeblich) zwischen Männern und Frauen einerseits und den Sklaven der Natur nach andererseits; aber die Unterschiede zwischen freien Männern sind, von sehr außergewöhnlichen Umständen abgesehen, nur Gradunterschiede und rechtfertigen daher nicht den Ausschluß von einem gleichen Anteil an den Staatsämtern (vgl. 1259 b 6, 1255 b 20, 1288 a 12). In dieser Weise wird in 1332 b 25-27 das abwechselnde Regieren und Regiertwerden gerechtfertigt.

138 Vgl. *Fragility*, Kap. 11; und A. Kosmans ausgezeichneten Beitrag »Substance, Being and energeia«, in: *Oxford Studies in Ancient Philosophy* II, Oxford 1984, S. 121-149.

139 Vgl. auch VIII.9-10, VII.4 1326 a 18-20, 21. Über die Metöken vgl. *Fragility*, Kap. 12. Eine etwas andere Auffassung von den Ansichten des Aristoteles selbst, die mit vielen aufschlußreichen historischen Fakten belegt wird, trägt D. Whitehead vor (»Aristotle the Metic«, in: *Proceedings of the Cambridge Philological Society* XXI, 1975, S. 94 f.).

140 Vgl. Bernard Williams' Kommentare zu Sens Tanner Lectures, in: Sen u.a., *The Standard of Living*.

141 Ein weiterer Vorteil des Fähigkeiten-Ansatzes besteht darin, eine gute Grundlage für die Entwicklung einer Konzeption darzustellen, die uns sagt, was wir anderen Arten schuldig sind. In bezug auf Frauen und Sklaven scheint Aristoteles anzunehmen, es sei die Aufgabe des Gesetzgebers, ihnen zu ermöglichen, das Maß an Vortrefflichkeit zu erreichen, das ihren Fähigkeiten entspricht und das unterhalb der Glückseligkeit liegt. (Man vergegenwärtige sich z.B. seine Kritik an der Politik Spartas gegenüber den Frauen in *Politik* II.9 und seine Bemerkungen über die verschiedenen Grade der Tugenden bei den verschiedenen »Arten« in *Politik* I.13 und 1260 a 37.) Er fragt jedoch selten, welche Behandlung wir den mit einem Empfindungsvermögen ausgestatteten Tieren schuldig sind, obwohl dies für ihn sehr nahe gelegen hätte, wenn man bedenkt, wie hoch entwickelt in seiner philosophischen Kultur die Debatte über die vegetarische Lebensweise war. Er scheint Tiere in den ethischen

und politischen Schriften durchgängig als Werkzeuge des Menschen zu betrachten. (Vgl. allerdings *Politik* I.5, wo er ausführt, daß die Zähmung durch den Menschen im Interesse der Tiere liegt: 1254 b 10-13.) Daß er dieses Thema vernachlässigt, ist bemerkenswert, da ihm sonst sehr daran gelegen ist, das *telos* zu beschreiben, auf das die Tätigkeit eines jeden Lebewesens gerichtet ist.

142 Sen in seinem Gedankenaustausch mit Bernard Williams, in: Sen u.a., *The Standard of Living*. Zu Aristoteles' Auffassung vgl. die sehr interessanten Ausführungen über den Besitz in *Politik* II.6. 1265 a 28 ff., wo er darauf hinweist, daß der Gesetzgeber ein besseres Kriterium (*horos*) hat, wenn er bei der Zuteilung des Besitzes *sophrosyne* und *eleutheriotes* zusammendenkt, als wenn er über ein jedes getrennt nachdenkt. Denn »man kann ja auch maßvoll, aber kümmerlich leben«, während die Freigebigkeit durchaus mit Schwelgerei zu vereinbaren ist (1265 a 28-34).

143 Vgl. Nussbaum, *The Therapy of Desire: Theory and Practice in Hellenistic Ethics, The Martin Classical Lectures*, 1986, Kap. 2, sowie Nussbaum und Sen, »Internal Criticism and Indian Rationalist Traditions«, in: M. Krausz (Hg.), *Relativism*, Notre Dame 1988.

144 Vgl. insbes. »Family and Food: Sex Bias in Poverty«, in: *Resources, Values, and Development*.

145 Vgl. Nussbaum, »Nicht-relative Tugenden: Ein aristotelischer Ansatz«, in diesem Band S. 227-264, sowie Nussbaum, »Aristotle on Human Nature and the Foundation of Ethics«, in: J. Altham und R. Harrison (Hg.), World, Mind, and Ethics, Cambridge 1995.

146 A. MacIntyre, *After Virtue*, Notre Dame 1981; B. Williams, *Ethics and the Limits of Philosophy*, Cambridge, MA 1985.

147 Offensichtlich muß noch viel darüber gesagt werden, wie wir von diesen Auffassungen zur Objektivität gelangen. Ein Anfang ist in *Fragility*, Kap. 8, gemacht. (»Saving Aristotle's Appearances«, in: M. Schofield und M. Nussbaum [Hg.], *Language and Logos*, Cambridge 1982.)

148 Vgl. Sen, »Poor, Relatively Speaking«, in: *Resources*, S. 325-345. Nussbaum, »Nicht-relative Tugenden« (in diesem Band S. 227-264) führt zahlreiche andere Beispiele dafür an.

149 Vgl. M. Burnyeat, »Can the Skeptic Live His Skepticism?«, in: M. Schofield u.a. (Hg.), *Doubt and Dogmatism*, Oxford 1980.

150 Vgl. Anm. 145.

151 Ein Teil des längeren Beitrags besteht in einer detaillierten textbezogenen und philologischen Argumentation, die die Behauptung von John Cooper stützt (*Reason und Human Good in Aristotle*, Cambridge, MA 1985), daß *bios* (mit einem Adjektiv in *-ikos* gebraucht) eine gesamte Lebensweise oder Lebensform und nicht eine einzelne Tätigkeit umfassen muß und daß dasselbe für die ana-

loge Konstruktion mit *zoe* gilt, das Wort, das in diesem Abschnitt tatsächlich verwendet wird.

152 Es muß darüber nachgedacht werden, welche Implikationen diese Argumentation für die Politik der Bereitstellung von Nahrungsmitteln hat. Man könnte zum Beispiel sagen, daß sie für solche Programme spricht, die Geld und/oder Arbeitsmittel zur Verfügung stellen und nicht direkt Nahrungsmittel liefern, weil so die Bereitstellung von Nahrungsmitteln in eine vernünftige menschliche Tätigkeit integriert und der Empfänger als ein vernünftig denkendes und handelndes Wesen und nicht nur als ein dahinvegetierendes Wesen behandelt wird. Vgl. dazu Sen, *Hunger and Entitlement: Research for Action*, eine WIDER-Veröffentlichung, 1987.

153 Marx, zit. nach R. C. Tucker (Hg.), *The Marx-Engels Reader*, New York 1978, S. 88-99 (dt. *Pariser Manuskripte 1844*, Hamburg 1966, S. 80 f.).

154 Eine gute Darstellung des Einflusses, den Aristoteles auf Marx ausgeübt hat, gibt G.E.M. de Sainte Croix, *The Class Struggle in the Ancient Greek World*, London 1981, insbes. S. 69 ff. De Sainte Croix weist darauf hin, daß Marx in den Jahren 1843-45 intensiv die *Politik* gelesen hat und daß dieses Werk »folgenreiche Auswirkungen« auf die Entwicklung seiner Klassenkampftheorie hatte (S. 55 f.). Wenn ich es richtig sehe, erkennen wir Aristoteles' Einfluß auch in seiner Auffassung von den wahrhaft menschlichen Lebensäußerungen, die er genau in dieser Zeit formuliert hat. Marx' Abwendung von den hellenistischen Philosophen und seine Hinwendung zu Aristoteles markieren darüber hinaus den tiefgreifenden Unterschied zwischen den wichtigsten hellenistischen Positionen einerseits mit ihrer Betonung der Erlangung von Selbstgenügsamkeit durch Steuerung der Wünsche und Gedanken und andererseits der aristotelischen Position mit ihrer Betonung der Notwendigkeit von materiellen und institutionellen Grundlagen für eine gute Lebensführung und für ein gutes Denken und Wünschen.

155 Dieses Referat wurde im April 1986 auf dem Oberlin Philosophy Colloquium gehalten; die vorliegende Fassung hat viele Stellungnahmen aufgegriffen, die David Charles bei dieser Gelegenheit abgegeben hat. Ich bin auch den Zuhörern der Ockham Society, Oxford, an der University of Edinburgh, der University of York und am King's College, London, für ihre Kritik dankbar. Eine Fassung dieses Referats war Teil einer Reihe von Vorträgen, die ich im Frühjahr 1987 in der Volksrepublik China gehalten habe; der geistige Austausch mit chinesischen Philosophen und die gesamte Erfahrung spielten eine wichtige Rolle bei meinem weiteren Nachdenken über dieses Thema. Die Forschungsarbeiten, die mit der Über-

arbeitung des Referats im Jahre 1987 verbunden waren, wurden vom World Institute for Development Economics Research (WIDER), Helsinki, unterstützt, dem ich zu großem Dank verpflichtet bin. Besonders dankbar bin ich Amartya Sen für viele Diskussionen über diese Fragen.

156 Achebe, *Things Fall Apart*, London 1958 (Reprint bei Picador 1988), S. 25: »[...] sein ganzes Leben war von Angst beherrscht, der Angst vor Versagen und Schwäche. Sie saß tiefer und durchdrang ihn mehr als die Angst vor dem Bösen und vor den Launen der Götter, die Angst vor dem Zauber, vor dem Wald und den Mächten der Natur, sie war bösartig und hatte rote Zähne und Krallen. Okonkwos Angst war größer als diese anderen Ängste. Sie kam nicht von außen, sondern saß tief in ihm selbst. Es war die Angst vor sich selbst, die Angst davor, daß die anderen Ähnlichkeiten mit seinem Vater entdecken würden. Schon als kleiner Junge hatte er das Versagen und die Schwäche seines Vaters gespürt, und noch heute erinnerte er sich daran, wie sehr er gelitten hatte, als ein Spielkamerad zu ihm sagte, daß sein Vater *agbala* wäre. So erfuhr Okonkwo zum ersten Mal, daß *agbala* nicht nur ein anderes Wort für eine Frau war, sondern daß es auch einen Mann meinen konnte, der keinen Titel hatte. Und so wurde Okonkwo von einer Leidenschaft beherrscht, nämlich alles zu hassen, was sein Vater Unoka geliebt hatte. Eines dieser Dinge war Sanftheit, und ein anderes war Müßiggang.«
Ein wichtiges Moment des Romans besteht darin, daß Zorn als etwas Männliches betrachtet wird und häufig dazu dienen kann, sanftere Gefühle niederzuhalten. Daher werden Okonkwos Grausamkeit und Zornesausbrüche gegenüber seinen Frauen und Kindern als eine direkte Folge seiner Angst vor Schwäche dargestellt. Ich werde im folgenden mehr dazu sagen.

157 Zu Beispielen aus Indien und der These, daß die gedeihliche Entwicklung sowohl der Männer als auch der Frauen durch diese Situation beeinträchtigt wird, vgl. Roop Rekha Vermas Beitrag in: Martha Nussbaum und Jonathan Glover (Hg.), *Women, Culture and Development. A Study of Human Capabilities*, Oxford 1995; zu den Verbindungen zwischen der indischen Kategorisierung der Gefühle und weiblicher Rezeptivität vgl. Marya Simon, *The Weavers* (ein Gedichtzyklus). Andere aufschlußreiche Beispiele werden von Catherine Lutz zitiert, *Unnatural Emotions: Everyday Sentiments on a Micronesian Atoll and Their Challenge to Western Theory*, Chicago 1988. Die Utku-Eskimos, die in Jean Briggs' Buch *Never in Anger*, Cambridge, MA 1981, untersucht werden, fordern die Ausschaltung der meisten wichtigen Gefühle – vor allem des Zorns – bei Männern und Frauen.

158 Wie in dem Roman Phantasie und Gefühle dargestellt werden, erörtere ich ausführlicher in: *Poetic Justice: The Literary Imagination in Public Life*, Boston: 1995. Zu weiteren Ausführungen über *Hard Times* (dt.: *Harte Zeiten*, Frankfurt/M. 1986) im Zusammenhang mit der Entwicklungsökonomie vgl. M. Nussbaum und A. Sen (Hg.), *The Quality of Life*, Oxford 1993.

159 Richard A. Posner, *The Economics of Justice*, Cambridge, MA 1981, S. 1. Ich habe Posners Utilitarismus in zwei Besprechungen seines Buches *Sex and Reason* (Cambridge, MA 1992) dargestellt; in diesem Buch schlägt er vor, die ökonomische Analyse auf den Bereich der menschlichen Sexualbeziehungen auszudehnen. Eine kurze Besprechung findet sich in *The New Republic*, 20. April 1992, und eine längere, die sich mehr mit den Fragestellungen dieses Aufsatzes beschäftigt, in *The University of Chicago Law Review*, Herbst 1992. Posner hat seine Ansichten über die Angemessenheit des Utilitarismus als normative Theorie der Meinungsbildung im öffentlichen Raum mittlerweile erheblich geändert, da er erkannt hat, daß es nicht genügt, die von ihm favorisierten libertären Prinzipien von Mill wirksam werden zu lassen.

160 Posner, *Economics of Justice*, S. 1 f.

161 Hier folgt Posner dem Beispiel von Gary Becker, *The Economic Approach to Human Behavior*, Chicago 1976, und ders., *A Treatise on the Family*, Cambridge, MA 1981.

162 Posner, *Economics of Justice*, S. 345. Posners Auffassung von der Privatsphäre hat sich inzwischen beträchtlich geändert. In *Sex and Reason* führt er aus, es sei legitim, die Lücken in den expliziten Verfassungsbestimmungen dadurch zu schließen, daß man ein allgemeines Recht auf eine Privatsphäre anerkennt, und es sei sehr wichtig, daß die Gerichte dies tun, wenn sie die willkürliche Anwendung von Gesetzen verhindern wollen. Im Fall *Roe v. Wade* unterstützt er die Entscheidungen des Obersten Gerichtshofes in bezug auf Empfängnisverhütung und begrüßt das Ergebnis, wenngleich er nicht die gesamte Urteilsbegründung akzeptiert; zum Fall *Bowers v. Hardwick* (in dem es der Oberste Gerichtshof ablehnte, ein Recht auf eine Privatsphäre anzuerkennen, als es um einverständliche homosexuelle Beziehungen zwischen Erwachsenen ging) sagt er, daß falsch entschieden und äußert schlecht argumentiert wurde. Seine eigene »libertäre« Theorie des Sexualstrafrechts besagt, daß der Gesetzgeber in sexuellen Angelegenheiten nur eingreifen darf, um die »Freiheit oder das Eigentum« von anderen zu schützen.

163 Posner, *The Problems of Jurisprudence*, Cambridge, MA 1990, S. 453, Anm. 40: »Und man erinnere sich an die nicht-rationale Komponente der aristotelischen Untersuchung. Siehe Martha Nussbaum, *The Fragility of Goodness: Luck and Ethics in Greek*

Tragedy and Philosophy, S. 307-310, 1986.« Posner bezieht sich auf einen Abschnitt, in dem ich das »nicht-wissenschaftliche Überlegen« des Aristoteles erörtere und sage, daß die Gefühle für Aristoteles ein wichtiger Teil *rationalen* Denkens und Urteilens sind: »Weit davon entfernt, sie als Hindernisse für ein gutes Denken zu betrachten, macht er ein angemessenes Maß an Passivität und emotionaler Empfänglichkeit zu einem wichtigen und notwendigen Bestandteil des guten Denkens und Urteilens« (S. 306). Das zentrale Beispiel ist die Trauer über den Tod eines Kindes in Euripides' *Die Troerinnen*. Posner ist so sehr davon überzeugt, daß Gefühle nicht rational sein können, daß er diese Ausführungen als Ausführungen über »nicht-rationale« Komponenten lesen und zusammenfassen kann. In neueren Arbeiten nimmt er allerdings einen wesentlich anderen Standpunkt ein, vgl. insbes. den Aufsatz über Rhetorik in *Overcoming Law*, Cambridge, MA 1995.

164 Diese Einschränkung ist bei Posner angebracht, da er ausdrücklich bemerkt, es sei irreführend, Gefühle mit Frauen zu assoziieren: Frauen sind im utilitaristischen Sinn genauso rational wie Männer. Aber viele Anhänger dieser Theorie sind nicht dieser Meinung. Und Posner selbst beschäftigt sich in *The Problems of Jurisprudence* in einem Kapitel mit der Überschrift »Literary and Feminist Perspectives« mit Mitleid und ähnlichen Gefühlen.

165 *Bradwell v. the State*, 83 US (16 Wall.) 130, 1872. Für eine Auseinandersetzung mit diesem Fall bin ich Susan Okin zu Dank verpflichtet: *Women in Western Political Thought*, Princeton, NJ 1979, S. 252-256. Vgl. auch Cass Sunsteins Beitrag in: Nussbaum und Glover, *Women, Culture and Development*.

166 Manchmal stoßen wir auf eine ähnliche Einstellung zum Zorn von Frauen, die von Okonkwo nicht geteilt würde, da dieser Zorn für »männlich« hält: So behauptet Senecas *Medea* in einer für die griechische Tradition typischen Weise, daß die eifersüchtige Wut von Frauen stärker ist als jede »Feuersbrunst oder schwellende Galle«. Zorn kann ebenso wie Scheuheit als ein Hindernis für die volle politisch-gesellschaftliche Gleichstellung betrachtet werden – vor allem, wenn es um die Wut einer Frau geht.

167 *Politik* 1260 a 12-13: Frauen haben die Kraft zur Überlegung, aber es fehlt ihnen an »Entschiedenheit« – offensichtlich gegenüber ihren »irrationalen« Gefühlen.

168 Über den Islam vgl. Valentine Moghadam, *Modernizing Women: Gender and Social Change in the Middle East*, Boulder, Colo. und London 1993. Über Hindu-Traditionen vgl. Vermas Beitrag in: Nussbaum und Glover, *Women, Culture and Development*.

169 Eine ausgezeichnete Darstellung dieser Auffassung gibt Okin, *Women in Western Political Thought*, Kap. 10.

170 Mary Wollstonecraft ist ein schlagendes Beispiel für diese Argumentationsweise; wie der größte Teil des ethischen Denkens in ihrem Jahrhundert ist auch das ihrige stark durch den Stoizismus beeinflußt. Vgl. Jane Roland Martin, *Reclaiming a Conversation*, New Haven, Conn. 1985.

171 Zur Kritik an einigen Auffassungen in bezug auf Indien vgl. M. Nussbaum und A. Sen, »Internal Criticism and Indian Rationalist Traditions«, in: M. Krausz (Hg.), *Relativism*, Notre Dame, Ind. 1989, S. 299-325, und Sens Artikel »India and the West«, in: *The New Republic*, Juni 1993. Über Afrika vgl. die ausgezeichnete Widerlegung dieser einseitigen Sichtweise in Anthony Appiah, *In My Father's House: Africa in the Philosophy of Culture*, New York 1992.

172 Havelock Ellis, *Man and Woman*, Boston 1929, zit. in Catherine Lutz, *Unnatural Emotions*, S. 74.

173 Lutz setzt sich in *Unnatural Emotions* einleuchtend mit diesen Assoziationen auseinander; meiner Ansicht nach behauptet sie jedoch zu Unrecht, daß der Einwand gegen Gefühle in der westlichen Philosophiegeschichte vorherrschend sei und daß die Kritik daran eine fundamentale Kritik an der »westlichen Theorie« impliziert.

174 Ich erörtere diese Ansichten aus historischer Sicht in *The Therapy of Desire: Theory and Practice in Hellenistic Ethics*, Princeton, NJ 1994, und vertrete eine ähnliche Position in *Upheavals of Thought: A Theory of the Emotions*, The Gifford Lectures 1993, gehalten im April-Mai 1993 an der University of Edinburgh.

175 Zur Analyse Chinas vgl. Lee Yearley, *Mencius and Aquinas*, Albany, NY 1990.

176 Zu einer Analyse der Metaphorik, die Seneca zur Beschreibung von Gefühlen verwendet, vgl. die vielen Beispiele in Nussbaum, *Therapy of Desire*, Kap. 12.

177 Im Hinblick auf China vgl. Yearley, *Mencius and Aquinas*, wo man dieses Argument neben dem zweiten finden kann.

178 Lessing, *The Golden Notebook*, London, New York und Toronto 1981 (dt. *Das goldene Notizbuch*, Frankfurt/M. 1992).

179 Ich befasse mich ausführlich mit Smith und seiner Argumentation in »Steerforth's Arm: Love and the Moral Point of View«, in: *Love's Knowledge: Essays on Philosophy and Literature*, New York: 1990.

180 So spricht Smith von einem »Zauber« der Frauen, der die rationalen Kräfte der Männer vorübergehend ausschaltet. Auch werden die Frauen nicht als moralische Subjekte behandelt: Sie werden beschrieben, als lebten sie ganz im geschlossenen und irrationalen Raum der Gefühle. Zur amerikanischen Analogie vgl. den Abschnitt aus Thomas Jefferson, den ich meinem Beitrag »Menschli-

che Fähigkeiten, weibliche Menschen« (in diesem Band) als Motto vorangestellt habe. Zu den indischen, lateinamerikanischen und chinesischen Varianten vgl. die Beiträge von Verma, Valdes und Li in: Nussbaum und Glover (Hg.), *Women, Culture and Development*. Rabindranath Tagores Roman *The Home and the World* (London 1985, 1915/16 erstmals in Indien, 1919 erstmals in England bei Macmillan erschienen) beschreibt einen faszinierenden Kontrast. Der traditionalistische und hyperpatriotische Sandip steht auf dem Standpunkt, daß Frauen die lebendige Verkörperung »Kalis, der schamlosen, erbarmungslosen Göttin« sind; sie werden nur durch künstliche gesellschaftliche »Fesseln« daran gehindert, die Männer zu zerstören. Nikhil, der kritische Humanist, leugnet dies: Der Fehler liege in der Gesellschaft, weil diese dem erotischen Verlangen eine übertriebene Bedeutung beimesse: «Der Mensch hat die Flamme der Liebe bei Männern und Frauen so sehr angefacht, daß diese ihren rechtmäßigen Bereich überschreitet, und jetzt kann er sie nicht einmal im Namen der Menschlichkeit wieder unter seine Kontrolle bringen. Der Mensch hat seine Leidenschaft angebetet und zum Idol erhoben. Aber es dürfen nicht noch mehr Menschen auf ihrem Altar geopfert werden.«

181 Vgl. *Upheavals of Thought*. Besonders relevant für dieses Projekt sind die Lectures 5 und 6, die sich mit dem Mitleid und seiner Rolle im öffentlichen Leben befassen.

182 Zu sagen, daß dies für alle Menschen zutrifft (auch für höher entwickelte Tiere, wie ich in *Upheavals of Thought* darlege), heißt nicht, die offenkundigen Unterschiede zu übersehen, die zwischen verschiedenen Gesellschaften in bezug auf das Repertoire von Gefühlen bestehen, das sie konstruieren und anerkennen. Die Erkenntnis, daß Gefühle ein Element »gesellschaftlicher Konstruktion« beinhalten, ist ein wichtiger Bestandteil der Theorie selbst.

183 Dies gilt in besonderer Weise für die Rechtswissenschaft, wo es eine umfangreiche Literatur zum Thema Empathie und Gefühle gibt, in der die Verfechter der Gefühle die scharfe Trennung von Gefühl und Verstand zu akzeptieren scheinen, die ihnen von denjenigen aufgezwungen wird, die Gefühle ablehnen. Vgl. zum Beispiel Toni Massaro, »Empathy, Legal Storytelling, and the Rule of Law: New Words, Old Wounds«, in: *Michigan Law Review* 87, 1989, S. 2099-2127; Lynne Henderson, »Legality and Empathy«, in: *Michigan Law Review* 85, 1987, S. 1574-1653. Das gleiche gilt für aktuelle Rechtsauffassungen: Selbst die Verteidiger von Mitleid und Barmherzigkeit bezeichnen sie als »irrational«. Beispiele finden sich in meinem Beitrag »Equity and Mercy«, in: *Philosophy and Public Affairs*, Frühjahr 1993. Eine erfreuliche Ausnahme sind M. Minow und E. Spelman, »Passion for Justice«, in: *Cardozo Law*

Review 10, 1988, S. 37-76.

184 Da die späteren Philosophen stark vom Stoizismus beeinflußt sind, werde ich mich im folgenden auf die ursprünglichen antiken Positionen der Stoiker beziehen.

185 Ich erörtere antike griechische und römische Ansichten über den Zorn in *Therapy of Desire*, Kap. 3, 7, 11 und 12. Die wichtigsten Texte sind Aristoteles, *Rhetorik* II.2-3, *Nikomachische Ethik* IV.5; die Fragmente *Peri Pathon* des Chrysippos, in: J. von Arnim (Hg.), *Stoicorum Veterum Fragmenta,* Bd. III, Stuttgart 1903, Reprint 1979; Seneca, *De Ira* und *De Clementia*; Cicero, *Tusculanae Disputationes* III-IV.

186 Der stoische Philosoph Epiktet forderte den allzu ängstlichen Menschen auf, Übungen zu machen, bei denen er sich zuerst den Verlust einer Tasse und dann schrittweise den möglichen Verlust anderer Dinge vorstellen würde – seiner Haustiere, seiner Kinder, seiner Ehefrau, seines eigenen Lebens! Bei jedem Schritt lernt er, sie als belanglos und verzichtbar zu betrachten.

187 Über die antike griechische Deutung des Mitleids vgl. Nussbaum, *The Fragility of Goodness*, Zwischenspiel 2, und »Tragedy and Self-Sufficiency: Plato and Aristotle on Fear and Pity«, in: *Oxford Studies in Ancient Philosophy* 10, 1992, in einer kürzeren Fassung in: A. Rorty (Hg.), *Essays on Aristotle's Poetics*, Princeton, NJ 1992. Die spätere Geschichte der Diskussion über die Rolle des Mitleids bei der Urteilsfindung im öffentlichen Bereich wird in den Gifford Lectures 5 und 6 nachgezeichnet und bewertet.

188 Der epikuräischen Tradition zufolge trifft dies wohl besonders für die Überzeugung zu, daß der eigene Tod etwas Schlechtes ist.

189 In den Gifford Lectures 1 führe ich aus, daß diese Ansicht in zweierlei Hinsicht modifiziert werden muß, um philosophisch adäquat zu sein: Wir müssen uns von der Auffassung verabschieden, daß Gefühle immer sprachlich formulierbare Aussagen enthalten, damit Raum sowohl für nicht-sprachliche emotionale Erfahrungen (Lecture 4 ist den Gefühlen und der Musik gewidmet) als auch für Erfahrungen entsteht, die unbestimmter und rudimentärer sind, als es die propositionale Analyse der Stoiker zuläßt.

190 Vgl. Platos *Republik*, S. 387 f.; zu dieser Literaturkritik vgl. »Tragedy and Self-Sufficiency« sowie »Poetry and the Passions: Two Stoic Views«, in: J. Brunschwig und M. Nussbaum (Hg.), *Passions & Perceptions*, Cambridge 1993.

191 Cicero, *Tusculanae Disputationes* III.30. Yearley führt Beispiele an, die dem von Mencius gezeichneten Bild des Weisen sehr ähneln. Und die indischen Traditionen enthalten vergleichbare Vorstellungen von innerer Distanziertheit. Okonkwo scheint eine ähnliche Selbstgenügsamkeit anzustreben.

192 Ich verwende sowohl ›Mitgefühl‹ (*compassion*) als auch ›Mitleid‹ (*pity*), weil ›Mitleid‹ in letzter Zeit die Konnotation von Herablassung gegenüber dem Leidenden bekommen hat, die es früher nicht hatte und eigentlich noch immer nicht hat, wenn es die Übersetzung des griechischen *eleos*, des lateinischen *misericordia* oder von Rousseaus *pitié* ist.

193 A. Sen, »Rational Fools«, in: *Philosophy and Public Affairs* 6, 1977, S. 317-344, abgedruckt in: Sen, *Choice, Welfare, and Measurement*, Oxford 1982, S. 84-106.

194 Okonkwo ist anders, weil er, genau wie Mr. Gradgrind, nicht konsequent ist. Die Liebe zu Ikemefuna, die ihn zu einem »zitternden alten Weib« macht, ist im gesamten Roman eine ebenso starke Motivation wie sein großes Bedachtsein auf seinen Status und sein Ansehen. Es ist die Spannung zwischen diesen beiden Formen von Bindung, die zur Tragödie führt.

195 Ihr Vater nennt die Liebe einen »törichten Gefühlsausdruck«. Zu einer detaillierteren Behandlung dieser Aspekte des Romans vgl. Nussbaum, *Poetic Justice*, Kap. 2 und 3.

196 Im Hinblick auf die hier behandelte Problematik ist es wirklich zu spät. Denn der nächste Roman aus Achebes Trilogie, *No Longer At Ease,* zeigt, daß Nwoye, jetzt Isaak getauft, ein unfähiger und insensibler Vater ist, der seinen Sohn Obi durch seine Strenge ins Unglück stürzt. So pflanzt sich die Tragödie der Gefühlsarmut von Generation zu Generation fort.

197 Vgl. auch Lionel Trilling, *The Liberal Imagination: Essays on Literature and Society*, New York 1950.

198 Lukács schreibt, daß der Roman »eine kleinbürgerliche Geschichte der kitschigsten Art« ist und daß Tagore »eine gänzlich unbedeutende Gestalt ist [...] dessen Kreativität noch nicht einmal für ein anständiges Pamphlet reicht«. Zitiert in Anita Desais Einleitung in der Penguin-Ausgabe des Romans, 1985, S. 7. Ich habe den ähnlich gelagerten Fall von Henry James' Buch *The Princess Casamassima* erörtert in »Perception and Revolution«, in: *Love's Knowledge*.

199 Das Verhältnis ist jedoch kompliziert, da sich Sandip und Bimala für sehr emotionale Menschen halten und es in gewissem Sinne auch sind. Aber Nikhil scheint recht zu haben, wenn er ihren Zustand als eine selbstbezogene Übererregtheit und nicht als Ausdruck einer wirklichen Bindung an irgendeinen anderen Menschen oder eine Gruppe diagnostiziert. Sein eigenes Mitgefühl zeigt sich in der Weigerung, die englische Gouvernante zu entlassen: »Ich kann Miss Gilby nicht als ein abstraktes Wesen betrachten, nur weil sie Engländerin ist. Kannst du nach so langer Zeit nicht darüber hinwegsehen, wie sie heißt? Kannst du nicht erkennen, daß sie dich liebt?«.

200 Raymond Williams, *The Politics of Modernism*, New York 1989, S. 116.

201 Der verarmte Händler Panchu sagt zu Nikhil: »Ich fürchte, Sir, während ihr Herrschaften den Kampf führt, werden die Polizei und die Aasgeier von Rechtsgelehrten munter ihren Geschäften nachgehen, und die Menge wird sich darüber amüsieren, aber wenn es darangeht, getötet zu werden, werden so arme Teufel wie ich an der Reihe sein!«

202 Mit diesem Roman befasse ich mich in »Steerforth's Arm« in *Love's Knowledge* und in »Equity and Mercy«. Meine entwicklungspsychologische Auffassung der Gefühle lege ich in der Gifford Lecture 3 dar.

203 Später verknüpft er diese Rezeptivität mit Bildern einer geschlechtlichen Transformation, als er Steerforth im Mondlicht Geschichten erzählt, in denen er selbst eine Heldin namens »Daisy« und die »Kurtisane Scheherezade« wird.

204 Dies tue ich mit Bezug auf Joyce und Whitman in Gifford Lecture 10.

205 Eine ausgezeichnete Darstellung seiner Auffassung von den Grenzen gibt R. Coase in »Adam Smith's View of Man«, in: *Journal of Law and Economics* 19, 1976, S. 529-546.

206 Es liegen außerdem allgemeine Erkenntnisse im Bereich der Theorie kollektiver Entscheidungsprozesse vor, die zeigen, daß allgemeine Regelsysteme nicht ausreichen, um ein rationales politisches Ergebnis zu garantieren. Vor allem Allan Gibbard hat gezeigt, daß es unmöglich ist, ein Wahlsystem zu konzipieren, das nicht durch strategisches Wählen manipuliert werden kann. Diese Erkenntnis hat allgemeine Folgen für die Rationalität anderer Regelsysteme. Dies gibt uns weitere Gründe, den Standpunkt zu vertreten, daß wir uns um die umfassende Rationalität der einzelnen gesellschaftlichen Akteure bemühen müssen und uns nicht nur mit systematischen und institutionellen Überlegungen befassen dürfen.

207 Für eine ausführlichere Darstellung vgl. »Constructing Love, Desire, and Care«, in: D. Estlund und M. Nussbaum, *Laws and Nature: Shaping Sex, Preference, and Family*, New York: 1995.

208 Wie Christine Korsgaard bemerkte, ist diese Behauptung so vage, daß sie sehr wenig aussagt. Bedeutet sie, daß Frauen eine größere Zahl von Gefühlsarten haben als Männer? Daß sie eine größere Zahl von gefühlsmäßigen Erlebnissen ein und derselben Art haben? Daß ihre gefühlsmäßigen Erlebnisse länger oder intensiver sind? Daß ihre gefühlsmäßigen Erlebnisse durch eine größere Zahl von Objekten ausgelöst werden? Daß ein größerer Teil ihrer Zeit durch gefühlsmäßige Reaktionen ausgefüllt wird? Daß ihre Entscheidungen mehr auf Gefühlen basieren? Und so weiter.

209 Vgl. insbes. Jean Briggs' Beschreibung eines Eskimo-Stammes namens Utku, der mit seiner Theorie und Praxis der Ausschaltung der Gefühle sehr den Stoikern ähnelt (*Never in Anger*, 1981). Auch einige indische Normen schreiben innere Distanziertheit für Menschen beiderlei Geschlechts vor.

210 Dies scheint ebenso auf das moderne Amerika wie auf Okonkwos Afrika zuzutreffen, da Zorn als adäquat für Männer gewertet wird, während Angst, Mitgefühl und Liebe als adäquat für Frauen gelten. Anne Fausto-Sterling zeigt anhand einer eindrucksvollen Datenmenge, daß die Gefühle von Säuglingen je nach dem Geschlecht, das der Beobachter dem Säugling zuschreibt, anders benannt werden. In einem amerikanischen Experiment wurden zum Beispiel angebliche Mädchen als angstvoll bezeichnet, wenn sie schrien, während angebliche Jungen (in Wirklichkeit genau dieselben Säuglinge) als zornig bezeichnet wurden. Diese Etikettierung ist ein Teil der Vermittlung von Normen, die in tatsächlichen emotionalen Differenzen kulminiert.

211 Vgl. dazu Carol Gilligan, *Die andere Stimme*, München 1992, und Nancy Chodorow, *The Reproduction of Mothering: Psychoanalysis and the Sociology of Gender*, Berkeley 1978 (dt. *Das Erbe der Mütter. Psychoanalyse und die Soziologie der Geschlechter*, München 1986, S. 56, 280).

212 Sowohl die gegenwärtige kognitive Psychologie als auch der Zweig der Psychoanalyse, der sich mit Objektbeziehungen befaßt, vertreten die Auffassung, daß schon sehr kleine Kinder sehr breit gefächerte und komplexe Einstellungen zu äußeren Gegenständen haben. Eine spannende Zusammenfassung der neuesten Forschungsergebnisse findet sich bei Daniel Stern, *Diary of a Baby*, New York 1992.

213 Siehe Anm. 211.

214 Wallace Stevens, »Anatomy of Monotony«, in: *Collected Poems*, London 1923, S. 107.

Ich danke allen TeilnehmerInnen an der WIDER-Konferenz 1993, auf der dieser Vortrag gehalten wurde, für ihre wertvollen Stellungnahmen, und insbesondere Cathy Lutz, deren Arbeit ich seit langem wegen der Qualität ihrer Kommentare bewundere. Die Stellungnahmen folgender Personen sind in die Neufassung dieses Beitrags eingeflossen: Martha Chen, Nancy Chodorow, Jonathan Glover, Christine Korsgaard, Onora O'Neill, Richard Posner, John Roemer, Cass Sunstein und Susan Wolf.

215 Damit meine ich, daß der Unterschied der äußeren Geschlechtsmerkmale im gesellschaftlichen Leben von der Interpretation abhängig ist, die die menschlichen Kulturen ihnen geben; folglich haben wir es nie nur mit Fakten zu tun, die bei der Geburt gegeben

sind, sondern immer mit dem, was aus ihnen gemacht wurde. So läßt sich selbst durch die gängige Unterscheidung zwischen »gender«, einem kulturellen Begriff, und »sex«, dem angeblich rein biologischen Begriff, nicht erfassen, wie tief die kulturelle Interpretation vom Lebensbeginn eines Kindes an sogar in die biologischen »Fakten« eingreift. Vgl. Anne Fausto-Sterling, *Myths of Gender*, 2. Aufl., New York 1992. Ich habe diese Fragen weiter ausgeführt in »Constructing Love, Desire, and Care«, in: D. Estlund und M. Nussbaum (Hg.), *Laws and Nature: Shaping Sex, Preference, and Family*, Oxford 1995.

216 Zu einer in diese Richtung gehenden historischen Darstellung der Geschichte des westlichen wissenschaftlichen Denkens siehe Thomas Laqueur, *Making Sex*, Berkeley und Los Angeles 1989. Die Ideen von der menschlichen Natur, die eine falsche Auffassung von Angemessenheit vermitteln und dadurch ungerechte Praktiken »rechtfertigen«, sind keineswegs auf die westliche Tradition beschränkt. Vgl. die Beiträge von Amartya Sen, Xiaorong Li und Roop Rekha Verma in: Martha Nussbaum und Jonathan Glover (Hg.), *Women, Culture and Development. A Study of Human Capabilities*, Oxford 1995.

217 Vgl. Martha Chen, »A Matter of Survival: Women's Right to Employment in India and Bangladesh«, in: Nussbaum und Glover (Hg.), *Women, Culture and Development*, S. 37-57.

218 J. St. Mill, *The Subjection of Women*, Indianapolis 1988; Amartya Sen, »Gender and Cooperative Conflict«, in: I. Tinker (Hg.), *Persistent Inequalities*, New York 1990, »Gender Inequality and Theories of Justice«, in: Nussbaum und Glover (Hg.), *Women, Culture and Development*, S. 259-273, und »More Than a Million Women are Missing«, in: *New York Review of Books*; *Human Development Report 1993* für das Entwicklungsprogramm der Vereinten Nationen (UNDP), New York und Oxford 1993; Susan Moller Okin, *Justice, Gender, and the Family*, New York 1989, vgl. meine Rezension zu Okin, »Justice for Women«, *New York Review of Books*, Oktober 1992.

219 Eine zwingende Argumentation, die Feminismus und Internationalismus miteinander verbindet, präsentiert Onora O'Neill: »Gerechtigkeit, Geschlechterdifferenz und internationale Grenzen«, in: Herta Nagl-Docekal und Herlinde Pauer-Studer (Hg.), *Politische Theorie, Differenz und Lebensqualität*, Frankfurt/M. 1996, S. 417-450.

220 Kwame Anthony Appiah, *In My Father's House: Africa in the Philosophy of Culture*, New York und Oxford 1992, S. 136.

221 Unter Relativismus verstehe ich die Auffassung, daß das einzige zulässige Beurteilungskriterium eine an einem bestimmten Ort le-

bende Gruppe oder ein einzelner Mensch ist. Folglich ist der Relativismus – so wie ich ihn verstehe – ein Oberbegriff und die in der neoklassischen Wirtschaftstheorie übliche Betonung der subjektiven Präferenzen des einzelnen eine spezifische Variante davon. (Die Ökonomen sind in bezug auf Werte natürlich Relativisten und nicht in bezug auf den von ihnen konstruierten Bereich der wissenschaftlichen »Fakten«.) Diese Affinität wird später in meinen Kommentaren zum Projekt von Steve und Frédérique Marglin eine Rolle spielen. Meine Kontrahenten verwenden auch häufig den Begriff »postmodern«, um ihre Position zu kennzeichnen; dies ist ein noch unbestimmterer Begriff, der auf eine sehr allgemeine Weise mit der Ablehnung sowohl des (noch zu definierenden) metaphysischen Realismus als auch des Universalismus verbunden ist.

222 Ein großer Teil des in diesen Beispielen angeführten Materials ist veröffentlicht in: F. A. Marglin und S. A. Marglin (Hg.), *Dominating Knowledge: Development, Culture, and Resistance*, Oxford 1990. Die Frage der »integrierten Lebensweise« und der Menstruationstabus wird von S. A. Marglin in »Losing Touch: The Cultural Conditions of Worker Accomodation and Resistance« (S. 217-282) erörtert, damit zusammenhängende Fragen in »Toward the Decolonization of the Mind«, S. 1-28. Über Sittala Devi vgl. F. A. Marglin, »Smallpox in Two Systems of Knowledge«, S. 102-144; ähnliche Argumente finden sich bei Ashis Nandy und Shiv Visvanathan, »Modern Medicine and Its Non-Modern Critics«, S. 144-184.

223 Zu Sens eigener Auffassung von der Pluralität und inneren Vielfalt der indischen Werte, die einen rationalistischen und kritischen Strang der indischen Traditionen stark betont, vgl. Nussbaum und Sen, »Internal Criticism and Indian Relativist Traditions«, in: M. Krausz (Hg.), *Relativism*, Notre Dame 1989, sowie »India and the West«, in: *The New Republic*, 7. Juni 1993.

223 S.A. Marglin legt in »Toward the Decolonization« (S. 22 f.) dar, daß das dualistische Denken kennzeichnend für den Westen ist. Ein Denken in Gegensätzen ist jedoch in allen Traditionen anzutreffen, mit denen ich mich beschäftigt habe: in den Upanischaden beispielsweise, im konfuzianischen Denken, im Denken der Ibo (entsprechende Beispiele finden sich in Chinua Achebes *Things Fall Apart*, London 1958). Die Kritiker solchen Denkens haben nicht geklärt, wie man zusammenhängend und schlüssig sprechen kann, ohne die eine Sache von der anderen abzugrenzen. Ich halte Aristoteles' Ansicht für richtig, der zufolge man, um überhaupt etwas sagen zu können, irgend etwas ausschließen muß, zumindest das Gegenteil dessen, was man hervorbringt. Die Argumente Nietzsches, die häufig so angeführt werden, als würden sie allen dualistischen

Gegensätzen den Boden entziehen, enthalten in Wirklichkeit weitaus subtilere und konkretere Feststellungen über den Ursprung bestimmter Gegensätze und über die Interessen, denen sie dienen.

225 Vgl. Eric Hobsbawm und Terence Ranger (Hg.), *The Invention of Tradition*, Cambridge 1993. In seiner Arbeit in *The New Republic* sagt Sen etwas Ähnliches über das heutige Indien: Die westliche Konstruktion Indiens als mystischer und »anderer« Ort dient den Zielen der fundamentalistischen BJP, die für die Zwecke ihrer eigenen politischen Macht eifrig die Geschichte umschreibt. Eine überzeugende Kritik am gesamten Begriff des »Anderen« und dem damit verbundenen »Nativismus« in bezug auf Afrika findet sich bei Appiah, *In My Father's House*, insbes. in den Aufsätzen »The Postcolonial and the Postmodern« (S. 137-157) und »Topologies of Nativism« (S. 47-72).

226 Die Protokolle dieser Konferenz sind veröffentlicht in: Nussbaum und Sen (Hg.), *The Quality of Life*, Oxford 1993.

227 S.A. Marglin hat diese Auffassung seitdem in »Toward the Decolonization« veröffentlicht. Er bezieht sich auf Takeao Doi, *The Anatomy of Dependence*, Tokio 1971. Über Frauen und Männer in Japan vgl. *Human Development Report 1993*, S. 26: »Obwohl Japan in bezug auf die menschliche Entwicklung eines der höchsten Entwicklungsniveaus der Welt erreicht hat, gibt es noch immer ausgeprägte Ungleichheiten zwischen Männern und Frauen. Der Index für menschliche Entwicklung weist Japan den ersten Platz zu. Aber wenn die Disparität zwischen den Geschlechtern bewertet wird, fällt Japan auf Platz 17 zurück [...] Der durchschnittliche Verdienst der Frauen beträgt nur 51% des Verdienstes der Männer, und Frauen sind weitgehend von leitenden Positionen ausgeschlossen [...] Im politischen Leben sind sie noch spärlicher vertreten [...] Im rechtlichen Bereich verändert sich Japans patrilineare Gesellschaft nur langsam dahingehend, den Frauen mehr Anerkennung und Unabhängigkeit zu gewähren. In Japan gibt es heute politische und nicht-staatliche Organisationen, die auf einen Wandel drängen.« Somit steht die Frage der Entscheidungsfreiheit im heutigen Japan gerade wegen der ungleichen Lebensweise auf der Tagesordnung, die in Marglins Beispiel so lebhaft geschildert wird und die bedeutet, daß Frauen dienende Tätigkeiten verrichten, damit Männer ihre leitenden Funktionen und politischen Tätigkeiten ausüben können.

228 Vgl. Marglin, »Losing Touch«, in: *Dominating Knowledge*, 1990. Ich setze den Begriff in Anführungsstriche, um deutlich zu machen, daß ich auf Marglins Gebrauch des Begriffes anspiele, ihn also nicht so verwende, wie ich ihn verstehe.

229 Vgl. ebd. sowie Marglin, »Toward the Decolonization«. Ähnliche

Behauptungen finden sich häufig in der feministischen Argumentation. In ihrem Buch *Towards a Feminist Theory of the State*, Cambridge, MA 1989, sagt Catharine MacKinnon beispielsweise, »Objektivität« in der traditionellen westlichen Erkenntnistheorie sei kausal mit der Verdinglichung und dem Mißbrauch von Frauen verbunden. Diese Argumentation wird einleuchtend von Louise M. Antony kritisiert, »Quine as Feminist: The Radical Import of Naturalized Epistemology«, in: L.M. Antony und C. Witt (Hg.), *A Mind of One's Own: Feminist Essays on Reason and Objectivity*, Boulder, Col. 1992, S. 185-225. Vgl. auch die detaillierte Analyse von MacKinnons Argumentation im selben Band durch Sally Haslanger, »On Being Objective and Being Objectified«, S. 85-125. MacKinnons wichtige Beiträge zum Thema sexuelle Belästigung und Pornographie stützen sich nicht auf diese Analyse, sondern stehen eher quer zu ihr. Wie das meinem Beitrag vorangestellte Motto zeigt, weist ihr Denken im Grunde genommen eine starke Affinität zu einer Form des ethischen Universalismus auf (vgl. in dem Band von Antony die scharfsinnige Analyse von Liz Rappaport, »Generalizing Gender: Reason and Essence in the Legal Thought of Catharine MacKinnon«, S. 127-143); vgl. auch L. Alcoff und E. Potter (Hg.), *Feminist Epistemologies*, New York 1993. Eine gesunde Skepsis gegenüber der Rolle des »Anti-Essentialismus« im Feminismus zeigt Seyla Benhabib, »Feminism and the Question of Postmodernism«, in: *Situating the Self: Gender, Community and Postmodernism in Contemporary Ethics*, New York 1992, S. 203-242; Sabina Lovibond, »Feminism and Postmodernism«, in: *New Left Review* 178, November-Dezember 1989, S. 5-28; Val Moghadam, »Against Eurocentrism and Nativism«, in: *Socialism and Democracy*, Herbst/Winter 1989, S. 81-104; Moghadam, *Gender, Development, and Policy: Toward Equity and Empowerment*, UNO/WIDER Research for Action series November 1990.

230 Zu einer Darstellung dieser Art von normativer Argumentation vgl. Alasdair MacIntyre, *After Virtue*, Notre Dame 1989.

231 R. Rorty, *Philosophy and the Mirror of Nature*, Princeton, NJ 1979.

232 Vgl. z.B. G.E.L. Owen, »Tithenai ta Phainomena«, in: *Logic, Science, and Dialectic*, London 1986, und Nussbaum, *The Fragility of Goodness: Luck and Ethics in Greek Tragedy and Philosophy*, Cambridge 1986. Vgl. auch Hilary Putnam, *Aristotle After Wittgenstein*, Lindlay Lecture, University of Kansas 1991.

233 Vgl. die aufschlußreiche Erörterung in B.K. Matilal, *Perception*, Oxford 1985. Bemerkenswerterweise wird diese grundlegende Arbeit nirgends von S.A. und F.A. Marglin zitiert, obwohl Matilal auf der Konferenz anwesend war und ein Referat gehalten hat, das die

Charakterisierung der indischen Traditionen durch die Marglins kritisiert hat. Dieser Beitrag wurde nicht in den Band aufgenommen. Matilal beschreibt auch die Folgen der Realismus-Debatte für das ethische Denken in Indien; vgl. »Ethical Relativism and the Confrontation of Cultures«, in: Krausz (Hg.), *Relativism*, S. 339-362.

234 Vgl. meine Kritik an den heutigen Angriffen auf den Universalismus in »Skepticism About Practical Reason in Literature and the Law«, in: *Harvard Law Review* 107, 1994, S. 714-744. In dieser Arbeit untersuche ich die erstaunliche Konvergenz zwischen der »rechten« und der »linken« Kritik an normativen Argumentationen. Die »postmodernen« Positionen vieler linker Denker sind häufig schwer von den Behauptungen neoklassischer Wirtschaftstheoretiker über die Willkürlichkeit von Bewertungen zu unterscheiden. In Barbara Herrnstein Smith' Buch *Contingencies of Value*, Durham 1988, haben wir es sogar mit einer Kombination der beiden Positionen zu tun: ein Postmodernismus, der zu dem Schluß kommt, daß wir angesichts des Fehlens von transzendenten Maßstäben Werturteile als Versuche verstehen sollten, die erwartete Nützlichkeit zu maximieren.

235 Appiah, *In My Father's House*, S. vii-viii: »Auch wenn meine Schwestern und ich ›Kinder zweier Welten‹ waren, so machte sich niemand die Mühe, uns dies zu erzählen; wir lebten in einer Welt, in zwei ›erweiterten‹ Familien, die durch mehrere tausend Meilen und eine angeblich unüberbrückbare kulturelle Distanz voneinander getrennt waren, die, soweit ich mich erinnern kann, uns nie sehr verwirrte oder überraschte.« Appiah will in keiner Weise die unterschiedlichen Merkmale der konkreten Geschichten leugnen; im Gegenteil, eines seiner Ziele besteht darin, zu zeigen, wie unterschiedlich die konkreten Geschichten wirklich sind. Aber ihm geht es (genau wie mir) um ein wohlausgewogenes Gleichgewicht zwischen dem Wahrnehmen des Besonderen und dem Erkennen des Gemeinsamen. In seinem Aufsatz »The Postcolonial and the Postmodern« zeigt er, daß es allzu oft die Konzentration auf die »Andersheit« ist, die an die Stelle eines Engagements für das Leben einzelner Individuen tritt (S. 137-157). Zu der Skulptur »Yoruba-Mann mit Fahrrad« auf dem Buchumschlag sagt Appiah: »*Der Mann mit Fahrrad* wurde von jemandem geschaffen, dem es egal ist, daß das Fahrrad die Erfindung des Weißen ist - es ist nicht da, weil es etwas darstellt, das dem Yoruba fremd ist; es ist da, weil seine kompakte Struktur jemandem etwas bedeutete; es ist da, weil es uns weiter befördert als unsere Füße...« (S. 157).

236 In diese Kategorie würde ich die »intern-realistische« Konzeption einordnen, die meiner eigenen Auffassung sehr nahe kommt und

die Hilary Putnam in den folgenden Arbeiten vertreten hat: *Reason, Truth, and History*, Cambridge 1981, *The Many Faces of Realism*, La Salle 1987, und *Realism With a Human Face*, Cambridge, MA 1990; hierzu gehören meiner Ansicht nach auch die Auffassungen von Charles Taylor, etwa in: *Sources of the Self: The Making of Modern Identity*, Cambridge, MA 1989, und »Explanation and Practical Reason«, in: Nussbaum und Sen, *The Quality of Life*, S. 208-231.

237 In diesem Sinne stimme ich völlig Susan Okins Erwiderung auf den Vorwurf des »Substitutionalismus« zu, der gegen ihr Buch erhoben wurde; ich bin mit Okin und Ruth Anna Putnam der Meinung, daß es ein Fehler ist, den moralischen Standpunkt aus den Stimmen aller benachteiligten Gruppen abzuleiten. Vgl. Okins und Putnams Beiträge in: Nussbaum und Glover (Hg.), *Women, Culture and Development*.

238 Die politischen Auffassungen, die von der westlichen Philosophiegeschichte vertreten wurden, sind sehr überzeugend, wenn vielleicht auch nicht ausreichend historisch begründet, von Noam Chomsky interpretiert worden: *Cartesian Linguistics*, New York 1966. Chomsky sagt, daß der cartesianische Rationalismus mit seiner Betonung der angeborenen Substanzen politisch fortschrittlicher und stärker gegen Sklaverei und Imperialismus gerichtet war als der Empirismus mit seiner Behauptung, die Menschen seien nur das, was die Erfahrung aus ihnen gemacht hat. Meine Analyse der stoischen feministischen Argumentation (Abschnitt 7) bestätigt dies.

239 Der Gebrauch dieses Begriffs impliziert nicht, daß die Tätigkeiten alle ein »aktives« Tun beinhalten. (Vgl. dazu Sen, »Capability and Well-Being«, in: *The Quality of Life*, S. 30-53.) Aristoteles und auch meinem Verständnis zufolge sind Gesundheit, Nachdenken, Freude empfinden etc. »Tätigkeiten«.

240 In »Aristotle on Human Nature and the Foundations of Ethics«, in: J. Altham und R. Harrison (Hg.), World, Mind, and Ethiks, Cambridge 1995, stelle ich die Behandlung dieses Themas in der zeitgenössischen medizinischen Ethik dar. Kann man aufhören, das individuelle Ich zu sein, das man ist, ohne aufzuhören, ein Mensch zu sein? Dies ist meiner Ansicht nach in der aristotelischen Konzeption ausgeschlossen, einer metaphysischen Konzeption zufolge jedoch durchaus möglich. Der Fall, der diese Möglichkeit am wahrscheinlichsten macht, ist nicht eine Krankheit oder Behinderung, sondern eine Persönlichkeitsveränderung oder ein Gedächtnisverlust; auf solche Fälle werde ich hier nicht eingehen.

241 Appiah, *In My Father's House*, S. viii.

242 Dies schließt natürlich nicht aus, daß manche Gruppen aus politi-

schen Gründen als Nicht-Menschen oder Untermenschen bezeichnet werden. Aber eine solche Aberkennung des Menschseins ist gewöhnlich entweder eine durchsichtige Propaganda oder eine Form der Selbsttäuschung, die durch kritische Argumente entlarvt werden kann. Eine ausführlichere Untersuchung der Psychologie einer solchen Selbsttäuschung und ihrer Entlarvung findet sich bei Raul Hilberg, *The Destruction of the European Jews*, New York 1985, S. 274-293.

243 Um dies deutlich zu machen, nenne ich sie eine Konzeption des Guten auf einer sehr minimalen und allgemeinen Ebene. An anderer Stelle habe ich den Ausdruck »starke vage Theorie des Guten« verwendet. Der Begriff »stark« kontrastiert diese umfassende Konzeption mit Rawls' »schwacher« Theorie des Guten, die auch nicht ansatzweise umfassend sein soll.

244 Meine eigenen Auffassungen über die praktische Vernunft habe ich an anderer Stelle dargelegt, insbes. in »The Discernment of Perception: An Aristotelian Model of Public and Private Rationality«, in: *Proceedings of the Boston Area Colloquium for Ancient Philosophy* 1, 1985. Eine ähnliche Auffassung, die ich bewundere und weitgehend teile, vertritt Henry Richardson in *Practical Deliberation About Final Ends*, Cambridge 1994.

245 Sollte der Begriff »Vernünftigkeit« mit Bezugnahme auf *demokratische* Verfahrensweisen definiert werden, wie Seyla Benhabib empfiehlt? Mir ist zwar klar, daß vieles für diesen Vorschlag spricht, ich bin ihm jedoch nicht gefolgt. Erstens habe ich den Eindruck, daß die demokratischen Verfahrensweisen, wie sie tatsächlich praktiziert werden, keineswegs immer Vernünftigkeit verkörpern; um also zu beschreiben, was ein demokratisches Verfahren vernünftig macht, müssen wir einen Begriff des Vernünftigen haben, der zumindest bis zu einem gewissen Grad vom Begriff »Demokratie« unabhängig ist. Wenn wir zweitens die Demokratie von Anfang an in die Grundstruktur des Menschenbegriffs einarbeiten, hindert uns dies daran, später die Frage zu stellen, welches politische System am besten geeignet ist, den Bürgern unter sehr verschiedenen Lebensumständen die Entfaltung der menschlichen Grundfähigkeiten zu ermöglichen. Es kann sich herausstellen, daß die Antwort immer »Demokratie« lauten wird. Aber auch dann wird es sich meiner Ansicht nach kaum um eine *reine* Demokratie handeln (im Stile der Bürgerversammlungen im alten Athen oder in Neuengland). Kein moderner demokratischer Staat ist eine reine Demokratie, und es sollte an diesem Punkt offenbleiben, welche Rolle relativ undemokratische Institutionen wie etwa der Oberste Gerichtshof der Vereinigten Staaten bei der Förderung der Fähigkeiten der Bürger spielen sollten.

246 Zu Rawls' Verständnis von Konsens vgl. Rawls, »The Idea of an Overlapping Consensus«, in: *Oxford Journal of Legal Studies* 7, 1987, und *Political Liberalism*, New York 1993. Rawls' Verständnis von Konsens scheint zwischen den beiden von mir hier aufgezeigten Bedeutungen zu schwanken. Vgl. dazu den Gedankenaustausch zwischen Joshua Cohen und Jean Hampton in *The Idea of Democracy*, New York 1992. Cohen behauptet, daß Rawls die schwächere Lesart des »Überschneidens« benötigt und durchgehend verteidigen kann; Hampton meint, daß die Plausibilität von Rawls' Argumentation, was immer dieser intendieren mag, auf seiner Entscheidung für die normative Lesart basiert. Ich stimme Hampton zu.

247 Um nur einige Beispiele anzuführen, die schwerwiegende praktische Konsequenzen hatten: In den Vereinigten Staaten wies der Oberste Gerichtshof in den 1890er Jahren die Klage einer Frau aus Virginia gegen ein Gesetz zurück, das Frauen untersagte, den Rechtsanwaltsberuf auszuüben; die Urteilsbegründung lautete, daß es dem Obersten Gerichtshof des Staates Virginia obliege, »zu entscheiden, ob das Wort ›Person‹«, auf das sich die Klage der Frau stützte, »auf Männer beschränkt« sei (*In re Lockwood*, 154 US 116, dargestellt und kommentiert in: Okin, *Women in Western Political Thought*, Princeton, NJ 1979, S. 251). In Massachusetts konnten sich Frauen im Jahre 1932 nicht zu Geschworenen wählen lassen, obwohl das Gesetz besagte, daß »jede wahlberechtigte Person« wählbar sei. Der Oberste Gerichtshof des Staates Massachusetts schrieb: »Von dem Fehlen des Wortes ›Mann‹ kann nicht die Absicht hergeleitet werden, Frauen mit einzubeziehen« (*Commonwealth v. Welosky*, 276 Mass. 398, cert. denied, 284 US 684, 1932). Diese Interpretationen spiegeln zweifellos wider, welche Vorstellungen die Gründungsväter von dem Begriff »Person« hatten, als sie ihn in die Verfassung aufnahmen (vgl. das Jefferson-Zitat, das meinem Beitrag als ein Motto vorangestellt ist). Obwohl dieses Verständnis des Begriffs in der amerikanischen Rechtsprechung heute nicht mehr vorherrschend ist, begleitet uns sein Vermächtnis über zahllose informelle Kanäle.

248 Meine Unterscheidung unterstützt vielleicht das, was James Rachels den »moralischen Individualismus« genannt hat *(Created From Animals*, Oxford 1990), dem zufolge unsere moralischen Verpflichtungen sich aus den Möglichkeiten und Fähigkeiten des einzelnen Menschen ergeben, mit dem wir es zu tun haben, und nicht aus seiner Artzugehörigkeit; unser Ziel sollte es sein, die Entwicklung zu fördern – oder zumindest nicht zu behindern –, zu der dieser Mensch fähig ist. Nach dieser Auffassung sollte ein Kind die gleiche Behandlung erfahren wie ein Tier, das mit vergleichbaren

Möglichkeiten ausgestattet ist. Wir können jedoch auch der Tatsache, daß das Kind von Menschen abstammt, ein gewisses moralisches Gewicht beimessen; keine meiner Ausführungen schließt dies aus.

249 Obwohl die »gewöhnliche Länge« eindeutig auf die heutigen menschlichen Möglichkeiten bezogen ist und aus praktischen Gründen vielleicht bis zu einem gewissen Grad im Hinblick auf lokale Bedingungen relativiert werden muß, scheint es wichtig zu sein, sie – zumindest zu einem gegebenen historischen Zeitpunkt – als eine universelle und komparative Größe zu verstehen. So verfährt der *Human Development Report*, um Kritik an einem Land üben zu können, das bei einigen Indikatoren für Lebensqualität gut, bei der Lebenserwartung aber schlecht abschneidet. Trotz der verschiedenen genetischen Möglichkeiten verschiedener Gruppen (aus den Statistiken über die »fehlenden Frauen« geht beispielsweise hervor, daß Frauen im Durchschnitt etwas länger leben als Männer) sollte man nicht zu dem vorschnellen Schluß kommen, daß Ungleichheiten zwischen verschiedenen Gruppen – zum Beispiel die wachsende Ungleichheit in der Lebenserwartung von Weißen und Schwarzen in den USA – schlicht und einfach durch genetische Unterschiede bedingt sind und nichts mit sozialer Ungerechtigkeit zu tun haben.

250 Die genaue Spezifikation der Gesundheitsrechte ist nicht leicht, aber die Arbeit, die derzeit im Zuge der Entwicklung neuer Verfassungsentwürfe in Südafrika und Osteuropa geleistet wird, gibt Anlaß zur Hoffnung, daß die Verbindung einer allgemeinen Spezifikation dieses Rechts mit einer bestimmten Tradition der Rechtsauslegung ein praktikables Ergebnis zeitigen wird. Ich spreche, wohlgemerkt, von der Gesundheit und nicht nur von der Gesundheitsfürsorge: Gesundheit steht in einer komplexen Wechselbeziehung mit Wohnverhältnissen, mit Bildung und Ausbildung, mit Würde. Im Falle von Gesundheit und Ernährung ist umstritten, ob die relevante Stufe universell oder im Verhältnis zur lokalen Gemeinschaft und ihren Traditionen bestimmt werden sollte: Ist eine geringe Körpergröße beispielsweise durch Ernährungsgewohnheiten bedingt, die als »entwicklungshemmend« oder eher als gelungene Anpassung an eine Mangelsituation anzusehen sind? Eine ausgezeichnete Zusammenfassung dieser Diskussion findet sich bei S. R. Osmani (Hg.), *Nutrition and Poverty*, WIDER-Reihe, Oxford 1990, wobei besonders die folgenden Beiträge zu erwähnen sind: Über die relativistische Position T. N. Srinivasan, »Undernutrition: Concepts, Measurements, and Policy Implications«, S. 97-120; über die universalistische Position C. Gopalan, »Undernutrition: Measurement and Implications«, S. 17-48; eine hervorragende

Bewertung dieser Debatte von einem universalistischen Standpunkt nimmt Osmani vor: »On Some Controversies in the Measurement of Undernutrition«, S. 121-126.

251 Es gibt eine wachsende Literatur über die Bedeutung des Wohnens für die Gesundheit: Daß beispielsweise die Bereitstellung angemessener Wohnmöglichkeiten die wichtigste Einzeldeterminante für den Gesundheitszustand von HIV-infizierten Personen ist. Rechte in bezug auf Wohnen werden, zumindest in negativer Form, zunehmend in Verfassungen aufgenommen – Hausbesetzer können zum Beispiel Rechtsmittel gegen einen Vermieter einlegen, der ihre Behausung niederwalzen läßt. Zu diesem verfassungsmäßigen Recht lieferten die vorgeschlagenen Artikel 11, 12 und 17 der südafrikanischen Verfassung einen Entwurf, der vom ANC-Ausschuß (juristischer Berater Albie Sachs) vorgelegt wurde und in dem dieser Fall als ein Beispiel für ein justitiables Wohnrecht angeführt wird.

252 Vgl. J. Glover, M. Nussbaum und C. Sunstein (Hg.), *Women, Equality, and Reproduction*.

253 Ein gutes Beispiel für ein Recht auf Bildung (das ich befürworten würde) bietet der Verfassungsentwurf des ANC, Artikel 11: »Bis zum Alter von sechzehn Jahren ist der Schulbesuch unentgeltlich und obligatorisch, und es wird dafür Sorge getragen, daß allen der gleiche Zugang zur höheren Bildung, zur Berufsausbildung und zur Hochschulbildung ermöglicht wird. Das Bildungsziel ist die Enwicklung der menschlichen Persönlichkeit und des Gefühls persönlicher Würde sowie die Achtung vor den Menschenrechten, den Grundfreiheiten und die Förderung von Verständnis, Toleranz und Freundschaft unter den Südafrikanern und zwischen den Nationen.« Die öffentliche (oder eine andere Art bedürfnisblinder) Bereitstellung höherer Bildungsmöglichkeiten wird sich nach den lokalen Möglichkeiten richten müssen, aber es ist zumindest klar, daß die USA auf diesem Gebiet weit hinter anderen Ländern mit vergleichbarem Wohlstand zurückbleiben.

254 Zu den Gefühlen als menschlichen Grundfähigkeiten vgl. u.a. *Upheavals of Thought: A Theory of the Emotions*, The Gifford Lectures 1993, gehalten im April-Mai 1993 an der University of Edinburgh. Daß ich den Zorn nicht in die Liste der emotionalen Grundfähigkeiten aufgenommen habe, zeigt eine Ambivalenz gegenüber seiner Rolle, die ich ausführlich sowohl in den Gifford Lectures 3 und 10 erörtere als auch in *The Therapy of Desire: Theory and Practice in Hellenistic Ethics*, Princeton, NJ 1994, Kap. 7, 11 und 12. Vgl. auch »Equity and Mercy«, in: *Philosophy and Public Affairs*, Frühjahr 1993.

255 In meinen Gifford Lectures von 1993 lege ich ausführlicher dar, was

menschliches Miteinander in bezug auf »die Familie« bedeutet. Ich stimme im großen und ganzen mit Susan Okin darin überein, daß familiäre Liebe von entscheidender Bedeutung für die Entwicklung eines Kindes ist, daß dies aber nicht unbedingt die Form der traditionellen westlichen Kleinfamilie voraussetzt. Ich pflichte Okin auch darin bei, daß die Familie aufgrund der wichtigen Rolle, die sie bei der Erziehung spielt, eine durch Gerechtigkeit und Liebe gekennzeichnete Institution ist (vgl. Okin, *Justice, Gender, and Family*, 1989).

256 Mit Sen bin ich der Meinung, daß der Fähigkeiten-Katalog als ein zusammenhängendes Ganzes behandelt werden sollte; meine Kommentare zu seinen Argumenten finden sich in »Die Natur des Menschen, seine Fähigkeiten und Tätigkeiten« (in diesem Band S. 86-130). Es wird zu Spannungen zwischen den einzelnen Komponenten der Liste kommen, und auf einige werde ich weiter unten eingehen. Aber es sollte mittlerweile klargeworden sein, daß die architektonische Rolle der praktischen Vernunft der Einschränkung der persönlichen Autonomie, die für eine bessere Ernährungssituation usw. hingenommen wird, strenge Grenzen setzt.

257 In seinem Beitrag »Internal Realism, Human Nature, and Distributive Justice: A Response to Martha Nussbaum«, in: *Modern Philology,* Mai 1993, Erg.-Bd., S. 74-92, äußert Chris Bobonich die Sorge, daß dies gewaltige Opfer erfordern wird. Ich vermute jedoch, daß er sich die Dinge nicht im Detail vorgestellt und nicht über meine These nachgedacht hat, daß die Menschen, wenn sie mit dem Lebensnotwendigen versorgt sind, alle möglichen anderen guten Dinge durch ihre eigenen Anstrengungen erlangen können. Wenn ich genug Nahrung habe, um gut ernährt zu sein, werden zusätzliche Nahrungsmittel im Regal verderben oder mich dick machen. Wenn meine grundlegenden Gesundheitsbedürfnisse erfüllt sind, ist es rechtens, daß ich keine teure unnötige Behandlung (beispielsweise eine kosmetische Operation) auf Kosten der Allgemeinheit beanspruchen kann, solange es in meinem Land noch einen Menschen ohne eine gesundheitliche Grundversorgung gibt. Und so weiter. Man muß die sowohl Sens als auch meinen Programmen zugrunde liegende aristotelische Idee ernst nehmen, daß Ressourcen nur Instrumente zur Ausübung bestimmter Tätigkeiten sind und daß sie ihre Grenze in den Erfordernissen dieser Tätigkeiten haben. Jenseits dieser Grenze sind sie lediglich eine Ansammlung von Dingen, die keinen Wert an sich haben.

258 Vgl. insbes. Sens Beitrag »Gender Inequality and Theories of Justice« sowie »More than a Million Women are Missing«, in: *New York Review of Books* 37, 1990, S. 61-66.

259 Iftekhar Hossein, »Poverty as Capability Failure«, Diss., Universität Helsinki 1990.

260 Vgl. Allardt, »Having, Loving, Being: An Alternative to the Swedish Model of Welfare Research«, und Erikson, »Description of Inequality: The Swedish Approach to Welfare Research«, in: Nussbaum und Sen, *The Quality of Life*, S. 88-94 und 67-84.

261 Vgl. auch Jon Elster, *Sour Grapes*, Cambridge 1983; Cass R. Sunstein, »Preferences and Politics«, in *Philosophy and Public Affairs* 20, 1991, S. 3-34.

262 Päivi Setälä, Professorin für Frauenforschung an der Universität Helsinki, sagte mir, daß auch in Finnland neueren Untersuchungen zufolge nur 40% der Hausarbeit von Männern verrichtet werden. Und dies in dem Land, das als zweites auf der Welt (nach Neuseeland, 1906) den Frauen das Wahlrecht gab, einem Land, das wie kaum ein anderes für die Gleichheit der Geschlechter eintritt. Wir können annehmen, daß die Situation ursächlich mit den Präferenzen der Männer zusammenhängt.

263 Über die Diskrepanz zwischen dem von außen festgestellten Gesundheitszustand und der subjektiven Wahrnehmung der eigenen Gesundheit vgl. Sen, *Commodities and Capabilities*, Amsterdam 1985.

264 Martha Chen, *A Quiet Revolution: Women in Transition in Rural Bangladesh*, Cambridge, MA 1983. Ich beschreibe dieses Alphabetisierungsprojekt für Frauen auf dem Land und seine großen Auswirkungen auf die Lebensqualität der Frauen u.a. in »Nicht-relative Tugenden: Ein aristotelischer Ansatz« (in diesem Band S. 227-264) und in »Human Functioning and Social Justice: In Defense of Aristotelian Essentialism«, in: *Political Theory* 20, 1992, S. 202-246.

265 Dies ist eine Kritik am ökonomischen Utilitarismus und nicht an differenzierten philosophischen Formen des Utilitarismus, die Möglichkeiten zur Filterung oder Korrektur von Präferenzen enthalten. Gleichwohl würde sich der Fähigkeiten-Ansatz gegen die Rolle wenden, die die Kommensurabilität von Werten im Utilitarismus spielt, sowie gegen die damit verbundene Vorstellung, daß wir für zwei unterschiedliche Ziele rein quantitative Kompromisse finden können, ohne daß dadurch relevante Dinge verlorengehen. Außerdem aggregieren die meisten Formen des Utilitarismus Nützlichkeiten und vernachlässigen damit das Getrenntsein, dem ich eine fundamentale Bedeutung beimesse. Ich habe einige dieser Fragen an anderer Stelle behandelt, etwa in »The Discernment of Perception« und in »The Literary Imagination in Public Life«, in: *New Literary History,* Herbst 1993. Sens Arbeiten gehen ausführlicher auf sie ein. Daher lasse ich sie vorerst beiseite.

266 Mein Beitrag »Der aristotelische Sozialdemokratismus« enthält

eine ausführliche Darstellung des besonders diffizilen Verhältnisses zwischen Rawls' Ressourcen-Ansatz und meinem Projekt. Rawls ist bereit, zu bestimmten Punkten Stellung zu beziehen: So erscheinen Freiheit und die sozialen Bedingungen für Selbstachtung ebenso auf seiner Liste der »Grundgüter« wie Einkommen und Wohlstand. Andererseits hat er wiederholt geleugnet, daß sein Index von Grundgütern durch einen Index von Tätigkeiten, mit dem beispielsweise der *Human Development Report* arbeitet, ersetzt werden könnte oder sollte.

267 Dieses wichtige Argument wurde wiederholt von Sen gegen Rawls vorgebracht; für einen Überblick vgl. »Capability and Well-Being«, in: *The Quality of Life*, mit Literaturhinweisen.

268 Bei Rawls' Liberalismus ist das Problem noch akuter, da die Parteien, die entweder gut oder nicht gut gestellt sind, »Haushaltsvorstände«, also gewöhnlich Männer sind, von denen behauptet wird, daß sie im Interesse ihrer Familienmitglieder handeln. Die Frauen können sich jedoch nicht darauf verlassen, daß ihre altruistischen Männer ihre ökonomische Sicherheit oder auch nur ihr Überleben garantieren. Neben Sens Arbeiten zu dieser Frage vgl. auch *Justice, Gender, and the Family* (1989) von Susan Moller Okin, die dem ressourcenorientierten Liberalismus allerdings kritischer gegenüberstehen könnte, als sie es tut.

269 Martha Chen und ihre Mitarbeiter waren bei dem in *A Quiet Revolution* beschriebenen Projekt von Paolo Freires Konzept des »partizipatorischen Dialogs« beeinflußt.

270 Dies ist die von Eriksons schwedischem Team angewandte Strategie, als es die Ungleichheiten in bezug auf die politische Partizipation untersuchte: vgl. »Descriptions of Inequality« sowie Bernard Williams in seiner Antwort auf Sens Tanner Lectures: »The Standard of Living: Interests and Capabilities«, in: G. Hawthorne (Hg.), *The Standard of Living*, Cambridge 1987. Um nur ein Beispiel zu nennen: Wir müssen uns fragen, in welchem Maße die Gesetze über Abtreibung und Homosexualität sowie das Fehlen von Bürgerrechtsgesetzen die Fähigkeit von Frauen und Homosexuellen zu sexueller Selbstverwirklichung in einer gegebenen Gesellschaft einschränken. Dem schwulen amerikanischen Militäroffizier, der sich aus Angst vor dem Verlust seines Arbeitsplatzes zur Enthaltsamkeit entschließt, ist in einem relevanten Sinne nicht die Fähigkeit gegeben worden, freie Entscheidungen zu treffen.

271 Diese Äußerung wurde von Richard Rorty zitiert: »Feminism and Pragmatism«, in: *Michigan Quarterly Review* 30, 1989, S. 231; sie wurde seitdem von MacKinnon selbst bestätigt und wiederholt.

272 Vgl. Anm. 242 zu Raul Hilbergs *The Destruction of the European Jews*; er beschreibt darin die Methode der Nazis, die Juden als Tiere

oder als leblose Objekte zu klassifizieren, und stellt dar, daß diese Methode anfällig für »Einbrüche« war, die die Mechanismen der Entmenschlichung außer Kraft setzten.

273 Die umfassendste und prägnanteste Darstellung der Ausführungen Platos über die Frauen findet sich bei Stephen Halliwell, *Plato: Republic*, Buch V, Warminster 1992; vgl. auch Okin, *Women in Western Political Thought.*

274 Zu den gesammelten Werken des Musonius vgl. O. Hense, Leipzig 1905. Zu den Arbeiten mit radikalen Schlußfolgerungen in bezug auf Frauenfragen gehören: »Should Boys and Girls Have the Same Education?« (die Frage wird bejaht); »Should One Raise all the Children Who are Born?« (eine Stellungnahme gegen Kindstötungen, von denen besonders weibliche Nachkommen betroffen sind); »On the Goal of Marriage« (eine Stellungnahme gegen die sexuelle Doppelmoral und für die Treue beider Geschlechter; auch eine Stellungnahme gegen die Auffassung, weibliche Sklaven seien Sexualobjekte).

275 Die Stoiker stehen natürlich vielem kritisch gegenüber, was als höhere Bildung gilt, und vertreten den Standpunkt, daß die traditionellen »liberalen« Studien nicht in der richtigen Weise »liberal« sind, das heißt, daß sie den Geist nicht wirklich für das selbständige Denken »frei« machen. Vgl. Seneca, *Epistulae Morales* 88.

276 Vgl. Musonius, »On the Goal of Marriage«. Ähnliche Auffassungen werden von Seneca und Plutarch vertreten. Über diese veränderte Denkweise in bezug auf das Verhältnis der Ehepartner zueinander vgl. die nützliche Erörterung in Michel Foucault, *History of Sexuality*, Bd. III, New York 1985 (dt.: *Sexualität und Wahrheit*, Frankfurt/M. 1986).

277 Über die Art und Weise, in der das Christentum den sich herausbildenden feministischen Konsens zerstörte, vgl. G.E.M. de Ste. Croix, *The Class Struggle in the Ancient Greek World*, London 1987.

278 Vgl. den letzten Abschnitt von »That Women Too«, wo Musonius auf den imaginären Einwand des männlichen Gesprächspartners, gebildete Frauen würden zuviel herumsitzen und reden und ihre praktischen Pflichten vernachlässigen, erwidert, daß das gleiche für ihn gelte: Auch er hat praktische Pflichten, die weniger interessant sind als das Reden über Ideen, und auch er sollte dafür sorgen, sie nicht zu vernachlässigen. Ich glaube, daß Musonius eine recht geringe Meinung vom Wert des öffentlichen Lebens der Männer hatte, warum es ihm leichtfiel, diesen Bereich dem der Frauen gleichzustellen.

279 Vgl. dazu Malcolm Schofield, *The Stoic Idea of the City*, Cambridge 1992.

280 Ist die in Nzegwus Beitrag (»Recovering Igbo Traditions: A Case for Indigenous Women's Organizations in Development«, in: Nussbaum und Glover (Hg.), *Women, Culture and Development*, S. 444-465) geschilderte Situation in Nigeria eine Ausnahme? Wir können ihr darin zustimmen, daß das traditionelle System, in dem die Frauen bestimmte wichtige Tätigkeiten in der Landwirtschaft und die Männer andere Tätigkeiten ausübten, in bezug auf die Fähigkeiten etwas besser war als die durch den britischen Kolonialismus aufgezwungene Beschränkung der Frauen auf die häusliche Sphäre, ohne sicher zu sein, daß das traditionelle System moralisch akzeptabel war. Dazu wäre es notwendig, die gesamte Verteilung der Tätigkeiten und Fähigkeiten zu untersuchen, so wie sie sich aus dem ungleichen Status von Männern und Frauen ergab. Ich bin keine Expertin auf dem Gebiet der Ibo-Kultur; aber in den traditionellen Ibo-Familien, die in den Romanen von Chinua Achebe beschrieben werden, scheint es zum Beispiel keine volle Gleichheit der Geschlechter in bezug auf die Entwicklung von Fähigkeiten gegeben zu haben. Okonkwo (in *Things Fall Apart*) kann seine Frau schlagen; sie kann ihn nicht schlagen oder ihm auch nur in den Arm fallen, außer in den allerschlimmsten Fällen. Okonkwo kann sich eine andere Frau nehmen; keine seiner Frauen kann sich einen anderen Mann nehmen. Er wünscht sich, daß Ezinma ein Junge und nicht ein Mädchen wäre, weil er erkennt, daß sie als Mädchen von vielen Tätigkeiten ausgeschlossen ist, für die sie anscheinend gut geeignet ist. Seine Angst, als ein »Weib« betrachtet zu werden, ist dagegen die Angst davor, nicht über bestimmte Fähigkeiten zu verfügen.

281 Über Rousseau vgl. Okin, *Women in Western Political Thought*, 1979, und Jane Roland Martin, *Reclaiming a Conversation*, New Haven 1985. Zu ähnlichen Argumenten, die heute etwa von Allan Bloom vorgetragen werden, vgl. Okin, *Justice, Gender and Family*, Kap. 1.

282 Vgl. Fausto-Sterling, *Myth of Gender*, 1992.

283 Hier stimme ich mit der allgemeinen Argumentation von Okin, *Women in Western Political Thought*, und Martin, *Reclaiming a Conversation*, sowie mit ähnlichen Argumenten überein, die von Nancy Chodorow in ihrem Buch *Das Erbe der Mütter. Psychoanalyse und die Soziologie der Geschlechter*, München 1986, vertreten werden.

284 Für wertvolle Hinweise danke ich besonders Amartya Sen, David Crocker, Jonathan Glover, Cass Sunstein und Susan Wolf. Zu Dank verpflichtet bin ich auch Chris Bobonich, David Estlund und Henry Richardson für ihre Stellungnahmen zu früheren Arbeiten auf diesem Gebiet.

285 Vgl. MacIntyre, *After Virtue*, Notre Dame 1981, und im Gegensatz dazu MacIntyre, *Whose Justice? Which Rationality?*, Notre Dame 1988. Außerdem: P. Foot, *Virtues and Vices*, Berkeley 1978; B. Williams, »Philosophy«, in: *The Legacy of Greece*, hg. von M. I. Finley, Oxford 1984, sowie ders., *Ethics and the Limits of Philosophy*, Cambridge, MA 1985; M. Walzer, *Spheres of Justice*, Oxford 1983, und ders., *Interpretation and Social Criticism*, Cambridge, MA 1987.

286 Vgl. z.B. Williams, *Ethics and the Limits of Philosophy*, S. 34-36, und S. Hampshire, *Morality and Conflict*, Cambridge, MA 1983.

287 Zu den »namenlosen« Tugenden und Lastern siehe *Nikomachische Ethik* 1107 b 1-2, 1107 b 7-8, 1107 b 30-31, 1108 a 17, 1119 a 10-11, 1126 b 20, 1127 a 11, 1127 a 14; zu dem Eingeständnis, daß die Namen unbefriedigend sind, vgl. 1107 b 8, 1108 a 5-6, 1108 a 20 ff. Die beiden Kategorien überschneiden sich weitgehend aufgrund des in 1108 a 16-19 formulierten Prinzips, daß dort, wo es keinen Namen gibt, ein Name gefunden werden sollte, sei er zufriedenstellend oder nicht.

288 Es sollte darauf hingewiesen werden, daß eine derartige Betonung der Erfahrungsbereiche in der *Eudemischen Ethik*, die mit einer Aufzählung der Tugenden und Laster beginnt, nicht vorhanden ist. Dies scheint mir ein Zeichen dafür zu sein, daß diese Abhandlung ein weniger entwickeltes Stadium von Aristoteles' Gedanken über die Tugenden darstellt – mag sie in eine frühere Zeit fallen oder nicht.

289 Zu den Aussagen mit *peri* (»in bezug auf«, »bei«), die die Tugenden mit Lebensbereichen verbinden, vgl. *Nikomachische Ethik* 1115 a 6-7, 1117 a 29-30, 1117 b 25 und 27, 1119 b 23, 1122 a 19, 1122 b 34, 1125 b 26, 1126 b 13 und ebd., II.7. Vgl. auch den ähnlichen Sprachgebrauch in 1126 b 11, 1127 b 32.

290 Auf meiner Liste nimmt die Gerechtigkeit einen herausragenden Platz ein. (In *NE* wird sie nach allen anderen Tugenden gesondert behandelt, und bei der Aufzählung der Tugenden wird darauf hingewiesen, daß sie später untersucht wird.) Ich habe am Ende der Liste auch Kategorien hinzugefügt, die den verschiedenen vernunftmäßigen Tugenden entsprechen, welche in *NE* VI erörtert werden, sowie die *phronesis* oder die praktische Klugheit, die ebenfalls in *NE* VI behandelt werden. Ansonsten richten sich die Reihenfolge und die Formulierungen meiner Liste genau nach II.7, wo die Grundzüge für die detaillierteren Untersuchungen von III.5 bis IV umrissen werden.

291 Vgl. die ausführlichere Darstellung mit Literaturhinweisen und Verweisen auf die entsprechenden philosophischen Diskussionen in: Nussbaum, *The Fragility of Goodness: Luck and Ethics in Greek*

Tragedy and Philosophy, Cambridge 1986.

292 *Posterio Analytics* II.8, 93 a 21 ff.; vgl. Nussbaum, *The Fragility of Goodness*, Kap. 8.

293 Heraclitus, Fragment Diels-Kranz B 23; vgl. Nussbaum, »*Psyche* in Heraclitus«, in: *Phronesis* 17, S. 1-17, 153-170.

294 Vgl. *Politik* I.2 1253 a 1-8; hier werden den Göttern Tugenden nicht explizit abgesprochen, aber in *NE* 1145 a 25-17 und 1178 b 10 ff. geschieht dies ausdrücklich.

295 Aristoteles stellt keinen expliziten Bezug zu seiner sprachlichen Darstellung her, aber sein Projekt ist das einer Definition der Tugenden, und wir würden erwarten, daß er dieses Ziel im Auge behält. Eine ähnliche Auffassung von den Tugenden und von der Art und Weise, in der eine bestimmte Art von Erfahrung als eine plausible Basis für eine nicht-relative Konzeption dienen kann, wird (ohne Bezugnahme auf Aristoteles) von N. Sturgeon in »Review of Foot«, in: *Journal of Philosophy* 81, 1984 (S. 326-333) entwickelt.

296 Vgl. *NE* 1107 a 5, wo Aristoteles sagt, daß die Tugenden und die entsprechende Person »keinen eigenen Namen« haben; siehe auch 1125 b 29, 1126 a 3-4.

297 Vgl. etwa R. Harré (Hg.), *The Social Construction of the Emotions*, Oxford 1986, und C. Lutz, *Unnatural Emotions*, Chicago 1988.

298 Vgl. Nussbaum, *Aristotle's De Motu Animalium*, Princeton, NJ 1978, Anmerkungen zu Kap. 6, und dies., *The Fragility of Goodness*, Kap. 9.

299 Die relevanten Texte werden bei Nussbaum, *The Therapy of Desire: Theory and Practice in Hellenistic Ethics*, The Martin Classical Lectures 1986, erörtert.

300 Vgl. auch D. Halperin, *One Hundred Years of Homosexuality and Other Essays on Greek Love*, New York 1990; J. Winkler, *The Constraints of Desire*, New York 1990; Halperin, Winkler und Zeitlin, *Before Sexuality*, Princeton 1990.

301 Die Evidenz dieses Teils der stoischen Auffassung wird erörtert in: Nussbaum, *The Therapy of Desire*; zu einer allgemeinen Darstellung der stoischen Auffassung von der Leidenschaft vgl. Nussbaum, »The Stoics on the Extirpation of the Passions«, in: *Apeiron* 20, 1987, S. 129-177.

302 Zur Erörterung der relevanten Stellen bei Marx siehe S. Lukes, *Marxism and Morality*, Oxford 1987. Ich danke Alan Ryan und Stephen Lukes, die bei ihrem Gedankenaustausch im Rahmen der Oxford Philosophical Society im März 1987 lebhaft und scharfsinnig über diese Thematik diskutiert haben.

303 Nussbaum, *The Fragility of Goodness*, Kap. 10, und dies., »The Discernment of Perception: An Aristotelian Model of Public and

Private Rationality«, in: *Proceedings of the Boston Area Colloquium for Ancient Philosophy* 1, 1985, S. 151-201, sowie dies., »›Finely Aware and Richly Responsible‹: Literature and the Moral Imagination«, in: A. Cascardi (Hg.), *Literature and the Question of Philosophy*, Baltimore 1987, S. 169-191.

304 Nussbaum, *The Fragility of Goodness*, Kap. 10, und dies., »The Discernment of Perception« sowie »›Finely Aware and Richly Responsible‹« .

305 Allerdings glaube ich, daß einige moralisch relevante Eigenschaften aus aristotelischer Sicht möglicherweise Eigenschaften sind, die in anderen Kontexten prinzipiell nicht nachgeahmt werden können. Vgl. u.a. Nussbaum, *Love's Knowledge: Essays on Philosophy and Literature*, Oxford 1990.

306 M. Chen, *A Quiet Revolution: Women in Transition in Rural Bangladesh*, Cambridge, MA 1986.

307 Ebd., S. ix.

308 Ebd., S. 4 f.; bei diesem späteren Erfolg, so betont Chen, habe es eine wichtige Rolle gespielt, daß die Gruppe keine dogmatische Bindung an eine abstrakte Entwicklungstheorie hatte, sondern einen flexiblen und situationsorientierten Ansatz verfolgte.

309 Vgl. H. Putnam, *Meaning and the Moral Sciences*, London 1979, und ders., *Reason, Truth, and History*, Cambridge 1981, sowie *The Many Faces of Realism: The Carus Lectures*, La Salle, IL 1988; N. Goodman, *Languages of Art*, Indianapolis 1968, und ders., *Ways of World-Making*, Indianapolis 1978; D. Davidson, *Inquiries into Truth and Interpretation*, Oxford 1984.

310 Die in diesem Abschnitt entwickelten Gedanken stammen aus einem Kommentar zu den Beiträgen von D. Halperin und J. Winkler auf der Konferenz »Homosexuality in History and Culture« an der Brown University im Februar 1987. Die vorgeschlagene Kombination einer historisch sensiblen Analyse mit einer Kulturkritik wurde auf derselben Konferenz überzeugend von H. Abelove (»Is Gay History Possible?«, unveröffentlichter Vortrag) entwickelt.

311 C. Gopalan, »Undernutrition: Measurement and Implications«, in: S. Osmani (Hg.), *Nutrition and Poverty*, Oxford 1992.

312 Vgl. Nussbaum, »Narrative Emotions: Beckett's Genealogy of Love«, in: *Ethics* 98, 1988, S. 225-254, wo diese aristotelische Ansicht mit der Marxschen Auffassung von den wahrhaft menschlichen Lebensäußerungen verglichen wird.

313 M. Klein, »Our Adult World and its Roots in Infancy«, in: *Envy, Gratitude and Other Works 1946-1963*, London 1984, S. 247-263.

314 Vgl. in »Der aristotelische Sozialdemokratismus« (in diesem Band S. 24-85) die etwas längere Liste sowie die Erörterung des Verhältnisses des Menschen zu anderen Arten und zur Natur.

315 »Aristotle on Human Nature and the Foundations of Ethics«, in: J. Altham und R. Harrison (Hg.), World, Mind, and Ethics, Cambridge 1995.

316 Vgl. *NE* 1159 a 10-12, 1166 a 18-23.

Drucknachweise

Der aristotelische Sozialdemokratismus
»Aristotelian Social Democracy«, in: R. B. Douglas, G. Mara und H. Richardson (Hg.), *Liberalism and the Good*, New York: Routledge 1990, S. 203-252.

Die Natur des Menschen, seine Fähigkeiten und Tätigkeiten: Aristoteles über die distributive Aufgabe des Staates
»Natur, Function, and Capability: Aristotle on Political Distribution«, in: *Oxford Studies in Ancient Philosophy*, Erg. Band 1988, S. 145-184.

Gefühle und Fähigkeiten von Frauen
unveröffentlichter Vortrag 1993

Menschliche Fähigkeiten, weibliche Menschen
unveröffentlichter Vortrag 1993

Nicht-relative Tugenden: Ein aristotelischer Ansatz
»Non-Relative Virtues: An Aristotelian Approach«, in: M. Nussbaum und A. Sen, *The Quality of Life*, Oxford: Clarendon Press 1993

Gender Studies in der edition suhrkamp

Farideh Akashe-Boehme (Hg.). Reflexionen vor dem Spiegel. es 1724. 219 Seiten

Herculine Barbin/Michel Foucault. Über Hermaphrodismus. Herausgegeben von Wolfgang Schäffner und Joseph Vogl. es 1733. 247 Seiten

Seyla Benhabib. Selbst und Kontext. Geschlecht, Gemeinschaft und Postmoderne in der zeitgenössischen Ethik. Vom Unterschied der Geschlechter. es 1725. 300 Seiten

Judith Butler. Das Unbehagen der Geschlechter. Übersetzt von Katharina Menke. Vom Unterschied der Geschlechter. es 1722. 237 Seiten

Judith Butler. Körper von Gewicht. Die diskursiven Grenzen des Geschlechts. Übersetzt von Karin Wördemann. es 1737. 386 Seiten

Caroline Walker Bynum. Fragmentierung und Erlösung. Geschlecht und Körper im Glauben des Mittelalters. Mit zahlreichen Abbildungen. Übersetzt von Brigitte Große. es 1731. 302 Seiten

Drucilla Cornell. Die Versuchung der Pornographie. Übersetzt von Vincent Vogelvelt. Mit einem Vorwort von Barbara Vinken. es 1738. 143 Seiten

Irene Dölling/Beate Krais (Hg.). Ein alltägliches Spiel. Geschlechterkonstruktion in der sozialen Praxis. es 1732. 332 Seiten

NF 312/1/8.00

Nancy Fraser. Widerspenstige Praktiken. Macht, Diskurs, Geschlecht. es 1726. 290 Seiten

Geschlechterverhältnisse und Politik. Herausgegeben vom Institut für Sozialforschung, Frankfurt. Redaktion Katharina Pühl. es 1730. 308 Seiten

Barbara Hahn. Unter falschem Namen. Von der schwierigen Autorschaft der Frauen. es 1723. 147 Seiten

Helga Kotthoff/Susanne Günthner (Hg.). Von fremden Stimmen. Weibliches und männliches Sprechen im Kulturvergleich. Vom Unterschied der Geschlechter. es 1721. 369 Seiten

Teresa de Lauretis. Die andere Szene. Psychoanalyse und lesbische Sexualität. Übersetzt von Karin Wördemann. es 1742. 292 Seiten

Martha C. Nussbaum. Gerechtigkeit oder Das gute Leben. Herausgegeben von Herlinde Pauer-Studer. Übersetzt von Ilse Utz. es 1739. 316 Seiten

Barbara Orland/Elvira Scheich (Hg.). Das Geschlecht der Natur. Feministische Beiträge zur Geschichte und Theorie der Naturwissenschaften. Die Texte aus dem Amerikanischen wurden von Xenia Rajewski übersetzt. es 1727. 290 Seiten

Karin Wieland. Worte und Blut. Wandlungen des männlichen Selbst im Übergang zur Neuzeit. es 1740. 367 Seiten

Theresa Wobbe/Gesa Lindemann (Hg.). Denkachsen. Zur theoretischen und institutionellen Rede vom Geschlecht. es 1729. 327 Seiten

NF 312/2/8.00